現代アメリカにおける構築主義歴史学習の原理と展開

― 歴史像の主体的構築 ―

寺尾健夫 著

風間書房

目　　次

序章　本研究の目的と方法 …………………………………………………1
　第1節　研究主題 ………………………………………………………1
　第2節　本研究の特質と意義 …………………………………………5
　第3節　研究方法と本研究の構成 ……………………………………7
第1章　歴史教育改革の課題と解決方法 …………………………………13
　第1節　わが国の歴史教育の現状と課題 ……………………………13
　第2節　アメリカ歴史教育の課題と研究の展開 ……………………14
　第3節　構築主義に基づく歴史教育改革 ……………………………18
　　1．構築主義に基づく歴史教育改革 …………………………………18
　　2．構築主義に基づく歴史学習プランの類型化 ……………………23
　　　(1) 認知構築主義に基づく歴史学習と社会構築主義に基づく歴史学習 ……23
　　　(2) 人物の行為・出来事・時代像を指標とした歴史学習 …………24

第1部　認知構築主義に基づく歴史学習の原理と展開 …………………31
第2章　人物の行為の解釈に基づく歴史学習の論理 ……………………33
　第1節　史料の解釈を通した人物の行為の解釈学習：アマースト・
　　　　　プロジェクト　単元「リンカーンと奴隷解放」の場合 …………34
　　1．歴史学習の目標－歴史の探求方法と歴史研究の意義の理解 ……36
　　2．授業構成原理 ……………………………………………………37
　　　(1) カリキュラムの全体計画とその論理－社会における人間関係・現代
　　　　的課題・歴史理解の方法の理解 ………………………………37
　　　(2) 単元構成とその論理－物語の構築による人物の行為と出来事の関係
　　　　の段階的追求 ……………………………………………………48

(3) 授業展開とその論理 ……………………………………………52
　第2節　人物の行為の解釈に基づく歴史学習の特質と問題点 …………73
第3章　出来事の解釈に基づく歴史学習の論理 ………………………………83
　第1節　史料を媒介とした出来事の解釈学習：アマースト・プロジェクト
　　　　　単元「レキシントン・グリーンで何が起こったのか」の場合 …………85
　　1．歴史学習の目標－歴史の探求方法と歴史理解の特性の理解 ………86
　　2．授業構成原理 ………………………………………………………86
　　　(1) カリキュラムの全体計画とその論理 ……………………………86
　　　(2) 単元構成とその論理 ………………………………………………87
　　　(3) 授業展開とその論理 ………………………………………………93
　　3．特質と問題点 …………………………………………………………111
　第2節　史料と科学の方法を媒介とした出来事の解釈学習：ホルト・
　　　　　データバンク・システム　単元「誰がアメリカを発見したのか」
　　　　　の場合 ……………………………………………………………115
　　1．歴史学習の目標 ………………………………………………………115
　　2．授業構成原理 …………………………………………………………116
　　　(1) カリキュラムの全体計画とその論理－歴史による政治学研究 ……116
　　　(2) 単元構成とその論理－アメリカ民主主義実現過程としての合衆国史 ……117
　　　(3) 授業展開とその論理 ………………………………………………127
　　3．特質と問題点 …………………………………………………………148
　第3節　出来事の解釈に基づく歴史学習の特質と問題点 ………………149
第4章　時代像や社会の動きの解釈に基づく歴史学習の論理 …………159
　第1節　時代の政治思想や倫理性に焦点を当てた時代像の解釈学習：
　　　　　アマースト・プロジェクト　単元「ヒロシマ－戦争の科学、政治学、
　　　　　倫理学からの研究－」の場合 ……………………………………160
　　1．歴史学習の目標－歴史の探求方法と歴史研究の意義の理解 ………160
　　2．授業構成原理 …………………………………………………………162

(1) カリキュラムの全体計画とその論理……………………………162
　　　(2) 単元構成とその論理……………………………………………163
　　　(3) 授業展開とその論理……………………………………………168
　　3．特質と問題点－時代の特色や社会問題に焦点を当てた解釈学習の
　　　　特質と意義 ………………………………………………………197
　第2節　社会問題に焦点を当てた時代像の解釈学習：ハーバード
　　　　　社会科の公的論争問題　単元「アメリカ独立革命」の場合……………198
　　1．歴史学習の目標－公的論争問題の解決方法の理解 …………………198
　　2．授業構成原理 ……………………………………………………199
　　　(1) カリキュラムの全体計画とその論理……………………………199
　　　(2) 単元構成とその論理……………………………………………201
　　　(3) 授業展開とその論理……………………………………………207
　　3．特質と問題点……………………………………………………223
　第3節　時代像や社会の動きの解釈に基づく歴史学習の特質と
　　　　　問題点 ……………………………………………………………224
第5章　認知構築主義に基づく歴史学習の原理と特質 ………………231
　　1．歴史理解の捉え方から見た特質 …………………………………232
　　2．教授－学習過程の構成から見た特質 ………………………………237
　　3．学習者と歴史・社会との関係から見た特質 ………………………240

第2部　社会構築主義に基づく歴史学習………………………………245
第6章　人物の行為の批判的解釈に基づく歴史学習の論理 ……………247
　第1節　個人の思想に焦点を当てた人物の行為の批判的解釈学習：
　　　　　DBQプロジェクト（世界史）　単元「ガンジー、キング、マンデラ
　　　　　－何が非暴力主義の事業を成し遂げさせたのか」の場合 ……………248
　　1．歴史学習の目標 …………………………………………………249
　　2．授業構成原理 ……………………………………………………250

(1) カリキュラムの全体計画とその論理……………………………250
　　(2) 単元構成とその論理……………………………………………252
　　(3) 授業展開とその論理……………………………………………260
　3．特質と問題点 ……………………………………………………300
第2節　社会集団の行動の批判的解釈に基づく歴史人物学習：DBQ
　　　　プロジェクト　単元「何がセイラムの魔女裁判を異常なものにし
　　　　たのか」の場合…………………………………………………303
　1．歴史学習の目標 …………………………………………………303
　2．授業構成原理 ……………………………………………………303
　　(1) カリキュラムの全体計画とその論理……………………………303
　　(2) 単元構成とその論理……………………………………………304
　　(3) 授業展開とその論理……………………………………………314
　3．特質と問題点 ……………………………………………………355
第3節　人物の行為の批判的解釈に基づく歴史学習の特質と
　　　　問題点 …………………………………………………………357
第7章　出来事の批判的解釈に基づく歴史学習の論理 ……………365
第1節　役割討論を媒介にした出来事の意義の批判的解釈学習：
　　　　中等歴史カリキュラム「生きている歴史！」 単元「民主政治
　　　　の出現」の場合…………………………………………………366
　1．歴史学習の目標−歴史カリキュラム「生きている歴史！」の目標 ………367
　2．授業構成原理 ……………………………………………………368
　　(1) カリキュラムの全体計画とその論理……………………………368
　　(2) 単元構成とその論理……………………………………………371
　　(3) 授業展開とその論理……………………………………………372
　3．特質と問題点 ……………………………………………………390
第2節　社会的理解の方法を媒介にした出来事の批判的解釈学習：
　　　　G.シューマンの開発単元「レキシントン・グリーン再訪」の

　　　　　場合 …………………………………………………………………392
　　1．歴史学習の目標 ……………………………………………………392
　　2．授業構成原理 ………………………………………………………394
　　　⑴ カリキュラムの全体計画とその論理……………………………394
　　　⑵ 単元構成とその論理　単元「レキシントン・グリーン再訪」……394
　　　⑶ 授業展開とその論理－社会的理解の方法を媒介とした出来事学習の
　　　　原理 ………………………………………………………………405
　　3．特質と問題点 ………………………………………………………414
　第3節　出来事の批判的解釈に基づく歴史学習の特質と問題点………417
第8章　時代像や社会の動きの批判的解釈に基づく歴史学習の
　　　　論理 ……………………………………………………………423
　第1節　社会制度の改革の意義に焦点を当てた批判的解釈学習：
　　　　中等歴史カリキュラム「生きている歴史！」単元「新国家の
　　　　憲法」の場合 ……………………………………………………424
　　1．歴史学習の目標－学びの共同体の形成と学級における社会形成 …424
　　2．授業構成原理 ………………………………………………………425
　　　⑴ カリキュラムの全体計画とその論理……………………………425
　　　⑵ 単元構成とその論理………………………………………………426
　　　⑶ 授業展開とその論理………………………………………………431
　　3．特質と問題点 ………………………………………………………445
　第2節　社会問題に焦点を当てた批判的解釈学習：DBQ プロジェクト
　　　　（米国史）単元「ERA（男女平等権憲法修正条項）はなぜ否決
　　　　されたのか」の場合 ……………………………………………447
　　1．歴史学習の目標 ……………………………………………………447
　　　⑴ 社会問題としてのERA否決………………………………………447
　　2．授業構成原理 ………………………………………………………450
　　　⑴ カリキュラムの全体計画とその論理……………………………450

　　　　(2) 単元構成とその論理……………………………………………451
　　　　(3) 授業展開とその論理……………………………………………458
　　　3．特質と問題点 ……………………………………………………504
　第3節　時代像や社会の動きの批判的解釈に基づく歴史学習の特質
　　　　と問題点 ………………………………………………………507
第9章　社会構築主義に基づく歴史学習の原理と特質 ………………515
　　　1．歴史理解の捉え方から見た特質 ………………………………515
　　　2．教授－学習過程の構成から見た特質 …………………………524
　　　3．学習者と歴史・社会との関係から見た特質 …………………529
第10章　構築主義歴史学習の論理と意義………………………………535
　　　1．歴史理解の捉え方から見た特質 ………………………………538
　　　2．教授－学習過程の構成から見た特質 …………………………542
　　　3．学習者と歴史・社会の関係から見た特質 ……………………543
終章　成果と課題…………………………………………………………547

　引用参考文献……………………………………………………………551
　あとがき…………………………………………………………………565

序章　本研究の目的と方法

第1節　研究主題

　本研究の目的は、アメリカ合衆国の1960年代以降の歴史教育改革を取り上げ、構築主義歴史学習の類型化を図るとともに、各類型において典型的な歴史学習プランを取り上げ、その授業構成原理を分析し、学習原理と授業構成の特質を解明することである。

　構築主義歴史学習とは歴史理解を主体的に構築していく学習、つまり学習者が既有の知識や経験を活用し、これらを過去についての新しい知識や経験と関係づけながら、学習者同士の批判を通して出来事を解釈し、意味づけて歴史像を自分なりに作る学習である。この歴史学習は、既にアメリカ合衆国で先進的に研究され、実践されてきた。そこで、アメリカの初等・中等学校段階における構築主義歴史学習プランの分析を通して本研究の目的を達成する。

　現在わが国の歴史学習に求められているのは、学習者が主体的に歴史理解を発展させる学習を実現することである。そのために不可欠な条件は、学習者が自分で史資料の解釈を行い、その解釈に基づいて自分自身の知識や歴史像を作り上げること、そしてこの方法による学習の意義を学習者自身が理解することである。しかし、従来のわが国の歴史学習にこのような条件はほとんど備わっていなかった。教師は教科書の内容や自分の知識をもとにして学習内容を組織し、これを学習者に伝達することで歴史を理解させようとしてきたのである。このため、教科書や資料を読み教師の説明を聞く学習が中心となり、教師が提供する知識を学習者がそのまま理解し、記憶することが学習の中心目標になっている。つまり、学習者は自分で知識を構築する機会を

ほとんど奪われているといえる。伝達−記憶型歴史学習と呼べるこのような学習には、次のような3つの問題点がある。

　第1の問題点は、学習者の歴史理解の方法に関わるものである。現在の伝達−記憶型歴史学習では、教師が用意した知識をそのまま伝達することで学習者に歴史を理解させる方法をとっている。しかし、学習者の歴史理解は本来、用意された知識を外部から与えられることによって発展するのではない。自分で歴史の事実を意味づけ、知識や歴史像を主体的に構築することによって歴史理解は発展するのであり、現在の伝達−記憶型歴史学習の根本的な問題点は、学習者による主体的構築がなされない点である。それ故、現在の歴史学習に必要なことは、その中心目標を変え、学習者が歴史の事実を分析し、自分で出来事を解釈し意味づけて知識や歴史像を主体的に構築することをめざすことである。教師が歴史理解を学習者に与えるこれまでの指導から、学習者が自分で歴史の事実を意味づけ、知識や歴史像を構築し、歴史を作り出すことができるような指導へと転換することが不可欠となる。

　第2の問題点は、学習者の既有の知識や経験の活用に関わるものである。これまでの歴史学習の中心目標は、過去についての未知の知識を学習者に習得させることであった。そのため教師は、学習者が既にもっている知識や経験をほとんど考慮しないで指導してきた。しかし歴史理解は、学習者が既に獲得している固有の知識や経験を活用して歴史事象を考察し、さらに授業で新たに獲得する知識と関係づけて自分の知識や歴史像を再構築することによって発展していくものである。したがって学習者が既有の知識や経験を活用して知識や歴史像を再構築し、歴史理解を発展させる学習の実現が不可欠となる。つまり、現在の歴史学習を、学習者が既有の知識や歴史像を再構築する学習へと積極的に変革していくことが強く求められる。

　第3の問題点は、学習の方法に関わるものである。現在の伝達−記憶型歴史学習では、教師の説明を聞く、教科書を読む、メディアを視聴するなどの学習が中心で、用意された知識を学習者が一方的に受容するのが一般的であ

る。このような学習では学習者が知識や歴史像を主体的に構成していく場が保証されておらず、学習自体が主体的な歴史理解の実現を阻むものとなっている。このような問題を解決するために必要なことは、教科書の内容や史資料を学習者が自分で吟味し、また学級の他の学習者と協働で批判的に検討して知識や歴史像を自分自身で構築していく学習の場を保証することである。したがって、このような学習が可能となる場の構成が強く求められている。

　以上から、現在のわが国の歴史学習に求められているのは、1）学習者が自分で歴史の事実を意味づけ、知識や歴史像を構成して歴史を作り出すことができる指導への転換、2）既有の知識や経験を活用して知識や歴史像を再構築することで歴史理解を発展させる学習の実現、3）学習者が教科書の内容や史資料を吟味し、学習者同士で批判的に検討して歴史像を再構築できる学習の場の保証、である。

　これに対して、アメリカ合衆国の歴史教育論は上記1）～3）の要請に応えるものである。それは1990年代以降の主要な流れとして展開されている構築主義の学習論である。本研究が取り上げるのはこの学習論であり、以下に示す3つのすぐれた特徴によって、わが国で求められている歴史学習変革の要請に応えるものといえる。

　アメリカの構築主義歴史学習論の第1の特徴は、歴史の知識や歴史像は学習者が能動的に作り出し構築するものと考えられていることである。この学習論でとられている考え方は、学習者が歴史の事実を分析して自分自身の歴史解釈を作り、意味づけ、主体的に構築していくことで歴史理解は発展するという考え方である。この特徴は、先述した1）の方向（学習者主体の歴史理解）での改革の要請に応えるものとなっている。第2の特徴は、学習者の既有の知識や経験の活用を重視し、これらを新しい知識や経験と関係づけて学習者の知識や理解を積極的に作り変えようとしていることである。これは、アメリカの構築主義歴史学習論では、歴史理解は既有の知識や経験を新しい状況に適用することによって発展すると考えられているためである。した

がってこの特徴は、先述した2)の方向（既有の知識や経験の活用）での改革の要請に応えるものである。第3の特徴は、言語や経験を媒介とした学習者と学習対象との関わり合いや、討論を媒介とした学習者同士による協働的な批判を通して学習が行われ、学習者が「主張」として自分自身の歴史解釈を作るようになっていることである。そのため学習者が主体となって歴史理解を発展させる学習が行われ、教師が学習者に知識を一方的に伝達することはない。この特徴は、3)の方向（史資料や批判に基づく学習）での改革の要請に応えるものである。

　構築主義歴史学習は、上記3つの特徴のどれを重視するかにより2つのタイプ、すなわち「研究的歴史構築学習」と「社会的歴史構築学習」に分類できる。第1と第2の特徴（学習者主体の歴史理解・既有の知識や経験の活用）を重視するのが研究的歴史構築学習である。そして第3の特徴（史資料や批判に基づく学習）を重視するのが社会的歴史構築学習である。さらに研究的歴史構築学習は、科学の論理に重点をおいて出来事を解釈し、意味づけることで学習者が自分自身の歴史像を作っていく学習である。また社会的歴史構築学習は、批判の論理に重点をおいて出来事を解釈し、意味づけることで学習者が自分自身の歴史像を作っていく学習である。

　アメリカ合衆国における歴史教育の動向を見ると、1990年代に入って急速に広がってきた構築主義の歴史学習は、1960年代に展開した新社会科を再評価する動きと連動している。なぜなら構築主義歴史学習は、新社会科のもっていた構築主義的な側面を継承・発展させながら、学習者自身による主体的な歴史理解の形成を構築主義的な観点から保証しているためである。アメリカでこれまで展開してきた発見学習や探究学習も構築主義的な特徴を備えていた。しかし、これらの学習は、学習者の社会科学習を科学の枠組みの中に閉じ込め、学習内容や探究方法を限定し過ぎていた。発見学習や探究学習をさらに発展させ、学習者の歴史理解を主体的なものにするためには、学習者自身による歴史理解の構築を中心的な目標とする学習へと変革する必要が生

じてきたのである。それが現在も進行している構築主義歴史学習への改革の動きである。

第2節　本研究の特質と意義

　学習者の歴史理解を主体的に発展させるための学習や、授業構成原理と特質を明らかにした研究はこれまでにも行われてきた。そのような研究に対して、本研究の特質と意義は次の5点に示すことができる。

　第一の特質と意義は、1960年代から2000年代初頭までのアメリカ歴史教育改革を構築主義の視点で体系的に整理したことである。アメリカ歴史教育改革のこれまでの研究としては社会史教授の原理・内容・方法に基づく歴史教育改革の研究や、価値観形成の原理・内容・方法に基づく歴史教育改革の研究が行われてきた。これらはアメリカ歴史教育改革をそれぞれ独自の視点で分析したものである。しかし、これらの研究は改革の流れに根本的な影響を与えてきた構築主義については考慮していない。構築主義は歴史理解の考え方の変化に大きな影響を与えてきたものであり、アメリカ歴史教育改革を分析する上で不可欠であると考えられる。そこで本研究では、改革の主導的要因である構築主義に焦点を当て、アメリカ歴史教育改革を体系的に整理した。

　第二の特質と意義は、構築主義歴史学習の全体像を提示し、その目標が「歴史像の主体的構築」にあることを究明したことである。本研究ではアメリカ合衆国の構築主義歴史学習の全体像を類型化することにより体系的な整理を行った。そしてこの学習の目標は、学習者が既有の知識や経験を活用しながら多様な視点で歴史解釈を作り、歴史像を主体的に構築することで歴史理解を発展させることであることを解明した。さらにこの目標は従来の歴史学習を質的に変革するものであるとともに、歴史教育改革の中で今後も求められる中心目標であることを明らかにした。

第三の特質と意義は、構築主義歴史学習の2つのタイプを解明し、その具体的タイプを事例に即して示したことである。構築主義歴史学習は、歴史理解における知識の発展のさせ方に異なる2つのタイプがある。ひとつは歴史学の研究方法を用いて知識を発展させるもので、もうひとつは他者との関わりを通した批判的理解を用いて知識を発展させるものである。このようなちがいから、前者を「研究的歴史構築主義」、後者を「社会的歴史構築主義」と呼ぶ。この2つのタイプの学習はそれぞれ、構築主義の学習論や心理学の基盤にある認知構築主義と社会構築主義の考え方と対応している。研究的歴史構築学習と社会的歴史構築学習では、歴史理解のレベルのちがいによって多様な学習が構想されている。本研究ではそのような事例を分析することにより、構築主義歴史学習の原理と特質を解明した。

　第四の特質と意義は、歴史学習における歴史理解を①人物の行為、②出来事、③時代像の3つのレベルで分析することで、わが国の小学校から高等学校までの各学校段階に適用可能な学習と授業構成原理までを究明したことである。人物の行為・出来事・時代像の3つのレベルの歴史理解を設けた理由は、これらが歴史理解の重要な構成要素であるだけでなく、人物の行為（①）の理解を基礎として出来事（②）の理解がなされ、さらに出来事（②）の理解を基礎として時代像（③）の理解がなされるという段階的・発展的な構造を成しているためである。また、①②③の理解は小学校から高等学校までの各学校段階に共通する歴史学習の中心目標になっている。したがって、これら3つを指標とした分析は一般性と応用性のある授業構成原理を解明する上で大きく役立つ。従来の歴史学習では人物学習、出来事学習、時代像学習は別々の学習として行われ、あるいは3つが未整理なまま一体のかたちで実施されてきた。そのため、人物の行為・出来事・時代像の学習がそれぞれどの様な特性をもっているのか、またこれらの特性を生かし、相互に関連させることで歴史理解をどの様に発展できるのかが不明確であった。そこで本研究では、人物の行為・出来事・時代像という3つのレベルでの解釈を通し

て学習者による歴史像の主体的構築が可能となることを明らかにした。そして、これら3つのレベルでの学習原理や授業構成の特質、および相互の発展的・段階的関連を究明し、構築主義歴史学習全体の学習原理と授業構成の特質を解明することで、歴史学習におけるこれまでの問題点を解決している。人物の行為・出来事・時代像は小学校から高等学校までの歴史学習を分析するための共通の観点となるものであり、これらのフレームワークを設定することで、アメリカで展開してきた小学校から高等学校までの歴史学習プランを総合的に分析することが可能となった。

　第五の特質と意義は、本研究が日本の歴史教育改革論として応用性のある研究になっていることである。現在のわが国の歴史教育では、学習者が史資料を解釈する活動を取り入れ、学習者同士による討論を通して互いの解釈を検討し、出来事や時代についての歴史像を作り上げる学習が試みられている。しかし、その意義の解明や理論化は不十分であり重要な課題となっている。本研究はこれらの課題を解決するものであり、現在の歴史教育改革の要請に直接応えるものである。さらに、本研究で明らかにしたアメリカの歴史教育改革の考え方を日本の小・中学校の歴史学習に適用することで、わが国の今後の歴史教育改革を一層推進できる点で大きな意義があるといえる。

第3節　研究方法と本研究の構成

　本研究の目的は、構築主義に基づく歴史学習の原理と授業構成の特質を解明することである。この目的を達成するために、アメリカ合衆国で先進的に展開されてきた初等および中等学校段階の構築主義に基づく歴史学習プランを分析し、その基盤にある構築主義歴史学習の原理と授業構成の方法的特質を解明するという研究方法をとる。

　本研究ではまず、日本の歴史教育の現状を分析し、歴史理解の方法、学習の構成、知識や経験の活用について現在の歴史教育がかかえている問題点を

指摘する。そして、今後の課題として、学習者自身による歴史像の主体的構築によって歴史理解を行わせる方向へと改革される必要があることを明示する。次に、近年のアメリカの歴史教育がかかえている課題とその解決に向けた研究の展開を分析し、このアメリカの歴史教育改革の動向が、基本的に日本の歴史学習の課題解決に役立つ方向で行われていること、具体的には構築主義に基づく歴史教育論やカリキュラム開発のかたちで現れていることを明らかにする。そしてアメリカの構築主義歴史学習がこれまでどの様に研究され、展開してきたのかを整理する。さらにこれをもとにして、日本における従来の歴史学習と今後求められる歴史学習を類型化して、現在の伝達－記憶型歴史学習が向かうべき改革の方向と克服すべき課題の解決方法を示す。

その上で、この課題と解決方法に基づいてアメリカの歴史学習の具体的事例を分析し、構築主義歴史学習の特質を究明する。分析では、この学習プランを大きく研究的歴史構築学習と社会的歴史構築学習の２つの類型に分けて考察する。この様な類型を設ける理由は、歴史理解は①出来事が過去に存在したことを自明の前提にしてその理解を進めるか否か、②出来事の別の解釈の可能性を示すか否か、③出来事の多様な解釈を示すか否か、を指標として２つに大別されるためである。前者の研究的構築主義歴史学習は①出来事の存在を自明の前提にし、②出来事の別の解釈も③多様な解釈も示さない場合である。そして後者の社会構築主義歴史学習は①出来事の存在を疑い、②別の解釈の可能性を示し、③多様な解釈を示す場合である。ここでは前者を「認知構築主義歴史学習」と呼び、後者を「社会構築主義歴史学習」と呼ぶ。

また、分析に際しては人物の行為の解釈・出来事の解釈・時代像の解釈という３つの下位レベルの枠組みを設定し、それぞれに対応する学習プランの事例を分析して認知構築主義と社会構築主義に基づく歴史学習の特質を示す。人物の行為の解釈・出来事の解釈・時代像の解釈という３つの枠組みを設定した理由は、それらが歴史理解の上で重要な要素になっているだけでなく、階層的・発展的な構造をもつと考えられるためである。すなわち、歴史

理解は人物の行為の解釈を基礎として出来事の解釈へと拡大・発展し、さらに出来事の解釈を基礎として時代像の解釈へと拡大・発展するという構造があると考えられる。しかし、これまでの歴史学習では人物の行為・出来事・時代像はそれぞれ歴史理解の対象としては知られてきたが、これら3つの関係については明らかにされてこなかった。そのため、歴史理解は漠然と捉えられるにとどまっていた。例えば、人物の行為を理解することが歴史理解である、出来事を理解することが歴史理解である、また歴史像はさまざまな人物の行為や出来事の理解を総合してかたちづくられる、などの漠然とした捉え方である。本研究はこの点を改善し、3つのレベルの歴史理解を段階的に配置することで歴史理解の発展をより促進できるようにしている。

　本研究の中心的課題である歴史像の構築について、認知構築主義の歴史学習と社会構築主義の歴史学習のちがいは以下のようになる。認知構築主義の歴史学習においては、学習者が史資料をもとに人物の行為・出来事・時代像を解釈する中で歴史上の人物の視点を読み取り、自分自身の視点を設定して歴史理解を進めることで歴史像の構築が行われる。一方、社会構築主義の歴史学習においては、認知構築主義の歴史像構築の方法に加え、学級の他の学習者の視点、教師の視点も取り入れた批判的解釈を通して歴史像の構築が行われる。両者のちがいは、認知構築主義の歴史学習の場合は視点が学習者自身のものにとどまるのに対し、社会構築主義の歴史学習の場合は他者（学級の他の学習者や教師）の視点も加えられること、さらに解釈が批判的になされるという点である。

　具体的な分析では、まず認知構築主義に基づく歴史学習の事例を分析し、「人物の行為」「出来事」「時代像」の3つの類型ごとにそれぞれの類型の特質を解明する。その順序と内容は、以下の通りである。

1　「人物の行為」の解釈を行う事例の分析
　(1) 史料の解釈を通した「人物の行為」の解釈学習

事例：アマースト・プロジェクト　単元「リンカーンと奴隷解放」
　2　「出来事」の解釈を行う事例の分析
　　(1) 史料を媒介とした「出来事」の解釈学習
　　　事例：アマースト・プロジェクト　単元「レキシントン・グリーンで
　　　　　　何が起こったのか」
　　(2) 史料と科学の方法を媒介とした「出来事」の解釈学習
　　　事例：ホルト・データバンク・システム　単元「誰がアメリカを発見
　　　　　　したのか」
　3　「時代像」や社会の動きの解釈を行わせる事例の分析
　　(1) 時代の政治思想や倫理性に焦点を当てた「時代像」の解釈学習
　　　事例：アマースト・プロジェクト　単元「ヒロシマ」
　　(2) 社会問題に焦点を当てた「時代像」の解釈学習
　　　事例：ハーバード社会科の公的論争問題　単元「アメリカ独立革命」

　以上の事例分析に基づいて、認知構築主義に基づく歴史学習の原理と特質をまとめる。
　次に、社会構築主義に基づく歴史学習の事例を分析し、「人物の行為」「出来事」「時代像」の3つの類型ごとにそれぞれの類型の特質を解明する。その順序と内容は以下の通りである。

　1　「人物の行為」の批判的解釈を行う事例の分析
　　(1) 個人の思想に焦点を当てた「人物の行為」の批判的解釈学習
　　　事例：DBQ（Document Based Questions）世界史プロジェクト
　　　　　　単元「ガンジー、キング、マンデラ－何が非暴力主義を成し遂
　　　　　　げさせたのか」
　　(2)「社会集団の行動」の批判的解釈に基づく歴史人物学習
　　　事例：DBQ 米国史プロジェクト　単元「何がセイラムの魔女裁判を

　　　　異常なものにしたのか」
　2　「出来事」の批判的解釈を行う事例の分析
　　(1) 役割討論を媒介にした「出来事」の意義の批判的解釈学習
　　　　事例：中等歴史カリキュラム「生きている歴史！」　単元「民主政治の出現」
　　(2) 社会的理解の方法を媒介にした「出来事」の批判的解釈学習
　　　　事例：G. シューマンの開発単元「レキシントン・グリーン再訪」
　3　「時代像」や社会の動きの批判的解釈を行う事例の分析
　　(1) 社会制度の改革の意義に焦点を当てた「時代像」の批判的解釈学習
　　　　事例：中等歴史カリキュラム「生きている歴史！」　単元「新国家の憲法」
　　(2) 社会問題に焦点を当てた「時代像」の批判的解釈学習
　　　　事例：DBQ 米国史プロジェクト　単元「ERA（男女平等権憲法修正条項）はなぜ否決されたのか」

　以上の事例分析に基づいて、社会構築主義に基づく歴史学習の原理と特質をまとめる。
　最後に、これまで明らかにした認知構築主義と社会構築主義に基づく歴史学習の原理と特質を踏まえた上で、構築主義歴史学習の論理と意義を明らかにする。

第1章　歴史教育改革の課題と解決方法

　本章の目的は、日本の歴史教育がかかえている課題の解決に先行して取り組んでいるアメリカの歴史教育改革を分析すること、そしてその分析をもとに今後必要とされる日本の歴史学習を類型化し、改革の方向と課題の解決方法を示すことである。

　構成としては、第1節で日本の歴史教育の現状と課題、第2節でアメリカの歴史教育の課題と研究の展開について述べる。そして第3節ではまずアメリカにおける構築主義に基づく歴史教育改革について述べ、次に歴史学習の類型化を試みる。類型化にあたっては、従来からある構築主義歴史学習の2つの類型（認知構築主義と社会構築主義に基づく歴史学習）に、筆者が独自に類型化した歴史学習の3類型（人物の行為・出来事・時代像を指標とした歴史学習）を組み合わせるかたちで類型化を行う。

第1節　わが国の歴史教育の現状と課題

　序章第2節では、現在の歴史学習がかかえている3つの問題点を指摘した。それらは大別すると、①学習者の歴史理解の方法に関わるもの、②学習者の既有の知識や経験の活用に関わるもの、③学習に関わるものであった。繰り返しになるが、これらの具体的な問題点とは以下の様なものである。

　①については、現在の歴史学習は伝達‐記憶型歴史学習であり、教師が用意した知識をそのまま伝達することで学習者に歴史を理解させる方法をとっていること。②については、過去についての未知の知識を学習者に習得させることを中心的な目標としており、教師は学習者が既にもっている知識や経験をほとんど考慮しないで指導していること。③については、現在の伝達‐

記憶型歴史学習では教師の説明を聞く、教科書を読む、メディアを視聴するなどの学習が中心で、用意された知識を学習者が一方的に受容する傾向が一般的であること、であった。

これら3つの問題点は、現在の日本の歴史学習の実状に即して更に具体的に明らかにされる必要があるが、本研究では一般的な問題点の指摘とその解決方法の提案にとどめる。

現在のわが国の歴史学習において要請されるのは、上記の3つの問題点を踏まえて、以下の3つの改革を行うことである。

1) 学習者が自分で歴史の事実を意味づけ、知識や歴史像を構築して歴史を作り出すことで歴史理解を発展させる指導への転換
2) 既有の知識や経験を活用して知識や歴史像を再構築することで歴史理解を発展させる学習の実現
3) 学習者が教科書の内容や史資料を吟味し、他の学習者と批判的に検討することによって歴史像を再構築する学習の場の保証

以上の3つの改革は、早急に行うことが要請される。

第2節　アメリカ歴史教育の課題と研究の展開

第1節で見た日本の歴史教育に求められている3つの要請については、アメリカの歴史教育論が大きな手がかりとなることを序章第1節で述べた。それは、1990年代以降の主要な流れとして展開されている構築主義の学習論である。

アメリカでは1990年代から構築主義の歴史学習が広がっているが、その基礎には従来の2つの流れがある。第一は、1960年代に展開された新社会科を再評価し、学習者による主体的歴史理解を構築主義的観点から保証しようとする流れである。第二は、従来の発見学習や探究学習が、学習内容や探究方法を限定し過ぎていたことへの反省から、学習者の主体的歴史理解の構築を

中心的な学習目標にしようとする変革の流れである。

　構築主義歴史学習とはどの様なものか、まず構築主義の概念を確認する。構築主義では、人が認識過程をどの様に獲得し、発展させ、利用するかについて、獲得する知識の性格と関係づけて考える（Airasian & Walsh, 1997）。また構築主義は、J. ピアジェやL. S. ヴィゴツキーなどの理論に基づいて提案されているもので、人がどの様に認識過程を獲得し、発展させ、利用するのかということや、知識の構築に関係する認識過程について説明している。そして構築主義は、以下の図1-1のように「認知構築主義」と「社会構築主義」の2つに大きく分類できる。この分類は、それぞれのタイプが依拠している認知論のちがいによるものである。

　認知構築主義では、人は知識の普遍的形態や知識の構造を発展させると考える。この立場が重視するのは、人々が新しい情報に接した場合、どのようにそれを自らの心的スキーマに吸収し再構築するのか、という点である。そして、学習者が自らの心的スキーマを変えていくことが重要であると考える。

　一方、社会構築主義の場合は、学習者の心的スキーマを変えていくことが重要であるという点は認知構築主義と共通である。しかしこの共通点に加え、社会構築主義は、知識は学習者個人の心的スキーマの変化のみで構築されるのではなく、他者との関わり合いの中で他者と協働で構築されるものであると考える。

　認知についてのこの様な考え方は、歴史教育の目標や内容に関しても大きなちがいを生み出すことになる。

図1-1　構築主義の分類

認知構築主義では、学習者の主体的な認知過程を保証しながら知識の普遍的形態や既存のスキーマの発展を目ざしている。したがって学習内容の配置（シーケンス）の計画、指導目標に合わせた認知の方向づけがある程度可能である。つまり、教師が学習者の認知を方向づけることが可能となる。

　他方、社会構築主義の場合は、先に構築主義の分類でみたように、知識は他の学習者との関わり合いの中で協働して構築されるものであるから、学習内容の配置計画や指導目標を教師が予め厳密に定めておくことはできず、教師が学習者の認知を方向づけることは困難である。

　認知構築主義歴史教育と社会構築主義歴史教育のこのようなちがいは、指導や学習形態のちがいを生み出す。

　認知構築主義の場合、ピアジェが提唱したように、知識はその安定性が揺らいだときに新しく獲得される。そしてこのとき教師がなすべきことは、学習者を知的に不安定な状態にさせるような問題を与え、学習者が問題解決できる機会を提供することである。これにより学習者は問題解決の過程で新しい知識を獲得していくのである。

　一方、社会構築主義の場合、ヴィゴツキーが提唱したように、知識は他者との議論を通して社会的に共有されたときに獲得される。そしてこのとき教師がなすべきことは、学級の学習の様子が学習者自身に分かるようにすることである。

　構築主義歴史学習は、基本的には一人ひとりの学習者が既有の知識や経験をもとに過去の出来事を意味づけ、自分なりに歴史像を再構築することで歴史理解を自律的に発展させることができるものであった。そして構築主義は、以下の点で認知構築主義と社会構築主義の2つのタイプに分けられることも既に述べた。認知構築主義は、知識は客観的なものではなく、認知主体が選択的・多面的に構築し、主体的な意味構成に基づいて構築するものであるという基準に立っていた。社会構築主義は、このような認知構築主義の考え方に加えて、知識は人々によって社会的に構築されるものであるとして、

知識形成ではコミュニケーションの媒介となる言語や人々が背景にもっている社会的・文化的コンテクストの役割を重視し、知識形成の過程では対話的・協働的な探究活動を重視している。

アメリカの歴史教育は以上のような構築主義に基づいて行われており、わが国で求められている歴史学習変革の要請に応える上で、表1-1に示すすぐれた特徴をもっている。

このようなすぐれた特徴をもっている一方で、アメリカの構築主義歴史教育には次のような課題もある。第一に、学習プロジェクトやカリキュラムについてさまざまな提案はなされているものの、学校現場で具体的にどの様に学習プロジェクトやカリキュラムが実施されているのかが明らかにされていない。第二に、提案されている学習プロジェクトやカリキュラムにはどの様な学習原理が備わっているのかについてはほとんど解明されていない。今後は、この2点の課題の解明が求められる。

表1-1 構築主義の歴史教育論と歴史学習論の特徴

		認知構築主義	社会構築主義
歴史教育論	歴史理解は過去の出来事についての意味構築である。	制御された主観的知識（意味）の習得をめざす。	協働による主観的知識（意味）の習得をめざす。
歴史学習論	歴史学習は学習者自身の意味構築の過程である。	知識（意味）は基本的には個人で作るもので、学習はその過程として組織される。	知識（意味）は他者とのインタラクションを通して協働で作るもので、学習はその過程である。

(筆者作成)

第3節　構築主義に基づく歴史教育改革

1．構築主義に基づく歴史教育改革

　本節では、構築主義に基づく歴史教育改革がどの様に行われてきたかについて述べる。

　構築主義歴史（社会科）学習の成立に関する研究は、アメリカで行われてきた。例えば、全米社会科協議会（NCSS）の機関誌『社会科教育』1998年1月号で、G. シューマンは次のように指摘している。

　行動主義者などこれまで知識伝達中心の学習を推進してきた人々は次のことを信じてきた。すなわち、「知識とは個人の外部に独立して存在するものである。また優れた教育目標とは人々がこれまで確立し、広く認知された一定の情報や技能を学習者に注入することである」(Scheurman, 1998a: p.6)。その上でシューマンは、「事実とは検討されるために学習者の前に提示されるものであり、この事実を学習者自身が自分で解釈するときに知識は構築されるのである」（同）として、構築主義に基づく学習の重要性を強調している。またシューマンは、構築主義へと向かう社会科学習の改革の流れを次のように整理している。

　知識伝達中心の学習
　　↓
　構築主義に基く学習
　・「認知」構築主義に基く学習（知識は「個人」によって主体的に構築される）
　　↓
　・「社会」構築主義に基く学習（知識は「集団」によって主体的に構築される）

　1960年代から始まった改革は、知識伝達中心の学習から、構築主義（知識

表1-2 教授アプローチのマトリクス

教師の役割 比較の観点	伝達者	管理者	促進者	協力者
知識の特徴	一般的、客観的、そして固定している（認識主体から独立している）。	一般的で「客観的」（知覚者の先行する知識の影響を受ける）。	個人的に構築される：「客観的」（知覚者の知的な発展に依存的である）。	社会的に構築される：「主観的」（知覚者の間で分散している）。
依拠する理論的伝統	行動主義	情報処理技能重視主義	認知構築主義	社会構築主義
学習者についての比喩的な見方	配電盤	コンピュータ	純粋な科学者	見習い
教授活動の特質	学習者に事実(reality)を提供する。 ・情報をますます増加させる方向で普及させる。 ・手順を明示する。 ・独自の実践を重ねて習慣を強化する。	学習者が事実を加工するのを助ける。 ・豊富な環境の情報を集める。 ・エキスパートの記憶と思考方略をモデルにする。 ・メタ認知を強化する。	事実についての学習者の考えの正当性に疑いをかける。 ・つじつまの合わない事物や出来事の不均衡を助長する。 ・問題解決行動を通して学習者を導く。 ・発見の後に反省的思考をモニターする。	事実を構築しながら学習者と共に参加する。 ・学習者の着想や誤った考えを引き出し、適合させる。 ・学習者をオープン・エンドな探究に従事させる。 ・教師自身と学習者を真正の手段や手続きへと導く。
学習者の活動の特質	権威者によって伝達されている事実(reality)を反復する。 ・視聴 ・練習 ・暗唱	感覚を通して理解された事実を手際よく処理する。 ・思考と記憶の活動を行う。 ・スキーマを発展させ、技能をオートマ化する。 ・自己調節方略を実行する。	身体的、社会的な活動を通して事実を経験によって知る。 ・情報を集める。 ・新しい種類の経験を処理する新しいシェーマと方略を発展させる。 ・自然的、社会的、そして知的な発見を思案する。	身体的、社会的活動を通して事実を創造する。 ・「ある状況に置かれた」（文化的）理解を作る。 ・仲間や教師と共にオープン・エンドな探究に活発に取り組む。 ・協働で構築する方法を熟考する。

(Scheurman, 1998a)

は主体的に構築されるものである）に基づく学習への転換をめざすものであった。さらに構築主義の中でも、「認知」構築主義（「個人」による知識の主体的構築）から、「社会」構築主義（「集団」による知識の主体的構築）への転換がなされた（同、p.7。表1-2参照）。またシューマンとは別に、P. ドゥーリトルとD. ヒックスも、1990年代後半以降の認知構築主義や社会構築主義に基づく構築主義社会科学習への改革の流れが、1960年代以降に形成されてきた社会科の考え方を起源にしていることを明らかにしている（Doolittle & Hicks, 2003: pp.75-86）。

このような先行研究から、構築主義歴史（社会科）学習の起源は、1960年代にアメリカで展開した新社会科の時期に遡ることができ、新社会科そのものにこの学習の基本原理が含まれていたと考えられる。しかし、G. シューマンおよびP. ドゥーリトルとD. ヒックスの研究では、これらが具体的にどの様な学習プロジェクトやカリキュラムで実施され、どの様な学習原理が備わっていたのかはまったく解明されていない。

アメリカにおける構築主義歴史学習の先駆は、新社会科のひとつ、アマースト・プロジェクトである。アマースト・プロジェクトは、歴史学者、社会科学者、教育学者、心理学者、中・高等学校の歴史教師が参加した中等学校用のアメリカ史に関するカリキュラムの開発とその効果の実験・実証的研究であり、1960年代から1970年代初頭まで行われた。プロジェクトの中心的指導者であった歴史学者R. ブラウンによれば、この歴史カリキュラムは、第一に史資料を基礎にした歴史学の方法に基づく探求的な学習を中核にした点と、第二に学習者による歴史の意味理解を推進した点で特徴をもつ（Brown, 1966）。

しかし、このプロジェクトは、1970年代から1980年代までは、主に第一の特徴である科学主義の立場から評価された。例えば、H. ハーツバーグはこのプロジェクトを、学習者が史資料に基づいて歴史を探求する歴史学の方法を習得するための歴史カリキュラムとして特徴づけている（Hertzberg, 1981:

p.101)。また、C. サメックは、他の新社会科とちがい、このプロジェクトは全米でワークショップを開催し、一般の中・高等学校への普及に努めた実践的側面が特色であったと評価するにとどまっていた (Samec, 1980)。この時期には第一の特徴である科学主義の側面が強調され、アマースト・プロジェクトの指導者R. ブラウンが強調した、第二の特徴である「学習者による歴史の意味理解」の側面は注目されなかった。

　ところが1990年代以降、アマースト・プロジェクトは第二の特徴である構築主義の学習論や認知論の観点から高く評価されるようになっている。その代表は、G. シューマンとS. ワインバーグである。シューマンは、『ソーシャル・エデュケーション』誌の構築主義特集号の中で、アマースト・プロジェクトのレキシントン事件に関する単元を発展的に再構成し、社会構築主義に基づいた歴史授業を開発している (Scheurman, 1998b)。ここでは学習者の自律的な歴史理解を保証する新たな歴史学習が提案されている。またワインバーグは、歴史理解の特性に関する認知心理学的な研究として、シューマンが取り上げたものと同じ単元を取り上げ、学習の基礎にある歴史の認知の特性を解明することで構築主義に基づく歴史学習の認知論的な基礎づけを行おうとしている (Wineburg, 1991a, 1991b, 1994)。

　このように、アマースト・プロジェクトは1990年代に入って構築主義の立場から再評価され、構築主義社会科学習（歴史学習）が1960年代の新社会科まで遡って検討されている。

　社会科に関係する領域における、構築主義の考え方をもとにした理論提示や実践としては、まずアメリカにおける学校改革運動の中で示されているものがある。この場合、学校教育全体にわたって構築主義的な学習方法や教師の関わり方が議論されている。学校教育改革運動の中で社会科に触れられているものとしては、思考指導で有名なF. M. ニューマンを中心として行われている報告 (Newmann, Marks, Gamoran, 1995) がある。次に社会科教育全体の改革運動として構築主義的な学習方法や指導方法が議論されているものと

して、J. ブロフィと J. アレンの社会科教育における協働的学習や構築主義的な学級経営に関するものがある（Brophy & Alleman, 1996, 1998）。第三は、B. A. ボイヤーなどのメディア利用との関わりで社会科教育における構築主義的学習環境について議論したものである（Boyer & Semrau, 1995）。そして第四は、歴史教育の分野で示されているもので、歴史理解における学習者のテクストの読みや意味構成、活動を含めた理解における複合的知性の育成の問題である。

　歴史教育においても、1990年代中頃から上記の構築主義的な考え方に基づく教授－学習論が唱えられ、実践がなされてきた。

　例えば先に引用した G. シューマンは、1970年代の新社会科のひとつであるアマースト・プロジェクトで開発された単元『レキシントン・グリーンで何が起こったのか－歴史の本質と方法の探究』を再評価し、社会構築主義の観点から改良した授業プランを示して、従来の認知構築主義的な歴史学習を発展させることで現在の歴史学習の改善を試みている（Scheurman, 1998b）。アマースト・プロジェクトのもつ基本的性格とは、「人々はなぜ物事を異なって理解するのか。人々の見方が異なっているときには私たちはどの様な方法でそれらの見方を再構築すればよいのか。過去とは何か。事実とは何か。そして知るとは何か。これらの問いに答えることにより、私たちは自分自身をどの様に確認し、どの様に理解するのか。」などの、過去を理解させる中核的な問いをもとにして学習者たちに議論させることであった。

　また、D. コブリンは『教科書を越えて－文書や一次史料を利用して歴史を教える』を著して、学習者が協働して文書や一次史料を分析する学習を通して過去と対話し、学習者が歴史家として過去についての歴史を構築する授業を作ることで教科書中心の歴史学習の改善を図ることを主張した。そして、高校の教師たちと共同で歴史学習単元を開発・実施し、その成果を報告している（Kobrin, 1996）。開発されたのは、「3 人の有色人種」「合衆国が戦争する」「ルネッサンス」などのタイトルの単元である。

さらに、B. バウアーとJ. ロブデルは、「学習者は自分自身の知識を構築することを認められるべきである」という考え方に基づいて、歴史学習プロジェクト『生きている歴史!』を構成し、構築主義に基づく歴史学習の原理と実践例を報告している(Bower & Lobdell, 1998)。また、この歴史プロジェクトでは数多くの単元開発がなされ、教師カリキュラム協会(TCI: Teachers Curriculum Institute)によって教育現場へ普及が図られている(Bower, Lobdell, Swenson, 1999)。

2．構築主義に基づく歴史学習プランの類型化

(1) 認知構築主義に基づく歴史学習と社会構築主義に基づく歴史学習

　構築主義歴史学習は、(1)「知識を発展させる方法」と(2)「歴史理解の内容」によって図1-2のように類型化できる。

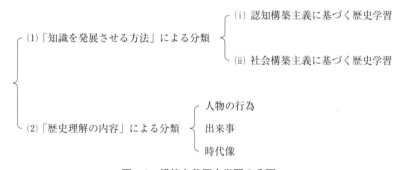

図1-2　構築主義歴史学習の分類

(i) 認知構築主義に基づく歴史学習：史料に内在する視点(史料の登場人物がもつ視点)をもとに行為・出来事・時代像相互の関係を一つのストーリー(物語)としてまとめ上げ、理解する方法をとる学習。

(ii) 社会構築主義に基づく歴史学習：学習者同士による複数の視点をもとに行為・出来事・時代像相互の関係を複数のストーリー(物語)としてまとめ上げ、理解する方法をとる学習。

図1-3　「知識を発展させる方法」に基づく構築主義歴史学習の分類

さらに、「知識を発展させる方法」に基づく構築主義歴史学習は、図1-3のように2つに分類できる。

(i) は、学習者一人ひとりが各自で歴史学の研究方法を用いて知識を発展させることで理解を深める。歴史に関係する社会科学の研究方法を用いることから研究的歴史構築学習とも呼ぶことができる。歴史に関係する社会科学の研究方法とは、史資料の解釈や考古学的発見物を通して過去の人物の行為・出来事・時代像を明らかにすることをいう。(ii) は、学習者がクラスの他の学習者の考えを聞き、討論をして知識を発展させることにより批判的に理解を深める学習である。この学習では学習者同士が主張し、批判し合うことを通して他者と関わる。

(i) の認知構築主義に基づく歴史学習で用いられる歴史学の研究方法は、(ii) の社会的歴史構築主義に基づく歴史学習においても学習者一人ひとりが用いるものではある。しかし、(ii) で重点がおかれるのは、学習者が各自で史資料の解釈をした後に行う学級内での主張・討論である。

構築主義歴史学習を2つに類型化するのは、以下の理由による。もともと構築主義は、知識の発展のさせ方によって認知構築主義と社会構築主義の2つに分けられる。その分類を歴史理解に当てはめて分類することにより、構築主義に基づく歴史学習における学習者の理解の過程をより詳細に分析できると考えたからである。

次に、「歴史理解の内容」による分類について述べる。

(2) 人物の行為・出来事・時代像を指標とした歴史学習

我々が歴史を理解すると言う場合、理解の内容はさまざまなものが考えられる。この内容をそのまま丸ごととらえると、歴史について知るべき内容は無限にあり、歴史学習の内容は膨大な量になる。よって筆者は政治学者の篠原一が示している歴史の捉え方に着目した（篠原、1986：p.5）。

篠原は、歴史をひとつの家系図のようなものとして説明している（図1-4参

照)。篠原が示す歴史の説明は、以下のようである。

> 「つまり、ある時点においては、a から e に至る5つの選択肢があり、現実には種々の力関係と状況の圧力によって、b という選択がなされる。ここで選択肢を5つに限定しているのは、人間は四次元の空間で行動するのではなく、歴史的状況という引力の下で行動をしており、従って当然に選択肢は限定されるということを意味している。そしてひとたび b という選択がなされると、ba から be に至る新たな選択肢がひらかれ、その中からまた be という選択がなされる。このような選択の連鎖によって歴史が構築されるのであり、結果からみれば、b-be-bec という展開は決定論的にみえるが、その時点時点に立ちかえってみれば、事態はより動態的である。そしてその選択行為の成功と失敗の経験の中から法則性を見出し、より正確な現実の理解を試みるとともに、また将来の行動への指針をも読みとろうとするのが社会科学の営為である。」

歴史理解の場合、その主要な構成要素は人物の行為・出来事・時代像である。篠原の上記の考えを参考にすると、歴史理解の主要な構成要素は図1-5のように対応づけられる。すなわち、歴史理解は歴史的状況の下で行われる人物の行為(a、b、c、d、e)によってまず出来事(ba、bb、bc、bd、be)が作られ、この出来事が合わさって時代像(bea、beb、bec、bed、bee)が作られ

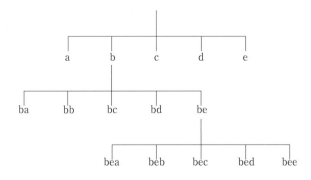

図1-4　家系図としての歴史

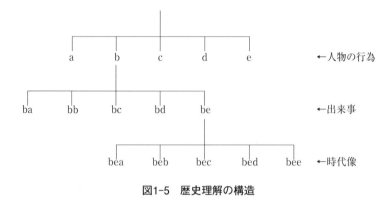

図1-5　歴史理解の構造

ていく関係にある。ひとたび b という「人物の行為」がなされると、ba から be にいたる「出来事」が起こる。そして、その中から be という「出来事」の選択がなされ、その結果 bec という「時代像」が形成される。つまり、結果からみれば、b-be-bec（人物の行為－出来事－時代像）という展開になる。

現実には時代像は、人物の単一の行為や単一の出来事によって作られるのではなく、複数の行為や出来事によって作られるものである。しかし、基本的な構造としては図1-5の右に示す「人物の行為→出来事→時代像」という「連動」関係があると考えられる。

以上、歴史理解の主要な3つの構成要素（人物の行為・出来事・時代像）は単独に存在するのではなく連動関係にあることを述べた。次にこの3つの構成要素の内容とその連動関係を詳しくみていく。

歴史理解の主要な構成要素をもとにして構築主義歴史学習を分類すると、図1-6のように示すことができる。ここでは (i)→(ii)→(iii) と進むにつれて理解の要素の数が多くなる。理解の要素の数は(i)では人物の行為、(ii)では人物の行為と出来事の2つ、そして (iii) では人物の行為・出来事・時代像の3つとなる。また、(i)の学習は (ii) の前提となり、(ii) の学習は (iii) の学習の

(i) **人物の行為**：人物がおかれた背景や状況、人物の判断などの情報をもとにして、人物の行為が出来事をどの様に作り出しているかを、歴史的人物や学習者の視点から理解するもの。

(ii) **出来事**：人物の行為や出来事の理解をもとにして、出来事が時代の特色や社会の動きをどの様に作り出しているかを、歴史的人物や学習者の視点から理解するもの。

(iii) **時代像**：出来事と時代の特色や社会の動きについての理解をもとにして、社会の仕組みについての普遍的な考え方や社会問題の発生の仕方を、歴史的人物や学習者の視点から理解するもの。

図1-6　「歴史理解の内容」に基づく構築主義歴史学習の分類

前提となることから、(i) (ii) (iii) は包摂関係にある。

このような類型を作成したのは、以下の理由による。人物の行為・出来事・時代像という3つの要素は歴史理解の重要な要素であり、小学校から高等学校までの歴史学習の対象として理解の中心的目標である。従来これらの3つは歴史理解の要素としては認められてきたが、個別の目標として扱われ、それぞれ独立して達成されてきた。しかし、人物の行為・出来事・時代像という3つの要素は本来、密接に関係して歴史理解を作り上げており、人物の行為の理解を基礎として出来事の理解がなされ、出来事の理解を基礎として時代像の理解がなされる、という段階的・発展的な構造がある。つまり、これら3つを相互に関係づけることで歴史理解を大きく発展させることが可能になるのである。

以上、構築主義に基づく歴史学習を「知識を発展させる方法」による分類と「歴史理解の内容」による分類の2種類の類型に大別して説明した。この2種類の類型を作成したのは、以下の理由による。

従来は学習者の歴史理解の構造について判断の指標が存在していなかったため、学習者の歴史理解がどの程度深まったかの明確な評価を行うことができていなかった。学習者の歴史理解に言及する場合に、それらが歴史理解の全体レベルの理解の中でどのレベルにあるのか、学習者が主体的に歴史像を

表1-3　構築主義歴史学習の類型

学習対象	歴史学習の基本類型	研究的歴史構築学習	社会的歴史構築学習
	構築主義のタイプ	認知構築主義（第1部）	社会構築主義（第2部）
	歴史理解の基本概念	解釈／理解	批判的解釈／主張
	解釈の方法	科学（学問）の方法	批判による方法
		史資料に内在する視点を構築	学習者自身の視点として構築
人物学習	人物の行為	人物の行為の解釈に基づく歴史学習（第2章）	人物の行為の批判的解釈に基づく歴史学習（第6章）
出来事学習	出来事	出来事の解釈に基づく歴史学習（第3章）	出来事の批判的解釈に基づく歴史学習（第7章）
時代像学習	時代像	時代像や社会の動きの解釈に基づく歴史学習（第4章）	時代像や社会の動きの批判的解釈に基づく歴史学習（第8章）
まとめ		認知構築主義に基づく歴史学習の原理と特質（第5章）	社会構築主義に基づく歴史学習の原理と特質（第9章）

構築するにはどの程度の理解がさらに必要か、という具体的な考察が困難であったといえる。そのため、指導の方法も明確ではなかった。前述の2種類の類型は、学習者の歴史理解の構造を判断する指標を示し、具体的考察をするための大きな指針となるものである。

　以上、2種類の類型を組み合わせることで学習者の歴史理解がどの様に深まるのかを明らかにし、それに基づいて学習者が主体的に歴史像を構築するための指導方略を述べた。

　これまで説明した構築主義歴史学習の類型を示したのが表1-3である。

　次章以降では、1960年代後半以降に開発された多様な構築主義歴史学習の

カリキュラムや単元を分析し、構築主義歴史学習の内容構成、授業構成の原理や学習原理を明らかにする。

冒頭で示したように構築主義には認知構築主義と社会構築主義の2つのタイプがあるが、構築主義歴史学習の基本的特徴は次の8つの基本概念として仮説的に示すことができる。

① 歴史の知識は、認識主体から独立して客観的に存在するものではなく、選択的に構成されたものである。
② 歴史の知識は、個人や人々の目的や信念、経験や特定の環境に基づいて能動的に作り出されたものである。
③ 歴史の理解は、個人や人々の経験を組織化し、意味を構成することである。
④ 歴史の理解は、学習対象の構成や観点の取り方によって多面的な解釈となりうる。
⑤ 歴史の理解は、外的な歴史的実在についての正確な表象を得ることではない。
⑥ 歴史の理解は、言語や記号を媒介とした社会的・文化的相互作用によって多様に作り出される。
⑦ 歴史の理解は、個人や人々の協働による認知を通して吟味され、妥当なものと認められる。
⑧ 歴史の理解は、個人的・社会的認知によって拡大・普及される。

本研究では、各章、各節で歴史学の単元事例を分析する際に、上記の基本概念のどれが反映され、強く働いているかを明らかにすることを念頭に置いて研究を進めていく。

第1部　認知構築主義に基づく歴史学習の原理と展開

　第1部（第2章〜第5章）では「認知」構築主義に基づく歴史学習の単元を分析する。

　第1章第3節で述べたように、本研究の目的は、構築主義に基づくさまざまな類型の歴史学習プランを分析することにより、構築主義に基づく歴史学習の原理と授業構成の特質を明らかにすることである。

　構築主義は大きく2つの類型、(A) 認知構築主義と(B) 社会構築主義に分けられること、そして各単元の分析に当たってはさらに「歴史理解の内容」による3つの下位レベルの枠組み、つまり(a) 人物の行為の解釈、(b) 出来事の解釈、(c) 時代像の解釈を設定したことは第1部第1章で述べた。

　第1部では、この2類型のうち(A) 認知構築主義と3つの下位レベル (a) (b) (c) を順次組み合わせ、(A) (a)＝認知構築主義＋人物の行為、(A) (b)＝認知構築主義＋出来事、(A) (c)＝認知構築主義＋時代像、の順で各単元を分析して原理を抽出し、特質と問題点について述べる。

第2章　人物の行為の解釈に基づく歴史学習の論理

　従来、わが国の小学校歴史学習では、歴史上の人物の業績や生き方を教材として人物の行為や出来事、時代の特色を理解させる学習が行われてきた。人物学習と呼ばれるものがそれである。1977年版小学校学習指導要領やその解説書では、この人物学習は人物の行為や文化遺産の学習を通して出来事・時代の特色を理解させるものとして示され、歴史学習のひとつの方法として一般化されてきた[1]。しかし、小学校学習指導要領やその解説書では人物の行為や文化遺産を学習することで、なぜ出来事や時代の特色を理解することができるのかについては説明されておらず、人物の行為と出来事・時代の特色の関係は明らかにされていない。そのため教師は、学習者の興味に任せて人物の業績を詳細に調べさせ、歴史漫画を利用させるなど、目的が曖昧なまま授業を展開してきた。その結果、河南（1991）が指摘するように、学習者は人物を過大に偉人化し、もしくは人物の行為を解釈するだけにとどまり、出来事や時代の特色を理解するまでに至らないという問題があった。つまり、人物の行為の解釈を土台として出来事や時代の特色を理解させる授業ができていなかったのである[2]。

　本章では、人物の行為の解釈に基づいて出来事・時代の特色を理解させることを目的とした歴史学習を取り上げて分析することで、人物学習の原理を明らかにする。この類型の歴史学習では、学習者は史資料を解釈し、それをもとに歴史上の「人物の行為」を解釈する。しかし、単に「人物の行為」を解釈することで終わるのではない。「人物の行為」の解釈を通して「人物の行為」と「出来事」の関係を解釈することまでを目的としている。なぜなら、歴史理解においては「人物の行為」はそれ自体単独で存在意義があるのではなく、「人物の行為」が「出来事」を形成していくという両者の関係が

重要だからである。

　以上の理解を前提とする本章の目的は、第1章で述べた構築主義に基づく歴史学習の2つの類型のうち、認知構築主義に基づく歴史学習を取り上げ、その中でも「人物の行為」を学習するタイプについて分析することで、従来わが国の歴史教育では明らかでなかった人物学習の原理を明らかにすることである。

　本章で取り上げる人物学習単元は、史料の解釈を通して「人物の行為」と「出来事」の関係を解釈する単元「リンカーンと奴隷解放」（アマースト・プロジェクト）である。

　まず本章第1節でアマースト・プロジェクトの歴史学習の目標、カリキュラムの全体計画とその論理について述べる。次に「リンカーンと奴隷解放」の単元について①単元構成とその論理を概観し、さらに②授業展開とその論理として「リンカーンと奴隷解放」の単元の分析から明らかになった内容構成原理と学習方法原理について詳述する。

　そして第2節では、本単元の特質と問題点について述べる。

第1節　史料の解釈を通した人物の行為の解釈学習：アマースト・プロジェクト　単元「リンカーンと奴隷解放」の場合

　本節では、史料の解釈を通して「人物の行為」と出来事の関係を解釈する歴史学習として、アマースト・プロジェクトの人物学習単元を分析する。取り上げるのは、代表的な単元「リンカーンと奴隷解放」である。これは、リンカーンという「人物の行為」が、奴隷解放という出来事にどの様な影響を与え、奴隷解放という出来事をどの様に作り出したのかを史料の解釈を通して理解させる単元である。

　アマースト・プロジェクトとは、1964年から1971年にかけてアメリカ合衆国マサチューセッツ州のアマースト・カレッジを本拠として行われた研究プ

ロジェクトである。1960年代のアメリカで開発された新社会科のひとつに位置づけられる。その目的は米国史に関する中等歴史カリキュラムの開発であり、その活動の中心的内容は以下の3つであった。第一は、史料の活用を重視した歴史の探求方法を学習者に習得させるためのカリキュラム開発である。第二は、開発された単元が有効なものかどうかを確かめる実験・実証的研究である。そして第三は、カリキュラムの全国的普及をめざした全米各地での教師対象ワークショップの開催である。

このプロジェクトの基礎になったのは、1959年頃から始まった歴史教材開発活動である[3]。この活動は、アマースト・カレッジの歴史教師とアマースト地域の教師で構成された中等学校歴史教育委員会（委員長はアマースト・カレッジのアメリカ研究者 V. ホールズィ（Van R. Halsey, Jr.））の支援を受けて行われていた。この活動は出版社との提携で行われていたものの資金的な裏づけは弱く、また活動期間も短期間であったため、アマースト地域の教師の支持を得ているだけの限定的な活動であった。このような時期を経て1964年に連邦教育局（USOE）から共同研究助成金を取得したことで、1964年から1971年までの8年間にわたるプロジェクトとなった。その目的は、1)専任の統括指揮者の雇用による組織的・継続的研究体制の確立、2)歴史の新しい探求方法の開発をはじめとするさまざまな特色を備えた歴史カリキュラムの開発、3)カリキュラムの全米への普及、である。

このアマースト・プロジェクトに参加したのは、歴史学者、社会科学者、教育学者、教育心理学者と中・高等学校の歴史教師・社会科教師たちであった。歴史学者、社会科学者、教育学者、教育心理学者は歴史教育研究委員会を構成し、教師は全米各地から参加していた。プロジェクトでは歴史学者のR. ブラウン（Richard H. Brown）が専任統括指揮者であり、他に事務局のスタッフがいた。歴史教育研究委員会のメンバーはカリキュラムの作成や単元開発の過程で専門の立場からの助言、カリキュラムや単元の理念・原理の一般化を担当し、中・高等学校の歴史教師や社会科教師たちは具体的な単元開

発を行った。

1. 歴史学習の目標 – 歴史の探求方法と歴史研究の意義の理解

アマースト・プロジェクトで開発された歴史カリキュラムの中心目標は、(a) 歴史の探求的研究方法の理解、(b) 歴史の探求的研究方法（能力・技能）の習得、(c) 歴史研究や歴史の意義の理解の3点である（Brown, 1966: Committee on the Study of History, 1969；Brown, 1970, 1996）。(a) は、歴史学の構造を理解させ、歴史学の研究方法に関する知識（事実の特性や一般化の限界、仮説、証拠、証明の間の関係）を習得させることである。(b) は、歴史の探求技能を獲得させることであり、探求のために問いを立て批判する能力および概念を実際に応用する能力を発展させることである。(c) は、さまざまな問いを追求することで事実や歴史の意義を理解させることである。例えば、事実とは何か、事実はどの様にして事実となるのか、歴史とは何か、歴史にはどの様な意味や意義があるのか、という問いを追求することである（Brown, 1970）。そしてこれらの目標を達成する方法として特徴的な点は、史料を活用することである。学習者が既有の知識や経験（認知構造）をもとに歴史の事実について疑問をもち、自分自身の結論を導き出していく探求的学習を組織する際に基礎となるのが史料の活用である（Brown, 1970）。

アマースト・プロジェクトで史料の活用が重視されたのは、次の2つの理由による。まず、カリキュラムの中心目標を達成するためには、学習者が事実について疑問をもち、自分自身の結論を導き出す探求的な学習が不可欠であり、これを支える条件として歴史的証拠、特に手紙・日記・報告書、発言や演説の記録などの文書を中心とした一次史料の利用が最も効果的であると考えられたためである（Brown, 1966）。第二の理由は、学習者が歴史に関心をもって学習する最良の方法は、生活の中で生じている問題を解決する経験を得ることであり、それにより生涯にわたる学習の方法を習得できると考えられたためである（Brown, 1996）。第一の理由は学問的探求方法と、第二の

理由は生活的探求方法と呼ぶことができる。これら2つの方法は、学問と生活という対極に位置するように見える。しかし、手紙や日記、報告書などの史料を利用することで互いに発展し合う関係にあると考えられる。つまり、手紙・日記・報告書などは中学校や高等学校の学習者も日常の生活の中で馴染みのあるものであるため、人々の判断や行為の様子を読み取りやすい。このプロジェクトでは、史料を利用することによって、学習者が馴染みのある生活的探求方法を活用しながら学問的探求方法の習得へとよりスムーズに発展させる、という方法がとられていることが推測される。

2．授業構成原理

(1) カリキュラムの全体計画とその論理－社会における人間関係・現代的課題・歴史理解の方法の理解

　アマースト・プロジェクトの歴史カリキュラムは、モジュール方式をとっている[4]。モジュール方式とは、単元をそれぞれ独立したものとして作成し、各単元を関連づけることで全体としてアメリカ史のカリキュラムを作り上げる方式である。このカリキュラムは配列があらかじめ定められた単元計画ではなく、またトップダウン形式で展開する構成にもなっていない。カリキュラムの理念や単元構成を踏まえたうえで、学習者の学習状況や学習者が提起する問いを考慮しながら、歴史学習が最も探求的に展開できるようになっている[5]。そして、単元の選択や単元相互の関係に柔軟性をもたせることで、教師自身が歴史カリキュラムを構成できるようになっている[6] (Committee on the Study of History, 1969: p.7)。

　アマースト・プロジェクトで開発されたカリキュラムの単元は、大きく3つの原理で構成されている。3つの原理と各単元名を対応させたものが表2-1である。表2-1の構成と原理を示すと次のようになる。

表2-1 アマースト・プ

問題		内容	伝記	政治	経済	社会に
歴史的に構築されてきた現代的課題	歴史の中の問題	ジレンマ	個人の自由と社会秩序の均衡をとることのジレンマ／意思決定のジレンマ		●ジャクソニアンデモクラシー研究 ●1830年から1850年における市民的不服従と現代の類似 ●市民の良心と軍事的義務 ●自由か、それとも例外的自由か ●有刺鉄線の向こうの市民	●なぜワッツなのか	
		変化		●リンカーンと奴隷解放	●国家再建 ●連邦主義者と政権の難問 ●最初の大陸横断鉄道 ●1807年の出入港禁止	●経済恐慌への対応 ●関税制度	●ミズーリ ●大統領ポ
	歴史を通じた問題	ジレンマ	国際関係における国家権力のジレンマ／社会的制度的変化の多様なプロセス		●帝国主義と権力のジレンマ		●モンロー ●スペイン ●中立主義 ●1840年代と領土拡 ●アメリカ集団安全 ●自由と安 ●1917年からリカ合衆 ●中国に対の第二次 ●外交政策
		変化		●奴隷制廃止論者	●20世紀のアメリカにおける黒人 ●南北戦争以前の社会関係 ●最高裁判所とこれによるアメリカ政府の変化 ●アメリカ社会への参加の方法としての選挙	●貧困とアメリカの生活の質 ●都市の中のよそ者	
歴史のわかり方の特性	歴史の認知の問題	ジレンマ	認知と知識の間の関係／思想がひとつの時代を通じて変化する方法				●1935年の
		変化		●南北戦争の兵士 ●サコー・バンゼッティ		●労働の福音 ●アメリカ史における発展期、1890年〜1914年	

(Committee on the Study of History (1969). *The Amherst Project*,

第2章 人物の行為の解釈に基づく歴史学習の論理　39

ロジェクトの単元構成

註：●は単元名

社会における人間関係					
おける人と人との関係			社会における人と人との関係についての観念		
外　交	戦　争		憲　法		思　想
	●市民の良心と軍事的義務 ●戦時期に異議を唱えることの制限		●憲法の批准と人民の基本的人権に関する宣言 ●州の権利とインディアンの移住 ●自由と法 ●自由と安全 ●アメリカにおける忠誠義務 ●アメリカにおける財産		●ニューイングランドにおけるピューリタンの自由と権力 ●アメリカ合衆国における公教育 ●民主主義とその奉仕者 ●この中に私と共にいるのは誰か
妥協 ークとメキシコ	●朝鮮と限定戦争の限界				
主義 －アメリカ戦争の放棄 における領土拡張論 張主義 合衆国、国家連合、主義 全保障 ら1965年までのアメ国とソビエト連邦するアメリカ合衆国世界大戦以来の活動における理想と現実					
	●民主的社会における軍事力				●アメリカ独立革命の目的 ●神と政府
中立条約	●レキシントン・グリーンで何が起こったのか				
	●ヒロシマ		●アメリカにおける人種差別の起源 ●アメリカにおける少数民族と偏見 ●移民		●ヨーロッパ精神と新大陸の発見 ●行動に移される理念 ●1920年代 ●神話と現実としてのアメリカ西部 ●科学とアメリカの特性 ●ニューイングランドにおけるピューリタンの神の摂理 ●ラウンドバレーインディアン居留区 ●幻滅した人々

Final Report. Bureau of Research, United States Office of Education. をもとに筆者作成。）

```
              ┌ ・社会における人の役割
表の横軸 ┤ ・社会における人と人の関係      ┐
              │ ・社会における人と人との関係について ├→社会における人間関係→原理1
              └  の観念                    ┘

              ┌ ・歴史の中の問題   ┐
表の横軸 ┤                      ├→歴史的に構成されてきた現代的課題 →原理2
              │ ・歴史を通じた問題 ┘
              └ ・歴史の認知の問題   →歴史のわかり方の特性        →原理3
```

目標原理1 「社会における人間関係」の理解

　人間関係は、社会を構成する最も重要な基本的要素である。したがって学習者に社会についての見方・考え方を獲得させる際に、実質的な理解の対象となるべきものは人間関係である。そこで、「社会における人間関係」を学習者に理解させることが第1の原理とされている。学習者は社会の人間関係の中で日々生活しており、人間関係について学習者自身の概念と理解を既にもっている。そのため、学習者が社会についての理解を深めるには、人間関係がどの様になっているかを、学習者自身の既有の知識・概念を活用して考える学習にすることが最も望ましい。なぜなら、このような既有の知識・概念は学習者が社会を分析する際に思考の認知枠組（判断の基準）となるためである。そして学習者は、この認知枠組を学習過程で活用することを通して既にもっている理解を発展させるとともに、新たな情報をもとに新たな理解を構築していくことができる。またこれが主体的な歴史理解を生み出すことにもなる。

　「社会における人間関係」は以下の3つの内容に分類され、それぞれに適した内容の主題がある（表2-1の横軸2段目参照）。

```
社会における人間関係
  ┌ ・社会における人の役割：〔内容の主題〕伝記
  ┤ ・社会における人と人との関係：〔内容の主題〕政治・経済・外交・戦争
  └ ・社会における人と人との関係についての観念：〔内容の主題〕憲法・思想
```

第2章　人物の行為の解釈に基づく歴史学習の論理　41

　上記の主題のうち、本研究で取り上げ分析するのは、伝記（第2章第1節の単元「リンカーンと奴隷解放」）と、戦争（第3章第1節の単元「レキシントン・グリーンで何が起こったのか」および第4章第1節の単元「ヒロシマ」）である。

目標原理2　「歴史的に構成されてきた現代的課題」の理解

　前述の原理1（表2-1の横軸）は社会における人間関係を学習者に理解させることであり、人間関係の内容に応じてさらに細かく7つの主題（伝記・政治・経済・外交・戦争・憲法・思想）に分類される。この7つの主題が、解決されるべき問題というかたちをとって現代社会に現れてきたものが、原理2「歴史的に構成されてきた現代的課題」である。「現代的課題」は、学習者の追求する学習問題となるものである。これは表2-1では縦軸の上から2つ、つまり「歴史の中の問題」と「歴史を通した問題」にあたる。これを整理すると次のようになる。

歴史的に構成されて　　・歴史の中の問題：特定の時期に起こった問題
きた現代的課題　　　　・歴史を通した問題：時代を通した普遍的問題

　「歴史の中の問題」と「歴史を通した問題」は、その問題が社会の中に現れる状態に応じてさらに以下の2つに分けることができる（表2-1の縦軸、左から3列目参照）。

歴史的に構成されてきた現代的課題
- 歴史の中の問題
  - 2つの対立する事柄の「ジレンマ」として、問題が顕在化した場合〔静的状態〕
  - 問題が「変化」という形をとって社会の中に現れる場合〔動的状態〕
- 歴史を通した問題
  - 2つの対立する事柄の「ジレンマ」として、問題が顕在化した場合〔静的状態〕
  - 問題が「変化」という形をとって社会の中に現れる場合〔動的状態〕

　これらの問題は、社会における人間関係が、解決すべき問題として現れてきたものであり、具体的には「個人の自由と社会秩序の均衡を取ることのジレンマ」「意思決定の問題」「国際関係における国家権力のジレンマ」「社会的制度的変化の多様なプロセス」である（表2-1の縦軸、左から4列目参照）。これらは、社会の人間関係の中で生活する学習者にとっては現在もなお解決すべき主要な問題であるため、学習者が現在の社会を主体的に理解する大きな動機づけとなる。

　例えば、単元「リンカーンと奴隷解放」ではリンカーンがイリノイ州議員の時期から大統領として活動する時期までが取り上げられる。そして当時の奴隷制（人種差別）という「歴史の中の問題」に焦点が当てられ、これに対するリンカーンの考え方が時期を追ってどの様に「変化」していったのか、また彼が奴隷制問題を解決するためにどの様に意思決定し、奴隷解放政策を具体的に考え、行動し、実現していったのかが考察される。ここでは奴隷制という「歴史の中の大きな問題」が取り上げられ、リンカーンの考え方の「変化」やこれと連動した「意思決定」の中身を考察することで人種差別（奴隷制）の問題がどの様に解決されてきたのか、そしてなぜ未解決の現代的課題としてなお存続しているのかを学習者が自覚するように構成されている。

　学習者がすぐれた探求者になる条件を、アマースト・プロジェクトの統括

指揮者 R. ブラウンは次のように述べている。

> 「人間関係についてのより大きな諸問題が明らかとなる方法によって探求の主題を提供することが重要と考えられている。また、このような主題を追求することで学習者は自分自身の経験を探求の中へより明確に持ち込むとともに、探求の結果を自分にとって意義のある結果として理解するようになる。」(Brown, 1966)。

目標原理3　「歴史のわかり方の特性」の理解

　第3の原理は、人が歴史をどの様に理解しているかという問いに答えたものであり、その「歴史のわかり方の特性」を学習者が理解しやすいカリキュラムになっているということである。表2-1では、縦軸左から2列目最下段「歴史の認知の問題」にあたる。歴史の認知とは、歴史についての人々の理解である。人々が歴史をどの様に理解しているかについて学習者が十分に理解するためには、単に史資料を読むだけでは不十分である。歴史の理解は、人々が史資料を自分の視点をもって解釈し、自分なりの意味を考え、構成することでなされる。そこで、人々がどの様な視点でどの様な解釈をし、歴史を自分なりにどの様に構築しているかを、学習者に理解させることが原理3「歴史のわかり方の特性」である。

　この原理も前述の原理2と同様に、社会における人間関係が、解決すべき問題として現れてきたものであり、その現れる状態によって次の2つに分けられる。

歴史の認知の問題 ｛
・2つの対立する事柄の「ジレンマ」として、問題が顕在化した場合〔静的状態〕
・問題が「変化」という形をとって社会の中に現れる場合〔動的状態〕

　本研究で分析するのは、「ジレンマ」については単元「レキシントン・グリーンで何が起こったのか」(第3章第1節)、「変化」については単元「ヒロシマ」(第4章第1節) である。

以上、原理1、2、3を順に見てきた。この3つの原理の関係は次のようになる。

社会における人間関係（原理1）が現代的課題として現れたものが原理2である。言い換えれば、学習者は現代的課題（原理2）を追求することで、社会における人間関係（原理1）を理解することができるという関係にある。この原理1と原理2の関係が、アマースト・プロジェクトのカリキュラムの基本となる。これに加えて歴史のわかり方の特性（原理3）をクロスさせることで、人々（自分を含んだ）が社会の構成をどの様にとらえているのかを学習者に理解させ、歴史の理解の仕方をメタ認知する能力を高めようとしている。そして高められた歴史の認知の能力を、原理1や原理2の理解に反映させることで、学習者自身による社会の歴史的・社会的構築や現代的課題の理解をいっそう促進させようとしている。

例えば、単元「リンカーンと奴隷解放－人物とその時代との対話」では奴隷解放に貢献した政治家リンカーンのさまざまな時期における奴隷解放に対する政治的態度の変化を、手紙や演説記録などの史料を通して理解しながら人間の意思決定の問題として解明し（原理2）、最終的には人間の行為を規定する社会における人の役割、さらには人と社会の関係までをも理解させている（原理1）。つまり2つの原理は、前述の「歴史の中の問題（奴隷制廃止）」という歴史的に構築されてきた現代的課題を追求する（原理2）ことで、「社会における人の役割」である社会における人間関係を理解する（原理1）ことができる、という関係にある。

また、単元「ヒロシマ－科学、政治、戦争についての倫理的規範に関する研究」では、社会における人と人の関係（原理1）が国家的レベルで衝突する関係（原理2）にある局面で、調整法としてどのような政治的・学問的・倫理的基準を適用するかという適用方法が検討される。そして時代を経た今でもなおその決定の是非が問われている原爆投下について、その決定の方法と理由について矛盾に満ちた証拠の評価を行う。つまり、この単元では人が

倫理的基準を政策決定に適用する方法や、決定が検討される方法に関する問題に取り組むことになる（原理3）。この単元では、「歴史の中の問題（原爆投下）」という歴史的に構築されてきた現代的課題を追求する（原理2）ことにより、「社会における人と人との関係（戦争）」である社会における人間関係を理解し（原理1）、これに加えて「思想がひとつの時代を通じて変化する方法」という歴史のわかり方の特性（原理3）をクロスさせ、歴史の理解の仕方をメタ認知するという関係にある。

さらに単元「レキシントン・グリーンで何が起こったのか」では、アメリカ独立戦争を題材とし、独立戦争の正当性を追求する（現代的課題：原理2）ことで、植民地アメリカと英国との関係を理解する（社会における人間関係：原理1）。この単元の特徴は原理3を重視することであり、史料を用いてレキシントン・グリーンの戦闘を解釈することで、植民地アメリカの立場と英国の立場によって事実の理解の仕方が異なることに気づかせ、歴史の理解の仕方をメタ認知する（歴史のわかり方の特性：原理3）。このような3つの原理に基づいて作成されたアマースト・プロジェクトは、特にすぐれた13個の単元が市販のシリーズ版アマースト・プロジェクト（歴史カリキュラム）としてアディソン・ウェスレー社（Addison-Wesley Publishing Company）から出版されている[4]。これらを整理して示すと表2-2のようになる。

表2-2の横軸は、単元を出来事の年代の古いものから新しいものへと順に配列している。つまり、このカリキュラムにおける単元配列（シーケンス）の基準は時系列である。また、縦軸にはシリーズ版の教師用指導書で紹介されている9個の学習テーマ（観点）が1～9として示してある。カリキュラムの内容系列（スコープ）の基準は、先述した3つの内容構成原理（「社会における人間関係」「歴史的に構築されてきた現代的課題」「歴史のわかり方の特性」）である。学習テーマ（1～9）の左にある網掛けの欄は、筆者が分析して抽出したものである。

縦軸の網掛け欄は重層構造になっているため、よりわかりやすく図式化す

表2-2　シリーズ版アマースト・プロジェクトの内容選択の観点

註：表中の網掛け部分は筆者が分析して抽出した観点である。

内容選択の観点				1 ニューイングランドのピューリタンの自由と権力	2 レキシントン・グリーンで何が起こったのか	3 アメリカ人の権利—変化する自由と秩序のバランス	4 トマス・ジェファーソン	5 良心と法	6 リンカーンと奴隷解放	7 西部の英雄	8 帝国主義と権力のジレンマ	9 神と政治—政教分離の難しさ	10 アメリカにおける共産主義	11 一九三〇年代の集団安全保障	12 ヒロシマ	13 朝鮮と限定戦争の限界
原理2 歴史的に構築されてきた現代的課題	原理1 社会における人間関係	社会における人の役割	政治	1 リーダーシップと意思決定	○			○		○						○	○
				2 大統領の職務				○		○					○		
		社会における人と人との関係	経済	3 多様な考え方と公共政策の立案								○		○	○		
			外交	4 民主主義と外交政策				○				○			○	○	○
			憲法	5 法社会における正義の概念			○		○					○			
		社会における人と人との関係についての観念	思想	6 個人と社会	○		○					○					
				7 自由・権力・責任	○				○	○							
				8 衝突するアメリカ人の価値観								○	○	○			
原理3 社会のわかり方の特性	認知の方法		認知	9 認知と事実		○						○					

（Brown & Traverso, 1970 をもとに筆者作成。）

第2章　人物の行為の解釈に基づく歴史学習の論理　47

図2-1　シリーズ版アマースト・プロジェクトの内容構成原理

ると図2-1のようになる。

　観点1〜8は、図2-1右端にある原理1（社会における人間関係）が解決すべきものとして現れてきた具体的問題である。そして、これを包括するのが左端にある原理2（歴史的に構築されてきた現代的課題）であり、アマースト・プロジェクトでは、この原理1と原理2が基本であることはすでに述べた。さらに右端下段の原理3（社会のわかり方の特性）を加えることで、歴史の理解の仕方をメタ認知する能力を高める。そのための観点が、最下段の観点9である。

　本節で分析対象とする単元「リンカーンと奴隷解放」は、表2-2では「リーダーシップと意思決定」（観点1）、「大統領の職務」（観点2）、「自由・権力・責任」（観点7）の3つの観点に当てはまる。（観点1）（観点2）は「政治」、

そして（観点7）は「思想」に関するものであり、「社会における人の役割」「社会における人と人との関係についての観念」を理解させる単元として位置づけることができる。

アメリカ史の学習で利用する場合は、各々の単元は一般的に通史学習の途上で投げ入れ的に利用できるものであり、観点1～9の計9個の学習テーマについて理解を深めるようになっている[5]。

それでは、以上の特徴をもつカリキュラムにより、「人物の行為」の解釈に基づく歴史学習はどの様に行われるのであろうか。ここではアマースト・プロジェクトの単元から、史料の解釈を通して人物の行為の解釈学習を行わせる単元「リンカーンと奴隷解放」を分析することで、この様なタイプの歴史学習を行わせる単元構成の論理を明らかにしていく。

この単元は表2-1に示すように、南北戦争期のアメリカにおいて指導的地位にあった人物リンカーンを取り上げている。学習問題としては「歴史の中の問題」（原理2）として意思決定の問題を追求させ、内容的には「社会における人間関係」（原理1）の中の「社会における人の役割」を追求させるものである。

(2) 単元構成とその論理－物語の構築による人物の行為と出来事の関係の段階的追求
1) 単元計画
(a) 目標

単元「リンカーンと奴隷解放」の構成は、本節1．で明らかにしたアマースト・プロジェクトの歴史カリキュラム全体の3つの基本目標（(a) 歴史の探求的研究方法の理解、(b) 歴史の探求的研究方法（能力・技能）の習得、(c) 歴史研究や歴史の意義の理解）と、この目標を達成するための学習方法上の特徴に即したものとなっている。そしてこの単元の中心目標は、L.マイナーによれば、史料を手がかりに人物と出来事の関係を考察し、歴史上の人物の偉大さの特質や人物によってもたらされた歴史的変化の特質を理解することである

(Minear, 1966a: p.1)。

(b) 活動（時間）の構成

教師用指導書に示されている本単元の活動の構成は、以下の表2-3のようになる。

(c) 学年や指導の留意点

この単元は、中学校と高等学校の歴史学習で利用する単元として開発され

表2-3 教師用指導書に示された単元の構成

セクションとテーマ	サブテーマ	配当時間
（導入）		1
セクション1 イリノイ州時代のリンカーン	A　黒人条項論争 B　党大会の統計値 C　黒人条項に関する投票	1
セクション2 イリノイ州からホワイトハウスへ	A　イリノイ州のホイッグ党員時代（1832～1846年） B　ワシントンでのホイッグ党員としての連邦議会議員時代（1847～1849年） C　共和党の成立（1854～1856年） D　D.スコット、ダグラス、上院議員選挙期（1857～1858年） E　大統領への道（1859～1861年）	2
セクション3 統一のための戦争か、自由のための戦争か		2
セクション4 二つの奴隷解放宣言		1
セクション5 新たな戦争	A　新たな戦争を戦う B　戦争の終結	1
セクション6 新しい国家	A　リンカーンの南部政策 B　リンカーンの北部政策	1

(Lawrence Minear (1966a,b), *Lincoln and Emancipation: A Man's Dialogue with his Times* Teacher's Manual をもとに筆者作成。)

た。

教師用指導書によれば、この単元での留意点は以下の3つである。①教師は教師用指導書で示された指導の手順を柔軟に変えてもよい。②教師は可能な限り学習者が考え質問するように促す。③教師は事実の単なる提供者ではなく、学習者自身による発見を導く案内役に徹する。

2)単元の概要

単元の概要は以下のようになる。この単元ではまず中心発問として「時代（出来事）が人を作るのか、人が時代を作るのか」という問いが設定され、人物の行為と出来事との関係をリンカーンと奴隷解放を事例として追求する。また、問いの解決に向けた具体的検討事項として、奴隷解放に関わる3つの論題（①奴隷制廃止に関する賛否、②奴隷解放に関する賛否、③黒人への公民権付与に関する賛否）にリンカーンがどの様に関わったのかを検討する。学習過程では、学習者は演説・文書・手紙などの史料を利用し、史料解釈を中心とした歴史学の方法に基づき前述の中心発問や論題を追求し、歴史理解を発展させる。

教師用指導書によれば、本単元は前述のように導入部分と6つのセクションで構成され、各部分の概要は以下のようになっている。

導　入	人物と時代の関係についての問い（時代が人を作るのか、人が時代を作るのか）を設定する。
セクション1	1947年当時のリンカーンの黒人についての信念をイリノイ州の政治的状況から解釈させる。
セクション2	大統領に就任する前のリンカーンの政治生活と黒人に対する考え方の発展を理解させる。
セクション3	リンカーンは奴隷解放を導いたのか、単に承認しただけなのかを学習者に判断させる。
セクション4	リンカーンが自分の信念の実現として奴隷解放宣言を出したのか、それとも単に南北戦争に勝つための手段として奴隷解放宣言を出したのかを学習者に判断させる。

セクション5	奴隷解放宣言はリンカーンの考え方（戦争の目的や戦略）にどの様に影響したかを学習者に判断させる。
セクション6	南北戦争後のリンカーンの奴隷解放についての考え方を検討させる。

3)パートの構成

　2)では導入～セクション6の概要を示した。本研究ではこの構成をそのまま用いるのではなく、学習者の理解の過程を明確にするために7つのパートに分けて考察した。この7つのパートは、その構造からさらに3つに大別される。パート1はこの単元の中心的な問い「時代が人を作るのか、人が時代を作るのか」を示す部分である。パート2～6はこの問いを追求する過程であり、最後のパート7は問いの答えをまとめる段階である。

　この3つの部分は、次のような段階的構造をとっている。パート1では、歴史的人物（リンカーン）の行為と出来事の関係についての解釈は、人々のとる視点によって多様に行われていることを理解させる。パート2～6では、歴史的人物の行為と出来事の関係を①論題、②背景や状況、③判断、④行為、⑤出来事の5つを指標として段階的に理解させる。この過程は歴史的人物の行為を5つの指標で捉える「行為の解釈モデル」（本節3.の(1)で詳述する）を学習者が理解する過程でもある。パート2では、歴史的人物の考え方や行為の背後には論題（奴隷制廃止の賛否）（①）に対する社会的背景や状況（②）があること、人物の行為をとらえる指標は論題（①）、背景や状況（②）、判断（③）であることを理解させる。その際、人物の行為と出来事の関係を物語としてストーリー化する。そしてパート3～6では、各時期のリンカーンの行為を①～⑤の5つの指標で分析させる。ここではリンカーンがその時々の論題（奴隷制廃止、奴隷解放、公民権付与の賛否）に対して、社会的背景や状況を考慮して判断・行為し、その結果出来事が作られたことを、パート2と同様に物語としてストーリー化して理解させる。最後のパート7では、パート2～6で明らかにしたリンカーンの行為と出来事の関係を時系列に

そって選択的に構造化し、より大きな物語を作らせる。

　以上をまとめると、本単元は歴史的人物の行為と出来事の関係を理解させるために、「行為の解釈モデル」を用いて段階的に物語を構築させる構造、つまり小さな物語の構築からより大きな物語の構築へという段階的・発展的構造をとっている。

4）単元全体の特質

　以上をもとに、プロジェクトとの関連を明確にして単元「リンカーンと奴隷解放」全体の特質をまとめると次のようになる。第1の特質は、社会的状況の変化に伴いリンカーンの政治的態度も変化したことを、人物の「意思決定の問題」として理解させていることである。第2の特質は、人物の意思決定の問題として理解した後、これをもとに人と社会の関係までも理解させていることである。このことは、表2-1に示したアマースト・プロジェクト全体の単元構成では、縦軸の「歴史の中の問題」（特定の時期の問題）の中の「意思決定の問題」をまず理解させ、次に横軸で表される「社会における人の役割」を理解させるものである。

　以上、単元構成とその論理について述べてきた。次項では、授業展開とその論理について述べる。

(3) 授業展開とその論理

1) 内容構成原理－人物の行為と出来事の関係・社会の普遍的原理（自由・平等）の理解

　ここでは、まず本単元の授業展開とその論理について内容構成原理を明らかにする[7]。

　内容構成原理を考える上で重要なことは、授業の中で教師がどの様な発問をし、それに対して学習者がどの様に考え、答えるかを分析することである。なぜなら、内容構成原理は学習者が習得する内容から引き出されるもの

であり、その内容は教師の発問に学習者が答えることで初めて明らかになるためである。そこで教師の発問と学習者の答えを分析するものとして後掲の表2-4を作成した。

以下、表2-4の内容を縦軸、横軸の順に説明する。

縦軸は学習の「段階」である。リンカーンの奴隷解放についての考え方は時期とともに変化しているため、彼の行為と出来事の関係を特徴的な時期ごとに区分した。段階はパート1～7までである。パート1は単元の導入部分である。ここでは単元の中心的な問いが提示され、リンカーンの行為と奴隷解放という出来事との関係を事例として問いが追求される。そしてパート2～6では、リンカーンの行為と奴隷解放宣言公布という出来事との関係が時期ごとに具体的に検討される。最後のパート7はまとめの部分であり、単元の中心的な問いに対して総合的な回答が行われる。それぞれのパートで取り上げられる時期とリンカーンの行為は次のようになる。

パート1	導入。人物の行為と出来事の関係について中心的な問いが示される。
パート2	イリノイ州に住んでいた1847年頃のリンカーンの行為。
パート3	イリノイ州議会議員であった1832～46年の時期の行為、および下院議員であった1847～49年の時期の行為。
パート4	政界に復帰した1854～56年までの時期の行為、上院議員選挙に立候補した1857～58年の時期の行為、大統領選挙に立候補した1859～60年の時期の行為。
パート5	大統領第1期中の1861～62年までの時期（大統領期①）および第1期中の1862～63年の時期（大統領期②）の行為。
パート6	奴隷解放宣言を公布してからの1863～64年の時期（大統領期③）の行為、および南北戦争終結後の国家再建に着手して暗殺されるまでの1864～1865年の時期の行為。
パート7	これまでに検討した時期とリンカーンの行為を総合的に取り上げ、単元の主要な問いに対する答えをまとめる。

次に表2-4の横軸を説明する。横軸には表の左から順に「小単元名」「教師の発問」「歴史理解の内容」「認識過程」の欄を設けた。表の中で最も重要な

のは「教師の発問」と右端の「認識過程」である。なぜなら単元の学習内容の習得はこの2つを基軸として行われるためである。「認識過程」の欄に示したのは、各パートで学習者に理解させたい最も重要な内容である。学習者の理解は「歴史理解の内容」を踏まえて、最も深いレベルである「認識過程」の欄に示す内容の理解に到達する。学習者がこの深いレベルの理解に到達することができるように、教師は意図的・計画的に発問する。

内容構成原理1　人物の行為と出来事の基本的関係の理解

「教師の発問」と「認識過程」に焦点を当て、表2-4の横軸に従い各パートの概要を説明すると以下のようになる。

パート1では人物の行為と出来事との関係の解明が学習テーマとなり、中心発問として「時代が人を作るのか、人が時代を作るのか」が問われる。次に、その右の欄「歴史理解の内容」にあるように、歴史的人物の行為と出来事の関係について3つの考え方（偉人史観、出来事中心史観、英雄史観）があることが紹介される。そして最終的には右端の欄「認識過程」にあるように、人物の行為と出来事の関係は人々によって理解の仕方がさまざまであることを知る。この段階がパート1では最も深いレベルの理解である。以上が本単元の導入部分であるパート1の構成である。

次のパート2以降は、歴史的人物の行為と出来事の関係を解明するためにリンカーンという人物の行為と奴隷解放という出来事の関係を事例として取り上げ具体的に検討することになる。パート2～6の各パートでは、5つの時期区分ごとにリンカーンの行為と出来事の関係を検討する。

パート2では、1847年頃のリンカーンの奴隷制に対する考え方が問われる（「教師の発問」）。当時のイリノイ州の人々の多くが奴隷制に賛成しており（「歴史理解の内容」）、このような当時の社会的・政治的背景がリンカーンの考え方に影響していたことを理解する（「認識過程」）。

パート3では、イリノイ州議会議員の時代（1832-46年）と下院議員時代

(1847-49年)の、リンカーンの行為と奴隷制に対する彼の考え方の関係が問われる(「教師の発問」)。はじめに学習者は、リンカーンが一見矛盾する立場をとっていたことを知る。つまりパート2で明らかにした当時のイリノイ州の社会的・政治的状況や、彼が所属するホイッグ党の基本方針に従って奴隷制を容認する一方で、奴隷制の拡大には反対の立場をとっていたことを知る(「歴史理解の内容」)。そして、歴史的人物は社会的・政治的状況や所属する組織の考え方を根拠にして判断して行為を行い、その結果出来事を作り出すことを理解する(「認識過程」)。

パート4では、3つの時期(イリノイ州ピオリアでの演説による政界復帰の時期、政敵ダグラスと論戦した上院議員選挙の時期、大統領選挙の時期)におけるリンカーンの行為と奴隷解放の出来事の関係が検討される(「教師の発問」)。学習者はリンカーンがこれらの時期には状況に応じて立場を次第に変化させていたことを知る。つまり、奴隷制廃止の支持に向かう世論、民主党に対抗する共和党員としての立場、上院議員選挙、大統領選挙などさまざまな状況に対応して奴隷制廃止や奴隷解放に賛成する一方で、黒人への公民権付与には反対する立場へと変わったこと、これが根拠となり演説や論争で公民権付与に反対の考え方を示し、上院議員選挙や大統領選挙に立候補する行為を行ったことを知る。その結果、奴隷制廃止をめぐる北部と南部の対立が激化し、リンカーンの大統領就任後に南北戦争などの出来事が生じたことを理解する(「歴史理解の内容」)。その上で、歴史的人物は世論・政治的利益などを根拠として判断し行為を行い、その結果出来事を作り出すことを理解する(「認識過程」)。

パート5では、大統領就任から奴隷解放宣言までの時期におけるリンカーンの行為と奴隷解放の出来事の関係を検討する(「教師の発問」)。急進的奴隷解放論者からの非難や圧迫、南部連合との決定的対立という状況に対応して、リンカーンが奴隷制廃止と奴隷解放を支持する立場へと変わり、連邦維持を目的に開戦を決断し、その結果南北戦争という出来事が勃発したことを

表2-4 単元「リンカーン」

段階	小単元名	教師の発問 ◎単元の中心的問題、○パートの中心的問題、 ・具体的に考察される問題
パート1 人物の行為と出来事の関係を問う	〈導入〉	◎出来事（歴史）が人物を作るのか、それとも人物が出来事を作るのか。 ・3つの考え方のどれを最も支持するか。 ○リンカーンと奴隷解放を事例にすると人物の行為と出来事はどの様に関係していると言えるか。
パート2 1847年頃の行為を検討する	〈セクション1〉 イリノイ州時代のリンカーン A　黒人条項論争 B　代表者大会の統計表 C　黒人条項投票	【1847年頃】 ○初期のリンカーンは黒人についてどの様な考え方をもっていたのか。 ・彼の居住地イリノイ州の住民は奴隷に対してどの様に考えていたか。
パート3 ホイッグ党議員時代の行為を検討する	〈セクション2〉 イリノイ州からホワイトハウスへ A　イリノイ州でのホイッグ党州下院議員時代（1832～46）	【イリノイ州議会議員の時期1832～46年】 ○リンカーンの考え方は世論とどの様に関係していたか。 ・リンカーンの選択から、黒人に対するどの様な態度が明らかになるか。 ・黒人についての彼の考え方は、当時の世論より進んでいたのか。 ○彼は信念に支配されていたのか、政治的利益に支配されていたのか。
	〈セクション2〉 B　ワシントンでのホイッグ党連邦下院議員時代（1847～49）	【下院議員の時期1847～49年】 ○この時期にはリンカーンはどの様な立場をとっていたか。 ・1848年の大統領選挙の結果はリンカーンの考え方をどの様に変えたか。
	〈セクション2〉 C　共和党設立（1854～56）	【政界復帰の時期1854～56年】 ○ウスターでの演説（1848年）とピオリア（1854年）およびカラマズー（1856年）での演説はどの様に異なるか。 ・ピオリアでの演説の意図は何か。 ・彼は、自由・平等に対する自分の信念と、ピオリア演説での黒人への公民権付与への反対表明との間の矛盾をどの様に解決したのか。

と奴隷解放」の構成

歴史理解の内容	認識過程
○人物と出来事の関係は、偉人史観、出来事中心史観、英雄史観などによって理解されている。 ・人間の歴史は偉大な人物の歴史である（カーライル：偉人史観）。 ・出来事が人を支配してきた（リンカーン：出来事中心史観）。 ・英雄が時代を作ってきた（ヘーゲル：英雄史観）。	●人物の行為と出来事の関係は、人々の視点の取り方によって多様に理解されていることを知る。
○初期のリンカーンの考え方の背景には奴隷制や人種差別を容認する政治的社会的状況があった。 ・1847年当時のイリノイ州住民の大多数は、奴隷や自由民の区別なく黒人を差別していた。 ・平等を求める活動家でさえも人種隔離政策に賛成していた。	●人物の考え方や行為の背景には当時の社会的・政治的背景があることを理解する。
○リンカーンは、自己の信念や当時の社会的政治的状況をもとにして穏健で保守的な奴隷制廃止論をとっていた。 ・リンカーンは国民の判断力を信頼し、また自分の意識を変えるという決意を表明した。 ・彼は主権在民主義（奴隷制廃止を州の住民の判断に委ねる）と穏健な奴隷制廃止論をとっていた。 ・奴隷解放論者は主権在民主義に反対していた。	●人物は、信念、社会的政治的状況帰属組織の考え方などを根拠にして判断・行為を行っていることを理解する。
○リンカーンは所属するホイッグ党の立場に立って既存の奴隷制は容認した。しかし一方で開拓植民地への奴隷制拡大に反対するという矛盾する立場をとった。 ・彼は、1846年の下院議員選挙で奴隷制反対の立場をとる議員として当選した。 ・リンカーンは、ウスターの演説で既存の奴隷州への不干渉とウィルモット条項を支持し、奴隷制拡大に反対した。 ・自由州で奴隷制廃止論が徐々に広がった。	
○リンカーンは奴隷制廃止の考え方に向かう社会的変化に影響されて時代の意思を代弁し始め、奴隷解放の主張を明確に示していった。 ・リンカーンは奴隷制反対勢力が新設した共和党に加わった。 ・彼は、ピオリアでの演説で奴隷制に対する嫌悪を初めて明確に表明し、漸進的奴隷解放を行い新たに奴隷制を敷かないという植民地拡大計画を支持した。 ・彼は時代の進展とともに奴隷制廃止に対する主張を変化させて	

パート4 共和党下院議員から大統領選挙期の行為を検討する		・1854年以降のリンカーンは単に円熟した政治屋になっただけなのか。 ◎彼は出来事を作り出したのか。そうであればどの様に作り出したのか。
	〈セクション2〉 D　スコット、ダグラス、上院議員選挙期（1857～58）	【上院議員選挙期1857～58年】 ○ダグラスとの論争で表明されたリンカーンのさまざまな考え方とそれが表明された地域の政治風土はどの様に関係しているか。 ○チャールストンの演説で表明された考え方と1847年の党大会で表明された考え方はどの様に異なるか。
	〈セクション2〉 E　大統領への道（1859～61）	【大統領選挙期1859～60年】 ・奴隷制問題についての立場を再表明したリンカーンの演説と共和党綱領との比較から何がわかるか。 ・リンカーンはどの様にして大統領候補の指名を獲得したのか。 ○彼はどの様に主張を変えたのか。 ○この選挙結果は大統領に就任したリンカーンをどの様に圧迫したか。
パート5 大統領南北戦争期の行為を検討する	〈セクション3〉 統一のための戦争か、自由のための戦争か	【大統領期①1861～62年】 ◎リンカーンは出来事を作り出したのか、それとも出来事に追随したのか。 ・南北戦争は連邦維持のための戦争か、奴隷解放のための戦争か。 ◎リンカーンはどの様な問題をかかえ、それらをどの様に解決したのか。 ・彼は本当に奴隷解放論者なのか。
	〈セクション4〉 二つの奴隷解放宣言	【大統領期②1862～63年】 ◎リンカーンは出来事を作り出したのか、それとも出来事に追随したのか。 ○奴隷解放宣言の考え方は、リンカーンの以前の考え方（1847年の論争、ピオリアの演説、境界州の住民との対話など）とどの様に異なるか。 ○2つの奴隷解放宣言の比較からどの様な小論文が書けるか。 ・時代はどの様に変化したのか。 ・リンカーンは最後の奴隷解放宣言を当初の計画通りに出したのか。 ○彼はなぜ自分の考えを変えたのか。

いった。	
○リンカーンは、政治的優位を得る方法として、黒人の平等を否定する考え方を表明するように変わった。 ・リンカーンはシカゴの演説で全国的奴隷制廃止を主張した。 ・チャールストンの演説（1858年）では、黒人への公民権・社会的政治的平等の付与に反対した。 ・選挙で勝利するには住民の中の中心的社会階層に訴える必要があった。	●人物は、世論への配慮、政治的利益などを根拠として判断や行為を行っていることを理解する。
○リンカーンは、大統領になるために奴隷制廃止を強く主張するようになったが、逆にこれによって政治的苦境に立った。 ・リンカーンの立場と共和党は奴隷制不拡大と既存の奴隷州への不干渉の点で一致していた。 ・彼が党大会で大統領候補の指名を得るには、奴隷制廃止をより強調する必要があった。 ・彼は一般投票では少数の人々にしか支持されていない大統領であった。	
○リンカーンは勝利するために、戦争目的を連邦維持から奴隷解放へと変えた。 ・リンカーンの最大の課題は連邦維持であった。 ・彼は戦争目的を奴隷解放戦争へと変えて、南部連合を阻止した。 ○彼は戦争に勝つために奴隷制廃止論者の提言を利用した。 ・奴隷解放宣言は最終的には軍事的必要性によって出された。 ・奴隷解放は南部連合を徐々に弱体化させる効果を生み出した。	
○リンカーンは軍事的必要性を優先させ、奴隷解放宣言によって戦争の勝利を確実なものにした。 ・予備的な奴隷解放宣言は極めて穏健なものであった。 ・最終的な奴隷解放宣言では、黒人兵の採用が追加された。 ・黒人兵の採用は軍事的必要性によるものであった。 ・彼は、奴隷解放の対象地域を限定することで宣言の効果を最大にし、戦争終結を決定的にした。 ・彼はしたたかな政治屋としての奴隷解放論者であった。	●人物は、軍事的必要性を根拠にして判断や行為を行い、出来事を作りだしていることを理解する。

パート6	〈セクション5〉新たな戦争	【大統領期③1863〜64年】 ◎リンカーンは、出来事に支配されていたのか、出来事を支配していたのか。
大統領南北戦争終結期の行為を検討する	A　新たな戦いに取り組む	○彼が黒人兵の採用を決めた理由は、自己の考え方を変えたからか、それとも時代が変わったからか。
	B　戦争を終結させる	○彼が考え方を変えたのはなぜか。 ・リンカーンは戦争の目的をどの様に変えていったか。
	〈セクション6〉新しい国家	【大統領期④1864〜65年】 ◎リンカーンは出来事を作り出したのか、それとも出来事に追随したのか。 ・自由や平等を実現する新たな戦いは新しい国家建設のためにどの様な意味をもっていたのか。
	A　リンカーンの南部政策	・第二期大統領就任演説では南部と北部に対してどの様な姿勢をとったのか。 ○リンカーンは修正第13条を不可欠ではないと考えたにもかかわらず、これを作り出したのはなぜか。
パート7 人物の行為と出来事の関係をまとめる	B　リンカーンの北部政策	【人物と出来事の関係】 ◎リンカーンは出来事を作り出したのか、それとも出来事に追随したのか。 ○リンカーンはどの様に変化したのか。 ◎出来事（時代）が人物を作るのか、それとも人物が出来事を作るのか。

(Lawrence Minear（1966a,b）, *Lincoln and Emancipa-*

学習者は理解する。さらに北軍劣勢の状況に対応して、奴隷制廃止と奴隷解放を強力に支持する立場へと変化して奴隷解放宣言を立案したこと、その結果、奴隷解放宣言の公布という出来事が作られたことを史料の解釈に基づいて因果関係的に理解する（「歴史理解の内容」）。そして、歴史的人物は軍事的必要性や政治的利益を根拠にして判断・行為を行い、その結果出来事を作り出すことを理解するに至る（「認識過程」）。

　パート6では、奴隷解放宣言からリンカーンの暗殺までを2期に分け、リンカーンと奴隷解放との関係を検討する（「教師の発問」）。学習者はまず当時

○リンカーンは、戦争の目的を奴隷解放から自由と平等の実現へと変化させていった。 ・奴隷解放宣言公布の後には、黒人を虐待から保護し、公民権を付与する必要性が生じた。 ・戦争の目的は連邦軍の勝利から奴隷解放に変わり、さらに平等の実現に変わった。 ・黒人の平等は公民権法制定まで保障されなかった。 ・彼は中道的な立場を維持した。	●人物は、自由や平等などのより普遍的な原理を根拠として判断や行為を行い、出来事を作り出していることを理解する。
○リンカーンは諸問題に対処し、自由と平等の実現のために出来事を作り出していった。 ○リンカーンの死にもかかわらず奴隷解放のための彼の政策は続いた。 ・南部再建についてのリンカーンの考え方は急進的奴隷解放論者に迫られて形成されていた。 ・彼は最後の公式演説で黒人への選挙権付与の計画を表明した。 ・第二期大統領就任演説では全国規模の奴隷制廃止を表明した。 ・リンカーンは、奴隷解放宣言を軍事的必要性から作ったのと対照的に、自分の意思で憲法修正第13条を作り出した。	
・出来事は、信念、社会的政治的条件、帰属組織の考え方、自由や平等などの普遍的原理などに基づいた人物の判断や行為によって作り出されていること、人物はより普遍的な基準に基づいて判断し、行為することが望ましいことを理解する。	

tion: A Man's Dialogue with his Times の教師用指導書および生徒用学習書をもとに筆者作成。)

の状況として、各地で解放奴隷への虐待事件が頻発したこと、急進的奴隷解放論者の非難や圧迫が生じたことを知る。そしてこれが原因でリンカーンが奴隷制完全廃止、奴隷解放と黒人への公民権付与を強く支持する立場に変わり、全国的規模の奴隷制廃止と憲法修正条項による自由・平等の保障を立案し、その結果、憲法修正第13条の公布や全国的規模の奴隷解放へと出来事が進展したことを理解する（「歴史理解の内容」）。そして歴史的人物は、自由や平等という普遍的原理を根拠として判断・行為を行い、その結果出来事を作り出していることを理解するまでになっている（「認識過程」）。

以上、パート１〜６までを表2-4の横軸（「教師の発問」「歴史理解の内容」「認識過程」）にそって時期区分ごと見てきた。次に述べる最後のパート７は、表を縦軸つまり時系列にそって検討するパートである。パート７は本単元のまとめのパートであり、学習者はパート１〜６で学習したことを総動員してリンカーンの行為と出来事の関係を考えることになる。具体的には以下のようになる。

　まず、パート１で示された単元の中心発問「出来事が人物を作るのか、それとも人物が出来事を作るのか」が再び提示される（「教師の発問」）。この問いに答える中で、学習者はパート１〜６で理解したことを総合してリンカーンの行為と出来事の関係を解釈する。つまり、パート２〜６の時期区分をひとつの流れとしてとらえ、信念・社会的政治的条件・帰属組織の考え方・自由や平等などの普遍的原理に基づいた歴史的人物の判断や行為によって出来事は一定の方向に向かって作り出されること、その方向を決めるのは社会状況や歴史的人物の信念・価値観であり、これが判断や行為をかたち作り、出来事を構成していくことを理解する。

　さらに、行為の根拠となるものは自由や平等など普遍的なものがより望ましいこと、現代の人々や自分もまたその様な普遍的原理の実現をめざして行為していることを学習者に気づかせる。

　また、学習者はリンカーンの行為と奴隷解放の関係を、自由や平等といった普遍的原理の実現という社会的歴史的意味のある物語として構成する。この物語の構成については次項2) 学習方法原理で詳述する。

　以上、内容構成原理１は「人物の行為と出来事の基本的関係を理解させる」ことであった。

内容構成原理２　「人物の行為の解釈モデル」を用いた「人物の行為」と「出来事」の関係理解

　これまで表2-4の横軸にそってパート１〜７を順に見てきた。そして各

パートで学習者が発問に対する答えを考えて理解を深めていく過程（表2-4の横軸）には、あるひとつづきの推論の型があることがわかる。

これを具体的にパート5について説明すると次のようになる。

まず、発問として「奴隷解放宣言の考え方は以前のリンカーンの考え方とどの様に異なるか」が提示される。この発問はパート3と同様、当時のリンカーンが「どの様な問題に取り組み、解決しようとしていたのか」（①）の解明を求めるものであり、学習者はそれが「奴隷解放に関する賛否」の問題であったことを知る。発問に答えるために、学習者は2つの奴隷解放宣言（予備宣言と宣言）、リンカーンの手紙、新聞記事などの史料から、当時は奴隷解放宣言を出す軍事的必要性があったという「背景や状況」（②）を知る。その必要性に基づいてリンカーンは奴隷解放宣言を出して南部に対する優越を確保しようと判断し（「人物の判断」（③））、2つの奴隷解放宣言を出す（「人物の行為」（④））。その結果、南北戦争における北軍の勝利と戦争の終結という出来事が起こったことを知る。（「結果としての出来事」（⑤））。

以上、パート5を用いて述べた①〜⑤を整理すると次のようになる。

「どの様な問題に取り組み、解決しようとしていたのか」（①）は、歴史上の人物が直面した、解決すべき問題であり「論題」と呼ぶことにする。議論において論題とは議論すべき問題であり、取り組むべき問題という点で共通点をもつためである。学習者は教師の発問により、人物がどの様な「論題」に取り組んだのかを考える。それを追求する過程が②〜⑤である。どの様な「背景や状況」（②）に基づいた「人物の判断」（③）により「行為」（④）がなされたかを知る。そして②〜④の結果として「出来事」（⑤）が生じたことを理解して「論題」（①）が何であったかを追求していく。②〜④は原因であり、⑤の出来事は結果である。つまり、②〜④と⑤は因果的連鎖で結ばれており、学習者は人物の行為と出来事の関係を因果的連鎖として理解する。この因果的連鎖を理解する過程を図で示すと次のようになる。

| ①論題：②背景や状況＋③人物の判断→④人物の行為＝⑤結果としての出来事 |

　この推論の型は「歴史的人物は自分の目的や信念、経験や特定の環境（背景や状況）を基にして視点や立場を構築し、それに基づいて判断や行為を行い、その結果出来事が構築される」というものである。このような推論の型を本研究では、「人物の行為の解釈モデル」と呼ぶ。このモデルを用いて学習者は人物の行為と出来事の関係を理解するのである。

　単元は以上のような内容構成である。表2-4で示した各パートでの背景や状況、判断に基づいて行為や出来事がつくり出されていく構造と全体の流れ、そして学習者の推論の型を総合すると後掲の図2-2が抽出される。図2-2については、次の2)学習方法原理の項で詳述する。

　以上、内容構成原理2は、「人物の行為の解釈モデル」を用いて「人物の行為」と「出来事」の関係理解を行わせるということであった。

　本単元で用いられる「人物の行為の解釈モデル」は、単に人物の行為と出来事の関係を理解する手段にとどまらず、学習者の理解の対象にもなる。このモデルを用いて理解を深めていく中で、学習者は出来事が生成される過程には一定の型があること、その要素は①〜⑤であることを知る。つまり、モデル自体を理解するようになる。これにより、奴隷解放以外の他の出来事を理解する際にも、学習者はこのモデルを用いることが可能になる。

内容構成原理3　「人物の行為」と「出来事」の関係の動的理解

　第三の原理は、学習者がリンカーンの行為と奴隷解放という出来事の関係を、一連の流れとして動的に理解できる内容構成になっていることである。リンカーンは時期を追って奴隷制に対する考え方およびそれに基づく行為を変化させている。パート2〜6は、リンカーンの行為を時系列にそって区分したものであるが、考え方やそれをもとにした行為の変化がよくわかるように節目となる時期で区切られている。学習者はこの変化を時系列にそってひ

とつの流れとして動的に捉える。これによりリンカーンの考え方の変化とそれに対応した行為の積み重ねが、奴隷解放という出来事を実現していったことを理解できる内容になっている。

2) 学習方法原理－「人物の行為の解釈モデル」と物語の構築

前述の1)では、本単元の内容構成原理をみてきた。ここでは、学習者がどの様な方法で学習を深めていくかという学習方法原理について考察する。

本単元の内容構成と「人物の行為の解釈モデル」を総合すると後掲の図2-2が抽出されることはすでに述べた。以下では図2-2と、図から抽出される3つの学習方法原理について述べる。

まず図2-2の基本的な構成を説明する。図2-2の縦軸は、内容構成原理の項で示した表2-4の縦軸と同じく、リンカーンの行為と奴隷解放の出来事との関係を時期ごとに区分したものである。また横軸は、前述した「人物の行為の解釈モデル」の5つの要素を、左から順に①論題、②背景や状況、③判断、④行為、⑤出来事と並べ、右端には最終的に学習者が習得する「歴史理解」の内容を示した。

この図2-2の縦軸は、内容構成原理で示した表2-4の縦軸（パート1～7）とまったく同じである。図2-2と表2-4のちがいは横軸であるが、それは次のちがいを示している。すなわち表2-4は、教師の発問に対して学習者が答えを追求する中でどの様な歴史理解をするかという、「学習者」に焦点を当てたものであった。これに対して図2-2は、「歴史上の人物」に焦点を当てたものである。つまり、歴史上の人物がどの様な課題に取り組み（①論題）、どの様な背景・状況（②）のもとで判断（③）・行為（④）を行い出来事（⑤）を作り出したのかについて、学習者は①～⑤の要素ごとに詳細に検討することになる。このような詳細な検討の過程を分析的に示したのが図2-2である。

なお、図2-2の右端「歴史理解」の欄は、歴史上の人物について①～⑤の順に詳細に検討した結果、学習者が習得する「歴史理解」の内容であり、表

2-4の右端「認識過程」の欄と同じ内容となっている。

　以上が図2-2の構成についての説明である。次に、本単元の学習方法原理について図2-2を用いて説明する。

　本単元は、3つの学習方法原理から成っている。

学習方法原理1　「人物の行為の解釈モデル」を用いた「人物の行為」と「出来事」の関係理解

　第一の原理は、歴史的人物の行為と出来事の関係を理解させる際に、学習者が「人物の行為の解釈モデル」を用いる方法をとっていることである。「人物の行為の解釈モデル」は図2-2では横軸にあたり、①論題（解決すべき問題）に対して歴史上の人物が、②どの様な背景や状況のもとで、③どの様な判断をして④行為を行い、⑤その結果どの様な出来事が起きたのかを因果関係的に理解するものである。

　具体的にパート3を例に見ていく。パート3では、発問として「この時期にリンカーンはどの様な立場をとっていたか」が提示される。この発問は当時のリンカーンがどの様な問題に取り組み、解決しようとしていたのか（「論題」①）の解明を求めるものであり、学習者はそれが「奴隷制廃止に関する賛否」であったことを知る。学習者は、党の綱領・リンカーンの演説記録・日記などの史料を分析し、当時リンカーンはホイッグ党に所属する下院議員であり、ホイッグ党は奴隷制を容認していたことを知る。これは、人物が行為した当時の「社会背景や状況」（②）について知ることである。そしてリンカーンは、「奴隷制に関する賛否」という「論題」（①）に対して、所属する政党の立場に従って既存の奴隷制は容認し、しかし一方で、個人的には開拓植民地での奴隷制拡大には反対すべきだと考えたことを知る。これは、社会背景や状況をもとにした「人物の判断」（③）を知ることである。そして、この判断に基づいてリンカーンはウスターの演説で奴隷制拡大に反対するという行為をする（「人物の行為」④）。その結果として自由州で奴隷制廃止論が

徐々に広がったこと、つまり行為の「結果としての出来事」（⑤）が生じたことを知る。このような「人物の行為の解釈モデル」を基本とする学習方法を用いることは、パート3以外のパートにおいても同様である。

以上が原理1の内容であるが、この原理の特徴は「人物の判断」（③）を理解する際に、どの様な動機や信念・考え方をもとに判断がなされたかを史料を手がかりとして見つけさせることを重視していることである。

従来の学習指導要領においても、人物の判断のもとにある信念・価値観を見つけて行為と出来事の関係を理解させることについて言及はされていた。しかし、具体的にどの様な方法で見つけるのかについては言及されていない。これに対して本単元では、その方法を見つけるための具体的な方略が2つ用意されている。第一の方略は、手紙や演説の記録などの史料を学習者が探索し、事実の中から人物の動機や考え方を見つけるように構成されていることである。単元では手紙や演説などの史料が用意され、学習者は信念・利得・政治的判断などの視点から歴史的人物のその時々の判断や行為の根拠を分析することができる。さらに、史料を手がかりとして把握した歴史的人物の行為や行為の変化を通して、歴史的人物の動機や考え方を発見するのである。

第二の方略は、各パートで論題（解決すべき問題）を設定し、その論題を検討することで人物の動機・判断の基準となる考え方を理解することである。すなわち図2-2の左部分に示すように、パート2～6では奴隷解放に関する3つの論題が設定され、これらが順に検討される。パート2～4の論題は奴隷制廃止に関する賛否、パート5の論題は奴隷解放に関する賛否、そしてパート6の論題は奴隷解放を前提とした場合の黒人への公民権付与に関する賛否である。

本単元では、学習者は以上の2つの方略を用いることで、リンカーンが3つの論題に対して、どの様な動機・考え方に基づいてどの様な判断を行ったのかを理解する。そして、その判断に基づくリンカーンの行為によりどの様

68　第1部　認知構築主義に基づく歴史学習の原理と展開

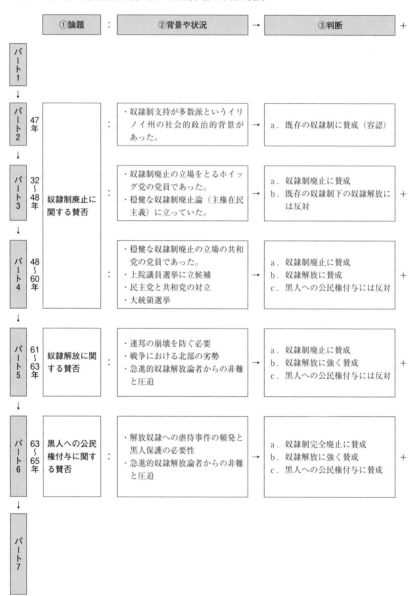

図2-2　単元「リンカーン

第2章　人物の行為の解釈に基づく歴史学習の論理　69

④行為	→	⑤出来事（結果）	=	歴史理解
				人物の行為と出来事の関係の理解は、人々の視点のとり方によって多様に行われていることを知る。
			=	人物の考え方や行為の背景には当時の社会的政治的背景があることを理解する。
			↓	↓
・ウスター演説で奴隷州への不干渉とウィルモット条約を支持、奴隷制拡大に反対の主張を展開する。	→	・ホイッグ党候補テイラーの大統領当選 ・自由州で奴隷制廃止論が徐々に広がる。	=	人物は、信念、社会的政治的状況、帰属組織の考え方などを根拠として判断や行為を行って出来事を作り出していることを理解する。
		↓		↓
・演説で奴隷制廃止賛成と公民権付与に反対 ・上院議員選挙でダグラス民主党議員と論争 ・大統領選挙に立候補	→	・奴隷制廃止をめぐる北部と南部の対立が激化 ・リンカーン大統領就任 ・南北戦争の勃発	=	人物は、世論や政治的利益などを根拠として判断や行為を行って出来事を作りだしていることを理解する。
		↓		↓
・連邦維持のために南北戦争を開始 ・戦争目的を奴隷解放へと変える。 ・奴隷解放宣言の立案	→	・予備的奴隷解放宣言の布告 ・奴隷解放宣言の布告 ・南部連合の弱体化	=	人物は、軍事的必要性や政治的利益を根拠として判断し行為を行って出来事を作り出していることを理解する。
		↓		↓
・戦争目的を自由平等の実現へと変更する。 ・全国規模の奴隷制廃止を表明する。 ・憲法修正第13条の制定を提案	→	・第二次大統領就任 ・リンカーン暗殺 ・憲法修正第13条公布 ・全国規模の奴隷解放（・公民権法制定）	=	人物は、自由や平等などのより普遍的な原理を根拠として判断や行為を行って出来事を作り出していることを理解する。
				↓
				出来事は、信念、社会的政治的条件、帰属組織の考え方、自由や平等などの普遍的原理などに基づいた人物の判断や行為によって作り出されていること、人物の判断や行為の根拠はより普遍的なものが望ましいことを理解する。

(筆者作成)

と奴隷解放」の構造

に出来事（奴隷解放）が実現したのかを理解する。このように第1の学習方法原理は、「人物の行為の解釈モデル」を認知枠組みとして用いているということである。

本単元では、学習者はこの「人物の行為の解釈モデル」を認知枠組みとしてリンカーンの行為と奴隷解放の関係を分析し、彼が普遍的な原理（自由と平等）の実現をめざして問題解決に向けて判断・行為し、奴隷解放の事業を進めたことを段階的に理解するように構成されている。

学習方法原理2　時期的変化を視点にした「人物の行為」と「出来事」の関係理解

第二の学習方法原理は、「人物の行為の解釈モデル」を用いる方法に加えて、時期を追って人物の行為が変化し、出来事も同様に変化することを理解させる方法をとることで、行為と出来事の関係をより深く理解させることである。これは図2-2上では、横軸の方法（原理1）に加え、縦軸の方法を用いる原理であることを示す。縦軸を見ると年代が5つに分けられ、時期に応じて3つの論題（解決すべき課題）が設定されている。そして各時期に応じた背景・判断・行為・出来事があげられている。これらを時系列にそって縦に検討していくと、当時の背景およびリンカーンの判断・行為が変化していることを理解できる。このことが、図2-2の最右列に示す歴史理解の発展を導くことになる。

以上を単元に即して説明すると次のようになる。学習者はまず、各パートの論題についてリンカーンがどの様な背景のもとでどの様な判断を行い行為をし、その結果どの様な出来事が起こったのか（人物の行為と出来事の関係）を理解する。この段階で用いられるのは「人物の行為の解釈モデル」（原理1）である。次にこの行為と出来事の関係を時系列にそって検討していく。そして、リンカーンの各時期の行為は変化しており、その行為の根拠となる社会的状況やリンカーン自身の信念・価値観も変化すること、さらにこれらの変化とともに出来事もまた変化することを理解していく。そして、この理

解の過程で人物の信念・価値観はどの様なものであったのかについても考察する。

　この原理は、行為と出来事の関係を理解させるという点では原理1を含むものであるが、行為と出来事は単に原因と結果の関係ではなく、時期を通した出来事の変化により人物の行為もまた変化するという相互作用の関係にあることまでをも理解させる方法をとる。このように、時期（時代）を通して行為と出来事の相互作用的関係を理解させる方法は、最終的には現在の社会や学習者自身にも当てはまる、行為と出来事の相互作用的関係に気づくきっかけを与えるものである。

学習方法原理3　物語的構成による「人物の行為」と「出来事」の関係理解
　第三の学習方法原理は、人物の行為と出来事の関係を解釈する際に、学習者が物語を構築する（物語としてストーリー化する）学習方法をとることである。これは図2-2では、パート2〜7までの各パートで行われるが、最も重要なものは、最下段のパート7でなされる物語の構築である。パート2〜6の過程では、リンカーンの考え方・行為・出来事が時期を追って変化したことが順次解明される。最後のパート7では、これらの変化の過程を総合的に考察することで人物の行為と出来事の関係を解釈することになるが、この解釈の手段として用いられるのが物語の構築である。言い換えれば、歴史上の人物がどの様な社会的背景に基づいてどの様な判断・行為をし、どの様な出来事が起こったのか、また、社会的背景、判断と行為、出来事は時期をおって相互作用をしながらどの様に変化したのかを物語として構築し、記述・発表することにより、行為と出来事の関係を理解する方法である。この単元は、リンカーンが時々の論題に対して一定の判断をし、目的を達成する段階ごとに区切られているため、学習者がこの様な物語を構築しやすい構成になっている。

　例えば、パート7で構築される物語には次のようなものがある。「リン

カーンは最初、奴隷制を認めていた。しかしその後、奴隷の売買を目撃して衝撃を受け、奴隷制を（急激にではなく）徐々に廃止するほうが良いと考えるようになった」。また、「南北戦争が始まると、国の分裂を避ける必要が生じたため、リンカーンは国の分裂を避ける手段として奴隷解放の政策を進めるようになった」。「奴隷解放が実際に行われると、黒人の真の自由と平等を実現するために、公民権を黒人に与える考えをとるようになった」。

このような物語の構築という第三の原理には、次の２つの特徴がある。第一は、学習者が物語を構築する際に、人物の行為と出来事の関係に社会的意義（意味）を与えて両者の関係を解釈することである。例えばパート６では、学習者はリンカーンが第２期大統領就任演説で行った奴隷制全面廃止の表明についての史料（演説文）を解釈する。そして史料の解釈に基づいてリンカーンの行為（奴隷制全面廃止の声明）と出来事（奴隷解放）の関係を、物語として構築しながら解釈する。この過程で学習者は、リンカーンの行為と出来事の関係は普遍的価値（自由と平等）の実現に向けられたもの、つまり社会的意義をもつものであることを発見する。第二の特徴は、この物語の構築が学習者の日常の学習や経験と結びつき、学習者自身を含めた現在の人々の行為とその結果生じる出来事の関係に気づかせる可能性をもつことである。物語を構築する際には、人物の行為と出来事の関係に社会的意義が付与されることは既に述べた。そしてこの社会的意義とは本単元では自由や平等の実現であり、この概念は学習者が既に学習してきたことであると同時に日常生活において経験することでもある。したがって学習者は、物語を構築し解釈する過程で発見する自由や平等の実現について、現在の学習者自身の生活と結びつけることが可能になり、さらに現代でも人々の判断や行為の根拠は、社会的意義があり、普遍的なものであることが望ましいことに気づくのである。

第2節　人物の行為の解釈に基づく歴史学習の特質と問題点

　第1節では、人物の行為の解釈に基づく歴史学習の論理について、アマースト・プロジェクトの単元「リンカーンと奴隷解放」の分析を通して解明した。この単元は、歴史上の人物の行為と出来事の関係を理解させるために、まず歴史上の人物についての史料を解釈し、次にその解釈をもとに「行為の解釈モデル」という認知枠を用いて人物の行為を解釈し、最後に行為と出来事の因果関係を物語として構築するものであった。この歴史学習には、以下の6つの特質が見られる。

教授-学習の捉え方の視点から見た特質

　第一の特質は、人物の行為の解釈において「行為の解釈モデル」という理解の枠組みを用いることである。このモデルは、①論題（解決すべき問題）、②背景や状況、③人物の判断、④人物の行為、⑤結果としての出来事、を要素としていた。そして学習者は、②～⑤を因果関係的に理解することにより、人物の動機や判断の基準となる考え方を発見し、人物の行為と出来事の関係を理解することができる。学習者はこのモデルにそって、リンカーンが論題に対して、どの様な背景や状況で、どの様な判断を行い行為をし、その結果どの様に出来事を作り出したのかを考える。そして人物の行為と出来事が因果的連鎖で結ばれていることを理解する。つまり、人物の行為は単なる偶然や思いつきでなされるのではなく、行為の背後には社会的背景・信念・価値観があること、そして出来事は客観的に存在するものではなく、社会的背景・信念・価値観に基づいた行為によって作られていくこと（行為による出来事の構築性）を理解する。この行為による出来事の構築性は、「人物の行為の解釈モデル」にしたがって5つの要素（①論題、②背景、③判断、④行為、⑤出来事）を段階的に一つひとつ検討する過程を経て、はじめて学習者が自ら発見することができるものである。したがって、人物の行為の解釈においてこのモデルを用いることは、行為による出来事の構築性を理解するための

必要条件といえる。またこの場合、②〜⑤の因果関係的な理解は単線的であり、後述第2部の人物学習における複合的な構造をもつ批判的解釈モデルとは異なる。

　第二の特質は、第一の特質と関わるもので、人物の行為の解釈において、その解釈の範囲が単に行為自体だけでなく、行為と出来事の関係までも解釈させるものとなっていることである。単元では、歴史的人物の行為の変化の根底にある行動原理を学習者に発見させて、「出来事は人物の行為の結果として構成される」という、出来事と行為の関係の一般的特質（行為による出来事の構築性）を理解させる。つまり、人物の行為と出来事を関係づける中心的要素である、人物の動機および判断基準を学習者に理解させるのである。

　歴史理解において人物の行為・出来事・時代像は非常に重要な要素であるが、従来の人物学習においてこの3つの要素は相互の関連性を考慮することなく扱われてきた。しかし、これら3つの要素は、行為が出来事を作り、出来事が時代像を作るという段階的・発展的関係にある。したがって、学習者の歴史理解を深めるためには、これら3つの要素の段階的・発展的関係を学習者が常に意識できるようにすることが重要である。そのため、学習者が歴史的人物の行為を解釈する際には、行為から生じた結果である出来事までを視野に入れて解釈することが必要となる。言い換えれば、この特質は内容構成原理2の「行為の解釈モデル」を用いることから派生するともいえる。なぜなら、「行為の解釈モデル」は、行為による出来事の構築性を理解するためのものであるから、人物の解釈において「行為の解釈モデル」を用いることは、必然的に出来事を視野に入れることになるためである。

　第三の特質は、人物の行為と出来事の関係を理解させるために、歴史的人物の行為の変化を物語として構成させることである。ただし、単元で取り上げる人物はリンカーンひとりであるため、対象となる時代・時期は比較的範囲が狭い。これは第2部の人物学習において構成される物語が複数の人物を

対象とし、広い範囲の時代・時期を扱っているのとは異なる。

　第四の特質は、学習者の行う史料の解釈が分析的解釈であり、この人物学習が「研究型」の学習になっていることである。「リンカーンと奴隷解放」の単元では、リンカーンの日記・手紙・演説などさまざまな史料が提供される。そして学習者はこれらを読み、リンカーンがその時々でどの様な信念・価値観をもち、どの様な社会的背景のもとにいたのか、その信念・価値観・社会的背景はリンカーンの判断にどの様な影響を与え、その結果どの様な行為を行ったのかを分析的に解明する。その上で、人物の行為と出来事の関係を理解する。これは、単に史料を読むこととは大きく異なる。歴史上の出来事は人物の行為によって作られるが、この行為の背後には（動機に基づく）判断があり、その（動機に基づく）判断を導くものは信念・価値観・時代背景である。したがって、人物の行為を解釈する際にはその行為の根底にある信念・価値観・時代背景を理解することが必要となる。つまり史料の解釈は、歴史上の人物の行為を解釈する際に行為者の視点（信念・価値観・社会的背景）を発見するための情報を学習者に提供する役割を果たす。

　このように史料の解釈を重視することは、歴史学研究における史料批判の方法（証拠としての史料を解釈することを重視する方法）と同様であるといえる。ゆえに、この第四の特質は、本単元の歴史学習が歴史学の研究方法を用いた学習、つまり「史料解釈型研究的人物学習」と言えるものである。

歴史理解の捉え方から見た特質

　以上、第一から第四の特質を踏まえると第五の特質が明らかとなる。それは、本章で取り上げたアマースト・プロジェクトの単元「リンカーンと奴隷解放」の歴史人物学習が学習者に、以下の5つの基本概念に支えられた歴史理解を行わせようとしていることである。

①歴史理解は、単に客観的事実をそのまま知識として自分の中に取り込むことにより行われるのではなく、学習者が自ら解釈を作り出すことにより行われる。

②歴史の知識は、学習者が歴史の中から対象を選択し、解釈した結果として得られる。学習者と無関係に知識が客観的に存在するのではない。
③歴史理解（知識）は、歴史上の人物がその目的・信念・経験・状況に基づいてどの様に行為し、出来事を能動的に作り出してきたのかを解釈することにより行われる。
④歴史理解は、歴史上の個人や人々の経験を、学習者の視点に基づいて解釈し再構成した経験に、学習者なりの意味づけをすることにより行われる。
⑤歴史理解は、学習対象をどの様な観点で選択し構成するか、どの様な視点でその学習対象を解釈するかにより多様なものとなる。

　以上の5つの基本概念に共通するのは、次の3点である。第一は他者の視点ではなく自己の視点に基づいて歴史的人物の行為と出来事の関係を解釈すること、第二は出来事が人物の行為に基づいて作り出されることを理解することである。第三は歴史的人物の行為を解釈する際は、史料から当該の人物がもっていた視点を読み取るとともに、人物の行為が出来事の形成に対してどの様な意義をもっていたのかを学習者自身の視点で解釈し、意味づけることにより出来事を理解することである。これらの基本概念は、歴史理解についてのものではあるが、同時に心理学や社会学における認知構築主義の考え方と基本的に重なっている。なぜなら認知構築主義とは、(1) 知識は客観的なものではなく認識（認知）主体によって選択的、多面的に作られるとともに、(2) 知識は対象を解釈し意味を構成することにより作られる、とする考え方であるためである。以上から、本章で取り上げた単元の学習は、認知構築主義に基づく人物学習であると言うことができる。
　最後の第六の特質は、この章の歴史学習全体の特質が以下の2つにまとめられることである。
　第一に、本章の歴史学習は歴史理解をより深いものにするために、歴史的

第2章　人物の行為の解釈に基づく歴史学習の論理　77

人物の行為と出来事の関係について、学習者自身に物語を構築させる学習になっていることである。学習者が史料を解釈する過程で歴史的人物のもつ視点（信念・価値観・社会的背景）を発見することは、第1および第2の特質で述べた。これは単に史料を読んで考えることとは異なり、学習者が自ら歴史理解を作り上げていく過程、つまり主体的な歴史理解構築の過程である。そして物語を構築することは、学習者が各過程で作り上げた歴史理解をさらに発展させ集大成としてまとめ上げることである。したがって、学習者が歴史理解を主体的に構築するための方法として物語を構成させることが、本章の歴史学習全体の第一の特質である。

なお、この物語の構築は、後述する「第6章　人物の行為の批判的解釈に基づく歴史学習の論理」においても同様に行われるが、第6章の物語とは視点の数にちがいがある。第6章で学習者が理解する視点には3つのレベルがあり、それらは歴史的人物（ガンジー）の視点、史料（伝記など）の著者の視点、学習者の視点である。これに対して、本章での物語の構築は歴史的人物（リンカーン）の視点のみ、つまり単一の視点の理解にとどまっている。

第二は、本章の歴史学習は学習者が自らの日常経験・既有の知識と科学的研究の両方を活用することで歴史理解を深める学習になっていることである。学習者がこれまでに経験してきたことや既にもっている知識を活用して歴史的人物の行為と出来事の関係を理解することは、単に外から知識を受容することとは異なり、学習者が主体的に理解を作り出していくことである。また、史料を手がかりとして解釈するという歴史研究の方法を用いることは、客観的な証拠に基づいた考察を可能にする。つまり、日常性と科学研究の両方を利用し、両者の相互作用を生み出すことで学習者の主体的歴史理解を促進していることが、歴史学習全体の第二の特質である。

以上をまとめると、人物の行為の解釈に基づく歴史学習全体の特質は、学習者の主体的歴史理解を促すために、史料の解釈において歴史的人物の視点を発見させ、行為と出来事の関係を理解する際に物語を構築させることであ

るといえる。しかし、人物の行為の解釈に基づく歴史学習には以下の3つの問題点がある。

歴史理解の在り方から見た問題点

　第一の問題点は、本単元で学習者が発見・理解する視点が単一のもの、つまり歴史的人物の視点のみに限定されていることである。行為と出来事の関係が歴史的人物に内在する単一の視点でしか追求されていない。これは、本単元で解釈する史料が一次史料であることに起因するが、学習者がより深い歴史理解を作り上げていくためには、さまざまな解釈・理解があることを知る必要がある。したがって、多様な視点からの理解が可能となる社会構築主義に基づく歴史学習が期待される。

　第二の問題点は、学習者の歴史理解が人物の行為と出来事の関係の理解にとどまっている点で、理解の範囲が狭いことである。歴史理解の最も重要な要素は、人物の行為・出来事・時代像の3つである。本単元では、歴史的人物の行為と出来事の関係が構築的であることの理解までは行われるが、その先にある時代像や時代の動きとの関係の解釈までは行われない。これを実現するには、第3章以降で述べる出来事や時代像を学習対象とした別のタイプの歴史学習が必要になる。

学習者と歴史・社会との関係から見た問題点

　第三の問題点は、学習者それぞれがもっている複数の視点や考え方を反映しながら多様な歴史解釈を構築する構成になっていないことである。本章の人物学習は、教師が中心となり個々の学習者に歴史を研究させる歴史研究型の学習であるため、学習者の多様な視点から多様な歴史理解を協働で構築する学習になっていないのである。

　第2章では、認知構築主義歴史学習の「歴史理解の内容」による3つの類型（人物の行為・出来事・時代像）のうち、第1類型である「人物の行為」の解釈を行う単元として「リンカーンと奴隷解放」（アマースト・プロジェクト）

の分析を行った。人物学習は人物の行為に焦点を当て、行為と出来事の関係を理解させる学習である。分析した単元は、リンカーンの行為が奴隷解放という出来事にどの様な影響を与え、どの様に奴隷解放という出来事を作り出したかを理解させるものである。この分析の結果、本単元について内容構成原理と学習方法原理をそれぞれ3つずつ抽出することができた。

内容構成原理は(1)人物の行為と出来事の基本的関係の理解、(2)「人物の行為の解釈モデル」を用いた「人物の行為」と「出来事」の関係の理解、(3)行為と出来事の関係の動的理解、である。また学習方法原理は、(1)「行為と出来事の解釈モデル」を用いた「人物の行為」と「出来事」の関係理解、(2)時期的変化を視点にした「人物の行為」と「出来事」の関係理解、(3)物語的構成による「人物の行為」と「出来事」の関係理解、であった。

この単元は、その特質から「史料解釈型研究的人物学習」と呼ぶことができるものであった。

第2章の註

1) 末尾に示した小学校学習指導要領解説（社会編）では、小学校第6学年の内容に関して「我が国の歴史上の主な事象について、人物の働きや代表的な文化遺産を中心に遺跡や文化財、資料などを活用して調べ」る学習を行わせることが書かれている。しかしこの記述がなされた平成20（2008）年以前の学習指導要領にもこれ以上の説明はなく、このような学習が「人物学習」として定式化されているわけではない。またその原理的説明は皆無である。（文部科学省（2008）、『小学校学習指導要領解説社会編』東洋館出版社、pp.73-75。）

2) 小学校学習指導要領が示す人物学習の問題点を克服しようと行われた研究に、小原（1987）、今谷（1991）、吉田（2003）、岡崎（2007）などがある。小原、今谷、吉田の研究は独自の視点で人物学習の原理を示しているが、意思決定力（小原）、新しい問題解決力（今谷）、制度・仕組みを構想する力（吉田）などの能力の育成を中心目標としており、これらの目標を達成するために人物学習を手段・方法として利用したものである。また、岡崎の研究は「社会システム」と名づけた制度・しくみにあたる概念枠を用いて、いわば直接的に時代の特色をとらえる歴史学習の方法原

理を解明したものである。これは歴史的人物の行為の学習からの積み上げ的な学習ではなく、人物学習の原理に替わる学習方法原理の解明を目的としたものである。そのため、本研究で示す社会構築主義の人物学習の定義にそった人物学習の原理の研究は行われてこなかったと言える。

3) アマースト・プロジェクトの中心的指導者であったR. ブラウン（Brown R. H.）によれば、このプロジェクトの基本的な考え方は、エール大学やアマースト大学の歴史学入門コースで1950年代から1960年代に開発されたカリキュラム教材の中に既に具体化されていたとされる（Brown, 1996）。例えば、エール大学ではT. マニング（Manning T.）、D. ポッター（Potter D. M.）がアメリカ史用の一連の教材『歴史解釈に関して選択された諸問題』を、T. メンデンホール（Mendenhall T.）、B. ヘニング（Henning B. D.）、A. フード（Foord A.）はそのヨーロッパ史対応のものを開発していた。またアマースト大学ではG. テイラー（Taylor G. R.）などが、歴史学方法論を教えることを特徴とするシリーズ教材『アメリカ文明における諸問題』を開発していた。どちらも歴史の批判的探求に焦点を当てて学習者中心の学習を進めようとする特徴をもっていた。アマースト・プロジェクトは、これらの教材やそれらの基底にあった理念の影響を受けたと推測される。また歴史学者であるブラウン自身の考え方も反映していると考えられる。

4) アマースト・プロジェクトでは、アメリカ史のカリキュラムをあらかじめ組織されたシリーズ単元として開発するのではなく、組み替えが自由に行えるモジュール方式の単元群として開発する方法がとられた。モジュール方式が採用された理由は、歴史の教科課程を計画する際に、この方式で作られた単元を教師が独自の考えでブロックのように組み合わせることで、より学習者に適した探求的で効果的な歴史学習を設計できると考えたことによる（Committee on the Study of History, 1969）。開発された歴史カリキュラムはモジュール方式で単元・教材を作り、既存の歴史学習に容易に組み込めるようにして、知識の伝達中心の伝統的な歴史学習を内側から変革しようとしたものであった（Brown, 1970）。単元の開発は、中・高等学校の歴史教師を中心として、アマースト・カレッジでの約6週間にわたるサマーキャンプで行われた。中・高等学校の教師が中心であった点で、社会科学者や心理学者中心で高度に体系的なカリキュラムを開発した他の新社会科とは大きく異なっている。

5) アディソン・ウェスレー社（Addison-Wesley Publishing Company）から出版された市販版アマースト・プロジェクトは、プロジェクトですでに開発されていた単元に修正を加えて13冊の単元シリーズとして作られた。このように単元が分冊にされたのは、単元の組み替えが可能なモジュール方式のカリキュラムを開発しようとし

たプロジェクトの趣旨を生かしたためである。また単元は当初、学習がオープンエンドなものになるように、単元の中で提供されている教材・資料を選択し、順番を変えて利用できるルーズリーフ形式で出版される予定であった。しかし販売収益を伸ばすこと、伝統的な流通・販売方法に従うことを主張した出版社の主張に妥協して、ルーズリーフ版と装丁版の両方を販売することになった（Committee on the Study of History, 1969）。

6) このシリーズ版アマースト・プロジェクトはアメリカ史以外の教科・コースでも利用できるようになっている。このシリーズ版の解説書によれば、以下の表2-5に示す教科・コースで、9個の学習テーマから選択的に利用することが推奨されている（各テーマの下で利用される単元は表2-2と同じ）。

7) 認知構築主義歴史人物学習の特徴や基本概念の抽出に当たっては、浅野（2001）、バーガー＆ルックマン（2003）、バー（1997）、ドゥーリトルとヒックス（Doolittle & Hicks, 2003）、森（2002）、中河（1999）、野家（1996、1998）、野口（2001）、シューマン（Scheurman, 1998）、平・中河（2000）、上野（2001）などの文献を参考にした。

表2-5　諸教科・コースにおける単元利用の観点

内容選択の観点 教科・コース	1 リーダーシップと意思決定	2 大統領の職務	3 多様な考え方と公共政策の立案	4 民主主義と外交	5 法社会における正義の概念	6 個人と社会	7 自由・権力・責任	8 衝突するアメリカ人の価値観	9 認知と事実
特定のテーマを重視したアメリカ史	○	○	○	○	○	○	○	○	○
アメリカ研究		○			○	○	○	○	○
人文科学		○						○	○
社会科				○	○				
民主主義の諸問題		○			○				
政治		○			○				
心理学									○

（*The Amherst Curriculum Development Chart*, Addson-Wesley, 1966 をもとに筆者作成。）

第3章　出来事の解釈に基づく歴史学習の論理

　従来の歴史学習では、出来事学習とは単に出来事のみを理解させることが大半で、歴史上の人物の行為や時代像との関連づけがなされないまま教えられてきた。なぜ、そしてどの様に出来事が人物の行為によって引き起こされるのか、また出来事により時代像がどの様に形成されるのかは説明されておらず、歴史学習の重要な要素である、人物の行為・出来事・時代像という3者の関係が明らかにされていなかった。

　認知構築主義の歴史学習[1]では、学習者は史資料を解釈し、それをもとに歴史上の「出来事」を解釈する。しかし、単に「出来事」を解釈することで終わるのではない。「出来事」の解釈を通して「出来事」と「時代像」の関係を解釈することまでを目的としている。なぜなら、歴史理解において「出来事」はそれ自体単独で存在意義があるのではなく、「出来事」が「時代像」を形成していくという関係が重要だからである。これは第2章で述べた、「人物の行為」の解釈は単に「人物の行為」を解釈するだけでなく、「人物の行為」と「出来事」の関係を解釈することまでを目的としていることと同様である。

　また、「出来事」の解釈学習においては、「出来事」と「時代像」の関係を解釈するだけでなく、「人物の行為」の解釈も行う。なぜなら、「出来事」を解釈するためにはその出来事に関わった「人物の行為」を解釈する必要が生じるためである。これは、人物の行為・出来事・時代像の3つの要素は別個独立に存在するのではなく、「人物の行為」が「出来事」を作り出し、「出来事」が「時代像」を作り出すという密接な関連と段階的・発展的構造をもつことからも説明できる。

　以上をまとめると、「出来事」の解釈学習の位置づけは、構築主義歴史学

習の3類型（人物の行為・出来事・時代像）[2]のうち、前段階である「人物の行為」の解釈学習を包摂し、さらに、より高次の類型である「時代像」の解釈学習への橋渡しの役割をするものである。このことは、第2章で述べた、「人物の行為」の解釈学習は「出来事」の解釈学習への橋渡しの役割をするものであることと同様といえる。

また、史料の解釈を行うという点では本章の「出来事」の解釈学習も、第2章の「人物の行為」と同様である。ただし、解釈する史料の範囲は異なる。第2章では、学習者が解釈する史料は「人物の行為」に関するもの、つまりリンカーンの行為を直接記述したもの（一次史料）であった。それに対して本章では、一次史料に加えて二次史料（歴史上の出来事について一次史料を解釈した人が、さらにその出来事について作成した史料）まで含んでいる。その理由についてはアマースト・プロジェクトの教師用指導書からは明らかではないが、「出来事」は見る人によりさまざまな視点から解釈されることを学習者に気づかせるために、あえて「出来事」の解釈学習においては複数の視点からなる二次史料まで含めたのではないかと考えられる。

このように史料の範囲にちがいがあることから、第2章では史料の解釈を「通した」解釈学習という表現を用い、本章では史料の解釈を「媒介とした」解釈学習と表現することにより両者を区別する。

本章の目的は、認知構築主義歴史学習の「歴史理解の内容」による3つの類型（人物の行為・出来事・時代像）のうち、第2類型である「出来事」の解釈に基づく単元を分析し、出来事学習の原理を明らかにすることである。

本章では2つの出来事学習単元を取り上げて分析する。第1節では、史料を媒介とした出来事の解釈学習単元「レキシントン・グリーンで何が起こったのか」（アマースト・プロジェクト）、第2節では史料と科学の方法を媒介とした出来事の解釈学習単元「誰がアメリカを発見したのか」（ホルト・データバンク・システム）である。

第1節ではまず、第2章で取り上げたアマースト・プロジェクトの全体計

画に触れ、次に単元「レキシントン・グリーンで何が起こったのか」の単元構成とその論理（目標・活動構成・留意点・単元概要・パート構成・単元全体の特質）を述べる。そして具体的な授業展開についてパートに分けて分析し、分析の結果明らかになった内容構成原理および学習方法原理について詳述する。最後に単元の特質と問題点に言及する。

第2節では、まずホルト・データバンク・システムの目標・カリキュラムの全体計画とその論理を説明し、次に単元「誰がアメリカを発見したのか」の単元構成とその論理（目標・単元全体の概要・パートの構成・単元全体の特質）を述べる。そして具体的な授業展開について分析し、分析の結果明らかになった内容構成原理および学習方法原理について詳述する。

最後の第3節では、2つの単元「レキシントン・グリーンで何が起こったのか」および「誰がアメリカを発見したのか」を通した全体の特質と問題点に言及する。

第1節　史料を媒介とした出来事の解釈学習：アマースト・プロジェクト単元「レキシントン・グリーンで何が起こったのか」の場合

本節では、史料を媒介にして「出来事」を解釈する歴史学習として、アマースト・プロジェクトの単元「レキシントン・グリーンで何が起こったのか」を分析する。この単元は、アメリカ独立戦争の発端となった出来事（レキシントンの共有緑地広場で起こった英国軍とアメリカ植民地民兵の間の戦闘）を扱ったものである。そしてレキシントンでの戦闘という「出来事」が、独立戦争とその拡大にどの様な影響を及ぼしたのか、そして英国からの独立という社会の大きな動き、つまり「時代像」をどの様に作り出していったのかについて、史料の解釈を媒介として理解させる単元である。

1. 歴史学習の目標－歴史の探求方法と歴史理解の特性の理解

　アマースト・プロジェクトで開発された歴史カリキュラムの目標については、第2章第1節の単元「リンカーンと奴隷解放」の分析で示した。それらを再確認すると、中心目標は(a) 歴史研究の方法（能力・技能）の習得、(b) 歴史研究の方法の理解、(c) 歴史研究や歴史の意義の理解の3つであった(Brown, 1966; Committee on the Study of History, 1969; Brown, 1970; Brown, 1996)。

　目標(a) は歴史の探求技能を獲得させることであり、探求のために問いを立て批判する能力および概念を実際に応用する能力を発展させることである。(b) は、歴史の知識（概念）を含む歴史学の構造の理解、事実の特性や一般化の限界、仮説、証拠、証明の間の関係という歴史学の研究方法に関する知識を習得させること、そして (c) は事実とは何か、事実はどの様にして事実となるのか、記憶としての事実よりも実用としての事実の方がなぜ意義があるのか、歴史とは何かという問いを追求することで事実の社会的意味や歴史の意義について理解させることである。

2．授業構成原理

(1) カリキュラムの全体計画とその論理

　本節で取り上げる単元「レキシントン・グリーンで何が起こったのか」は、1960年代の米国で開発された新社会科のひとつであるアマースト・プロジェクトで開発されたものである。アマースト・プロジェクトの全体計画とその論理については第2章で既に説明したが、改めてその要点を示すと、このプロジェクトは①社会における人間関係（原理1）、②歴史的に構築されてきた現代的課題（原理2）、③歴史のわかり方の特性（原理3）の3つの原理をそなえたものであった。単元「レキシントン・グリーンで何が起こったのか」はアメリカ独立革命を題材としたものであり、独立戦争の正当性を追求することによって、植民地アメリカと英国の関係（社会における人間関係：原

理1）を理解する単元である。またこの単元は、史料を手がかりとしてレキシントン・グリーンの戦闘を解釈することにより、植民地アメリカと英国の立場によって事実の理解の仕方が異なることに気づかせて歴史の理解の仕方をメタ認知する（歴史のわかり方の特性：原理3）ものになっている。

(2) 単元構成とその論理
1) 単元計画
(a) 目標

　単元「レキシントン・グリーンで何が起こったのか」の目標は、第一に学習者に歴史学の方法の技能を習得させること、第二に歴史学の方法の特質を理解させること、第三に人々の歴史理解の特性を理解させることである(Bennet, 1967; Brown, 1970)[3]。

表3-1　教師用指導書に示された単元の構成

セクション	サブセクション	配当時間
導入 1965年のロサンゼルス暴動の真実		1
セクション1 レキシントン事件	A　場面設定 B　一発の銃声が響く：目撃者の説明 C　一発の銃声が響く：同時代人からの証拠	2 1 1
セクション2 歴史と銃撃	A　歴史家が研究するレキシントン B　教科書は歴史なのだろうか	1～2 1
セクション3 すべての人が歴史家なのではなかろうか	A　事実とは何か B　科学・芸術・現実 C　歴史家・創造性・現実性	1 1～2 1

(Peter S. Bennett (1970). *What happened on Lexington Green? An Inquiry into the Nature and Methods of History. Teacher's Manual.* Menlo Park, CA: Addison Wesley をもとに筆者作成。)

(b) 活動（時間）の構成

教師用指導書に示されている本単元の活動の構成は前頁の表3-1である。

(c) 学年や指導の留意点

この単元は中学校と高等学校用の歴史学習単元として開発されたものである。教師用指導書によると、この単元はすべてのセクションやサブセクションを順番に取り上げる必要はなく、学習者の学年レベルや能力レベル（特に読解能力レベル）に適合するように複数を選んで利用・指導することが推奨されている。また、表3-1には書かれていないが、各セクションでは手紙・日記・証言記録・雑誌の記事・歴史書の抜粋など（以上、史料）や教科書の抜粋・統計表・地図など（以上、資料）のさまざまな史資料が教材として提示されている[4]。これらの教材もすべてを使う必要はなく、選択的に使用することが奨励されている。これは、教材として示されている文書は相当数に上り、時間的にも学習者の処理能力から見てもすべてを利用することは実際的ではないためと考えられる。

次にセクションごとに見ていく。セクション1は、出来事が起こったのと同じ時代に焦点を当てた歴史理解の特性を理解させるものであり、セクション1のみ単独で学習しても「過去」についての歴史理解の特性がわかるようになっている。また、より高い能力レベルにあり興味・関心も高い学習者には、セクション2の学習が推奨される。なぜなら、このセクションは出来事が起こった時代とは異なる時代の歴史理解の特性を考えさせるものだからである。セクション3は問題の難易度が高いため、意欲的な歴史教師が利用するものである。

この単元は独立革命の時代についての研究というよりも、歴史の本質と方法についての学習に利用するのがもっとも有意義であると教師用指導書には述べられている。これは、本単元がアマースト・プロジェクトのカリキュラムの原理のうち、歴史のわかり方の原理に位置づけられることに由来してい

ると筆者は考える。

　この単元の指導は約1～2週間で展開するものであるが、教師がどれぐらいの数のセクションあるいはサブセクションを利用するかによって学習期間が左右されることになる。

(d) 単元の概要

　本単元は表3-1に示した4つの段階（導入とセクション1～3）から成っている。

　はじめに学習への導入として取り上げられるのは、現代の出来事としてのロサンゼルス暴動（1965年）である[5]。暴動の原因については、暴動の参加者や目撃者の証言からは食い違う解釈が出されており、現代の出来事でさえも実際の事実の確定は容易でないことを学習者は理解する。

　セクション1では、現代の出来事よりも事実の確定がさらに困難であると思われる過去の出来事について学習する。取り上げられるのは、アメリカ独立革命の端緒となった戦いとして有名なレキシントン（ボストン近郊）の戦闘である。この戦闘は、現在もなお解釈が定まっていない米国史上著名な出来事であり、事実が実際はどうであったのかをさまざまな人物の証言をもとに検討する。そして、事件の直接経験者（目撃者）や間接経験者（直接経験者から伝え聞いた当時の人々）の事実理解の特性が明らかにされる。

　セクション2では、レキシントンの戦闘よりも後の時代の歴史家や教科書執筆者はレキシントンの戦闘についてどの様に理解していたかが2段階で検討される。第1段階では歴史家の出来事理解の特性（サブセクションA）が明らかにされ、次の段階では教科書執筆者の出来事理解の特性（サブセクションB）が明らかにされる。

　セクション3ではレキシントンの戦闘の事例から離れ、歴史の事実理解の一般的特性が3つの段階で検討される。3段階とは、以下の①～③である。

90　第1部　認知構築主義に基づく歴史学習の原理と展開

> ① 歴史家の歴史理解の一般的特性（サブセクションA）
> 　→② 科学・芸術の専門家による事実理解の一般的特性（サブセクションB）
> 　　→③ 専門家と一般の人々に共通する事実理解の特性（サブセクションC）

単元の構成は、以上である。

(e) パートの構成

　前項の(d)では、導入からセクション3までの単元の概要を教師用指導書にそって述べた。この教師用指導書で示されている単元構成（導入、セクション1～3）は、導入部とセクション1～3とを切り離したかたちになっているが、実際の学習者の理解は、導入部分と他のセクションで切り離されてはいない。理解には連続したひと続きの認識過程がある。そこで筆者は、教師用指導書とは異なり、全体をパート1、2、3、4として再構成し、学習者の認識過程がより明らかになるようにした。これが後掲の表3-2であり、縦軸がパート1～4までの4つのパートからなっている。

　パート1は、この単元の中心的な問い「歴史とは何か」・「歴史家はどの様に過去を理解するのか」・「歴史を理解することはどの様な意義があるのか」を問うものである。そして問いの答えを導き出すために出される例が、現代の出来事であるロサンゼルス暴動である。学習者に身近な現代の出来事を考えさせることで、3つの問いへの関心を呼び起こすように構成されている。

　続くパート2～4はパート1で提起された3つの問いを追求する過程である。パート2とパート3では、過去の出来事であるレキシントンの戦闘について歴史家と歴史教科書執筆者がどの様に理解していたかを史資料から読み取り、比較して上記3つの問いに対する答えを考える。

　最後のパート4は単元の中心的な問いに対する答えをまとめる段階であり、過去の出来事であるレキシントンの戦闘については検討されない。このパートでは歴史理解の一般的特性を理解するために、歴史家以外の専門家・一般人の歴史理解の方法について考察し、それまでの学習を総合することに

より歴史理解の特性には一般性・普遍性があることに気づかせる構成になっている。

以上をまとめると、本単元のパートの構成は、歴史理解の一般的特性を理解させるために、〔現在の出来事を理解することで単元の中心的問いを把握する〕→〔過去の出来事を理解することで歴史家の歴史理解の特性を理解する〕→〔歴史家以外の専門家・一般人の歴史理解の特性を理解する〕、という構成になっている。

4つのパートは次のような段階的構成をとる。パート1では1965年のロサンゼルス暴動が実際にはどの様な出来事であったのかについての解釈が人によって異なり、事実理解の特性が問題として取り上げられる。次に話題は歴史上の出来事の理解に移り、アメリカ史の有名な出来事であるレキシントンの戦闘の事実にはいくつもの解釈があり、現在も解釈が定まっていないことが紹介される。

パート2はA、B、Cの3つの段階に分かれている。まず段階Aでは、当時、戦闘に関係した英国軍将校の報告書や植民地民兵の証言をもとにレキシントンでの事件の概要を知る。段階Bでは、事件の直接体験者である目撃者の証言を比較検討し、この事件の事実がさまざまに解釈されていることを知る。段階Cでは、事件の間接体験の反映である同時代人の報告を比較・検討することで事件が多様に理解されていることを知る。そしてA～Cの3つの段階を総合して、直接間接体験者が事件の事実についての知識を自分の目的や信念、経験をもとにして能動的、選択的に構成していることを理解する。

パート3はA、Bの2つの段階に分かれており、各歴史家による事実理解の特徴と歴史教科書執筆者による事実理解の特徴が検討される。まず段階Aでは、歴史家が書いているレキシントンの戦闘についての説明を読み、本来はひとつであるはずの出来事が何人もの歴史家によりさまざまに解釈されていることを知る。次の段階Bでは、レキシントンの戦闘についての教

科書の記述内容が検討される。そして歴史教科書執筆者も歴史家と同様にこの出来事をさまざまな観点から書いていることを知る。以上の学習の上にA、Bの2つの段階を総合して、執筆者のさまざまな観点をもとに事実が多様に解釈されていることを理解する。

　最後のパート4はA、B、Cの3つの段階に分かれている。このパートでは、歴史家の歴史理解は過去の事実を外的実在として正確に知ることではなく、さまざまな観点をもとに過去の事実を多様に解釈することであると学習者は理解する。そしてこれは過去の出来事を能動的・選択的に意味づける過程であり、パート4では、一般の人々の歴史理解もこのような特徴をもつことを理解させることがめざされる。そのために段階Aではまず、レキシントンの戦闘の話題から離れ、歴史理解の一般的特性について複数の歴史家が書いた文書を比較してその歴史理解の特性を理解する。段階Bでは、自然科学・社会科学・文学の分野での歴史理解の特徴がどの様なものであるかについて説明した文書を比較・検討し、これらの分野における過去の事実理解の特徴を理解する。最後の段階Cでは別の歴史家が歴史における事実理解の特性について書いた論文、哲学者プラトンが認識の主観性を説いた著作「洞窟の比喩」（プラトン『国家』第7巻所収）を読み、事実と実在との関係の特質を理解する。そしてこれらA〜Cの段階を総合することにより、歴史的知識は人々が行う意味構成の活動に基づいて多様なものとして作られるという歴史の事実理解の認知的特性を理解する。

2) 単元全体の特質

　以上をもとにプロジェクトとの関連で単元「レキシントン・グリーンで何が起こったのか」全体の特質をまとめると次のようになる。第一の特質は、出来事の理解は客観的に存在する事実をそのまま理解するのではなく、人物がもっている目的や信念、経験の理解を通して行われる。そのため人物によって出来事の理解の内容も異なる、という出来事理解の特性を理解させて

いることである。第二の特質は、そのような出来事理解の特質を出来事の目撃者、報告者、引用者の3つの層で考察させていることである。出来事の理解は3つの層によってそれぞれ特徴をもったものになる。第三の特質は、出来事の解釈のちがいは社会における人と人（国家と国家）の間の解釈の特性の問題であると理解した後、これをもとにして社会における人と人（国家と国家）との対立的関係の問題までをも理解させていることである。これをまとめると、第2章の表2-1に示したアマースト・プロジェクト全体の単元構成では、縦軸の「歴史の認知の問題」（歴史のわかり方の特性）の中の「認知と知識の間の関係」をまず理解し、次に表2-1の横軸で表される「社会における人と人の関係」（この単元の場合は国家と国家の関係）までを理解させるものであるといえる。

　なお、この単元の中心目標は「歴史のわかり方の特性」を理解させることであるが、この単元はまた表2-1の縦軸に示す「歴史を通じた問題」の中の「国際関係における国家権力のジレンマ」を理解させる働きもしている。

　以上、単元構成とその論理について述べた。次項では、授業展開とその論理について述べる。

(3) 授業展開とその論理
1) 内容構成原理

　ここでは、本単元の授業展開とその論理について内容構成原理を明らかにする。

　内容構成原理を考える上で重要なことは、授業の中で教師がどの様な発問をし、それに対して学習者がどの様に考え、答えるかを分析することである。なぜなら、内容構成原理は学習者が習得する内容から引き出されるものであり、その内容は教師の発問に学習者が答えることで初めて明らかになるためである。そこで教師の発問と学習者の答えを分析するものとして後掲の表3-2を作成した。

以下、表3-2の内容を縦軸、横軸の順に説明していく。

表3-2の縦軸は学習の「段階」を示している。〔導入（パート1）〕→〔レキシントンの戦闘を当事者や同時代人がどの様に解釈したか（パート2）〕→〔歴史解釈の専門家がレキシントンの戦闘をどの様に解釈したか（パート3）〕→〔事実は一般的にどの様に解釈・理解されるか（パート4）〕という段階になっている。つまり、認識主体を時間的・空間的に広げて、最後に歴史理解の特性の一般化を行うという段階をとっている。

次に表3-2の横軸を説明する。横軸には表の左から順に「小単元名」「教師の発問」「歴史理解の内容」「認識過程」の欄を設けた。この中で最も重要なものは「教師の発問」と「認識過程」である。なぜなら単元の学習内容の習得はこの2つを基軸として行われるためである。「認識過程」の欄に示したのは、各パートで学習者に理解させたい最も重要な内容である。学習者の理解は「歴史理解の内容」を踏まえて、最高レベルである「認識過程」の欄に示す内容の理解に到達する。学習者がこのレベルの理解に到達することができるように教師は意図的・計画的な発問をする。

表3-2の横軸に従って各パートの概要を説明すると以下のようになる。

パート1は、この単元の導入部分であり、身近な現代の事例を取り上げ、事実が多様に解釈されることを知るパートである。学習者に身近な出来事としては、1965年に起こったロサンゼルス暴動を取り上げる。まずパートの中心的問題として、ロサンゼルス暴動についての証言や報告を手がかりに、事件の真相はどの様であったのかが問われる（「教師の発問」）。学習者は史料を読むことで、黒人青年とその母親・白人警察官など目撃者の証言はさまざまであり、事実が人々によって多様に理解されることを知る。つまり、事実を知る際に人々は能動的・選択的な理解（外から与えられるのではなく自ら取捨選択して事実を理解する）をすることに気づく（「歴史理解の内容」）。その結果学習者は、より高いレベルの理解に到達し、人は自分で解釈を作り出す（構築する）ことにより歴史を理解することを直観的に理解する（「認識過程」）。こ

うして学習者は歴史理解の方法に関心をもつようになる。

　現代の出来事を理解する方法（解釈は作られるということ）に関心をもたせた後、本単元の中心的問題である、「歴史とは何か」・「歴史家はどの様に過去を理解するのか」・「歴史を理解することはどの様な意義があるのか」という３つの問いが立てられる。

　これらの問いの解決に向けて、パート２では、過去の出来事であるレキシントンの戦闘（1775年４月19日）を取り上げ、人々が出来事についてどの様な方法で理解するのかについて検討する。パート２はＡ、Ｂ、Ｃの３段階で構成される。段階Ａでは、はじめに当時の史料（証言）をもとに独立戦争の開戦の発端となったレキシントン事件の概要・事実はどうであったかが問われる（「教師の発問」）。段階Ｂでは、最初の発砲の事実に関する目撃者（直接体験者）の証言を比較検討し、英国軍と植民地軍のどちらに責任があるかが問われる（「教師の発問」）。そして史料の解釈をすることで学習者は、当事者（植民地民兵・住民・英国軍将校や兵士）は、その属性（国籍・軍隊内の階級・職業・価値観など）の影響を受けて事実を多様に解釈していることを知る（「歴史理解の内容」）。段階Ｃでは、この事件を伝え聞いた同時代人（間接体験者：植民地議会・植民地住民・英国人記者・聖職者）の報告を比較検討し、何がわかるかが問われる（「教師の発問」）。そして史料の解釈を通して学習者は、事件を間接体験した同時代人は、自らの属性（政治的立場・利害・職業・価値観など）の影響を受けて、伝え聞いた事実の解釈をさらに改変・増幅して多様に理解していることを知る。さらに、レキシントンの戦闘に直接間接に接した「過去」の人々の歴史理解の特性は、「現在」の人々の歴史理解の特性と同じであることを理解する（「認識過程」）。この場合の歴史理解の特性とは、一般の人々は歴史を理解する際に自分の視点をもち（能動的に）、自分の視点に合わせた事実理解をして（選択的に）、事実を構成していくことである。

　次のパート３はＡ、Ｂの２段階で構成されている。段階Ａでは、歴史家による事実理解の特徴が検討され、段階Ｂでは歴史教科書執筆者による事

実理解の特徴が検討される。段階Aでは、歴史家が書いたレキシントン事件についての説明を読み、著作の引用・抜粋から何がわかるかが問われる（「教師の発問」）。そしてこの事件が、当事者・報告者だけでなくさまざまな立場（トーリー党員・ホイッグ党員・民主党員などの立場）の歴史家がもっている属性（歴史観・政治的立場など）の影響を受け、個人的レベルだけでなく社会的レベルでも多様に理解されていることを学習者は知る。次の段階Bでは、レキシントン事件についての教科書の記述内容を分析し、教科書執筆者はどの様な意識に基づいて歴史を書いているかが問われる（「教師の発問」）。そして、客観性を求められるはずの歴史教科書執筆者もまた、言葉の使い方や語調・ある事柄についての過信や歪曲・執筆者の存在の隠蔽などを通して、事実を多様に叙述していることを知る。さらに歴史家も同様であることも知る（「歴史理解の内容」）。最後にこれを段階Aで理解したことと総合することで、歴史家だけでなく教科書執筆者、つまり歴史の専門家もパート1の一般人と同様に、事件当時の人々の知識や自分自身の知識・経験をもとに自分の視点で事実を意味づけ（能動的・選択的に）歴史理解を構成していることを理解する（「認識過程」）。

　最後のパート4はA、B、Cの3段階で構成されている。各段階では、まず「教師の発問」がなされる。主な発問は次のようなものである。事実とは何か、辞書ではどう定義されているか（段階A）。文書を手がかりにすると自然科学・社会科学・文学での事実理解の特徴は何か、歴史研究の事実理解の特性とどう違うか（段階B）。歴史家はどの様にして事実を理解するか、一般の人はどの様にして事実を理解するのか（段階C）などである。

　以上の発問に対して学習者は、歴史家の事実理解と他の専門家の事実理解を比較しそれぞれの歴史理解を検討する。そして一般人の歴史理解は、歴史家や他の専門家の歴史理解と基本部分で同じであることを知る（歴史理解の内容）。つまり歴史理解は、人々が自分で能動的・選択的に作り出すものであり、人の外に、人の意識と無関係に客観的に存在するものを単に知るだけ

第3章　出来事の解釈に基づく歴史学習の論理　97

ではないことを知るのである。

そして最後に、これまでの理解を総合して「事実を能動的・選択的に意味づけることにより知識は構成され、それをもとに歴史理解が能動的・選択的・多面的になされる」ということを理解する(「認識過程」)。

以上、各パートの概要を表3-2の横軸(「教師の発問」「歴史理解の内容」「認識過程」)にそって説明した。

これらを総合すると、前述の各パートで学習者が発問に対する答えを考え理解を深めていく過程(表3-2の横軸)には、ある連続した推論の型があることがわかる。

これを具体的にパート2-Bを例に説明すると次のようになる。

まず、発問として「目撃者の証言の比較から何がわかるか」が提示される。これは、最初に発砲したのが米英どちらの兵士であったかが、学習者にとっての「解明すべき課題」(①)であることを示す。この発問に答える過程で学習者は、当事者によって目撃情報が異なるという「背景や状況」(②)を知り、その背景や状況に基づいて、目撃者たちがその属性(国籍・軍隊内の階級・価値観など)の影響を受けて事実を多様に判断している(「人物の判断」(③))ことを知る。その結果、相手側から先に発砲したとみなして戦闘が始まったことを知り(「結果としての出来事」(⑤))、イギリスからの独立の正当性(不当性)を主張して独立戦争が拡大していったことを理解する(「時代像の形成」(⑥))。

以上の①～⑥を整理すると次のようになる。

学習者にとっての「解明すべき課題」(①)は「論題」と呼ぶことができる。議論において論題とは議論すべき問題であり、取り組むべき問題という点で共通点をもつためである。学習者は教師の発問により、人物がどの様な背景、判断、行為を経て出来事(独立戦争の最初の戦闘)が生じ、どの様な時代像を形成したかを検討する。この過程が②～⑥である。どの様な「背景や状況」(②)に基づいた「人物の判断」(③)により「行為」(④)がなされた

かを知り、そして②〜④の結果として「出来事」（⑤）が生じたこと、そして「時代像（時代の特色）」（⑥）が形成されたことを理解する。そして「論題」①に対する答えを見つけていく。②〜⑤は原因であり、⑥の時代像は結果である。つまり、②〜⑤と⑥は因果的連鎖で結ばれており、学習者は出来事と時代像の関係を因果的連鎖として理解する。この因果的連鎖を理解する過程を図で示すと次のようになる。

①論題：②背景や状況＋③人物の判断→④人物の行為→結果としての出来事
　　　　　　　　　　　　　　　　　　　　　　　　　　　　　　＝⑥時代像（時代の特色）

この推論の型は「歴史的人物は自分の目的や信念、経験や特定の環境（背景や状況）をもとに視点や立場を構成し、それに基づいて判断や行為を行う。その結果出来事が構築され、時代像が形成される」というものである。この推論の型を本研究では、「出来事の解釈モデル」と呼ぶ。このモデルを使って学習者は出来事と時代像の関係を理解するのである。

各パートの内容と「出来事の解釈モデル」を総合すると、以下の3つの内容構成原理が抽出される。

内容構成原理1　「出来事の解釈モデル」を用いた出来事理解

第1の内容構成原理は、出来事と時代像の関係の解釈において「出来事の解釈モデル」という理解の枠組みを用いることである。学習者は「出来事の解釈モデル」にしたがって、レキシントンの戦闘に参加し関係した人物が論題（解決すべき問題）に対して、どの様な背景や状況で、どの様な判断と行為をし、その結果どの様に出来事を作り出し、当時の時代的特色を形成したのかを因果関係的に理解する。因果関係的理解とは「歴史的人物は自分の目的や信念、経験や特定の環境（背景や状況）をもとにして視点や立場を構成し、それに基づいて判断や行為を行う。その結果出来事が構築され、時代像が形成される」というものである。

これをパート3－Aを例にとると、引用者（歴史家）の説明である文書19

((Bennett, 1967: p.28、歴史家 C. A. Beard の言葉)では以下の「出来事の解釈モデル」が用いられる。

> ① (論題) アメリカ独立戦争はどの様にして起こったか。
> ② (背景・状況) ロンドンと植民地の間の緊張は極度に高まっていた。
> ③ (判断) ボストン駐留の英国軍ゲージ将軍は英国の権力を誇示する必要を考えた。
> ④ (行為) コンコードの武器弾薬庫の接収を命じた。
> ⑤ (出来事) レキシントンで植民地民兵と英国軍の戦闘が行われたが、誰が戦闘の原因をつくったかは現在も不明なままである。米国は英国軍指揮官ピトケアンの責任とし、英国は民兵の責任としている。歴史家たちも戦争の「犯罪行為」の問題として論争をしている。
> ⑥ (時代像) この戦闘は単なる地方の戦闘から独立戦争へと拡大していった。

この事例では、レキシントンの戦闘が植民地側と英国側のそれぞれによって自分たちの正当性の主張へと利用され、独立戦争の拡大へとつながったことが明確に説明されている。学習者は文書19を読むことにより、出来事がさらに大きな出来事を作り出し、その結果時代像が形成されていったことを理解する。

内容構成原理2　専門家の歴史理解と一般人の歴史理解の特性の類似についての理解

第二の内容構成原理は、歴史の専門家と一般の人々の歴史理解の特性は同じであることを、段階的に学習者に理解させる内容構成になっていることである。

パート1は、現代の出来事であるロサンゼルス暴動について人々がどの様に理解しているかを知るパートであり、現代における一般の人々の歴史理解の特性を学ぶ。パート2では、一般の人々（レキシントンの戦闘について英国軍将校・兵士・植民地軍兵士・新聞記者など）がどの様に理解していたかを学習者は理解する。これら2つのパートで学習者は、一般の人々の歴史理解の特性は、彼ら自身の視点（職業・立場・価値観など）で事実と解釈を作り出すことであると理解する。

パート3では、歴史の専門家はどの様な歴史理解をするのかを検討する。

専門家は素人である一般人と異なり専門的知識をもつことから、「一般人よりもさらに客観的な歴史理解をするのではないか」という問題意識をもって学習に入る。さらに歴史家と歴史教科書執筆者について、その「歴史理解の特性」を考察する。続いてパート4では歴史家と他の分野の専門家（編集者や芸術家など）を比較する。その結果学習者は、「客観性を要求される歴史の専門家でさえ客観性を貫徹することはできず、自分の経験や知識をもとに自分の視点で事実を作り出している」ことを理解する。つまりこの原理は、「歴史理解の特性について歴史の専門家と一般人の間にちがいはない」ということを「比較」により学習者に理解させる原理である。

内容構成原理3　現代の出来事の理解にも共通する特性の理解

　第三の内容構成原理は、人々の歴史理解の特性を「過去」の出来事の理解だけでなく、「現代」の出来事の理解にも共通する特性として学習者に理解させる内容構成になっていることである。そのため、最初のパート1ではロサンゼルス暴動という「現代」の出来事について学ぶ。そしてパート2とパート3でレキシントンの戦闘という「過去」の出来事を通して、目撃者・同時代人・歴史家・教科書執筆者がレキシントンの戦闘という出来事をどの様に理解していたかを知る。そして最後のパート4では、過去と現在を総合して、「現在」の出来事にも通用する歴史理解の特性を理解させる内容構成になっている。

　以上、本単元の内容構成原理について述べてきた。第一の原理は「出来事の解釈モデル」という理解の枠組みを用いること、第二の原理は歴史の専門家と一般の人々の歴史理解の特性は同じであることを段階的に理解させる内容構成になっていること、第三の原理は人々の歴史理解の特性を「現代」の出来事の理解にも共通する特性として理解させる内容構成であること、であった。

表3-2 単元「レキシントン・グリーンで何が起こったのか」の構成

段階	小単元名	教師の発問 ◎単元の中心的問題、○パートの中心的問題、・具体的に考察される問題	歴史理解の内容	認識過程
パート1	問題設定 導入 (ロサンゼルス暴動は何が原因で起こったのか)	○1965年のロサンゼルス暴動では何が起こったのか。 ・証言や報告からは何がわかるか。 ・暴動の原因について人々の理解が異なるのはなぜか。 ・同じ出来事についての目撃者の意見が異なるとき、その出来事をどの様に理解すればよいのか。 ○われわれは現在の事実をどの様にして理解するのか。 ◎歴史とは何か。 ・歴史が過去の事実であるなら事実はどの様に理解されるのか。 ・歴史家は過去をどの様なものと考えているのか。 (・歴史研究にはどの様な意義があるのか。)	○個人や人々は事実についての知識を能動的・選択的に理解している。 ・現代の出来事であるロサンゼルス暴動の事実が多様に理解されている。	身近な出来事の事例を通して、歴史理解は人が自分で解釈を作り出すことで行われることを直観的に理解する（構築主義学習の理解の基本型）。
パート2	レキシントン事件	A．場面設定 ・レキシントン事件とは何か。どの様な背景と経緯で起こったのか。 ・1775年4月19日の朝の戦闘についてどの様な事実がわかるか。 ○レキシントン事件の真相はどうだったのか。	○事件の目撃者や同時代人は、歴史的事件の事実についての理解を自己の目的や信念・経験をもとに能動的・選択的に構成している。 A．過去の出来事であるレキシントン事件の概要	当時の人々の事実理解の特徴から、現在の人々は歴史の事実についての知識を選択的・能動的に構築するという特性を理解する。
		B．一発の銃声：目撃者の説明 ・目撃者の証言の比較から何がわかるか。 ・目撃者によれば英国軍と植民地民兵のどちらが先に発砲したのか。 (・英国軍と植民地軍のどちらの側に責任があるのか。)	B．目撃者による事実理解の特性	
		C．一発の銃声：同時代人よりの証拠 ・同時代人の報告の比較から何がわかるか。 ・同時代人の説明はレキシントンで起こった事実についてのこれまでの理解をどの様に修正させるか。	C．同時代人による事実理解の特性	

パート3	歴史家とレキシントン事件	A．歴史家が研究するレキシントン	・英国と米国の歴史家たちの著作の比較から何がわかるか。 ・過去の事実の確定が困難なとき、歴史家はどの様に対処するのか。 ・歴史家は誰が正しいのかに注意を払うよりも、歴史家自身が物語っているように書いているのはなぜか。 ・歴史を書く仕事は単に証拠を選別するだけのことなのか。 （・過去の真相は時とともにより明確になるのか。） ○歴史家は歴史をどの様に書いているのか。 ◎歴史とは何か。歴史と呼ばれるものは実際に何なのか。	○歴史の執筆者は自己の目的や信念・経験・特定の環境のもとでさまざまな視点をとり、能動的・選択的・多面的に歴史の知識を構築している。 A．歴史家は歴史研究の方法を利用しながらも、自分の視点をもとにして歴史を多様に解釈し、叙述している。 B．教科書執筆者は歴史研究の成果を踏まえながらも、自分の視点や所属する国家の立場をもとにして歴史を多様に叙述している。	歴史家だけでなく歴史の教科書執筆者もまた、当時の人々が構築した知識や自分自身の経験・知識をもとにして事実を意味づけ、歴史の知識を構築していることを理解する。
		B．教科書は歴史なのだろうか	・レキシントン事件に関する中・高等学校の歴史教科書と歴史家の記述の比較から何がわかるか。 ・取り上げた教科書の記述の類似点、相違点は何か。 ・教科書執筆者は歴史家と同じ方法で歴史を書いているのか。 ○教科書の歴史は根拠の確かな歴史なのか。確かでないとすれば教科書執筆者はどの様な方法で書いているのか。		
	すべての人	A．事実とは何か	◎事実とは一般に何なのか。 ・辞書では事実はどの様に定義されているか。 ○歴史家は事実をどの様なものと考えているのか。 ・人は現在の出来事や100年前に起こった出来事についてどの程度知ることができるのか。 ・歴史家はどの様にして過去の事実を知るのか。 ・人々はどの様にして事実を知るのか。歴史家とどう異なるのか。 ◎事実とは何か。 ○自然科学・社会科学・文学ではど	○一般人の歴史理解は歴史家の歴史理解と基本部分で同じである。（歴史家の歴史理解：外的な歴史的実在についての正確な表象の獲得ではなく、能動的・	意味構成による歴史理解の能動性・選択

パート4	B. 科学・芸術・現実	の様な方法で事実を知るのか。歴史学とどの様に異なるか。 ・事実を知る方法として4つの学問分野に共通するのは何か。 →一部の事実で全体を推測すること。	選択的な意味構成による知識の構築過程である。） A. 歴史家の歴史理解の特性 B. 自然科学、社会科学、文学と比較した場合の歴史学研究の方法的特性 C. 人々の歴史理解の一般的特性	性・多面性を理解する。また、このような歴史理解の方法がもつ固有の意義を理解する（歴史理解の特徴のメタ認知）。
が歴史家なのではないだろうか	C. 歴史家・創造性・現実性	◎事実とは何か。 ・歴史家はどの様にして事実を知ろうとしているか。 ○人はどの様にして事実に到達できるのか。 ・歴史家は十分な史料を見つければ過去を忠実に再現できるのか。 ・歴史家と作家・芸術家の仕事の相違点、類似点は何か。→作家や芸術家は自分の想像力・直観力で過去を再現するが、歴史家は史料を通して過去や事実を創り出す。 ◎事実とは何か、人はどの様にして事実を理解するのか。		

（Bennett, 1967 より筆者作成。）

2) 学習方法原理

　ここでは、学習者がどの様な方法で学習を深めていくのかという学習方法原理について考察する。

　本単元の内容構成と、各パートで目撃者・報告者・引用者により出来事が作り出されていく構造と全体の流れを図示すると、後掲の図3-1と図3-2が抽出される。以下では図3-1と図3-2の構造、およびこれらの図から抽出される学習方法原理について述べる。

　まず、図3-1と図3-2の基本的な構造を説明する。縦軸は各パートを時系列にそって示したものであり、内容構成原理で示した表3-2の縦軸と同じである。ちがいは横軸であるが、それは次のちがいを示している。

　表3-2は、教師の発問に対して学習者が答えを追求する中でどの様な歴史理解をするかという、「学習者に」焦点を当てたものであった。これに対し

て図3-1と図3-2は「出来事がどの様に説明されているか」に焦点を当てたものである。

　図3-1と図3-2の横軸では、出来事を構成する4つの要素を左から「文書」「目撃者」「報告者」「引用者」の順に示した。左端の「文書」は各パートで使用されるものが①〜㉜まであげられている。「目撃者」とはレキシントンの戦闘の現場でこれを目撃した人、「報告者」とは出来事について目撃者から説明を受けてそれを第三者に伝える人、「引用者」とは報告者からの説明を受けて出来事についての解釈を作り出す人である。これらの人々の説明によってつくられたものが右から2番目の「出来事（結果）」である。そして、学習者が歴史上の人物・目撃者・報告者・引用者の視点に立って理解する内容が、右端の欄「歴史理解」である。以上が図3-1と図3-2の構成である。これらの図と単元全体の流れから、以下の学習方法原理が抽出される。

学習方法原理1　「人物学習→出来事学習→出来事学習」相互の理解

　第一の学習方法原理は、まず最初に人物学習を行った上で出来事を学習するという手順をとり、さらに出来事を単独に学習するのではなく、出来事が他の出来事とつながり合い、より大きな出来事を作り出していったことを理解させる学習方法をとっていることである。これを図3-1と図3-2でみると、人物学習がなされるのは横軸「目撃者の説明」を学習者が検討する場合であり、その際に使われるのが「人物の行為の解釈モデル」である。「人物の行為の解釈モデル」とは、第2章1節の単元「リンカーンと奴隷解放」の分析で述べたように、人物の行為と出来事を因果関係的に理解するためのモデルであり、人物がどのような論題をもち（①）、それに対してどの様な背景・状況のもとで（②）どの様な判断をし（③）、その判断のもとでどの様に行為し（④）、その結果どの様な出来事が起こったのか（⑤）を分析するものである。パート2−Bを例に説明すると次のようになる。

　文書6（植民地民兵の宣誓証言）を読んで学習者は「人物の行為の解釈モデ

第3章　出来事の解釈に基づく歴史学習の論理　　105

ル」を用いて以下のように分析する。

> ① **(論題)** 英国軍によるコンコードの弾薬庫接収を阻止しなければならない。
> ② **(背景・状況)** 植民地民兵たちは英国軍の大軍が行進して迫ってくるのを見たため、
> ③ **(判断)** 英国軍と互角には戦えないと判断した。
> ④ **(行為)** そのため閲兵場にいた植民地民兵たちは分散し始めた。
> ⑤ **(出来事)** 分散途中の背を向けた民兵たちに対して英国軍は後ろから一方的に発砲し、民兵が逃げ切るまで発砲し続けた。

これに対して、文書7（英国軍将校の日記）の読み取りでは以下のようになる。

> ① **(論題)** コンコードにある弾薬庫を接収しなければならない。
> ② **(背景・状況)** レキシントンの広場に植民地民兵200〜300人が集結しているのを見た。
> ③ **(判断)** 英国軍は民兵の攻撃に備えたが植民地民兵を攻撃する意図はなかった。
> ④ **(行為)** 英国軍が民兵に近づくと民兵側が1、2発、発砲した。
> ⑤ **(出来事)** 英国軍は命令なしに突撃して発砲し、民兵を敗走させた。

文書6（植民地民兵の宣誓証言）と文書7（英国軍将校の日記）はどちらも戦闘の現場にいた目撃者の証言である。文書6では植民地民兵が、文書7では英国軍将校が行為の主体である。当時、英国との軍事衝突に備えて植民地軍がコンコードに備蓄していた武器弾薬の扱いをめぐり、英国軍はこれを接収するという課題（論題）があり、植民地軍（民兵を含む）はこれを守るという課題（論題）があった。このような課題を押さえながら、学習者は植民地民兵と英国軍将校がレキシントンの戦闘という出来事をどの様に作り出していったのか、「人物の行為の解釈モデル」にそって理解する。

また、出来事が他の出来事とつながり合ってさらに大きな出来事を作り出していったことを理解する場合を取り上げる。パート2－Cでは、報告者の説明である文書13〔ボストンの聖職者（William Gordon）による調査報告〕(Benett, 1967: pp.18-19) を読み取り、以下のように分析する。

106　第1部　認知構築主義に基づく歴史学習の原理と展開

	文書	:	目撃者の説明	+	報告者の説明
パート1	①暴動参加者（黒人）と目撃者（警官）の証言 ②報告をもとにした雑誌記者の報告	:	母親の説明→息子フレイは交通違反の疑いで警官に捕まり、警官に暴行された。 警官の説明→フレイ・母親・兄弟が警官に暴行したため、正当防衛として制圧活動をした。群衆はこの黒人一家を支援して暴動を始めた。	→	雑誌記者（フレイと母親のインタビュー証言をもとに説明） →警官が母親と自分に一方的に暴行した。それなのに、群衆は母親を妊婦と勘違いしたため、警官が暴行したことに憤慨した。
パート2A	③植民地の新聞記事 ④植民地住民の証言 ⑤植民地民兵の宣誓証言	:	○植民地住民・英国軍兵士の説明→1775年4月19日早朝にボストンから来た約800〜1000人の英国軍がレキシントンで植民地民兵38〜80人と対峙した。	→	・英国軍は4月18日夜にボストンを発ち、夜中行軍して19日の日の出前にレキシントンに現れた。
パート2B	⑥植民地民兵と植民地住民の宣誓証言 ⑦英国軍将校の日記、英国軍兵士の宣誓証言、将校と部隊長の報告書（捕虜になった英国軍将校の宣誓証言）	:	○英国軍が先に発砲した 文書⑥植民地民兵と住民の説明 ○植民地民兵が先に発砲した 文書⑦英国軍将校と兵士の説明	→	
パート2C	⑧英国軍将軍の手紙 ⑨植民地住民の手紙 ⑩植民地民兵の宣誓証言 ⑪ロンドン新聞の記事 ⑫英国軍連隊旗手の回想録 ⑬ボストンの聖職者による調査報告 ⑭植民地臨時大統領の手紙	:	○英国軍が先に発砲した 文書⑩植民地民兵の宣誓証言 ・捕虜の英国軍兵士、植民地民兵、植民地住民の説明 文書⑩植民地民兵の宣誓証言 ○植民地民兵が先に発砲した 文書⑧英国軍将軍と副官の説明 ・他の前線兵士からの伝聞	→	○英国軍が先に発砲した 文書⑨レキシントン植民地住民の説明 文書⑬ボストンの聖職者の説明 文書⑭植民地臨時大統領の説明 ○植民地民兵が先に発砲した 文書⑪ロンドン新聞の記者の説明 文書⑫英国軍連隊旗手の説明

図3-1　単元「レキシントン・グリーンで

第3章　出来事の解釈に基づく歴史学習の論理　107

+	引用者の説明	→	出来事（結果）	=	歴史理解
+	・暴動は交通違反を疑われた若者とその家族による警官への暴行を群衆が支援して始まった。 ・暴動は交通違反をした若者とその母親（妊婦と勘違いされた）への警官の暴行に対する群衆の非難と親子への支援から始まった。	→	・ロサンゼルス暴動の原因の説明は目撃者・報告者・引用者によって異なっており、1)交通違反を疑われた若者とその家族による警官への暴行、2)警官による家族への暴行、3)群衆の勘違い、など現在も解釈が分かれている。	=	・現在の出来事でさえも目撃者や関係者の間で解釈は異なり食い違うため、解釈が一定した事実は存在しないことを理解する。
+		→	・レキシントン事件は植民地アメリカと英国の最初の軍事衝突（戦闘）であった。その背景や発生までの経緯、関係者が誰かについての人々の解釈はほぼ一致している。	=	・出来事の概要は、それが起こった背景、経緯、人や物の空間的位置を明らかにすることによって明らかとなることを理解する。 ・出来事は目撃者の空間的位置、立場、職業や専門、職業的・社会的地位、教養などに影響されて形成される視点のちがいによってさまざまに解釈されることを理解する。 ・出来事は報告者・引用者のいた空間的位置、立場、職業や専門、社会的地位、教養、価値観、世界観などの影響を受けて形成される視点のちがいによってさまざまに解釈されることを理解する。 （・手がかりとする史料が一次史料か二次史料か、欠落した史料があるかどうかによっても出来事の解釈は不確実となる。）
+		→	・英国軍と植民地民兵のどちら側の発砲で戦闘が始まったかの解釈は目撃者の間で食いちがっており、その人の立場（英国側か植民地側か）や社会的地位によってさまざまである。	=	
+		→	・英国軍と植民地民兵のどちら側が先に発砲したかについては、同時代人の間でも解釈が食いちがっている。さまざまな条件（同時代人がいた場所、情報入手までの時間的・空間的隔たり、客観的判断が可能かどうかの資質）のもとで形成されるその人の視点の違いによって解釈はさまざまである。	=	

何が起こったのか」（パート1～2）の構造

108　第1部　認知構築主義に基づく歴史学習の原理と展開

	文書	:	目撃者の説明	+	報告者の説明
パート3A	歴史家の記述 ⑮ R. ビセット（英国） ⑯ P. オリバー（米国） ⑰ W. レッキー（英国） ⑱ W. バンクロフト（米国） ⑲ C. ビアード（米国） ⑳ M. ウォレス（米国）	:	○民兵が先に発砲した ・英国軍将校の証言	→	○民兵が先に発砲した。 文書⑧英国ゲージ将軍の戦況説明
パート3B	㉑6つの米国歴史教科書からのレキシントン事件の抜粋 ㉒歴史教科書の特性についての評論	:		→	
パート4A	㉓ウェブスター辞典の定義 ㉔ W. リップマンの論考 ㉕歴史家 E. ダンスの論文 ㉖ C. ベッカーの論文	:		→	
パート4B	㉗ニュートンの論文 ㉘社会科学者 D. ジェンキンズの論文 ㉙小説家 H. ファストの小説	:		→	
パート4C	㉚歴史家 C. ビアード ㉛ H. バターフィールドの論文 ㉜プラトン「洞窟の比喩」	:		→	

図3-2　単元「レキシントン・グリーンで

第3章 出来事の解釈に基づく歴史学習の論理　109

+	引用者の説明	→	出来事（結果）	=	歴史理解
+	○民兵が先に発砲した 　R. ビセット（文書⑮）、P. オリバー（文書⑯） ○英国軍が先に発砲した 　W. レッキー（文書⑰）、W. バンクロフト（文書⑱） ○どちらが先か今も不明 　C. ビアード（文書⑲）、M. ウォレス（文書⑳）	→	・レキシントン事件の事実は、目撃者や同時代人だけでなく歴史家によっても異なって解釈されている。彼らは同じ史的証拠を検討するが国籍や歴史研究の方法、歴史観などのもとで視点のちがいによって解釈はさまざまである。	=	・歴史の出来事は事実の単なる集積によって明らかになるのではなく、歴史家が自分の視点で事実を解釈することによって明らかとなる（事実と歴史家の見方が組み合わさって作られる）ことを理解する。 ・歴史家だけでなく歴史教科書の執筆者もまた、当時の人々が自分の視点を通して構成した知識や執筆者自身の視点をもとにして事実を解釈し意味づけて、歴史の知識を構成していることを理解する。
+	○米国のどの歴史教科書にも植民地民兵が先に発砲したという記述はないか、または不明なままに書かれている。さまざまな用語や表現であたかも執筆者の視点がないような叙述である。	→	・歴史教科書のレキシントンの戦闘の事実としてさまざまな記述がなされているが、実際は執筆者の視点を通して書かれている。基本的には米国の立場から愛国的な出来事として解釈されている。	=	
+		→	・事実や出来事それ自体は何も意味をもたない。歴史家がそれを語ることで意味が付加される。 ・歴史家は解釈の個人差をできるだけ排除することはできるが、自分の視点をもとに過去の出来事を解釈している。	=	・事実とは一般には過去や現在で実際に起こった事柄であることを理解する。 ・歴史は過去の事実の記録であるが、記録には執筆者の考え方（視点）が入るので客観的な事実や歴史は存在しない。それゆえ、歴史理解は認識主体の視点を通して過去の出来事を解釈し意味づける創造的な過程であることを理解する。 ・また、このような歴史理解の方法は歴史家のみならず一般の人々も利用しているものであることを理解する。
+		→	・科学分野の事実とは①統制可能性、②再現可能性、③予見可能性をそなえたものである。 ・科学、文学、歴史学に共通の出来事理解の方法は一部の事実から全体を推測することである。	=	
+		→	・歴史家の仕事は単に事実や史料の客観的記録ではなく、自分の視点をもとに事実を再構成し、意味づけ、創造的に作り出すことである。しかし過去を歪め現在に合わせる過度な創造であってはならない。	=	

何が起こったのか」（パート3～4）の構造

> ① (**論題**) レキシントンの戦闘は米英どちらの側に責任があるか。
> ② (**背景・状況**) 英国軍はレキシントンの集会場の手前で戦闘準備をした。植民地民兵はレキシントンの集会所に集結していたが、互角に戦えないと判断して解散した。
> ③ (**判断**) 植民地民兵がなおも武器を捨てないので英国軍のピトケアン少佐は、民兵を反逆者とみなして攻撃しても英国議会はその正当性を認めるだろうと考えた。
> ④ (**行為**) 英国軍少佐は発砲するように命令した。
> ⑤ (**出来事**) 英国軍が一斉に発砲して戦闘が始まり植民地民兵が死傷した。

　ここでは、英国軍少佐ピトケアンの行為を当時の英国と植民地アメリカの間にあった敵対関係のもとで解釈している。すなわち、ピトケアン少佐の攻撃命令は英国議会から正当と認められるほどに植民地アメリカとの敵対関係は深刻なものになっており、レキシントンの戦闘もその様な状況の中で起こり、やがてコンコードの戦いから独立戦争へとつながっていくことが学習者に理解される。

　このように、学習方法原理1は最初に人物の行為についての学習をした上で出来事を学習するという手順をとり、出来事を単独で学習するのではなく、その出来事が他の出来事とつながり合って、より大きな出来事を作り出したことを理解させる学習方法をとる、ということである。

学習方法原理2　2つの歴史理解の特性理解

　第二の原理は、歴史理解の特性を2つのレベルで考えさせる学習方法をとっていることである。2つのレベルとは、歴史理解の特性を生み出す要因について「個人的」レベル（パート2）の特性と、「社会的」レベル（パート3、パート4）のレベルである。

　パート2では、歴史理解の主体として取り上げられるのは英国軍将校や兵士、植民地民兵、英国民、植民地住民、新聞記者などである。これらの人々がレキシントンの戦闘について解釈する場合は、ありのままの事実ではなく、立場・利害・職業・価値観など「個人的」レベルの属性に影響されることを学習者は史料から理解する。これは、戦闘の直接・間接体験者である個

人による事実解釈の特性である。

　パート3では、歴史理解の主体が歴史の専門家である歴史家と歴史教科書執筆者になる。歴史の専門家は戦闘の直接・間接体験者とは異なり戦闘後の時代に生きており、各自が生きている時代・社会の影響を色濃く受けている状況のもとでレキシントンの戦闘について解釈・叙述をする。つまり、歴史の専門家は社会的レベルで出来事を解釈するのであり、この場合は国籍・民族・党・階級といった「社会的」レベルの属性に影響されて事実を解釈するという特性を学習者は理解する。

　パート4では、歴史理解の主体が歴史の専門家からさらに拡大され、他の専門家（自然科学・社会科学・文学）についても検討される。これらの専門家もまた、各自が生きている時代・社会に影響された状況で解釈をするという意味で、「社会的」レベルでの歴史理解の特性といえる。

　このように第二の学習方法原理は、歴史理解の主体の範囲をパートが進むにつれて拡大し、人々の歴史理解の特性を2つのレベルで考えさせ、学習者の理解を容易にする原理である。

　以上、本単元の学習方法原理について述べてきた。第一の原理は、〔人物の行為の学習〕→〔出来事学習〕という手順をとり、その出来事が他の出来事とつながり合い、より大きな出来事を作り出していったことを理解させる学習方法をとっていること、第二の原理は歴史理解の特性を2つのレベルで考えさせるような学習方法をとっていること、であった。

3．特質と問題点

　本節では、出来事の解釈に基づく歴史学習の論理について、アマースト・プロジェクトの単元「レキシントン・グリーンで何が起こったのか」の分析を通して解明してきた。この単元は、歴史上の出来事と時代像の関係を理解させるために、まず歴史上の人物についての史料を解釈し、次にその解釈をもとに「出来事の解釈モデル」という認知枠組みを用いて出来事を解釈す

る。そして最後に出来事と時代像の関係を理解するというものであった。この歴史学習には、以下の３つの特質が見られる。

　第一の特質は、学習者の行う史料の解釈が分析的解釈、つまり視点をもった解釈になっていることである。単元「レキシントン・グリーンで何が起こったのか」では、レキシントンでの戦闘に関係した人々の証言記録、日記、手紙、自伝、歴史教科書の記述などさまざまな史料が提供される。そして学習者は、これらを読んでレキシントンで戦闘がどの様な状況で起こり、この戦闘がどの様な社会的背景の下で展開し、結果として当時の独立戦争にどの様な影響を与えたのかを分析的に読み取るようになっている。これは単に史料を読むことではなく、視点をもって読み取ることである。第２章の人物学習単元「リンカーンと奴隷解放」においても、視点をもった分析的解釈は行われていた。しかし本節の「出来事」の解釈は、「人物の行為」の解釈とは大きく異なる。それは視点の数が単数か複数かである。「リンカーンと奴隷解放」という「人物の行為」を扱った単元では、学習者がリンカーンの行為を解釈する際には、リンカーンが奴隷解放についてどの様に考え、どの様な行動をしたかを、リンカーン本人の立場に立って解釈する。つまり、この場合の視点は当該行為者だけ（単数の視点）である。これに対して、「レキシントン・グリーンで何が起こったのか」という「出来事」の解釈学習である本単元では、学習者は、レキシントンでの戦闘を解釈する際には、どの様な状況で・誰が・どの様に発砲したのかについて、事件当時現場にいた英国軍兵士や植民地民兵の立場に立って解釈することはもちろん、事件の報告を受けた人・伝え聞いた人の立場にも立って解釈する。つまり事件の目撃者の視点だけではなく、第三者の視点が加わる（複数の視点）。これは先述したように、「人物の行為」の解釈で使われる史料は一次史料（歴史上の人物の行為を直接記述したもの）であるのに対し、本章の「出来事」の解釈では、一次史料に加えて二次史料（歴史上の出来事についての一次史料を解釈した人が、さらにその出来事について作成した史料）まで含んでいることに起因する。

本節における史料の解釈は、歴史上の出来事を解釈する際に人物の視点（信念・価値観・社会的背景）および第三者の視点を読み取るための情報を学習者に提供する役割を果たす。

また、このように史料の解釈を重視することは、歴史学研究における史料批判の方法（証拠としての史料を解釈することを重視する方法）と同様であるといえる。したがって第一の特質は、本単元の歴史学習が歴史学の研究方法を用いた学習、つまり「史料解釈型研究的出来事学習」であることを示すものである。

第二の特質は、出来事の解釈において「出来事の解釈モデル」という理解の枠組みを用いることである。学習者は「出来事の解釈モデル」にしたがって、歴史上の人々が論題（解決すべき問題）に対して、どのような背景や状況で、どのような判断をして行為をし、その結果どのように出来事を作り出し時代像が形成されたのかを考える。そして出来事と時代像が因果的連鎖で結ばれていることを理解する。つまり学習者は、出来事は単なる偶然で起こるのではなく、出来事は行為によって作られ（行為による出来事の構築性）、さらに出来事により時代像が構築される（出来事による時代像の構築性）ことを理解するのである。この出来事による時代像の構築性は、「出来事の解釈モデル」にしたがって5つの要素（①論題、②背景、③判断、④行為、⑤出来事、⑥時代像）を段階的に一つひとつ検討する過程を経て、はじめて学習者が自ら発見することができる。したがって、出来事の解釈において「出来事の解釈モデル」を用いることは、出来事による時代像の構築性を理解するための必要条件といえる。

第三の特質は、出来事の解釈において、その解釈の範囲が単に出来事自体だけでなく、出来事と時代像の関係までも解釈させていることである。歴史理解においては、人物の行為・出来事・時代像が非常に重要な要素であるが、従来の人物学習においてはこの3つの要素は相互の関連性を考慮することなく扱われてきた。しかしこれら3つは、行為が出来事を作り、出来事が

時代像を作るという段階的・発展的関係にある。したがって、学習者の歴史理解を深めるには、これら3つの段階的・発展的関係を学習者が常に意識できるようにすることが重要である。そのため、学習者が出来事を解釈する際には、出来事から生じた結果である時代像までを視野に入れて解釈することが必要となる。言い換えれば、この特質は第二の特質である「出来事の解釈モデル」を用いることから派生するものである。なぜなら、「出来事の解釈モデル」は出来事による時代像の構築性を理解するものであるから、出来事の解釈において「出来事の解釈モデル」を用いることは、必然的に時代像を視野に入れることになるためである。

　以上、本節の単元「レキシントン・グリーンで何が起こったのか」の3つの特質について述べてきた。しかし以下の2つの問題点もある。

　第一の問題点は、歴史理解の特性を過去だけでなく「現在の」出来事の理解にも共通する特性として学習者に理解させること（内容構成原理3）が十分なかたちで行われていないことである。この単元はロサンゼルス暴動という現代の出来事についての人々の理解の特性を検討することから始まっている。この点では確かに現在の出来事を視野に入れた構成になっている。しかし単元最後のパート4では、一般人にも歴史家にも共通した歴史理解（歴史理解の一般的特性）を考察するのみで、現在の出来事の理解にも共通する歴史理解が単元の最後で行われていない。そのため、パート1の現在の出来事（ロサンゼルス暴動）についての理解が、単に単元の導入部分にすぎないものになっている。このように歴史理解の特性を現在の出来事の理解にも共通する特性として学習者に理解させることが不十分であることが第一の問題点である。

　第二の問題点は、本単元で使われる史料の数が多すぎて使いこなすことが困難であることである。アマースト・プロジェクトではパート1～4で合計32個もの史料が紹介されている。アマースト・プロジェクトの統括責任者R.ブラウンによれば、32個すべてを使う必要はなく、適宜取捨選択して用いる

ことが推奨されている。しかし取捨選択する際には、教師が指導の目的や学習者の実態に合わせて精選する必要があり、これには教師の高い力量が要求される。したがって、単元の目標に合わせて史料を適切に取捨選択して利用できるように教師の力量を高めていくことが求められる。

第2節　史料と科学の方法を媒介とした出来事の解釈学習：ホルト・データバンク・システム　単元「誰がアメリカを発見したのか」の場合

　本節では、史料と社会科学の方法を媒介として出来事を解釈する歴史学習として、ホルト・データバンク・システム（Holt Databank System）の単元「誰がアメリカを発見したのか」を分析する。第1節は「史料を媒介とした」出来事の解釈学習であったが、本節は「史料と社会科学の方法を媒介とした」学習である。社会科学の方法とは、仮説を立てこれを史料などの証拠を用いて検証していく中で社会事象を規定する原理や傾向性を明らかにしていく方法である。つまり本節の出来事学習は、史料を用いてアメリカの発見者は誰であったかについての仮説を立て検証していくものであり、仮説・検証を行わない第1節の出来事学習とは異なる。

1．歴史学習の目標

　ホルト・データバンク・システム（Holt Databank System）は、1960年代から1970年代にかけてアメリカ合衆国で開発された「新社会科」の代表的なカリキュラムである[6]。この社会科カリキュラムは次の考え方に立脚している。①学習者の概念の習得は、成長と共に自然になされるわけではないため、系統的に経験を組織して概念を習得させる必要がある、②人や社会を理解する際には事実についての知識よりも概念の方が役立つ。なぜなら事実は時とともに重要性・意義・有用性が変化するが、概念は時が変化しても基本的な指標として役立つためである。

ホルト・データバンク・システムの目標は2つある。①社会科学(政治学・経済学・社会学・歴史学・地理学など)についての基本概念の習得と、②社会科学の方法の習得である。社会科学の方法の習得とは、学習者が社会科学者と同様に研究をしていくこと、つまり教師の指導の下で社会科学の方法を用いて学習問題を科学的に解決し、法則や概念を一般化して獲得していくことである。このホルト・データバンク・システムのカリキュラムは、上記の2つの目標が幼稚園から小学校段階にわたり達成されるように組織されている。

歴史学習は、カリキュラムの全体計画では第5学年で行われ、歴史学習の中心は歴史学と政治学の研究である。歴史学は分析的社会科学として、政治学は総合的社会科学として選択される(池野、2000b：p.218)。学習の展開は、教師が提供する写真やスライド、サウンド・フィルム、地図などの多様な教材をもとに、提示される社会事象がなぜそうなるのかという疑問を問題として見つけさせ、教師の指導の下で社会科学の方法を用いてそれらの問題を科学的に解決し、法則や概念を一般化して獲得するようになっている。

2．授業構成原理

(1) カリキュラムの全体計画とその論理－歴史による政治学研究

ホルト・データバンク・システムの全体計画は表3-3で示される。幼稚園から小学校第2学年までは社会集団がテーマとなり、その社会集団の規模にそって学習する。この学習の際に用いられる社会科学の方法は、基礎的な社会科学の方法と基本的な概念(表3-4の「概念」の欄を参照)である。また小学校第3学年〜第6学年までは、社会科学の学問領域(地理学や文化人類学など)に関するものがテーマとされ、個別の社会科学(分析的社会科学と総合的社会科学)を組み合わせた研究を行い学習する。

また、幼稚園から小学校第6学年までに習得される概念は次の表3-4で示される。歴史学習は第5学年で行われ、その全体計画を示すと表3-5になる。

表3-3 ホルト・データバンク・システムの全体計画

学年	テーマ	学習の中心となる社会科学	
		分析的社会科学	総合的社会科学
幼稚園	私自身		
小1	人々についての探求		
小2	共同体についての探求		
小3	都市の探求	地理学	経済学
小4	文化の探求	人類学	社会学
小5	アメリカ史の探求	歴史学	政治学
小6	技術の探求	経済学	人類学

わが国におけるホルト・データバンク・システムの研究では、『アメリカ史』の全体計画を2つに大別する試みがなされてきた。表3-5に示された第1単元～第5単元までと、第6単元～第12単元である（藤井、1975, 1976；山田、1999, 2001）。第1単元～第5単元の位置づけについて、藤井は歴史学の探求方法を習得する単元として、また山田は多民族・多文化研究を行う単元として位置づけている。しかし筆者は、「探求方法」や「民族・文化」など、目標として焦点を当てる方法技能や概念を変えながらも、社会科学の方法はすべての単元で、また社会科学の概念は表3-4に示すような学問領域を割り振ることで育成しようとしていると考える。特に本節で取り上げる小学校5年生の単元「アメリカ史の探求」の学習では、「アメリカの主権者は誰か」という「主権者概念」に焦点を当て、政治学の概念を中心に学習する単元となっている。

(2) 単元構成とその論理－アメリカ民主主義実現過程としての合衆国史
1) 単元の目標

単元「誰がアメリカを発見したのか」は、伝説や学説を含め、アメリカに移住してきたとされる5つのグループ（コロンブスとその後継者たち、インディ

表3-4 各学年で習得される概念

学年	テーマ	学問領域	概念
幼稚園	私自身		自分、家族、学校、集団、ルール、時間、言語、季節、変化
小1	人々についての探求		人々、地球、役割、社会的相互作用、仕事、時間、資源、言語、季節、変化
小2	共同体についての探求		人々、コミュニティ、社会的相互作用、コミュニケーション、特殊化、相互依存、人的資源と資本財、道具、土地利用、変化
小3	都市の探求	地理学	都市化、地図、都市の立地と位置、中央商業地区、都市近郊、後背地、メガロポリス、人口
		経済学	生産者と消費者、商品とサービス、組み立てラインによる生産、公害、資源、都市計画
小4	文化の探求	人類学	文化、文化的多様性、文化的接触、文化的変化
		社会学	伝統、役割、社会、集団、マイノリティ、社会的移動性
小5	アメリカ史の探求	歴史学	史的証拠、衝突、工業化、独立、移民、移住、都市化、国民
		政治学	価値観、意思決定、政府、ルールと法、権威と権力、革命、政府の支部、政府のレベル、代議制、衝突
小6	技術の探求	経済学	道具とテクノロジー、現代的な人々と現代的でない人々、市場、生産、価格、供給と需要、資源、エコロジー
		人類学	物質文化、文化的変容、貧困、相互依存

アン、バイキング、中国人、エジプト人)のアメリカ到来について調べ、誰がアメリカの主権者としての資格をもつのかを検討する単元である。

　本単元の中心目標は2つある。ひとつはアメリカのオリジナルな主権者が誰かを明確にすること、もうひとつは、さまざまなタイプの史的証拠を処理する技能と手続き的知識を習得し、歴史学の方法についての理解を深めることである。

表3-5 『アメリカ史』の全体計画

単 元	テ ー マ
単元1	誰がアメリカを発見したか
単元2	アメリカインディアン
単元3	コロンブス以前のヨーロッパ人
単元4	西アフリカ人
単元5	新しい人々の到来
単元6	新しい国
単元7	西漸運動
単元8	リンカーンは奴隷解放宣言を出すべきだったのか
単元9	産業革命
単元10	都市の人々
単元11	民主主義を機能させる
単元12	問題と決定

　ホルト・データバンク・システムの教師用指導書では、これら2つの目標はさらに4つに類型化されている。①知識目標、②技能目標、③探求プロセス目標、④情意目標である。これらの4つの目標のより詳細な内容は次頁のようになる。

①知識目標
(1) 事実
  1．コロンブスが1492年にアメリカを探検したことを示す十分な証拠が存在する。
  2．コロンブスがアメリカに到達するよりもずっと以前に、以下のような集団がアメリカに到達したという主張を支持する証拠が存在する。
  3．歴史研究に役立つさまざまな種類の史的証拠（航海日誌、目撃者の証言、地図、冒険談あるいは口頭伝承、考古学的発見）が存在する。
(2) 観念：史的証拠

②技能目標
  1．読解に関して：教科書やデータバンクにある史資料の中で、アメリカを発見したという5つのグループの主張を読み、内容を評価するためにデータを収集することができる。
  2．地図の作成に関して：学習者は、地図記号の読み取りや作成、さまざまな地図からの情報を解釈することにより、あるいは地図からの情報と他の情報（他の絵や言葉による表現で提供されている情報）とを比較することにより、地図作成の基本的な技能を発展させる。
  3．学習者はバイキングの冒険談（サガ）や賛歌（ヒム）のレコードを聴くことで、バイキングがアメリカに到達したという主張に関するデータを集める。

③探求プロセス目標
(1) データ収集に関して
  1．観察する：史的証拠についてのさまざまな種類の視覚的資料を提供され、学習者はコロンブスなど5つのグループによるアメリカ発見の主張に関するデータを集める。
(2) データ組織に関して
  1．分類する：学習者はアメリカを発見したと言われる集団についての主張に関する史的証拠を提供され、それらを分類する。この場合の史的証拠は、それぞれの集団について研究者の主張を支えるのに役立つものである。
  2．比較する：学習者はアメリカを発見したとする5つのグループの主張に関するさまざまな史的証拠を提供され、それらを比較することでそれぞれの主張の妥当性を判断する。
(3) データの活用に関して
  1．推論する：学習者はさまざまなタイプの史的証拠を提供され、5つのグループの中の1つあるいはそれ以上のグループについて研究し、アメリカでの探検および定住の可能性や蓋然性について推論するようになる。
  2．仮説をつくる：学習者は「誰がアメリカを発見したのか」という問いに試験的に答える仮説を作りこれを検証する。
  3．一般化を行う：学習者は、アメリカを発見したという5つのグループの主張を支持する証拠を提供され、誰がアメリカを発見したかについて一般化された答

えを作り、主張する。
④情意目標
  1. 学習者は、アメリカを発見したと主張する5つのグループに対する自分の態度を明確にする。
  2. 学習者は、異なるタイプの史的証拠を上手に処理できるようになるにしたがい積極的な自己概念を発展させるようになる。
  3. 学習者は、十分でない証拠をもとにした一般化に基づく仮説を吟味したいという自分の意思を示すようになる。

(A.O. Kownslar, W.R. Fielder, K.G. Hogle, 1976, pp.1-2)

2)活動(時間)の構成

上記の4類型の目標を達成するため、単元は以下のように展開する。

単元は表3-6に示す10個の小単元で組織され、14日間にわたり展開するように計画されている。

表3-6 小単元の学習テーマ

小単元	学習テーマ	日程
小単元1	コロンブスの本当の名前は何だったのか	第1日
小単元2	コロンブスは本当にアメリカを発見したのか	第2・3日
小単元3	インディアンがアメリカを発見したのか	第4日
小単元4	新世界と旧世界の動植物	第5日
小単元5	バイキングはコロンブスよりも前にアメリカに到達していたのか	第6・7日
小単元6	考古学とバイキング	第8日
小単元7	中国人はアメリカを458年に発見していたのか	第9・10日
小単元8	エジプト人がアメリカを発見したのか	第11日
小単元9	誰がアメリカを発見したのか	第12・13日
小単元10	一般概念を作る	第14日

(A. O. Kownslar, W. R. Fielder, K. G. Hogle., *Holt Databank System A Social Science Program. Inquiring about American History. Studies in History and Political Science. Teacher's Guide.* Holt, Linehart and Winston, Publishers, 1972, 1976. より筆者作成)

3) 単元展開の概要

本単元がめざすのは、学習者が以下の4つの問いに答えられるようになることである。これには、知識面と、科学的探求の方法を行うことができる技能面の両方の能力の習得が求められる。

① 史資料にはどの様なタイプがあるか。
② 史資料をどの様に評価し、比較すべきか。
③ 史資料から何をどの様に推論できるか。
④ 仮説を立て、それを検証し、仮説がどの様に一般化できるか。

小単元1では、学習者はまずサウンド・フィルム（映画）を視聴し、アメリカ史には未だに解明されていない多くの謎があることを知る。そして過去の謎を解き明かす仕事をしているのは歴史家であり、歴史家はさまざまな史的証拠を用いて研究をしていることを知らされる。

次に、アメリカ史における未解明の問題のひとつとして「誰がアメリカを発見したのか」があることが紹介され、答えを予想するように求められる。これに対して学習者のほとんどはコロンブスあるいはインディアンであると予想する。バイキングと予想する学習者もいる。教師は学習者が予想しにくいもの、すなわち中国人とエジプト人について、歴史家の中にはこれらの人々がアメリカを発見したと考える者もいることを紹介する。これらの予想はアメリカの発見者について5つの仮説（コロンブス説、インディアン説、バイキング説、中国人説、エジプト人説）としてまとめられる。

これらの仮説は検証され、学習者は史的証拠が重要な働きをすることを学ぶ。検証の事例としてコロンブスの本当の顔や名前がどの様であったかが問われる。そして彼の肖像や名前の綴りは複数あり、素顔や名前について正確なことは未だにわかっていないことが明らかにされる。こうして、コロンブスについてさらに正確な検討を行うには、より厳密な情報が得られる史的証拠（コロンブスの日記、航海日誌など）を手がかりにする必要があることが明らかにされる。

小単元2〜8では、アメリカを発見した可能性のある候補としてコロンブス説（小単元2）、インディアン説（小単元3・4）、バイキング説（小単元5・6）、中国人説（小単元7）、エジプト人説（小単元8）の5つの仮説が順に検討される。

小単元2ではコロンブス説が検討される。コロンブス説がどの様な史的証拠を通して検討できるかが問われ、それは主に航海日誌や日記の内容から検討できることを学習者は学ぶ。そして検証の過程では、コロンブスがなぜ先住民をインディアンと呼んだのか、なぜインディアンを大陸の発見者・所有者と見なしたのか、さらにアメリカがなぜ新世界と呼ばれたかが史的証拠を通して検討され、最後に仮説としてのコロンブス説はどの様に修正されるかを明らかにする。

小単元3と4ではインディアン説が検討される。小単元3では、インディアン説の検討のために大陸の地図や考古学的遺跡の分布図が証拠として用いられる。また、考古学的研究方法（火打ち石などの考古学的遺物、放射性同位元素の年代測定法を用いた動植物の炭素分析など）も紹介され、史的証拠の概念が深められていく。続く小単元4では北アジアのシベリアと北アメリカに生息した熊やオオカミなどの動物の比較から動物の類似性・共通性が明らかにされ、北アジアに住んでいた人々の大陸間移動の可能性が推理される。そして民族の大陸間移動説との関連で、考古学的証拠や動植物の分布資料によってインディアン説がどの様に立証できるかが検討される。

小単元5・6ではバイキング説が検討される。小単元5ではバイキング説を検討するために、バイキングの英雄談サガ（saga）などの口頭伝承や考古学的遺物（鎌、紡錘、鉄床など）が史的証拠として利用される。続く小単元6では考古学の特性が学習される。口頭伝承である英雄談サガや考古学的証拠は、コロンブス説の検討で利用した航海日誌や他の史的証拠と比べて、信頼性がどの様に評価されるかが検討される。また考古学者と歴史学者の共通点や相違点が明らかにされ、放射性年代測定法など新しい研究方法について理

解が深められる。そして最後に、仮説としてのバイキング説がどの様に修正されるかが検討される。

　小単元7では中国人説が検討される。ここでは新しい史的証拠として中国の史書（物語）が紹介され、この他に仮説を検討する資料として北アメリカの植生が検討される。そしてバイキングの英雄談サガ、考古学的証拠、航海日誌と比較した史書（歴史書）の史的証拠としての特性が明らかにされ、史的証拠の概念が発展する。最後に、仮説としての中国人説がどの様に修正されるかが検討される。

　小単元8ではエジプト人説が検討される。ピラミッドや壁画などの考古学的遺物や現在も使われている葦船、海流の地図、ヘイエルダールの葦船による大西洋横断の試みなど、これまでの仮説の検証過程にはなかった史的証拠や実験史学という新しい検証方法が紹介され、史的証拠や歴史の研究方法についての知識や概念が発展する。そして最後に、仮説としてのエジプト人説の妥当性が検討される。

　小単元9では小単元2～8で検討した5つの仮説の検証結果を総合し、誰がアメリカを発見したのかについて最も有力な仮説が判定される。その判断の基準は史的証拠（考古学的発見物、口頭伝承、史書、実験航海など）や仮説立証のための証拠である。この段階では、史的証拠や研究方法について小単元2～8で学習した内容が総合され概念が発展する。

　最後の小単元10では、歴史学の研究方法で中心的位置を占める史的証拠についてこれまでの学習をもとに一般化が行われる。また、アメリカの発見者が誰であるのかはアメリカ国家の歴史にとって重要な問題であることが確認される。

4）パートの構成

　3）では単元の概要を見てきたが、本論文ではこれをそのまま使うのではなく、学習者の理解の過程を明確にするために以下の4つのパートに再構成し

て考察した。パートの構成を表3-7に示す。

```
小単元1      →  パート1
小単元2～4    →  パート2
小単元5～8    →  パート3
小単元9・10   →  パート4
```

これら4つのパートの構成は、次の段階的構造をとる。

パート1では、誰がアメリカを発見したのかが問われ、①コロンブスや②インディアンであるという常識的回答に対して疑問が投げかけられ、他の可

表3-7 パートの構成

パート	検討対象		小単元名
パート1 出来事の解釈の真偽を問う	アメリカの発見者についての常識的理解の検討	小単元1	コロンブスの本当の名前は何か
パート2 一般的・常識的解釈を確かめる	コロンブス説： 　　中・南欧人	小単元2	コロンブスがアメリカを発見したのか
	インディアン説： 　　北アジア人	小単元3	インディアンがアメリカを発見したのか
		小単元4	新世界と旧世界の動植物
パート3 学説を確かめる	バイキング説： 　　北欧人	小単元5	バイキングがアメリカを発見したのか
		小単元6	考古学とバイキング
	中国人説： 　　アジア人	小単元7	中国人がアメリカを発見したのか
	エジプト人説： 　　北アフリカ人	小単元8	エジプト人がアメリカを発見したのか
パート4 解釈の基準を明らかにして出来事を解釈する	アメリカの主権者概念の一般化	小単元9	誰がアメリカを発見したのか
	歴史学の研究方法の一般化	小単元10	一般概念を作る

(筆者作成)

能性として③バイキング説、④中国人説、⑤エジプト人説が提起される。そして①～⑤は5つの仮説とされる。

　パート2では、アメリカの発見者について最も一般的で常識的な仮説が検討される。それは、学習者に最も馴染みのある①コロンブス説と②インディアン説である。①では、コロンブスは中部ヨーロッパ（中欧）と南部ヨーロッパ（南欧）からアメリカに到来し定住したアメリカ主権者として検討される。また②では、インディアンは北アジアからアメリカに到来したアメリカ主権者として検討される。

　パート3では、アメリカの発見者について③バイキング説、④中国人説、⑤エジプト人説の3つが検討される。これらは学習者の日常的、常識的知識からは発想しにくい仮説であり、歴史学者や考古学者により唱えられている学問的な仮説である。③バイキング説は「北欧」から到来したアメリカの主権者として検討され、④中国人説は「アジア」から到来したアメリカの主権者として、⑤エジプト人説は「北アフリカ」から到来したアメリカの主権者として可能性が検討される。そして③④⑤の仮説に対しては歴史学、考古学の研究方法を用いて検討が行われる。

　最後のパート4は、パート1～3の学習を総合して誰がアメリカを発見したのかという問題に対する回答をまとめる段階である。ここではアメリカの発見者は誰かという歴史上の出来事についての総合的解釈、アメリカの主権者は誰かの検討、主権者概念の一般化がなされる。また、史的証拠の概念や史料の批判的考察など歴史学の研究方法がまとめられる。

5) 単元全体の特徴

　単元の概要、パートの構成をもとに単元「誰がアメリカを発見したのか」について全体の特質をまとめると次のようになる。

　第一の特質は、この単元はアメリカの本当の発見者は誰なのかを検討する中で、あるひとつの国の主権者として本来は誰（民族や人種など人々の集団）

が有資格者であるかを検討する構成となっていることである。第二の特質は、有資格者を検討する中で史料批判（歴史学の研究方法）や年代測定の方法（考古学の研究方法）など、歴史科学の方法を習得させていることである。本単元では、考察の対象を一般的・常識的な事柄から科学的な題材や事柄へと変化させることにより、学習の段階に応じた習得が可能になる構成となっている。

以上、単元構成とその論理について述べてきた。次は、授業展開とその論理について述べる。

(3) **授業展開とその論理**

1) **内容構成原理－アメリカ合衆国の主権者概念（ルール）の検討**

ここでは、本単元の授業展開とその内容構成原理を明らかにする。

内容構成原理を考える上で重要なことは、授業の中で教師がどの様な発問をし、それに対して学習者がどの様に考え、答えるかを分析することである。なぜなら、内容構成原理は学習者が習得する内容から引き出されるものであり、その内容は教師の発問に学習者が答えることで初めて明らかになるからである。そこで教師の発問と学習者の答えを分析するものとして後掲の表3-8を作成した。以下、表の内容を縦軸・横軸の順に説明する。

表3-8縦軸は学習の「段階」を示している。本単元は10個の小単元から成っているが、学習者の理解の過程を明確にするために再構成してパート１～４の４つに分け、表の縦軸に示した。４つのパートの大きな流れは以下のようになる。

パート１　アメリカの発見者は誰かを予想する（５つの説があることを知る）。
パート２　コロンブス説とインディアン説を検討する。
パート３　バイキング説、中国人説、エジプト人説を検討する。
パート４　歴史的証拠をもとにして最も有力な説を総合的に判断する。

以上が表3-8の縦軸である。

次に表の横軸を説明する。横軸には左から順に「小単元名」「教師の発問」「歴史理解の内容」「認識過程」の欄を設けた。横軸の中で最も重要なものは「教師の発問」、「認識過程」である。単元の学習内容の習得はこの2つを基軸にして行われるためである。「認識過程」欄は、各パートで学習者に理解させたい最も重要な内容であり、「社会科学の方法による解釈」と「主権者の資格判断」の2つに分けた。「社会科学の方法による解釈」の欄は、史的証拠や考古学的証拠に基づいた解釈の内容である。「主権者の資格判断」とは、アメリカを統治する主権者としての資格の有無の基準とこれに基づく判断である。学習者の理解は「歴史理解の内容」を踏まえて、最高レベルである「認識過程」の欄に示す内容の理解に到達する。学習者の理解がこのレベルに到達することができるように教師は意図的・計画的な発問をする。

表3-8の横軸に従って各パートの概要を説明すると以下のようになる。

パート1は、アメリカの発見者は誰かを予想するパートである。教師はまず「誰がアメリカを発見したのか」を問い、答えを予想するように求める（「教師の発問」）。これに対して学習者のほとんどはコロンブスやインディアンであると予想するが、コロンブスは名前の綴り、出生地などに諸説あり彼が発見したとする証拠は十分でないと知る。（「歴史理解の内容」）。その結果、アメリカの発見者が誰かについては、歴史的証拠の種類や信頼性により複数の解釈があることを理解し（「認識過程」欄の左側「社会科学の方法による解釈」）、誰がアメリカの発見者であるかの判断は、日常的・常識的には有名かどうかを基準にしてなされることを知る（「認識過程」欄の右側「主権者の資格判断」）。

パート2～3では、アメリカを発見した可能性のある人としてコロンブス説、インディアン説、バイキング説、中国人説、エジプト人説の5つが仮説として順に検討される。

パート2でまず検討されるのはコロンブス説である。ここでは「どの様な

証拠からコロンブスがアメリカを発見したと言えるのか」が問われる（「教師の発問」）。これに対して学習者は、航海日誌、当時の絵画、当時流行した用語、地図などを検討する（「歴史理解の内容」）。その結果、コロンブスがアメリカ大陸に到達したことは日誌などの史料批判を通してほぼ確実であることを理解する（「社会科学の方法による解釈」）。またコロンブスは先にアメリカに到達していた人々をインディアンと呼び、奴隷として支配しようとしたこと、ヨーロッパ人にとってアメリカ大陸の発見は富の可能性を秘めた有望な土地の発見を意味し、その期待は「新世界」という用語に込められてヨーロッパ中に広がったことを理解する（「歴史理解の内容」）。その結果、コロンブスを含むヨーロッパ人はアメリカ大陸に到達・定住したため、アメリカの発見者とされていることを理解する（「主権者の資格判断」）。

　コロンブス説の次にはインディアン説が検討される。まず、「インディアンがアメリカを発見したとするならばインディアン説は考古学的証拠や動植物の分布によりどの様に立証できるか」が問われる（「教師の発問」）。これに対して学習者は、北アジアと北米で発見された火打ち石、熊やオオカミの骨、食用植物などの考古学的発見物（遺物）の分布や放射性同位元素による年代特定などから、インディアン説は信頼性が高いことが立証できることを理解する（「歴史理解の内容」）。その結果、インディアンがアメリカ大陸に到達したことは考古学的証拠をもとにほぼ確実であることを理解する（「社会科学の方法による解釈」）。またインディアンは1万2千年前にシベリアからアメリカ大陸へと大陸間を移動し、長い時をかけて居住地域を広げていったことを理解する（「歴史理解の内容」）。したがって、インディアンはアメリカ大陸に最初に到達・定住していたためにアメリカの発見者とされることを理解する（「主権者の資格判断」）。このようにパート2では、土地の主権者とはその土地に「到達・定住」した人々であるという基準をうち立て、その基準に従えばコロンブスを含むヨーロッパ人とインディアンは主権の有資格者であることを理解する（パート2における「主権者の資格判断」）。

続いてパート3では、バイキング説、中国人説、エジプト人説の順で検討される。

バイキング説ではまず、「バイキングはコロンブス以前に北アメリカに到来していたのか」が問われる（「教師の発問」）。これに対しては、バイキングはコロンブス以前の A.D.1000年頃にグリーンランドに定住していた。口頭伝承である英雄談サガによれば、バイキングは北米のハドソン湾まで旅をしてインディアンに出会っていた。また骨、鏃、紡錘、鉄床、石絵などの考古学的遺物からもバイキングのアメリカ到来が立証されるという理解がなされる（「歴史理解の内容」）。その結果、バイキングがアメリカ大陸に滞在したことは口頭伝承や考古学的証拠からほぼ確実であることを理解する（「社会科学の方法による解釈」）。ただし滞在した期間に関しては年代測定法によると、バイキングはアメリカ大陸に一時的に滞在していただけの人々であり、主権の有資格者とは言えないことを理解する（「主権者の資格判断」）。

次に中国人説が検討される。ここでは「中国人が A.D.458年にアメリカを発見していたのか」が問われる（「教師の発問」）。これに対しては、史書の記述から登場人物の慧深は A.D.458年に北米まで航海し40年過ごした後に帰国していること、また慧深の物語はコロンブスの航海日誌やバイキングの英雄談サガなどの歴史的証拠よりも古く、信頼性が低いことを理解する（「歴史理解の内容」）。その結果、中国人がアメリカに到達したことは史書の史料批判からほぼあり得ないことを理解し（「社会科学の方法による解釈」）、アメリカに到達したとは言えず、「到達・定住」という基準を満たさないため主権者である可能性はないことを理解する（「主権者の資格判断」）。

パート3の最後で検討されるのはエジプト人説である。ここでは「エジプト人はアメリカを発見していたのか」が問われる（「教師の発問」）。ヘイエルダールの航海実験記録を読み、彼が航海実験に成功し新たな検証方法を開拓したことでエジプト人説の妥当性が高まったことを知る。ここでは、他の仮説の検証過程では用いられなかった史的証拠や実験史学という新しい方法が

紹介され、史的証拠や歴史の研究方法についての知識や概念が発展する。しかし同時に、ヘイエルダールの公開実験以外の証拠が不足していることも知る(「歴史理解の内容」)。その結果、エジプト人がアメリカに到達したことは実験考古学による仮説の検証を通してもいまだに確証が得られていないことを理解する(「社会科学の方法による解釈」)。そして、エジプト人がアメリカに到達したか否かは未確認であり、「到達・定住」という基準を満たさないため主権者である可能性はないことを理解する(「主権者の資格判断」)。

最後のパート4では、パート1～3で検討した5つの仮説の検証結果を総合し、誰がアメリカを発見したのかについて最も有力な説が判定される。ここではパート1でなされた本単元の中心的発問「誰がアメリカを発見したのか」が再び問われる(「教師の発問」)。これに対しては、出来事の解釈の妥当性は、証拠(日誌・口頭伝承・物語・実験航海など)の信頼性に支えられ、仮説の信頼性の判断は、証拠と記録者の信頼度によりなされることを理解する(「歴史理解の内容」)。その結果、過去の出来事についての解釈・理解は科学の方法である歴史的証拠の特性をもとにした信頼性の判断によりなされることを理解する(「社会科学の方法による解釈」)。またアメリカの発見者とは土地に到来・定住した人々であり、これらの人々こそが主権者としての資格をもつことから、コロンブス説とインディアン説が最も有力であると理解する(「歴史理解の内容」)。その結果、学習者は主権者であるか否かの基準はその「到達の時期と定住の有無」であることを理解する(「主権者の資格判断」)。

以上、表3-8の横軸にそってパート1～4を順に見てきた。各パートで学習者が発問に対する答えを考えて理解を深めていく過程(表3-8の横軸)の考察から、その過程にはある連続した推論の型があることがわかる。

これを具体的にパート2のコロンブス説の検討を例に説明すると次のようになる。

パート2ではまず、発問として「どの様な証拠からコロンブスがアメリカを発見したと言えるのか」が提示される。これは、コロンブス説はどの様に

表3-8 ホルト単元「誰が

	小単元名	教師の発問	
		中心的問題	具体的に考察される問題
パート1 出来事の解釈の真偽を問う	〈小単元1〉 コロンブスの本当の名前は何か	●歴史家は歴史をどの様に解明するのか。 ◎誰がアメリカを発見したのか。	○アメリカ史で何が未解明か。 ●歴史家はどの様な歴史的証拠を利用するか。 ○どの様な説があるか。 ○コロンブスの詳細な情報はあるか。
パート2 一般的・常識的解釈を確かめる	【中・南欧人】 〈小単元2〉 コロンブスがアメリカを発見したのか	【コロンブス説の検討】 ●どの様な証拠からコロンブスがアメリカを発見したと言えるのか。	●コロンブス説はどの様な歴史的証拠で証明できるか。 ○彼はなぜ先住民をインディアンと呼んだのか。 ○インディアンを大陸の発見者・所有者とみなしたか否か。 ○アメリカはなぜ新世界と呼ばれたのか。 ○これまでの歴史的証拠から仮説（コロンブス説）はどの様に修正できるか。
	【北アジア人】 〈小単元3〉 インディアンがアメリカを発見したのか 〈小単元4〉 新世界と旧世界の動植物	【インディアン説の検討】 ○インディアンがアメリカを発見したのか。	○インディアン説とはどの様なものか。 ●インディアン説は考古学的発見物や動植物の分布によってどの様に立証できるか。
パート3 学説を確かめる	【北欧人】 〈小単元5〉 バイキングがアメリカを発見したのか	【バイキング説の検討】 ○バイキングはコロンブス以前に北アメリカに到来していたのか。	○バイキングの英雄談サガ（口頭伝承）からどの様なことがわかるか。 ●サガの他にどの様な歴史的証拠があるか。 ●仮説を確かめる歴史的証拠にはどの様なものがあるか。 ●サガ、航海日誌、考古学的発見物の、証拠としての信頼性はどの程度か。

第3章　出来事の解釈に基づく歴史学習の論理　133

アメリカを発見したのか」の構成

註　○：出来事理解の内容　●：歴史学の方法の内容

歴史理解の内容	認識過程		
	社会科学の方法による解釈	主権者の資格判断	
○アメリカの発見者（コロンブスと言われるが定説ではない。） ●歴史家は日記・日誌、遺物や遺跡などの歴史的証拠を用いて仮説を確かめ、過去の出来事を解明する。	●アメリカの発見者が誰かについては、歴史的証拠の種類や信頼性によって複数の解釈がある。	基準→有名かどうか	基準から見て主権者の可能性のある人々
○コロンブス説、インディアン説、バイキング説など。 ○アメリカ発見者として有名なコロンブスも名前の綴り・生年・出生地に諸説あり、彼を発見者とする証拠は十分ではない。			
●航海日誌、当時の絵画、当時流行した用語、地図など。 ○アメリカをインドと間違えて、既に大陸に定住していた先住民をインディアンと呼んだ。 ○先住民を米大陸の所有者とは見なさず、奴隷として支配しようと考えた。 ○インディアンの後に定住したヨーロッパ人にとってアメリカの発見は富の可能性を秘めた有望な土地の発見を意味し、その期待は「新世界」の用語に込められてヨーロッパ中に広がった。→アメリカの発見は新大陸からの富の獲得を期待したヨーロッパ人の視点からの「発見」であった。	●コロンブスが米大陸に到達したことは日誌の史料批判を通してほぼ確実なことと判断できる。	後で到達・定住　支配侵略	
○インディアンは1万2千年前にシベリアから北米へ大陸間を移動し、長い時をかけてアメリカ大陸に居住地域を広げていった。 ●インディアン説は北アジアと北米での人工遺物（石器や動物の骨）や食用植物などの考古学的発見物の分布や年代特定などから高い可能性として立証できる。	●インディアンが米大陸に到達したことは考古学的証拠をもとにしてほぼ確実なことと判断できる。	最初に到達・定住	
○バイキングはコロンブス以前のA.D.1000年頃にグリーンランドに定住していた。英雄は北米のハドソン湾まで旅をしてインディアンに出会っていた。 ●骨、道具、石絵などの考古学的発見からもバイキングのアメリカ到来が立証される。 ●仮説を確かめる証拠には口頭伝承、史料（文献）、考古学的発見物の3つがある。 ・サガ…A.D.1000年以前の出来事を知る重要な手がかりであるが厳密な史料批判が必要。←多くの人々の考えが介在しているため。	●バイキングが米大陸に滞在したことは口頭伝承	一時的滞在	

	〈小単元6〉考古学とバイキング		●考古学者と歴史学者の共通点と相違点は何か。 ○この仮説はこれまでの証拠からどの様に修正されるか。
	【アジア人】〈小単元7〉中国人がA.D.458年にアメリカを発見したのか	【中国人説の検討】○中国人はA.D.458年にアメリカを発見していたのか。	○慧深はどの様なルートや方法で航海したのか。 ●慧深のアメリカ発見は単に可能性のあることか、確実性のあることか。 ○慧深の物語・サガ・航海日誌の比較から何がわかるか。 ○新たな史的証拠から以前の仮説はどの様に修正されるか。
	【北アフリカ人】〈小単元8〉エジプト人がアメリカを発見したのか	【エジプト人説の検討】○エジプト人はアメリカを発見していたのか。	●ヘイエルダールはなぜ古代エジプト人説を唱え、どの様に立証したのか。 ○新たな歴史的証拠によって以前の仮説はどの様に修正されるか。
パート4 これまでの学習をもとにして、解釈の基準を明らかにして出来事を解釈する	〈小単元9〉誰がアメリカを発見したのか 〈小単元10〉一般概念を作る	◎誰がアメリカを発見したのか。	○5つの仮説はこれまでの歴史的証拠からどの様に修正されるか。 ○仮説を支えているさまざまな種類の歴史的証拠からはどの説が最も有力か。 ●仮説は史的証拠のどの様な特性をもとに確かめられるか。

Kownslar, A. O. & Frizzle,

立証できるかというアメリカの発見者についてのコロンブス説の解明が、学習者にとっての「解明すべき課題」(①)であることを示す。この発問に答える過程で学習者は、コロンブスがマルコポーロの東方見聞録を読みアジア

・航海日誌…サガより制作年代が新しく、より信頼性の高い証拠である。←特定の人物が書いており著者の見方を分析しやすい。 ・考古学的発見物…サガよりも信頼性が高いが、情報量はサガよりも少ない。 ●共通点…過去を研究する。 相違点…考古学者：考古学的発見物（遺跡・遺物）を利用。 　　　　歴史学者：史料（文献）を利用。 ○バイキングはインディアン到来以後、コロンブス以前の一時期にアメリカに滞在していた（年代測定法によれば）。	や考古学的証拠からほぼ確実なことと判断できる。	一時的滞在	基準から見て主権者の可能性のない人々
○史書によれば、慧深はA.D.458年に北太平洋の2万里を航海して扶桑（北米）まで航海し、40年過ごして帰国した。 ○慧深の物語は実際のインディアンの生活や北米の植生の様子と違う点がある。←慧深の物語は慧深の旅の報告を執筆者が記録したもので複数の人物の解釈が介在している。 ○慧深の物語は航海日誌やサガの時代よりも古く、中国人のアメリカへの航海はほぼあり得ない。	●中国人がアメリカに到達したことは史書の史料批判からほぼあり得ないことと判断できる。	到達無し	
●ヘイエルダールは、中央アメリカとエジプトのピラミッドや葦船の共通点から仮説を立て、古代エジプト人と同じ葦船と風・海流を利用して大西洋を横断した。→実験航海の成功は新たな検証方法（自ら新しい証拠を作り出す）を開拓し、エジプト人説の妥当性を高めた（実験考古学）。 ○実験航海の成功にもかかわらず古代エジプト人説は証拠不足から十分な確証が得られていない。	●エジプト人がアメリカに到達したことは実験考古学による仮説の検証を通してもいまだに確証が得られていない。	到達未確認	
○インディアン説とコロンブス説が最も有力である。←アメリカの発見者とは土地に最初に到来・定住した人々であり、これらの人々こそが大陸の主権者の資格をもつからである。 ●出来事の解釈の妥当性は日記・日誌、考古学的発見物、口頭伝承、史書（物語）、実験航海などの証拠の信頼性に支えられている。 ●仮説の信頼性は、証拠の信頼度、推論の信頼度、人物や記録者・執筆者の信頼度をもとに判断される。	●過去の出来事は、科学の方法である歴史的証拠の特性をもとにした信頼性の判断によって解釈・理解される。	到達の時期・定住	主権者の基準の明示

D. B. *Discovering American History*, NY : Holt, Rinehart and Winston, Inc., 1967. より筆者作成。

に富を求め、スペインのイサベル女王の支援を得たという「背景や状況」（②）を知る。その背景や状況に基づいてコロンブスはアジアを目指して航海しようと判断し（「人物の判断」(③))、サンタ・マリア号で西に向かって出

航した(「人物の行為」(④))。その結果、アメリカ大陸に到達したことを学習者は知る(「結果としての出来事」(⑤))。そして当時は新大陸を発見し富を獲得することを期待したヨーロッパ人が新大陸を求めて航海をし始めた時期であったことを理解する(「時代像の形成」(⑥))。

以上パート2を例にとって述べたが、①〜⑥を整理すると次のことが言える。

学習者にとっての「解明すべき課題」(①)は論題と呼ぶことができる。議論において論題とは議論すべき問題であり、取り組むべき問題という点で共通点をもつためである。学習者は教師の発問により、人物がどの様な背景、判断、行為を経て出来事(アメリカ発見)を成し遂げ、どの様な時代像を形成したかを検討する。この過程が②〜⑥である。どの様な「背景や状況」(②)に基づいた「人物の判断」(③)により「行為」(④)がなされたかを知る。そして②〜④の結果として「出来事」(⑤)が生じ、そして「時代像(時代の特色)」(⑥)が形成されたことを理解する。こうして①「論題」に対する答えを見つけていく。②〜⑤は原因であり、⑥の時代像は結果である。つまり、②〜⑤と⑥は因果的連鎖で結ばれており、学習者は出来事と時代像の関係を因果的連鎖として理解する。この因果的連鎖を理解する過程を図で示すと次の図3-3のようになる。

---

①論題：②背景や状況＋③人物の判断→④人物の行為→⑤結果としての出来事
　　　　　　　　　　　　　　　　　　　　　　　＝⑥時代像(時代の特色)

図3-3　出来事の解釈モデル(その1)

この推論の型は「歴史的人物は自分の目的や信念、経験や特定の環境（背景や状況）をもとにして視点や立場を構成し、それに基づいて判断や行為を行う。その結果出来事が構成され、時代像が形成される」というものである。このような推論の型を本研究では、「出来事の解釈モデル」と呼ぶ。このモデルを用いて学習者は出来事と時代像の関係を理解するのである。

　単元は以上のような内容構成になっている。これらの内容構成と表3-8から以下の3つの内容構成原理が抽出される。

内容構成原理1　「出来事の解釈モデル」を用いた理解

　第一の原理は、上述の「出来事の解釈モデル」を用いて出来事と時代像の関係を理解する内容構成になっていることである。

内容構成原理2　社会科学の方法の習得

　第二の原理は、学習者に社会科学の方法を習得させる内容になっていることである。ここでいう社会科学の方法とは歴史学の方法であり、歴史に関す

```
┌─────────────────────────────────────────────────────┐
│ ┌─────────────────────────────────────────────────┐ │
│ │ ①論題：②背景や状況＋③人物の判断→④人物の行為＝⑤結果としての出来事 │ │
│ │              (a) 行為者の視点                    │ │
│ └─────────────────────────────────────────────────┘ │
│              (b) 行為者以外の視点                   │
│ ─────────────────────────────────────────────────── │
│   行為者以外の歴史上の人物による出来事の解釈＝出来事の複数の解釈 │
│ ─────────────────────────────────────────────────── │
│     (c) 学習者の視点→(a)や(b)を自分の視点として使う場合  │
│ 「複数の出来事の解釈」をもとにした学習者による出来事の解釈（社会的文脈の読み取りは小さい） │
└─────────────────────────────────────────────────────┘
           →時代像の理解（社会的文脈の読み取りは大きい）
```

図3-4　出来事の解釈モデル（その2）

る証拠（史的証拠）に基づいて仮説を検証する方法である。史的証拠には史料（航海日誌、口頭伝承、歴史書など）、考古学的発見物（遺跡、骨製品・生活用具などの人工遺物）、言語の特殊な使い方（新世界、新大陸などの用語）、地図がある。学習者はまず仮説を立て、証拠となる文書を読み、写真を見たりレプリカに触りながら仮説を検証していく。これを具体的にパート２のインディアン説を例にとると以下のようになる。学習者は「アメリカ大陸に最初に到来した人々はインディアンではないか」という仮説を立てる。そして、１万２千年前の氷河期にはベーリング海が陸続きであったことを示す地図、考古学的発見物の分布の地図（シベリアと北米では住居跡、石器や動物の骨、食用植物の種など共通の遺物が発見されていることを示す地図）を見て、この時期には人や動物の大陸間移動が可能であり、北米で発見された遺物からインディアンが北米で生活していたことが推測される。その結果、学習者は「アメリカ大陸に最初に到来した人々はインディアンではないか」という仮説は正しいと判断する。

このように、仮説を立て証拠をもとに検証する社会科学の方法を習得する学習内容になっているということが第二の内容構成原理である。

内容構成原理３　社会科学の概念の習得

第三の原理は、社会科学の概念（本単元では歴史学と政治学の概念）を学習者に習得させる内容構成になっていることである。

歴史学の概念については史的証拠という概念を習得させる。史的証拠には航海日誌、口頭伝承、考古学的発見物、絵画などがある。史的証拠を扱うのはパート２（コロンブス説とインディアン説）とパート３（バイキング説、中国人説、エジプト人説）である。

パート２のコロンブス説で用いられる史的証拠は、航海日誌やコロンブスの日記、当時流行した用語、当時の絵画、地図などである。これらはデータ・バンクと呼ばれる資料セットの中にあり、学習の過程で必要に応じて学

習者が利用できるようになっている。例えば航海日誌には日付や発見された陸地の特徴、上陸後に出会った原住民（インディアン）の特徴、交渉の様子などが詳細に記されている。これらの記述から学習者は、アメリカ大陸を発見したのはコロンブスであるという事実を推測する。

　パート3のバイキング説で用いられる史的証拠は、骨製用具・道具・石絵などの考古学的発見物と口頭伝承（サガ）である。これらもデータ・バンクと呼ばれる資料セットの中にあり、学習の過程で必要に応じて利用できる。例えばバイキングの英雄伝説（口頭伝承）であるサガには、バイキングの英雄がグリーンランドを経て北アメリカを探検したことが語り伝えられている。また北アメリカ（現在のカナダ）の遺跡で発見された骨製用具や道具、石絵などの考古学的遺物が北欧のバイキングの生活用品に類似していることから、バイキングはコロンブスよりも前にアメリカ大陸に到達していたという事実を推測する。

　このようにさまざまな史的証拠を検討することにより、学習者は史的証拠という概念を習得し、それぞれの史的証拠の特徴に応じて過去の事実を推測する方法を知ることになる。以上が歴史学の概念の習得である。

　次に政治学の概念の習得について述べる。政治学の概念の習得とは、本単元では「主権者」の概念の習得である。ここでいう「主権者」とはオリジナルな主権者を指す。したがって、後に奴隷や移民として到来して現在のアメリカを構成している主権者とは異なるものである。

　本単元ではアメリカ大陸の発見者が誰かについて検討するが、これは政治学的観点から見るとアメリカの「主権者」は誰かということを検討する過程である。例えばパート2のインディアン説では考古学的証拠（インディアンの住居の遺跡や石器）および動植物の分布（シベリアで発見された狼や熊の骨と同じ種類の骨が北アメリカでも発見されていること等）から、インディアンは最初にアメリカ大陸に到達・定住していたことが推測される。またパート3の中国人説では史的証拠として歴史書の記述が検討される。この歴史書は中国人

が北米まで航海し40年滞在して帰国するまでの物語である。この物語の記述を検討すると、実際のインディアンの生活や北米の植生の様子と違う点があり、この物語は旅の報告を第三者が記録したもので、複数の人物の解釈が介在していることがわかる。したがって学習者は中国人がアメリカに到達したことはほぼあり得ないと推測する。このようにアメリカのオリジナルな主権者が誰かについて、5つの仮説を順次検討することで、最終的に学習者は「アメリカへの到達・定住」という基準をたて、「主権者」とはアメリカに「最初に到達・定住した人々」であるという概念を習得できるようになっている。

以上、内容構成原理について述べてきた。第一の原理は、社会科学の方法を習得させる内容構成になっていること、第二の原理は、社会科学の概念を習得させる内容構成になっていることであった。

2) 学習方法原理－社会科学の方法を通した出来事の研究的理解

前述の1)では本単元の内容構成原理についてみてきた。ここでは、学習者がどの様な方法で学習を深めていくのかという学習方法原理について考察する。

本単元の内容構成と「出来事の解釈モデル」を総合すると、後掲の図3-5が抽出できる。そこでまず図3-5の基本的な構成を説明する。

図3-5の縦軸は、内容構成原理の項で示した表3-8の縦軸（パート1～4）とまったく同じである。ちがいは横軸であるが、それは次のちがいを示している。表3-8は、教師の発問に対して学習者が答えを追求する中でどの様な歴史理解をするかという、「学習者」に焦点を当てたものであった。これに対して図3-5は「出来事」に焦点を当てたものである。以下で横軸を具体的に説明していく。

図3-5の横軸は、前述した「出来事の解釈モデル」の5つの要素を、左から順に①論題、②背景や状況、③人物の判断と行為、④出来事、⑤出来事と

時代像の関係、と並べ、その右には「社会科学的歴史理解の方法」、そして右端には最終的に学習者が習得する「構築された歴史理解」の内容を示した。

つまり、歴史上の人物がどの様な課題に取り組み（①論題）、どの様な背景・状況（②）のもとで、どの様な判断・行為（③）をして出来事（④）を作り出し、時代像（⑤）を形成していったのかについて、要素ごとに詳細に検討するようになっている。そしてこれらの理解が「社会科学的歴史理解の方法」に支えられて行われる。「社会科学的歴史理解の方法」とは仮説－検証という社会科学の方法を用いて歴史の出来事を解釈し明らかにしていく方法である。これは「史的証拠と科学の方法（仮説－検証）」と「科学の方法による出来事の解釈」の2つで構成される。この詳細な検討の過程を分析的に示したのが図3-5である。

以上が図3-5の構成についての説明である。次に、本単元の学習方法原理について図3-5を用いて説明する。本単元は、次の3つの学習方法原理から成っている。

学習方法原理1　社会科学の方法を用いた主権者概念の獲得

第一の学習方法原理は、前述の内容構成原理で述べた「社会科学の方法（証拠に基づいて仮説を検証する歴史学の方法）」を用いることで、現在のアメリカの主権者が誰であるかを考えさせる方法をとっていることである。パート2のコロンブス説、インディアン説、パート3のバイキング説、中国人説、エジプト人説は社会科学の方法を用いて過去の出来事を理解させるものであった。本単元ではこれにとどまらず、社会科学の方法は現在の出来事の理解にも適用できることを理解させ、この社会科学の方法を用いて現在のアメリカの主権者が誰であるかを考えさせる。

これをパート3のエジプト人説で具体的に説明すると以下のようになる。社会科学の方法は、仮説を立てそれを検証する方法である。学習者は、エジ

142　第1部　認知構築主義に基づく歴史学習の原理と展開

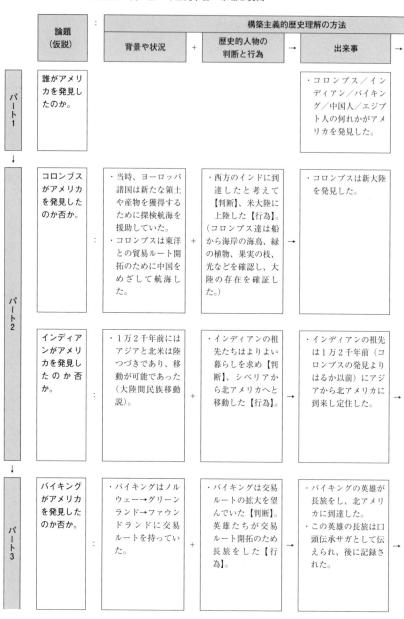

	論題 (仮説)	:	構築主義的歴史理解の方法				
			背景や状況	+	歴史的人物の 判断と行為	→	出来事	→
パート1	誰がアメリカを発見したのか。						・コロンブス／インディアン／バイキング／中国人／エジプト人の何れかがアメリカを発見した。
↓							
パート2	コロンブスがアメリカを発見したのか否か。	:	・当時、ヨーロッパ諸国は新たな領土や産物を獲得するために探検航海を援助していた。 ・コロンブスは東洋との貿易ルート開拓のために中国をめざして航海した。	+	・西方のインドに到達したと考えて【判断】、米大陸に上陸した【行為】。(コロンブス達は船から海岸の海鳥、緑の植物、果実の枝、光などを確認し、大陸の存在を確証した。)	→	・コロンブスは新大陸を発見した。
	インディアンがアメリカを発見したのか否か。	:	・1万2千年前にはアジアと北米は陸つづきであり、移動が可能であった(大陸間民族移動説)。	+	・インディアンの祖先たちはよりよい暮らしを求め【判断】、シベリアから北アメリカへと移動した【行為】。	→	・インディアンの祖先は1万2千年前(コロンブスの発見よりはるか以前)にアジアから北アメリカに到来し定住した。	→
↓							
パート3	バイキングがアメリカを発見したのか否か。	:	・バイキングはノルウェー→グリーンランド→ファウンドランドに交易ルートを持っていた。	+	・バイキングは交易ルートの拡大を望んでいた【判断】。英雄たちが交易ルート開拓のため長旅をした【行為】。	→	・バイキングの英雄が長旅をし、北アメリカに到達した。 ・この英雄の長旅は口頭伝承サガとして伝えられ、後に記録された。	→

第3章 出来事の解釈に基づく歴史学習の論理　143

時代像	+	社会科学的歴史理解の方法		=	構築された歴史理解
		史的証拠と科学の方法	科学の方法による出来事解釈（検証）		
	+	・歴史の出来事は人々によって多様に解釈（主張）され、理解されている。	・歴史家は過去の出来事について仮説を立て、さまざまな歴史的証拠を用いて妥当性を検証し、出来事を解釈している。	=	・アメリカの発見者については諸説あり、定まった理解はない。
↓		↓	↓		↓
「新世界」アメリカの発見は当時のヨーロッパ人にとってのみ意義ある発見であった。	+	○歴史的証拠 ・航海日誌 ・新大陸上陸場面の絵画 ・当時流行した言葉（新世界、新大陸） ・航海ルート地図 ○科学の方法 ・歴史学の史料批判	・航海日誌の内容と実際の地理的位置、植生などの照合による一致から、コロンブスはほぼ確実に新大陸アメリカを発見した。	=	・コロンブスが1492年にアメリカ大陸を発見したことは航海日誌の史料批判からほぼ確実である。また当時の絵画や「新世界」の流行語の分析から、「発見」とは富を求めていたヨーロッパ人の視点からのみ意義ある出来事であった。
↓		↓	↓		↓
・最も初期からアメリカに定住してきたインディアンは先住民として米大陸の主権者と言える。	+	○歴史的証拠 ・石器・石鏃・住居跡、動植物とその分布（地図） ・大陸間民族移動ルート地図 ○科学の方法 ・考古学 ・人類学	・シベリアと北アメリカで発見された石器や動植物の共通性から、インディアンの祖先はほぼ確実に1万2千以前からアメリカに到達し、定住していた（大陸間民族移動説）。	=	・インディアンが1万2千年以前にアメリカ大陸に到達、定住したことは考古学的・人類学的証拠からほぼ確実である。最初の定住者である彼らは米大陸の所有者（国家の主権者）でもある。（ただし政治組織はあるが国家の観念をもっていなかった。）
↓		↓	↓		↓
・バイキングは北米に到達していたが定住はしていなかったので、米大陸の主権者とは言えない。	+	○歴史的証拠 ・口頭伝承サガ ・石器・石鏃、住居跡、生活用具など ○科学の方法 ・歴史学の史料批判（オーラルヒストリー） ・考古学の方法	・口頭伝承サガにある英雄の北米への旅は不確実な情報だが、北米でのバイキングの遺跡・遺物の発見から、彼らはほぼ確実にA.D.1000年頃に北米東海岸に到達していた（一時的滞在）。	=	・バイキングがA.D.1000年までに北米に到達していたことは口頭伝承と考古学的証拠の両方からほぼ確実である。彼らはコロンブスよりも早く北米に到達していたが定住はしなかったので、米大陸の所有者（国家の主権者）ではない。

144　第1部　認知構築主義に基づく歴史学習の原理と展開

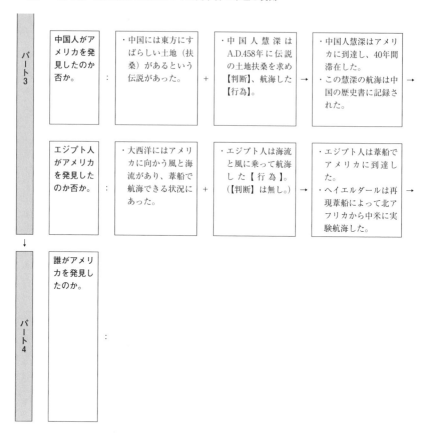

図3-5　単元「誰がアメリカを発見し

プト人は葦船を用いて大西洋を横断し、アメリカ大陸に到達していたためアメリカの主権者であるという仮説を立てる。この仮説について、実験考古学者のヘイエルダール達が実際に葦船を作り、海流や星座を頼りに大西洋を横断して過去のエジプト人がアメリカに到達した可能性があることを検証したことを知る。その結果、ヘイエルダールの実験航海の成功は新たな仮説検証

第3章　出来事の解釈に基づく歴史学習の論理　145

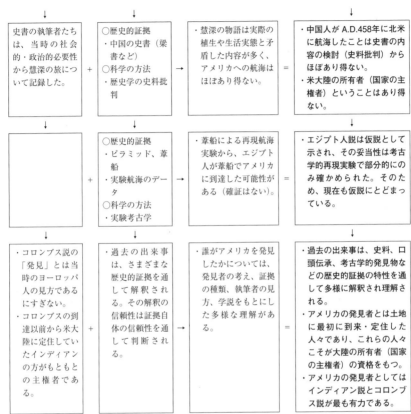

(筆者作成)

たのか」における歴史理解構築の構造

方法を開拓し、エジプト人説の妥当性を高めたこと、ただし実験航海の成功にもかかわらず証拠不足からエジプト人は現在のアメリカの主権者であるとは言えないことを理解する。

　以上のように、第一の学習方法原理は社会科学の方法を用いて現在のアメリカの主権者が誰であるかを考えさせることである。

学習方法原理2　社会科学の方法を用いた出来事および出来事と時代像の関係の理解

　第二の原理は、社会科学の方法を用いて、出来事および出来事と時代像の関係を理解させる学習方法をとっていることである。学習者はアメリカの発見という出来事について仮説を立て、それを検証することについては前述の第一原理で述べた。主権者が誰であるかについての仮説と検証にとどまらず、本単元では出来事と時代像の関係を理解する際にも社会科学の方法（仮説と検証）を用いている。

　これを具体的にパート2のコロンブス説を例に説明すると、以下のようになる。学習者は、コロンブスがアメリカ大陸を発見したという出来事について仮説を立て、航海日誌や地図などをもとにコロンブスがアメリカに到達したことが確実であることを検証する。そして、コロンブスのアメリカ大陸発見という出来事は、ヨーロッパ人にとって富の可能性を秘めた有望な土地の発見を意味し、その期待は「新世界」という用語に込められてヨーロッパ中に広がったという時代像を理解する。学習者は、当時の絵画、流行した用語（新世界・新大陸）などの史的証拠をもとに、これらの出来事と時代像の関係について理解するのである。

　以上のように、第二の学習方法原理は出来事および出来事と時代像の関係を理解させるために、社会科学の方法を用いることである。

学習方法原理3　社会科学の方法を用いた社会科学の概念の習得

　第三の学習方法原理は、社会科学の方法を用いて学習者に社会科学の概念を習得させる方法をとっていることである。本単元で扱う社会科学の概念は(1) 歴史学の概念、(2) 政治学の概念である。(1) 歴史学の概念として「史的証拠」の特性を、(2) 政治学の概念として「主権者」を理解させる。この2つの概念を習得させるために用いられるのが社会科学の方法、つまり史的証拠に基づいて仮説を検証する歴史学の方法である。本単元で使われる「史的証拠」は、航海日誌、目撃者の証言、口頭伝承、考古学的発見物などであ

る。これらの史的証拠を用いて学習者は、アメリカを発見したと思われる人物や集団についての仮説を検証する。学習者が仮説を検証する過程を具体的にパート2のインディアン説を例に説明すると以下のようになる。

学習者は、インディアンがアメリカ大陸を発見したという仮説を立て、史的証拠をもとにインディアンがアメリカに到達したことが確実であることを検証する。ここで用いられる史的証拠は、北アジアと北米大陸で発見された人工遺物（石器や動物の骨）、食用植物の種などの考古学的発見物の分布地図、およびこれらの放射性同位元素を用いて行われた考古学的発見物の年代特定、当時の大陸の様子を表した地図である。学習者は教師が用意したデータ・バンクという史的証拠のセットの中から自由に選択して読み、触れ、見る。このように史的証拠を用いることにより学習者はこれらの史的証拠の特性を理解する。史的証拠の特性を理解するとは、史的証拠は過去の人々が生活に用いたものであるから、史的証拠の存在によりそれを用いた人々がアメリカ大陸に到来・定住していたことが推測できることを理解することである。これが社会科学の方法を用いて(1) 歴史学の概念、つまり「史的証拠」の特性を理解させるということである。

そして、学習者は前述のように史的証拠を用いることによりアメリカ大陸に最初に到来・定住したのはインディアンであることを理解する。最初に到来・定住したということは、インディアンがアメリカ大陸の「主権者」であることを理解することに他ならない。これが、社会科学の方法を用いて(2) 政治学の概念、つまり「主権者」の概念を習得することである。

以上、本単元の学習方法原理について述べてきた。第一の原理は、「社会科学の方法」を用いることにより、現在のアメリカの主権者が誰であるかを考えさせる方法をとっていること、第二の原理は、社会科学の方法を用いて、出来事および出来事と時代像の関係を理解させる学習方法をとっていること、第三の原理は、学習者に社会科学（歴史学と政治学）の概念を習得させるために社会科学の方法を用いる方法をとっていること、であった。

3．特質と問題点

　本節では、出来事の解釈に基づく歴史学習の論理について、ホルト・データバンク・システムの単元「誰がアメリカを発見したのか」の分析を通して解明してきた。この歴史学習には以下の3つの特質がある。

　第一の特質は、本単元のアメリカの発見者は誰かについての学習は、単に発見者の名前を確定するだけでなく、最終的にアメリカの「主権者」は誰かという政治学の概念を習得させることが意図されていることである。

　学習者は5つの学説を順次検討し、最初にアメリカ大陸に到達・定住したのはインディアンであると推測する。そして最終的には「アメリカへの到達・定住」という基準をたて、「主権者」とはアメリカに「最初に到達・定住した人々」であるという政治学の概念を習得できるようになっている。本研究の他の単元でこのような政治学の概念を習得させる単元はなく、政治学の概念の習得はこの単元の大きな特徴である。

　第二の特質は、学習者に概念を習得させた上で社会科学の方法を用いて社会科学の概念を習得させていることである。社会科学の方法とは仮説を立てそれを検証する方法であり、この方法を歴史の学習で用いた場合は歴史学や考古学の方法と呼ぶことができる。本単元では学習者が自分で仮説を立てるのではなく、アメリカの発見者についての5つの学説を仮説として用い、その学説の妥当性について史料を通して検証する。社会科学の概念とは、本単元では歴史学の概念と政治学の概念であり、政治学の概念は「主権者」であることは第一の特質で述べた。歴史学の概念とは、本単元では史的証拠という概念であり、航海日誌・口頭伝承・考古学的発見物・絵画などである。

　つまり第二の特質は、歴史学と考古学の方法を用いて、政治学の概念（アメリカの「主権者」）および歴史学の概念（史的証拠）を理解させる構造になっていることである。社会科学の方法を用いて社会科学の概念を習得させる点で、この学習は「社会科学理解型出来事学習」と呼ぶことができる。

第3章　出来事の解釈に基づく歴史学習の論理　149

　第三の特質は、社会科学の方法（歴史学と考古学の方法）を用いて歴史学の概念（史的証拠）を学習者に理解させる際に、非常に多様な史的証拠を用いていることである。ここでいう史的証拠は、本章第1節の単元「レキシントン・グリーンで何が起こったのか」とは大きく異なる。「レキシントン」で用いられた史料は文書史料（手紙、日記、証言記録、雑誌記事など）であった。これに対して本単元では、文書史料に加えて考古学的史料（骨、道具、石絵）および口頭伝承が、学説の妥当性を検証する史的証拠として用いられることに大きな特徴がある。

　本単元は以上のような特質をもつが、以下の問題点もある。それは、本単元で用いられる史資料の数が多すぎること、そして小学生には難解であることである。バイキングの英雄談サガなどの口頭伝承や考古学的遺物（鏃、紡錘、鉄床など）は、小学生の時間認識の発達レベルから見て、数百年以前の遠い過去の出来事を想像し、推理することは難解と考えられる。

第3節　出来事の解釈に基づく歴史学習の特質と問題点

　本節では出来事の解釈に基づく歴史学習の特質と問題点について述べる。出来事学習とは、歴史上の出来事に焦点を当て、出来事が当時の社会の動きにどの様に影響し、時代像を作り出したかを明らかにし、出来事と時代像の関係を学習者に理解させる学習である。

　第1節と第2節では、認知構築主義に基づく2つの類型の出来事学習の特質と問題点について、アマースト・プロジェクトの単元「レキシントン・グリーンで何が起こったのか」とホルト・データバンク・システムの米国史単元「誰がアメリカを発見したのか」の分析を通して解明してきた。この2つの単元は、その授業構成の特質から、前者は「テキスト解釈型出来事学習」、後者は「研究方法解釈型出来事学習」と呼ぶことができる。「テキスト解釈型出来事学習」で学習者が理解するのは、アメリカ独立戦争初期の戦闘がど

の様に解釈され、意味づけられ、戦争全体の流れに影響を与え独立を実現したかである。そして「研究方法解釈型出来事学習」で学習者が理解するのは、さまざまな民族や人物によるアメリカ大陸発見の出来事がアメリカの時代像や国家像の形成にどの様に影響しているかである。

分析の結果、2つの単元には次の4つの点で共通した特質が見られることが明らかになった。

教授－学習の捉え方から見た特質

第一の特質は、「出来事の解釈モデル」という理解の枠組みにより、出来事と時代（社会）の動きの関係を理解させていることである。本章で取り上げた歴史学習は、独立戦争期のレキシントンの闘いやアメリカ大陸の発見という出来事である。「出来事の解釈モデル」とは、出来事を3つのレベルで理解できるようにする枠組みである。3つのレベルとは、(a)「目撃者」「報告者」「引用（説明）者」「研究者」などによる解釈として作られているもの、(b)これらの人々の立場や地位、職業、おかれた状況などさまざまな社会的・文化的影響を受けて多様な解釈として作られているもの、(c)他の出来事とともにより大きな出来事や時代（社会）の動きを作り出しているもの、である（図3-6を参照）。

学習者は「出来事の解釈モデル」にしたがい、歴史上の人々が論題（解決すべき問題）に対して、どの様な背景や状況で、どの様な判断をして行為をし、その結果どの様に出来事を作り出し時代像が形成されていったのかを考えていく。そして出来事と時代像が因果的連鎖で結ばれていることを理解する。つまり学習者は、出来事は単なる偶然で起こるのではなく、出来事は行為によって作られ（行為による出来事の構築性）、さらに出来事によって時代像が構築される（出来事による時代像の構築性）ことを理解するのである。

第二の特質は、学習者に出来事と時代（社会）の動きの関係を理解させるために「出来事の生成原理」を発見させることである。「出来事の生成原理」とは、時代における見方や考え方（信念）が出来事を作り出し、複数の

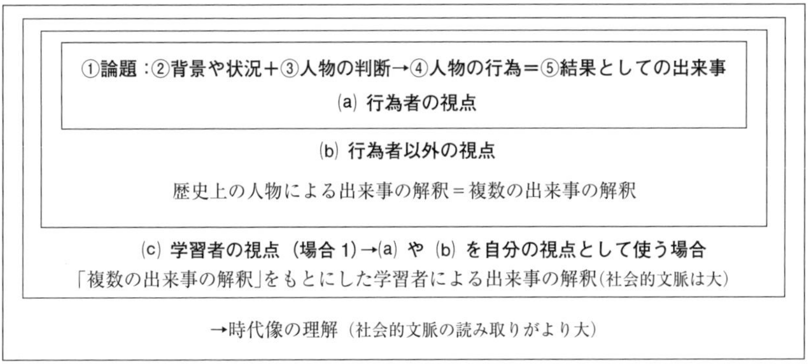

```
┌─────────────────────────────────────────────────────────┐
│  ┌───────────────────────────────────────────────────┐  │
│  │ ①論題：②背景や状況＋③人物の判断→④人物の行為＝⑤結果としての出来事 │  │
│  │           (a) 行為者の視点                         │  │
│  │         (b) 行為者以外の視点                       │  │
│  │  歴史上の人物による出来事の解釈＝複数の出来事の解釈   │  │
│  └───────────────────────────────────────────────────┘  │
│   (c) 学習者の視点（場合1）→(a)や(b)を自分の視点として使う場合    │
│   「複数の出来事の解釈」をもとにした学習者による出来事の解釈(社会的文脈は大) │
│                                                         │
│   →時代像の理解（社会的文脈の読み取りがより大）               │
└─────────────────────────────────────────────────────────┘
```

図3-6　出来事の会社における視点の位置（視座）

出来事が合わさりその時代の社会の仕組みや制度、文化を作り出しているという原理である。

　第三の特質は、学習者に物語を構成させていることである。その物語は、出来事が時代（社会）の仕組みや制度をどの様に形成していったかを説明する物語である。そして、この物語では行為者以外の人物の視点(b)を学習者が自分の視点として借用することで出来事の解釈をする。この点は、後述の第２部の出来事学習で学習者が作る物語においては、学習者が自ら作り出した視点が用いられることと大きく異なる。

　第四の特質は、社会の仕組みや制度の機能についての原理を発見させ、構成させていることである。この原理は、出来事の理解を構築する中で、出来事と時代の特色（時代像や時代の動き）との関係を理解させるための中心的な要素である。

　単元「誰がアメリカを発見したのか」では、政治学の概念を学習者に習得させ、その際に社会科学の方法を用いている。社会科学の方法とは仮説を立てそれを検証する方法であり、この方法を歴史の学習で用いた場合は歴史学や考古学の方法と呼ぶことができる。本単元では学習者が自分で仮説を立てるのではなく、アメリカの発見者についての５つの学説を仮説として用い、

その学説の妥当性について史資料を通して検証していく。そしてこの方法を用いて「主権者」の条件は何かという社会科学の概念を習得するようになっている。

さらに、社会科学の概念や探究方法の習得にとどまらない点もこの出来事学習の大きな特徴である。両単元ともに多様な史資料を用いている点で共通する。単元「レキシントン」では主として手紙や日記、裁判の証言記録などのテキスト文書が用いられ、単元「誰がアメリカを発見したのか」では考古学的遺物や史書など多様な史資料が使われていた。しかし、単に史資料の数が多いというのではなく、提供されるのはさまざまな歴史的人物の視点（視点(a)）を含んだ史資料であり、学習者は歴史学の史料批判の方法を用いてそれらを解釈する。そして行為者以外の人物の視点（視点(b)）を読み取り、それらを学習者自身の視点として借用することで出来事を再構成している。このように、両単元とも学習者が史資料を解釈することで歴史の出来事理解を主体的に構築することに特徴があるといえる。

歴史理解の捉え方から見た特質

先述した特質から明らかなように、このような学習は第2章で示した歴史理解の5つの基本概念（75頁参照）と同じ概念を備えており認知構築主義に基づく出来事学習（研究的歴史構築学習）である。

学習者と歴史・社会との関係から見た問題点

本章で見た出来事学習は、史資料から他者の視点を読み取り、この視点をさらに学習者の視点から解釈して歴史理解を構築する「研究的」な学習である。ここでは学習者は、出来事がさまざまな歴史的人物の立場や地位、職業や社会的状況の影響を受けて多様に解釈されていることを知り、複数の視点から出来事と時代像や時代の動きとの関係を理解するようになっている。この点で、第2章で見た人物学習に比べて、より多様視点からの歴史理解を保障するものとなっている。

しかし一方で問題点もある。第一の問題点は、学習者と歴史・社会との関

第3章 出来事の解釈に基づく歴史学習の論理 153

係が十分でないことである。本章での歴史理解は過去や現在の他者の視点を通した理解にとどまっており、学習者が現在の視点から出来事を理解するという点では不十分である。そのため学習者の自律的な歴史理解を保障する上では限界がある。

本章の出来事学習は、学習者に出来事の解釈を行わせて、出来事が時代像や時代（社会）の動きを作り出していること（時代像や時代（社会の動き）の構築性）を理解させるものであった。しかし、この学習は出来事を学習対象としているため、時代を特色づける考え方や社会問題の構築性を理解させるまでには至っていない。これを可能にするためには時代像を学習対象とした歴史学習が必要となる。

第二の問題点は、2つの単元で用いられる史資料の数が多過ぎて使いこなすことが困難なことである。さらに、第1節の単元「レキシントン」で用いられる史資料は中学生にとっては難解であり、精選するには数が多い。そして第2節の単元「誰がアメリカを発見したのか」は小学生にとっては難解すぎることも問題点である。

本章では、認知構築主義歴史学習の「歴史理解の内容」による3つの類型（人物の行為・出来事・時代像）のうち、第2類型である「出来事」の解釈を行う2つの単元の分析を行った。史料を媒介とした出来事の解釈学習単元「レキシントン・グリーンで何が起こったのか」（アマースト・プロジェクト）、および史料と科学の方法を媒介とした出来事の解釈学習単元「誰がアメリカを発見したのか」（ホルト・データ・バンクシステム）である。分析の結果、双方の単元について内容構成原理と学習方法原理を抽出することができた。

第1節で分析した単元「レキシントン・グリーンで何が起こったのか」の内容構成原理は、(1)「出来事の解釈モデル」を用いた理解、(2)「歴史理解と一般人の歴史理解の類似」についての理解、(3) 現代の出来事の理解にも共通する特性の理解、である。学習方法原理は、(1)「人物学習→出来事学習→出来事学習」相互の理解、(2) 2つの歴史理解の特性の理解、である。

第2節で分析した単元「誰がアメリカを発見したのか」の内容構成原理は、(1)「出来事の解釈モデル」を用いた理解、(2) 社会科学の方法の習得、(3) 社会科学の概念の習得、である。学習方法原理は、(1) 社会科学の方法を用いた主権者概念の獲得、(2) 社会科学の方法を用いた出来事および出来事と時代像の関係の理解、(3) 社会科学の方法を用いた社会科学の概念の習得、であった。

第3章の註

1) 構築主義歴史学習の基本概念の抽出に当たっては、浅野（2001）、バーガー&ルックマン（2003）、バー（1997）、ドゥーリトルとヒックス（Doolittle & Hicks, 2003）、森（2002）、中河（1999）、野家（1998）、シューマン（Scheurman, 1998）、平・中河（2000）、上野（2001）などの文献を参考にした。
2) 構築主義歴史学習の3類型については第1章の引用と同様に、シューマン（Scheurman, 1998）およびドゥーリトルとヒックス（Doolittle & Hicks, 2003）などの文献を参考にしている。
3) 単元「レキシントン・グリーンで何が起こったのか」で使用される史資料（文書）の一覧を示すと以下のようになる。R. ブラウンによればこれらの文書は学習者の知的レベルや教師の指導目標に合わせて選択的に利用されるものであり、すべてを用いる必要はないとされる〔近年のR. ブラウンの回顧論文（Brown, 1996）と筆者によるブラウンへの直接のインタビューの内容から〕。

パート1
　ロサンゼルス暴動：ロサンゼルス、ワッツ地区のアバロン・ブルーバードをドライブしていた黒人の若者マーケット・フレイがスピード違反で逮捕されたことをきっかけとしてこの事件が発生した。アメリカ史において最も破壊的な暴動。1週間後に沈静化するまでに、死者34人、負傷者1,000人以上。200以上のビルが火災によって完全に破壊され、損失総額は1,000万ドル以上と推定された。
①ロサンゼルス暴動の原因についての説明文。（E. コーエン、W. マーフィ、『燃えろ、燃えろ！』（NY: Ctton、1966年、pp.29-33より）。
②警官による説明〔『ロサンゼルス暴動についての公判記録、宣誓証言、弁護士のレポート、それに政府の委員会の精選された文書』（ロサンゼルス、ロサンゼルス暴動に関する政府委員会）、Ⅱ、1966年、pp.9-12より。〕
③インタビューでのフレイ一家の事件のいきさつについての説明。（雑誌『黒檀』、1965年10月号、p.117より）。

パート2
A
①レキシントン事件関係地図（マサチューセッツ地区）。
②レキシントン事件関係地図（レキシントン・グリーン近郊）。
③新聞『マサチューセッツ・スパイ』掲載の「英国陸軍によるマサチューセッツ住民の攻撃についての説明」記事（1975年5月3日付）。
④植民地住民トーマス・ウィラードによる治安判事への宣誓証言（1775年4月23日付）
⑤シルベイナス・ウッドによるレキシントン事件の回想
⑥ナザニエル・パークハースト他13人のレキシントン植民地民兵による治安判事への宣誓証言。

B
①植民地住民トーマス・フェセンデンの治安判事への宣誓証言（1775年4月23日）。
②英国軍の若い将校、ジョン・バーカー中尉の個人日記の中のレキシントン事件の説明。
③植民地住民サイモン・ウィンシップの宣誓証言（1775年4月25日）。
④植民地住民の捕虜となった英国軍正規兵、ジョン・バットマンの宣誓証言（戦闘の4日後）。
⑤英国軍下級将校ウィリアム・サザーランド中尉が英国軍司令官ゲージ将軍の秘書官に送った手紙。
⑥ナザニエル・ムレキン他33名の宣誓証言（1775年4月23日）。
⑦レキシントン事件で捕虜となった英国軍将校エドワード・グールド中尉の宣誓証言。
⑧英国軍に同情的な植民地住民トーリー党員ジョージ・レオナルドがイギリス軍司令官ゲージ将軍に送った説明。
⑨植民地住民の民兵ジョン・パーカーの公式宣誓証言。
⑩レキシントン事件で民兵と交戦した先発英国軍部隊長ジョン・ピトケアン少佐がゲージ将軍に送った軍務報告書の抜粋。

C
①マサチューセッツの英国政府の公式声明となった、ゲージ将軍によって書かれた状況説明（1775年4月29日付）。
②植民地住民がこの事件について知人に送った手紙（1775年4月20日付）。
③レキシントン事件についてのロンドン新聞の記事（1775年7月10日付）。
④レキシントン事件の現場にいた旧植民地住民ロバート・ダグラスの宣誓証言（1827年5月3日付）。
⑤レキシントン事件の現場にいた旧植民地住民シルベニアス・ウッドによる宣誓証言。
⑥当時、最年少の英国軍旗手ジェラミー・リスターが1832年に書いた私的な物語の中でのレキシントン事件の説明。
⑦レキシントン事件について調査した聖職者ウィリアム・ゴードンの説明（1775年5月17日付）
⑧マサチューセッツ地方議会が植民地代議員ベンジャミン・フランクリンに植民地住民と英国軍の合計21人の宣誓証言を送った際の手紙の序文（1775年4月26日付）。
⑨英国軍連隊長スミス中佐の軍務報告（1775年4月22日付）。

パート3
A

① 英国の歴史家ロバート・ビセットの古代の民主主義国家について研究した著作(1796年)の中で行ったレキシントン事件についての記述〔ビセットはトーリー党員で、君主制が国家統治の最良の形態であることを証明しようとした。〕
② 歴史家ウィリアム・ベルスハムの『グレートブリテンの歴史』(1811年)の中のレキシントン事件についての記述〔ベルスハムはアメリカ植民地を擁護していたホイッグ党に所属していた。〕
③ 歴史家ウィリアム・レッキーの『英国史』(1892年)の中でのレキシントン事件についての記述〔レッキーはアングロサクソン民族の自由の起源について賛美する著作を書いた。〕
④ ウィンストン・チャーチルの『英語を話す人々の歴史』(1957年)の中でのレキシントン事件についての批評。
⑤ ピーター・オリバーの『ピーター・オリバーのアメリカの反乱への関わりの始まりと展開—トーリー党の見地』(1781)〔オリバーは大英帝国に対する植民地の戦いに関する出来事を詳述しようとした最初の人物。〕
⑥ アメリカ人の作家マーシイ・ウォーレン著『アメリカ独立革命の発生、展開、終結』からの引用。〔ウォーレンはマサチューセッツの愛国者たちと密接な関係を持ち、ペンによって詩、劇、歴史的な著作の作家として彼らの主張の指導的擁護者のひとりであった。〕
⑦ 歴史家ジョージ・バンクロフトの著作『アメリカ大陸の発見からのアメリカ合衆国の歴史』第7巻(1858年)からの抜粋。〔バンクロフトはアメリカ史の専門的な訓練を受けた著名な歴史家。A. ジャクソン支持の民主党員で、ポーク大統領政権下で要職を歴任した。〕
⑧ 歴史家チャールズ, A. ビアード著『アメリカ文明の起源』(1928年)からの抜粋。〔ビアードはアメリカ合衆国第一級の歴史家。歴史のプロセスをかたちづくる大きな力についてのさまざまな理論を探求した。自分自身を、経済的な力が人間の行為を支配していると主張する頑固な現実主義者と考えていた。〕
⑨ 歴史家ウィラード, M. ウォレス著『武力への訴え』(1951年)からの抜粋。〔ビアードの研究以来傑出した歴史家のひとり。〕

B
① レキシントン事件の事実について議論している教科書の記述
② ルイス, B.R., 他の歴史学者著『民主主義的経験』(1963年)からの抜粋。
③ H.W. ブラグドンとS.P. マククシェオン著『自由な人々の歴史』(1967年)からの抜粋。
④ R.C. ブラウン他著『アメリカの偉業』(1966年)からの抜粋。
⑤ N. プラッツとM.J. ドラモンド著『創設以来の私たちの国家』(1964年)からの抜粋。
⑥ D.S. マジーとA.S. リンク著『私たちのアメリカ共和国』(1963年)からの抜粋。
⑦ S. スタインバーグ著『アメリカ合衆国—自由な人々の歴史』(1963年)からの抜粋。
⑧ 教育問題の作家P. シュラッグの歴史教科書の本質と妥当性についての考え(『サタディ・レビュー』(1月21日号)より)。

パート4
A
① アメリカの言語についてのウェブスター新世界辞典の「事実」についての定義(1968

年）。
②英国の歴史家 E. H. ダンスの、歴史的事実の本質に関するコメント（1960年）。
③ウォルター・リップマンの、固定観念と言外の意味についての本（1922年）からの抜粋。
④歴史家カール・ベッカーの1926年のアメリカ歴史協会の年次集会での提言。

B
①ニュートンの実験についての説明（O. M. スチュワート著の物理学教科書『物理学』（1939年）からの引用）。
② D. ジェンキンスの社会科学者の研究と研究方法論の事例についての論文の抜粋（『アメリカ社会学雑誌』「知覚に関する集団間の違い－結核についてのコミュニティの信念と意識に関する研究」、No.21、1966）。
③小説家 H・ファストのフィクション『四月の朝』（1961年）からの抜粋〔この小説はレキシントン事件を題材にしたもの〕。
④ H・リードの詩「スペインにおける爆撃の犠牲者」（1966年）〔事実をとらえる上での詩歌の方法論と成功について思索的に述べたもの〕。

C
①歴史家 C. A. ビアードの、科学的な歴史の条件と信念、歴史についての思考の学校、歴史の執筆についての考え方の抜粋〔「高貴な夢」『アメリカ歴史評論』XLI、1935〕。
②歴史家 B. W. タクマンの事実を追求する際に歴史家に重要な援助となるものについての考えについて書いた論説の抜粋〔サタディ・レビュー』1967年2月25日号〕。
③英国の歴史家 H. バターフィールドの、歴史家と史料との間の相互関係についての論評からの抜粋〔著書『ウィッグ史観批判－現代歴史学の反省－』（1931年）より〕。
④英国の歴史家 H. バターフィールドの、歴史家が任務とすべきことについての定義〔同上書より〕。
⑤プラトン著『国家』の「洞窟の寓意」よりの抜粋。

4）第2章でもふれたが、アマースト・プロジェクトで開発された歴史学習単元は、カリキュラムとしての大枠は考えられていた他、整えられたアメリカ史の通史としてではなく、学校での通常の歴史カリキュラムの中に投げ入れ的に利用できるモジュール方式のものとして開発されていた（Committee on the Study of History, 1969, p.7）。単元「レキシントン・グリーンで何が起こったのか」も同様の利用方法である。

5）1965年に起こったロサンゼルス暴動は1週間続き、死者34人と1,000人を越える負傷者を出し、火災によって200以上のビルが破壊され、損失被害総額は1,000万ドルと推定された。黒人居住区のワッツ地区での黒人青年のスピード違反による逮捕が原因と言われているが、数多くの調査にもかかわらず真相は現在も不明なままである。

6）ホルト・データバンク・システムのアメリカ史のカリキュラムを作成したのはカウンスラー（Kownslar, A.O.）である。彼は、かつてアマースト・プロジェクトの単元開発スタッフとして参画した経験があり、このプロジェクトで開発した単元をもとにして後にアメリカ史の教科書を執筆、出版している。これまでホルト社会科は

科学主義の新社会科プロジェクトに位置づけられ高く評価されてきたが、歴史カリキュラムの開発については上記のような経歴をもったカウンスラーが担当していることから、認知構築主義の歴史カリキュラムと考えられるアマースト・プロジェクトとの関連で、構築主義歴史学習の継続性、発展性を示す上でこの単元事例を取り上げて構築主義歴史学習としての特性を明らかにすることは大きな意義があると考えられる。

第4章　時代像や社会の動きの解釈に基づく歴史学習の論理

　本章の目的は、認知構築主義歴史学習の「歴史理解の内容」による3つの類型（人物の行為・出来事・時代像）のうち、第3類型である「時代像」の解釈学習単元を分析し、時代像や社会の動きの解釈に基づく学習の原理を明らかにすることである。

　歴史学習では、学習者は2つの側面をもったひとまとまりの活動を行う。第一の側面は、①人物の行為と出来事の関係（人物学習）を理解し、これをもとに②出来事と出来事の関係が時代像（時代の特色）を作り出していることを理解することである。もうひとつの側面は、①②を理解する方法として社会問題に焦点を当て、さまざまな文書（テキスト）を読むことにより、時代像の解釈を学習者自身が作り上げていくことである。このように学習者の活動は二重の構造をもち、この二重構造を解明することが本章の課題である。

　本章では、認知構築主義に基づく時代像学習の特質と問題点を、アマースト・プロジェクト単元「ヒロシマ」、およびハーバード社会科公的論争問題シリーズ単元「アメリカ独立革命」の分析を通して解明する（この2つの単元は後述するように、その授業構成の特質から、前者を「理念解釈型研究的時代像学習」、後者を「政策解釈型研究的時代像学習」と呼ぶことができる）。時代像学習は社会問題に焦点を当て学習者に時代像や社会の動きを理解させ、その時代像や社会の動きが社会の仕組み・制度や社会問題（論争問題）にどの様に影響を与えたかを学習者に理解させることで、社会の仕組みや制度の中にある普遍的原理までを理解させる学習である。

　以下では、2つの時代像学習単元を取り上げて分析する。第1節では、時

代の政治思想や倫理性に焦点を当てた時代像の解釈学習単元「ヒロシマ－戦争の科学、政治学、倫理学からの研究－」（アマースト・プロジェクト）、第2節では社会問題に焦点を当てた時代像の解釈学習として、ハーバード社会科プロジェクト（オリバー＆シェイバー）の公的論争問題単元「アメリカ独立革命」を分析する。

　第1節では、まずカリキュラムの全体計画とその論理について触れ、次に単元「ヒロシマ－戦争の科学、政治学、倫理学からの研究－」の単元構成とその論理（目標・活動構成・留意点・単元概要・パート構成・単元全体の特質）を述べる。そして具体的な授業展開をパートに分けて分析し、分析の結果明らかになった内容構成原理および学習方法原理について詳述する。最後に単元の特質と問題点に言及する。

　第2節では、まずハーバード社会科プロジェクトの目標について述べ、カリキュラムの全体計画とその論理を説明する。次に単元「アメリカ独立革命」の単元構成とその論理（目標・単元全体の概要・パート構成・単元全体の特質）について述べる。そして具体的な授業展開について分析し、分析の結果明らかになった内容構成原理および学習方法原理について詳述する。

　最後の第3節では、2つの単元「ヒロシマ－戦争の科学、政治学、倫理学からの研究－」および「アメリカ独立革命」を通した全体の特質と問題点に言及する。

第1節　時代の政治思想や倫理性に焦点を当てた時代像の解釈学習：アマースト・プロジェクト　単元「ヒロシマ－戦争の科学、政治学、倫理学からの研究－」の場合

1．歴史学習の目標－歴史の探求方法と歴史研究の意義の理解

　アマースト・プロジェクトで開発された歴史カリキュラムの中心目標につ

第4章　時代像や社会の動きの解釈に基づく歴史学習の論理　161

いては第2章第1節で述べた。ここでその要点を再確認すると、中心目標は、(a) 歴史の探求的研究方法の理解、(b) 歴史の探求的研究方法（能力・技能）の習得、(c) 歴史研究や歴史の意義の理解、の3点である（Brown,1966; Committee on the Study of History, 1969 ; Brown, 1970, 1996）。(a) は歴史学の構造を理解させ、歴史学の研究方法に関する知識（事実の特性や一般化の限界、仮説、証拠、証明の間の関係）を習得させることである。(b) は歴史の探求技能を獲得させることであり、探求のために問いを立て批判する能力・概念を実際に応用する能力を発展させることである。(c) は、さまざまな問いを追求することで事実や歴史の意義を理解させることである。例えば、事実とは何か、事実はどの様にして事実となるのか、歴史とは何か、歴史にはどの様な意味や意義があるのか、という問いを追求することである（Brown, 1970）。そしてこれらの目標を達成する方法の特徴は、史資料を活用することである。学習者は既有の知識や経験（認知構造）をもとに歴史の事実について疑問をもち、自分自身の結論を導き出していくような探求的学習を組織するが、その際に基礎となるのが史資料の活用である（Brown, 1970）。

　アマースト・プロジェクトで史資料の活用が特に重視されたのは、次の2つの理由による。第一の理由は、カリキュラムの中心目標を達成するには、学習者が事実について疑問をもち、自分自身の結論を導き出す探求的な学習が不可欠であり、これを支える条件として歴史的証拠、特に手紙・日記・報告書、発言や演説の記録などの文書を中心とした一次史料の利用が最も効果的であると考えられたためである（Brown, 1966）。第二の理由は、学習者が歴史に関心をもち学習する最良の方法は、生活の中で生じている問題を解決する経験を得ることであり、それによって生涯にわたる学習の方法を習得できると考えられたためである（Brown, 1996）。第一の理由は「学問的探求方法」、第二の理由は「生活的探求方法」と呼ぶことができる。これら2つの方法は、一方は純粋な学問、他方は日常的な生活という対極に位置しているように見えるが、手紙・日記・報告書などの史資料を利用することで互いに

補完し、発展し合う関係にある。つまり、手紙・日記・報告書などは中学校や高等学校の学習者も日常生活でふれる馴染みあるものであり、人々の判断や行為の様子を読み取りやすい。このプロジェクトでは、史資料を利用することにより、学習者が馴染みのある生活的探求方法を活用しながら学問的探求方法の習得へとよりスムーズに発展させる方法がとられていることが推測される。つまり科学の方法を用いる際に働きかける対象が日常的に馴染みやすいものであり、かつ科学的な分析対象となり得るものであれば、生活から科学への橋渡し的な働きをして、学習者による歴史の探求方法習得の実現を容易にするのである。

2．授業構成原理

(1) カリキュラムの全体計画とその論理

本節で取り上げる単元「ヒロシマ－戦争の科学、政治学、倫理学からの研究－」は、アマースト・プロジェクトの単元のひとつとして開発されたものである。アマースト・プロジェクトのカリキュラムの全体計画とその論理については1．目標の説明でふれたのと同様に、第2章第1節ですでに明らかにしている。要点を再確認すると、アマースト・プロジェクトのカリキュラムは3つの原理に基づいて構成されるものであった。すなわち、〔社会における人間関係〕（原理1）、〔歴史的に構成されてきた現代的課題〕（原理2）、〔社会のわかり方の特性〕（原理3）である（表2-1、図2-1参照）。単元「ヒロシマ」は、表2-2で示したように原理および内容選択の観点から見ると以下の3つの観点が当てはまる。原理1の〔社会における人間関係〕の観点では「リーダーシップと意思決定」（観点1）、「大統領の職務」（観点2）、「民主主義と外交政策」（観点4）である。（観点1）（観点2）は「政治」、（観点4）は「外交」に関するものであり、「社会における人の役割」、「社会における人と人との関係」を理解させる単元に位置づけられる。

第 4 章　時代像や社会の動きの解釈に基づく歴史学習の論理　163

(2) 単元構成とその論理
1) 単元計画
(a) 目標

単元「ヒロシマ」は、第2章第1節で示したアマースト・プロジェクトの歴史カリキュラム全体の3つの基本目標を踏まえたものになっている[1]。それらを再掲すると次のようになる。

  (a) 歴史の探究的研究方法の理解
  (b) 歴史の探究的研究方法（能力・技能）の習得
  (c) 歴史研究や歴史の意義の理解

さらにこの単元独自の目標として、歴史上の人物の意思決定過程の複雑さに気づかせ、現在にも共通する人々の意思決定のより普遍的なモデルを習得するという目標が設定されている。またこの単元では学習内容として、「リーダーシップと意思決定」、「大統領の職務」、「民主主義と外交」の3つの枠組みが考えられている（Brown & Traverso, 1970）。

このプロジェクトのメンバーである E. トラバーソ（Traverso E.）が作成した『アマースト・プロジェクト目標リスト』（Traverso, early 1970's）[2]には、この単元の目標が次のように書かれている。

> 「学習者は、複雑で現在も論争中の原爆投下の決定の問題と直面する。そして、以下の2つのことを行う。
> (1) 原爆投下の決定が行われた方法と理由に関わる矛盾する証拠を評価する。
> (2) 人が倫理的基準を政策決定に適用する方法や、決定の是非を審議する方法についての問題に真剣に取り組む。」

より具体的には、原爆の使用は軍事的に必要な行為であり多くのアメリカ人の生命を救うという理由で原爆投下を命じたトルーマン大統領や決定に関わった政策スタッフが取り上げられ、これらの人物の意思決定の方法がさまざまな観点から検討される。その結果、学習者は以下の4つの要素が意思決定にどの様に影響しているかを理解する。4つの要素とは、①意思決定者が

無意識のうちに決定の基準としている歴史的なコンテクスト、②基準となっている情報のソース・信頼性・有用性、③科学者と意思決定者の関係、④意思決定者の決定に大きく影響する道徳性の観念である。そして、倫理的基準を政策決定に利用する方法や合理的な意思決定の方法を追求的に理解するようになっている（Brown, 1996）。

また、学習者は原爆の使用の是非を検討する中で、愛国心や政治的意思決定の方法、科学革命の時代における科学者や科学研究の成果と社会との関係、人命の救助という人道主義的な感情について学習し、ある場合には正しく、ある場合には誤りのある仮定条件のもとで意思決定が行われたことを理解する。こうして学習者が自分なりに当時の意思決定を意味づけることにより、現在の社会生活において意思決定のもつ問題点を克服し合理的な意思決定を行う必要性を自覚し、実践していくことがめざされている。

(b) 活動（時間）の構成

アマースト・プロジェクトの教師用指導書に示されている本単元の活動の構成は、以下の表4-1のようになる。

(c) 学年や指導の留意点

第2章で考察したアマースト・プロジェクトの単元「リンカーンと奴隷解放」においてそうであったように、同じプロジェクトに属するこの単元においても、提供される教材のすべてを利用する必要はない。また、いくつかの教材を組み合わせて一定の答えを導き出すように計画されているわけでもない。教材は、教師が構想する学習の論理や問いの構成、学習者の興味・関心や問いに応じて選択的に利用するようになっている。

2) 単元の概要

単元の概要は以下の通りである。まず中心発問として「ヒロシマへの原爆

第4章　時代像や社会の動きの解釈に基づく歴史学習の論理　165

表4-1　単元の構成

セクション	サブセクション
セクション1 ひとつの明確な選択：日本人の生命かアメリカ人の生命か	A　広島が支払った代償 B　原爆を使用した理由
セクション2 原爆の使用は軍事的決定だったのか	A　重要な決定の段階を設定する B　新しい最高司令官 C　軍部のアドバイス D　決定ははたしてあったのか E　事実を追求するための証拠
セクション3　核物理学者たちの苦悩	
セクション4 原爆の使用は外交的失敗の結果だったのか、それとも外交的打算の結果だったのか	A　「無条件降伏」問題 B　ロシア問題
セクション5 原爆の使用は道徳的に擁護できる行為だったのか	A　戦時の10年間の公的道義心 B　科学の道義心 C　兵士の道義心

投下はこれまでどの様に考えられてきたか。投下についてなぜ賛否両論があるのか」が問われる。これに対してはヒロシマへの原爆投下は人類史上の重大事でありその是非は現在も論争中の重要な社会問題であることが理解され、本単元で追求する問題であることが把握される。この後、原爆が使用された理由が観点を設けて理解され、その是非が検討される。観点となるのは、①原爆の使用が軍事的観点からなされたのか、②核物理学者の考えが影響したのか、③外交上の問題（日本の無条件降伏問題とロシアの参戦問題）であったのか、④道徳的に許される行為であったのか、の4つである。これらの観点による検討を経た上で、単元の最後では再び「原爆投下はなぜ決定されたのか」が問われ、これまでの学習をもとに総合的な回答が作られる。

教師用指導書によれば、本単元は表4-1のように5つのセクションで構成

されており、各部分の概要は次のとおりである。

セクション1	ヒロシマへの原爆投下の是非が問われるとともに、原爆投下による物理的・肉体的・精神的被害の状況を知る。また、原爆投下の理由は、政治的・軍事的・外交的・倫理的観点から多角的に評価される必要性を理解する。
セクション2	原爆の使用が軍事的な理由によるものかどうかが検討される。原爆の使用の決定は最終的には大統領の決定によるものであるが、その決定がどの様な状況の下でどの様な決定過程を経てなされたのかを5段階で考察する。
セクション3	原爆の使用が核物理学者たちの考え方とどの様に関係していたかが検討される。核物理学者たちは政治指導者や軍の指導者にどの様な提案を行い、原爆の使用にどの様な影響を及ぼしたか、あるいは及ぼし得なかったかを理解する。
セクション4	原爆の使用は外交政策の失敗が原因になっていたかどうかを検討する。外交政策とは、ひとつは原爆の使用が日本に対するポツダム宣言の受諾の方法として、もうひとつはロシアの極東進出に対する米国の阻止の方法として行われたということであり、この二つの可能性を考察する。
セクション5	原爆投下が戦争を短縮して多くの人命を救うという理由や日本の犯罪的戦争行為への報復や懲罰としてなされることが道徳的に正当な理由となりうるかどうかを検討する。また、核物理学者たちの原爆開発への反省の仕方、軍人・兵士たちの原爆使用への考え方を倫理的観点から考察する。

　これら5つのセクションでの考察に基づいて、まとめとして、原爆の投下は単なる出来事ではなく、第二次世界大戦全体の中で因果的帰結として行われたこと、原爆使用の問題は人類と核の関係の問題として現在にも受け継がれている解決すべき大きな問題であることを理解する。

3）パートの構成

　2）では単元の概要をみたが、本研究ではこれをそのまま用いるのではなく、学習者の理解の過程を明確にするために6つのパートに分けて考察した。新しく付け加えたのはパート6である。パート6は、教師用指導書では

セクション5に位置づけられているが、単元の学習をまとめるものとして理解の流れの中でも重要な部分であるため独立して位置づけた。

パートの構成をまとめると表4-2のようになる。

4) 単元全体の特質

アマースト・プロジェクトとの関連で単元「ヒロシマ」全体をみると、以下の2つの特質があげられる。第一の特質は、広島への原子爆弾の投下の決定を「国際関係における国家権力のジレンマ」の問題として取り上げ、政治（軍事）、科学、倫理などのさまざまな観点から考察させることで、歴史上の出来事を理解させていることである。そして、広島への原爆投下の問題を歴史上の問題にとどめず、現在にもつながる歴史を通じた問題、核の問題とい

表4-2 単元の構成

パート	サブパート
パート1 ひとつの明確な選択：日本人の生命かアメリカ人の生命か	A 広島が支払った代償 B 原爆を使用した理由
パート2 原爆の使用は軍事的決定だったのか	A 重要な決定の段階を設定する B 新しい最高司令官 C 軍部のアドバイス D 決定ははたしてあったのか E 事実を追求するための証拠
パート3　核物理学者たちの苦悩	
パート4 原爆の使用は外交的失敗の結果だったのか、それとも外交的打算の結果だったのか	A 「無条件降伏」問題 B ロシア問題
パート5 原爆の使用は道徳的に擁護できる行為だったのか	A 戦時の10年間の公的道義心 B 科学の道義心 C 兵士の道義心
パート6　社会問題としてのヒロシマ	

う歴史的に構築されてきた現代的課題として理解させている。第二の特質は、戦争を題材として原爆投下に関わった政治家や軍の指導者、核物理学者や一般の兵士が意思決定や倫理観をもとに行った行為など、人と人・人と国家との関係を理解させていることである。

　第2章の表2-1で示したアマースト・プロジェクト全体の単元構成では、縦軸の「歴史を通じた問題」の中の「国際関係における国家権力のジレンマ」をまず理解させ、次に横軸の「社会における人と人との関係」までを理解させるものである。

　本単元は、人物の行為と出来事の関係（原爆投下に関わった人々の意思決定、政策決定、倫理観が原爆投下の出来事をどの様に作り出していったか）、出来事と出来事の関係（日米双方の太平洋作戦の展開・原爆開発計画の進行・ポツダム宣言・日本の徹底抗戦などの一連の出来事が原爆投下の出来事をどの様に引き起こしたか）を学習者に理解させている。さらにこの様な学習の上に、開戦から終戦、そして東西世界の冷戦に至る時代像を理解させ、また原爆使用の政治的・倫理的問題など現在の社会問題とも共通する問題の構造を理解させている。この様な単元は認知構築主義に基づく時代像学習であり、現在の歴史学習の課題である人物と出来事の関係や、出来事と出来事との関係の解釈である時代像（時代の特色）の解釈の理解を、社会問題（論題）の理解やその解決のための意思決定の方法の理解を媒介として構成させる方法による時代像学習の原理として示している。

　以上、単元構成とその論理について述べてきた。次項では、授業展開とその論理について述べる。

(3) 授業展開とその論理
1) 内容構成原理

　単元では、中心的問題として「原爆はなぜ投下されたのか」という問いが設定されている。この中心的問題はさらに、「原爆使用の決定は合理的な決

定であったのか」と「原爆の使用は道徳的に正しかったのか」という2つの下位問題に分けて追求される。また史資料（記録文書・回想録・インタビューなど）の解釈を通して問題を追求することにより、史資料をもとにした歴史理解の方法についても理解するようになっている。単元ではこのような中心的問題に答えていくことで、設定された単元目標を達成していく構成になっている。

学習過程において、学習者は、報告書・回想録・雑誌記事・インタビュー記録などの文書を利用し、史料解釈を中心とした歴史学の方法に基づいて単元の中心的問題を追求し、歴史理解を発展させる。

まず、本単元の授業展開とその論理について内容構成原理を明らかにする。

内容構成原理を考える上で重要なことは授業の中で教師がどの様な発問をし、それに対して学習者がどの様に考え、答えるかを分析することである。なぜなら、内容構成原理は学習者が習得する内容から引き出されるものであり、その内容は教師の発問に学習者が答えることで初めて明らかにされるためである。そこで教師の発問と学習者の答えを分析するものとして、表4-3を作成した。

以下、表の内容を縦軸、横軸の順に説明していく。

表の縦軸は学習の「段階」を示している。本単元はもともと5つのセクションから成っているが、単元の趣旨（軍事的・科学的・政治的・外交的観点からの原爆使用の合理性や倫理性の判断を多様な観点から理解する）から見ると、実質的には6つの段階で構成されると考えられる。そこで表では縦軸に6つの段階をパート1～6として示した。

6つのパートは、以下のテーマ（問い）で展開される。

パート1	日本人の生命かアメリカ人の生命か
パート2	原爆の使用は軍事的決定だったのか

パート3	核物理学者たちの苦悩
パート4	原爆の使用は外交的失敗の結果だったのか、外交的打算の結果だったのか
パート5	原爆の使用は道徳的に擁護できる行為だったのか
パート6	社会問題としてのヒロシマの意味

　大きな構成としては、パート1で結果としての原爆使用の惨禍を知らせ、パート2〜5でその原因を軍事的・科学的・外交的・倫理的観点から検討させ、最後のパート6で広島への原爆投下の社会的意味を考えさせる。以上が表4-3の縦軸である。

　次に表の横軸を説明する。横軸には左から順に「段階」「教師の発問」「歴史理解の内容」「認識過程」「理解対象」の欄を設けた。この表で最も重要なのは「教師の発問」と右端から2番目の「認識過程」である。なぜなら単元の学習内容の習得は、この2つを基軸にして行われるためである。「認識過程」は、各パートで学習者に理解させたい最も重要な内容である。学習者の理解は「歴史理解の内容」を踏まえて、最高レベルである「認識過程」欄の理解に到達する。学習者の理解がこのレベルに到達するように、教師は意図的・計画的な発問をする。

　表の横軸にしたがって各パートの概要を説明すると、以下のようになる。

　パート1－Aでは、広島への原爆投下について学習者自身やその家族がどの様に考えているかが問われる（「教師の発問」）。そして、原爆の使用には賛否両論があり、人々が現在もなおその是非を論争している社会問題であることが自覚される。続いて、文集『原爆の子』にある子どもの被爆体験の作文、被爆による人体への影響についての医学報告書、被爆者の現状をレポートしたニューヨーク・タイムズの特集記事などを読み、ヒロシマの問題には人道主義の理念と政策・戦略との間の解決すべきジレンマが存在し、人々が今後、核の問題にどの様に関わるべきかが現在の社会問題であることを知る（「歴史理解の内容」）。

第4章　時代像や社会の動きの解釈に基づく歴史学習の論理　171

　パート1-Bでは、なぜ広島へ原爆が投下されたのかが問われる（「教師の発問」）。これに対しては、まず大統領原子力政策顧問のスティムソンの声明の分析を通して、原爆投下の公式な理由は米国が日本の早期降伏と米軍犠牲者の最小化を最大の目標にしていたこと、その一方で現状の日本の軍事力はなお強大で本土侵攻作戦を行えば米兵に甚大な死傷者が出るという推測的事実（予測）の2つが根拠であったことを理解する。続いて学習者はこの声明をさらに分析し、原爆投下の根拠である、米軍に甚大な被害が生じるという推測的事実が疑わしいこと、米国の人道主義の伝統を基準に考えると米軍の犠牲の最小化と広島の人々の甚大な被害と間には矛盾があり、原爆投下の正当性には疑問があることに気づく（「歴史理解の内容」）。

　続いて、この疑問を検討するためには原爆投下の是非を軍事・政治・科学・外交・倫理の観点からより多角的に評価する必要性が教師から提起される。そして、これらの観点から証言・手紙・回想録など原爆投下に関わった人々に関する史資料を手掛かりにした検討へと進む（「歴史理解の内容」）。

　この検討により、広島への原爆投下の是非は現在も未解決の問題であり、学習者自身や社会的決定の在り方の理解につながる問題であることを知るようになる。また原爆使用の政治的理由と米国の人道主義の考え方が矛盾するかどうかは、さまざまな視点からどの様に判断がなされているかを総合的に検討することにより明らかになることを知る（「認識過程」）。

　パート2では、原爆投下の是非が軍事的観点から検討され、原爆の使用を決定した最大の理由は何であったのかが問われる（「教師の発問」）。まずパート2-Aでは、米軍の被害がどの程度であったかが問われる（「教師の発問」）。そして国務長官スティムソンの声明に正当性があるかどうかをその声明の基礎となる事実について史資料を用いて確認し検討する。史資料からは太平洋での米軍の大きな被害状況が確認され、当時の軍指導者たちが戦局に苦慮していたという時代的背景が理解される（「歴史理解の内容」）。

　パート2-Bでは、原爆投下はトルーマン大統領自身の決定で行われた

表4-3 単元

段階	教師の発問
	◎単元の中心的問題、○パートの中心的問題、・具体的に考察される問題
パート1 明確な選択： 日本人の生命 VSアメリカ 人の生命	A　ヒロシマが払った代償 ○広島への原爆投下はどの様に考えられてきたか。また、人々の考え方はなぜ異なっているのか。 ○原爆は広島にどの様な被害を与えたのか。どの様な犠牲者を出し、人々の生命にどの様に作用したのか。 ・科学者は原爆の医学的影響をどの様に報告し、医師は被爆者の苦悩をどの様に報告しているか。 ・現在の新聞や定期刊行物は原爆の物理的・肉体的・精神的被害を現在の問題としてどの様に知らせているか。
	B　原爆を使用した理由 ◎原爆はなぜ投下され、その決定にはどの様な要素が働いていたか。また、原爆はどの様な効果を生んだか。 ・スティムソンの声明はどの様なもので、その声明は原爆投下と人類の関係に何を提起しているか。 ◎政治指導者たちが挙げた原爆投下の理由は、現在も米国が誇りとする人道主義の伝統とどの様に両立するのか。
パート2 原爆の使用は 軍事的決定 だったのか	A　重要な決定の段階を設定する ○原爆の使用を決定した最大の理由は何であったのか。 ○原爆投下はどの様な過程で決定されたのか。 ○米軍の被害はどの程度だったか。 ○米軍の指導者たちは原爆使用の最終的決定にどの様に関わったのか。
	B　新しい最高司令官 ○トルーマン大統領はどの様な経歴や性格をもった人か。 ○トルーマン大統領は原爆の開発計画をいつ知ったのか。 ○政策決定は彼自身が行っていたと言えるのか。
	C　軍部のアドバイス

第4章 時代像や社会の動きの解釈に基づく歴史学習の論理　173

「ヒロシマ」の構成

歴史理解の内容	認識過程	理解対象	
○ヒロシマへの原爆投下は人類史上極めて重要な出来事であり現在も継続中の社会問題である。 ◎原爆投下決定の是非は、現在においても社会的意思決定の在り方の問題として解決すべきものである。 ○原爆投下が決定された理由は、これに関係した人物の文書や言明の特質と妥当性の吟味を通して追求できる。 ・米国には原爆投下について反対意見と賛成意見（必要な軍事行動とする）が対立している。 ・広島の人々は原爆によって物理的・肉体的・精神的・遺伝的被害を受け、現在も遺伝的・精神的被害を受け続けている。	・ヒロシマへの原爆投下の是非は現在も未解決の社会問題であり、自分自身や社会的決定の在り方の理解につながる。 ・原爆使用の政治的理由と米国の人道主義の考え方とが矛盾するかどうかは、さまざまな視点からどの様に判断がなされているかを検討することによって明らかになる。	時代の特色理解のための基本指標の形成	指導者の意思決定の方法的問題の確認
○原爆の使用は日本の早期降伏と米軍犠牲者の最小化を理由として行われた。しかし現在も多大な被害をもたらしており、原爆投下の理由と大虐殺の事実との間には解決すべきジレンマがある。 ○原爆投下の問題は政治的・軍事的・外交的・倫理的観点から多角的に評価される必要がある。 ・大統領の原子力政策顧問スティムソンの声明は、日本の早期降伏と米軍犠牲者の最小化を論拠として原爆投下を正当化した。しかしこれは米国の人道主義的伝統と矛盾するジレンマを含んでいた。			
○原爆使用の決定は、日本の軍事力についての予測を基礎として行われたが、それには誤りがあり使用決定は誤った前提に基づく不十分な判断であった。 ・米軍は太平洋戦域で甚大な被害を出し、戦略に苦慮していた。原爆使用決定の最大の要因は、日本の国力判断と本土侵攻作戦における損害予測であった。一部の軍事指導者は1945年1月時点で既に原爆の使用を示唆していた。	・原爆使用の決定は、人間が真実であると考えていた誤った事実に基づいて行われた不十分な意思決定であった。 ・政策決定はより緻密な事実の吟味と判断の上に構築される必要があった。 ・原爆使用の是非の検討は、十分な社会的決定の過程を経ることなく行われた可能性があり、政策決定には社会的吟味の過程が不可欠である。		
○原爆の投下命令は大統領が出したが、決定の判断が彼自身によるものかは疑わしく、大統領の責任ある十分な判断を経た決定ではなかった可能性がある。 ・トルーマンは重要な政策決定の経験が無く、原爆の開発計画を就任直後に初めて知り、1945年4月時点では原爆に関する知識がほとんど無かった。			
○7月の会議で突然提案された原爆の使用は、十分な			

	○陸・海・空軍は日本を降伏させるためにどの様な作戦を考えていたのか。 ○陸・海・空軍の最高司令官たちの間にはなぜ意見の不一致が生じ、どの様にして解消されたのか。 ○実際の状況に照らすと、彼らの選択は合理的(論理的)なものだったのか。 ○この論争からは、政府の中で政策決定が行われる方法についてどんな洞察が得られるか。
	D　はたして決定はあったのか ◎原爆使用の明確な決定は本当にあったのか。 ○原爆の使用はどの様にして決定され、実際にはいつあらかじめ決められていたのか。 ○歴史のコンテクストのもとでは「決定」とは何か。歴史的状況のもとで真の意思決定とはどの様なものか。 ○ここで明らかにされている様なコミュニケーションの失敗は意思決定のプロセスにどの様に影響する可能性があるか。 ○原爆使用についてトルーマン大統領には本当に決定力があったのか。 ◎原爆投下の「決定」は実際に存在したのか。
	E　事実を追求するためのエビデンス ◎原爆投下後に判明した事実はどの様なものだったか。 ○米国がもっていた情報は正確だったのか。また、連合国の指導者たちによる日本の戦力評価は支持できるものか。
パート3 核物理学者たちの苦悩	**A** ◎原爆投下の決定が行われた文脈にはどの様な事実が関係していたのか。 ◎公共政策を形成する上での科学者たちの固有の役割は何か。 ○マンハッタン計画はなぜ、どの様にして始まったのか。 ○一部の核物理学者は原爆使用について陸軍大臣にどの様な請願をしたのか。

第4章　時代像や社会の動きの解釈に基づく歴史学習の論理　175

議論が無いまま作戦が決定された。 ○大統領は犠牲者最小化のために原爆使用を決定したが、その決定には陸・海・空軍の覇権の思惑が複雑に作用していた。 ・陸軍は日本侵攻作戦を主張し、海・空軍は降伏を待つ作戦を主張した。その後侵攻作戦が統一意見となり、就任2ヶ月で大統領はこれを承認した。 ・原爆は戦争の短期化・最小の犠牲という条件を満たす方法として突然登場した。大統領は原爆の使用を嫌ったが、原爆の使用を強く助言された。 ・海軍司令官は、日本の降伏は確実であり原爆に特別な効果はないと助言した。空軍司令官は、通常爆弾による空爆で降伏は確実と考えていた。	軍事的戦略の変化についての時代の特色の理解	論題・論拠・事実を視点にした意思決定の方法の検討
○原爆の使用は、巨額の開発費用回収という前提の上に、事実上不可避なものとされていた。そのため使用の是非は検討されず、使用方法のみを決定した不十分な意思決定であった。 ・ポツダム会談の最中に核実験成功の情報が伝わり、作戦会議で原爆使用が検討された。日本への侵攻では25〜100万人の犠牲が予測され、大統領はこれを聞くとすぐに投下目標となる都市を尋ね、広島と長崎が決定された。会議参加者にとっては巨費を投じた原爆を使用しないという選択肢はなく、使用の是非に関する議論は無かった。 ・チャーチルは当時、米国の原爆使用を当然と考え、核実験前に使用を承諾した。ポツダム会談でも米英間で暗黙の了解となっていた。 ・原爆の使用は既定のものとなっていたため、最終的な決定をしたのは大統領であったが、彼には事実上の決定力は無かった。		
○原爆使用の決定は指導者たちの誤った事実判断を前提に行われ、その決定の承認の上になされた大統領の決定も不十分で誤ったものであった。 ・米軍は日本侵攻による甚大な被害を予測したが、実際には日本は降伏間近であり、指導者たちは日本の軍事力を過大評価していた。		
○核物理学者の役割は、専門的知識をもとに政治的・倫理的判断を行い、政治的意思決定に反映する手段を確立することである。 ・核物理学者はドイツが先に原爆を作ることを危惧し、原爆開発を大統領に進言したことでマンハッタ	・原爆使用の決定では、核の専門的知識に基づく検討が不十分なため決定が歪められた。 ・科学は政治や個人の生	科学と 係の変	社会関係を視点

	○軍の指導者や政治指導者は科学者の考え方をどの程度考慮したか。 ○それらの判断を行う際の科学者の責任はどの様なものか。
パート4 原爆の使用は外交的失敗の結果だったのか、外交的打算の結果だったのか	A 「無条件降伏」問題 ◎原爆投下の決定は外交的失敗の結果か、それとも外交的打算の結果か。 ◎「無条件降伏」政策は日本の早期降伏を妨げたか。 ○米国による天皇の在位保証の提案はなぜポツダム宣言に盛り込まれなかったのか。 ○ポツダム宣言の表現は日本に降伏を促すことを真剣に意図していたものであったか。 ○天皇の在位保証についての提案は日本の軍部を説得し、降伏に賛成させたか。
	B ロシア問題 ◎米国の対ソ連外交は原爆の使用にどの様に作用したか。また、米国が新兵器を保有したことをソ連に示したいという願望が原爆投下決定に影響したのか。 ○原爆の本当の標的はソ連だったということを文書（証拠）は証明するか。
パート5 原爆の使用は道徳的に擁護できる行為だったのか	A 戦時の10年間の公的道義心 ◎原爆投下の決定は倫理にかなった決定か。また投下は道徳的に擁護できるか。 ○「戦争を短縮し、多くの人命を救う」という大きな目的は、原爆投下の道徳的正当化の理由になりうるか。 ○原爆の使用が犯罪的戦争行為への報復や懲罰として行われることは道徳的に許されるか。
	B 科学の道義心 ○科学者たちは後に原子爆弾の使用の倫理性についてどの様に反省していたか。

第4章 時代像や社会の動きの解釈に基づく歴史学習の論理　177

ン計画が始まった。 ・一部の核物理学者は、日本が原爆について警告を受け、危害のない方法で原爆の威力を示され、その後で降伏の機会を与えられること、その後日本が降伏を拒否した時にのみ原爆を使用すべきことを提案していた。 ・一部の科学者は陸軍大臣に請願し、使用反対の提案を指導者に伝えようとしていたが、軍事政策を変えることはできなかった。	活と密接に関連しており、科学と政治・社会をつなぐ意思決定方法の確立が必要である。科学者は科学の進歩に関わる公的決定過程に参加する必要がある。	政治・社会との関化の時代の特色の理解	にした意思決定の方法の検討
○天皇の在位保証を支持する人が多かったにも拘わらず、ポツダム宣言では無条件降伏の要求が決定された。日本がこれを拒否し原爆が投下されたのは、外交政策の意思決定方法が不十分だったからである。 ○日本は、条件降伏（天皇在位を保証）であれば早期に受諾し、その結果原爆使用が回避され多くの人命救済と民主主義が実現できた可能性がある。 ・米国からの天皇在位保証の提案は知日派に支持され大統領も基本的に認めていたが、ポツダム宣言から除かれた。日本にとって天皇の地位保証は降伏の不可欠の条件であり、無条件降伏の要求は日本に抵抗への意志を固めさせた。	・原爆使用の決定はナショナリズムや反共的外交政策などの影響を受けており、歪められた決定であった。 ・原爆の使用の是非の決定では、別の解決方法の検討も必要である。 ・原爆使用の是非の決定においては、民主主義の原理やその実現を基準にして判断すれば、より合理的な外交的解決に至ることができる。	外交政策の変化に関する時代の特色の理解	国際関係を視点にした意思決定の方法の検討
○原爆の使用は第二次大戦の終結ではなく、極東におけるソ連の勢力拡大牽制という米ソ冷戦における新たな外交政策の一環であった。 ・米国の指導者の多くは大戦末期にソ連に深い疑念をもち、ソ連の極東への前進阻止が必要だった。 ・原爆の本当の目標はソ連であったという説は最近の研究でも共通理解にはなっていない。			
○原爆使用は日本への懲罰として正当化された。政治指導者は時代の流れの中で形成されたこの道徳的思潮に影響されて原爆投下を決定した。 ○宗教指導者は人間の名誉・信頼・熟慮・威信を破壊する犯罪行為として原爆投下を非難した。 ・1945年の世論調査では多くの人が原爆使用を容認し、良心の呵責を示した米国人は少なかった。 ・原爆使用の決定は政治的文脈よりも、勝利を最優先した軍事的文脈のもとでなされた。	・道徳的・倫理的な判断は時々の時期（時代）の社会的・歴史的文脈によって異なり変化する。 ・社会問題は善・信頼・威信といったより一般的基準をもとにして、道徳的・倫理的に判断される必要がある。	道徳的倫理的意識の変化につい	倫理的原理を視点にした意思
○アイシュタインは原爆投下前にその使用に反対し、投下後は原爆を平和な世界秩序構築の素材にして運動した。オッペンハイマーは原爆の使用は誤りだったが、その開発は戦争の抑止力を生み、人類に希望			

	C　兵士の道義心 ○原爆投下に関係した軍人・兵士達はその倫理性についてどの様に考えていたか。	
パート6 社会問題としてのヒロシマの意味	◎原爆投下はなぜ決定されたのか。 ◎人は判断の道徳性をどの様に考察するのか。 ◎人は公共政策の判断や公共政策の道徳性の判断をどの様な方法で行うか。	

Harris J. (1970a). *Hiroshima: A Study in Science, Politics, and the Ethics of War* (*Teacher's* (*Student's Manual*) より筆者作成.

のかが問われる(「教師の発問」)。大統領側近の回想録や歴史家の著作を通して、米軍の最高司令官としての大統領の執務状況が検討される。その結果、就任間もないトルーマン大統領は政策決定を政府スタッフに頼っていたこと、原爆開発計画を就任直後に初めて知り、原爆についての知識がほとんど無かったことが確認され、原爆投下を正当化していた大統領自身の主張の主体性や主張の基礎となる事実や論拠に問題があることが明らかにされる(「歴史理解の内容」)。

パート2-Cでは、原爆投下が軍部のアドバイスによって行われたのかが問われる(「教師の発問」)。軍人達の証言史料から、日本侵攻作戦の立案過程における原爆使用の提案の曖昧さが明らかにされる。作戦会議では当初は空爆と海上封鎖による作戦が決定され、大統領も承認した。しかし、その後の陸軍の強い主張で日本本土侵攻作戦に変更され、大統領もこの変更を承認

を与えたと考えた。原爆開発に参加した物理学者は、原爆は勝利と人命救済、第三次大戦の抑止に貢献したと考えた。		ての時代の特色の理解	決定の方法の検討
○アイゼンハワー将軍は、破壊的兵器導入を懸念し原爆使用に反対した。海軍大将は原爆の威力や放射能の害を理由に原爆使用に強く反対した。マンハッタン計画指導者は勝利を得るための原爆は不必要と考えたが、人命を救うための使用は必要と考えた。エノラ・ゲイの放射線技師は、この仕事に誇りはなく、繰り返されてはならないと考えた。			
○原爆投下は単なる出来事ではなく、第二次世界大戦全体の中での因果的帰結として生じた。 ○原爆の使用の問題は人類と核の関係の問題として現在にも受け継がれているわれわれが解決すべき大きな問題である。	・第二次世界大戦末期には原爆投下についての社会的意思決定は適切なものではなかった。 ・社会的意思決定は、多様な視点での多様な主張についての合理的検討によってなされる必要がある。	現在の社会生活との結びつけ	指導者の意思決定の普遍的方法原理

Manual). Harris J. (1970b). *Hiroshima: A Study in Science, Politics, and the Ethics of War*

した。しかし、戦局の最終段階では、米軍犠牲者の最小化を理由に原爆の使用が突然決定された事実が明らかにされる。また、海軍と空軍の指導者の回想録からは、彼らは原爆を使用する必要を認めていなかったこと、作戦の決定には軍部内での覇権競争が作用していたことが明らかにされる。そして、作戦会議では複数の作戦の比較検討もなく、原爆の使用が前提であり、作戦決定において原爆使用の是非自体が論題とならなかったという問題点が理解される(「歴史理解の内容」)。

　パート2－Dでは、これまでの学習をもとに、原爆使用についての明確な決定が本当にあったのかが問われる(「教師の発問」)。この問いに対して、トルーマン大統領の回想録をもとに、米国が核実験に成功した後の意思決定の過程が検討される。その結果、作戦会議で大統領は日本本土侵攻作戦による米軍の被害の予測を確認した後すぐに原爆の投下候補都市を尋ね、広島と

長崎が候補に挙げられたこと、原爆の使用の是非はまったく議論されなかったことが確認される。そして学習者は、核実験成功後においても使用の是非が論題とならなかったこと、原爆投下が決定者不在の既定の作戦であった可能性があることを理解する（「歴史理解の内容」）。

最後のパート2－Eでは、原爆投下後に明らかになった事実はどの様なものであったかが問われる（「教師の発問」）。この問いに対しては、戦後の日本軍人への尋問報告書や民間人の回想録を通して日本の軍事力が実際には壊滅状態であった事実が明らかにされる。そしてこれまでの学習で得られた理解を総合することで、軍事的には原爆使用の方法のみが検討され、使用の是非や別の作戦の選択はまったく論題にならなかったこと、原爆使用の正当化の根拠となっていた日本の軍事力についての推測的事実は間違いであり、正当化の主張自体が成立しないものであったことが明らかにされる。その上で、大統領を中心とした軍事的意思決定の機能が不完全な状態にあった当時の時代の特色が理解される（「歴史理解の内容」）。

パート2では、原爆使用の決定は誤った推測的事実に基づいた不十分な意思決定であったことが明らかにされる。このことから、政策決定はより緻密な事実の吟味と判断の上に構築される必要があることが理解される（「認識過程」）。

パート3では、原爆投下の決定に対して科学者たちがどの様な役割を果たしたのかが問われる（「教師の発問」）。この問いに対しては、原爆の使用の是非が科学と政治の社会的関係の観点から検討される。ここでは、科学者たちの回想録をもとに、ドイツが実際には核開発を行っていなかった事実を知り、原爆を使わない別の示威的方法を提案したこと、しかしこの提案は専門性を活かした科学者たちの社会的貢献の試みであったにもかかわらず、科学者間での意見の不一致のために原爆使用検討委員会（暫定委員会）の答申に十分に反映されなかった。その結果彼らの原爆不使用の意見は、政治指導者の意思決定の要素とはならなかったことが明らかにされる。これらのことか

第4章　時代像や社会の動きの解釈に基づく歴史学習の論理　181

ら、科学者の専門的知識や考え方を根拠とした意思決定が行われなかった問題点と、一方で科学革命の時代においては専門的知識をもつ科学者が政治的意思決定の過程に参画できた当時の時代の特色が理解される（「歴史理解の内容」）。

　パート4では、原爆投下の決定は外交的失敗の結果であったのか、それとも外交的打算の結果であったのかが問われる（「教師の発問」）。この問いに対しては、国際関係の観点から原爆使用の是非が検討される。まずパート4－Aでは、大統領の側近や日本の東郷外務大臣の回想録・報告・インタビュー、米国による対日外交交渉の条件としての天皇の在位保証の有無が日本の降伏を早期化させたかが検討される。その結果、米国政府情報部の専門家、陸軍や海軍の大臣、大統領も天皇の在位保証を基本的に認めていたこと、天皇の在位保証は日本政府にとっても降伏の必須条件であり、この保証により原爆を使用せずに日本の早期降伏をもたらす可能性があったこと、しかしこれらの指導者たちの意思や状況にもかかわらず外交交渉による日本の降伏が検討されることなく原爆の使用が決定された問題点が明らかにされる。そして、その問題点への反省から、戦後のアメリカの外交が軍事的強硬外交から協調外交へと転換したという時代の特色が理解される（「歴史理解の内容」）。

　次のパート4－Bでは、原爆使用の決定と対ソ外交の関係に焦点が当てられ、国際情勢の変化から、原爆使用の決定には日本の早期降伏と米軍犠牲者の最小化という正当化の理由のほかに、ソ連の勢力拡大への牽制の意図という別の理由が影響していたことが明らかとなる。また、このような外交的背景の理解のもとに、米ソ冷戦へと移行する当時の時代の特色が理解される（「歴史理解の内容」）。そして、原爆使用の決定はナショナリズムや反共的外交政策などの影響を受けた歪められた決定であったことが理解されるようになっている（「認識過程」）。

　パート5では、原爆使用の是非が倫理的観点から検討され、原爆投下の決

定は倫理的に許される決定か、また投下は道徳的に擁護できるかが問われる（「教師の発問」）。この問いに対して、パート5－Aで検討されるのは時代と共に変化する人命の尊重に対する道徳的理念である。ここでは、原爆投下以前の10年間にわたる空爆とその犠牲者についての新聞の見出し表現の変化が検討される。その結果、見出しの表現からは非戦闘員の無差別殺戮が常態化し人命の尊重に対する意識が薄れていく時代の特色が明らかとなる。また原爆投下直前の世論調査では、原爆使用の容認について、良心の呵責を感じる国民がわずかであったこと、一方、政治家も対日復讐心の世論に押されてこれに応える政策を迫られており、原爆投下の是非に関する意思決定にはスティムソンの公式声明に示されている日本の早期降伏や米軍の被害の最小化といった基準とは別の要素が影響し、その正当化は難しいことが理解される。その一方で、原爆の使用の是非の検討では、ローマ教皇の声明が示している「原爆は犯罪的兵器であり、人間の名誉・信頼・威信を奪う」という普遍的・人道主義的な理念が最も重要な基準となることを理解する（「歴史理解の内容」）。

　パート5－Bでは、科学と政治との新しい関係として、アイシュタインが行った平和運動により科学者たちが政治的意思を実現していく方法があることが理解される（「歴史理解の内容」）。

　パート5－Cでは、回想録を通して、原爆の使用に関する軍人の個人的な考え方が検討され、その結果、陸軍、海軍の指導者ばかりでなく、マンハッタン計画に関わった将軍やエノラ・ゲイの搭乗員も道徳的には共通して原爆を使用すべきでないと考えていたことが明らかになる（「歴史理解の内容」）。

　これらのことから、原爆投下は基本的には道徳的・倫理的には許されないものであるが、道徳的・倫理的な判断は時々の時期の社会的・歴史的文脈によって異なり変化することが理解される（「認識過程」）。

　最後のパート6では、パート1の中心発問「原爆はなぜ投下されたのか」

がもう一度問われる(「教師の発問」)。この問いによってパート2〜5での学習がまとめられる。広島への原爆の投下は、公式には日本の軍事力についての推測的事実に基づき、日本の降伏を早め米軍の犠牲を最小にすることを論拠として正当化されたものであった。しかし、これまでの軍事的・科学的・外交的・倫理的な観点からの検討で明らかとなったように、1)根拠となる推測的事実に誤りがある、2)原爆の使用が暗黙の前提となっており原爆の不使用を含めた原爆使用の是非自体が論題にされていない、3)大統領自身の主体的な意思決定が希薄である、4)意思決定に科学者の専門的意見が反映されていない、5)条件降伏を含む早期降伏への他の外交政策の検討がない、6)正当化の論拠に対ソ連牽制(冷戦)の要素が隠されている、7)世論に表れたナショナリズム的人命尊重主義が影響しており普遍的な倫理的(人道主義的)観念を基準とした意思決定がされていないことが理解される。(「歴史理解の内容」)。

そして、パート1で提起された原爆使用の是非と現在のわれわれの関わり方について、学習者が意義のある方法として理解するのは、軍事的決定での指導者の意思決定がより合理的になるように社会的条件を整えることの必要性、科学者と政治との新たな社会関係の構築、ナショナリズムからの脱却、協調外交への転換、人道主義的理念を基軸とした政策決定推進への民主的関わりである(「認識過程」)。

以上、表4-3の横軸にそってパート1〜6を順に見てきたが、各パートで学習者が発問に対する答えを考えて理解を深めていく過程(表4-3の横軸)には、ひと続きの推論の型があることがわかる。この推論の型は「歴史的人物は自分の目的や信念、経験や特定の背景・状況をもとにして視点や立場を構成し、それに基づいて判断や行為を行い、その結果出来事が構成され時代の特色(時代像)をかたち作っていく。そして、このような因果関係的な流れの中には時代を通した普遍的原理がある。このような推論の型を本研究では「時代像の解釈モデルⅠ」と呼ぶ。これを図式化すると図4-1のようになる。

> ①論題：②背景や状況＋③人物の判断→④人物の行為→⑤結果としての出来事
> 　　　　　　　　　　　　　　　→⑥時代像→⑦時代を通した普遍的原理

図4-1　時代像の解釈モデルⅠ

　通常、「論題」という用語は、議論すべき問題という意味で用いられる。本研究で歴史的人物が直面した解決すべき問題を「論題」と呼ぶ理由は、取り組むべき問題という点で、共通点をもつからである。

　学習者は教師の発問により、人物がどの様な①「論題」に取り組んだのかを考える。それを追求する過程が②〜⑥である。どの様な②「背景や状況」に基づいた③「時代階層や人物の判断」により④「人物の行為」がなされたかを知る。そして②〜④の結果として⑤「出来事」が生じたことを理解し、⑤「結果としての出来事」がどの様にして⑥「時代像」（時代の特色）をかたち作っていったのかを理解するようになっている。さらに⑥「時代像」の背後にある⑦「時代を通した普遍的原理」をも理解する。そして②〜⑥の結果として時代を通した普遍的原理が学習され、①「論題」が何であったかを見つける。②〜④は原因であり、⑤の出来事は結果である。また⑥も⑤に基づいて生じる結果であり、⑦も②〜⑥の結果である。つまり、②〜⑦は因果的連鎖で結ばれている。学習者は人物の行為と出来事の関係、出来事と時代の特色の関係、時代の特色と時代を通した普遍的原理の関係を因果的連鎖として理解するのである。

　これを具体的にパート2で説明すると次のようになる。

　パート2-Aでは、まず発問として「原爆の使用を決定した最大の理由は何であったのか」が提示され、軍事的観点からの理由の発問として「原爆の使用は軍事的にはどの様な過程で決定されたのか」（①）が問われる。最初に提示される発問は他のパート3、4と同様に原爆投下の理由の解明を求めるものであり、「原爆投下の理由は米国の誇りである人道主義の伝統とどう両立するのか」という「軍事作戦としての原爆使用の是非」の問題であるこ

第4章　時代像や社会の動きの解釈に基づく歴史学習の論理　185

とを理解する。軍事的理由についての発問に答えるため、学習者は年表や海兵隊従軍記者による神風特攻機や硫黄島作戦に関する著作などから、当時は米軍に甚大な被害が生じており兵士の犠牲を最小限にすることが求められていたという「背景や状況」(②)を知る。それに基づいて当時の米陸軍は日本本土侵攻作戦について、海軍は海上封鎖によって、空軍は空爆の強化によって対処しようとしていたこと、また大統領は当初は海上封鎖と空爆による作戦を承認していたという「時代階層や歴史的人物の判断」(③)を知る。パート2-B～Dでは、トルーマン大統領が就任すると陸海空軍は異なった作戦を提案し、軍の意見は一致していなかった。しかしその後の原爆開発の成功という「背景や状況」(②)のもとで、米軍は原爆の使用には反対しなくなり、大統領も原爆投下の是非を検討することなく投下候補都市を確認した(「時代階層や歴史的人物の判断」(③))。その結果、トルーマン大統領はポツダム会談の後で広島・長崎への原爆投下を命令し(「人物の行為」(④))、広島・長崎に多大な被害がもたらされ日本が降伏したことを理解する(「結果としての出来事」(⑤))。そして①～⑤の理解をもとにして第二次世界大戦末期には軍事的政策決定におけるトルーマン大統領を中心とした指導者の意思決定は必ずしも十分には機能していなかった(「時代像」(⑥))という理解にまで至る。また、当時はこのような特色(意思決定の機能不全)をもつ時代であったと意味づけることにより学習者は、政策決定がなされる場合には、より緻密に事実を吟味した上で慎重かつ合理的な判断の上に意思決定がなされる必要性を理解する。政策決定における意思決定は緻密な事実の吟味に基づいた合理的なものであることが必要であるということは、いつの時代にも共通するものであるから、学習者は時代を通した普遍的原理を理解することができる(⑦)。このように「時代像の解釈モデルⅠ」を用いることにより学習者は、人物の行為と出来事の関係、出来事と時代の特色との関係、時代の特色と時代を通した普遍的原理の関係を因果的関係として理解する。

　以上が「時代像の解釈モデルⅠ」の説明である。

ここまで述べてきた内容と表4-3、および時代像理解をまとめると、以下の3つの内容構成原理が抽出できる。

内容構成原理1　「時代像の解釈モデルⅠ」を用いた時代像・社会問題の理解

　第一の内容構成原理は、上で示した「時代像の解釈モデルⅠ」が、時代像と歴史を通した普遍的原理の関係を理解する手段としてだけでなく、学習者の理解の対象にもなっていることである。このモデルを用いて理解を深めていく中で、学習者は歴史を通した普遍的原理（政策における意思決定）が生成される過程には一定の型があること、そしてその要素は図4-1の①〜⑦であることを知る。つまり、「時代像の解釈モデルⅠ」自体を理解するようになる。このことは、広島へ原爆が投下された第二次世界大戦末期以外の時代の学習においても普遍的原理を理解する際にこのモデルを用いることを可能にするものである。

内容構成原理2　意思決定の一般基準を理解させる構成

　第二の原理は、原爆投下の意思決定の構造と問題点を理解することにより、これを一般化して、意思決定はどの様になされるべきかということまでを考えさせる内容構成になっていることである。原爆投下に関する意思決定について、その意思決定はひとりの人物によってなされたのではなく、これに関わったさまざまな人々の意思決定が総合されたものであること、そしてその総合された意思決定（社会的意思決定）には問題点があったことを知ることを通して、一般的に社会的意思決定はどの様になされることが妥当かを理解するようになっている。

内容構成原理3　歴史的人物の動機・判断基準を理解させる構成

　第三の原理は、時代階層の判断や歴史的人物の動機や判断の基準となる考え方を発見することを学習者に要求することで、時代における人物の行為と

出来事の関係を理解させ、理解した出来事と出来事の関係を明らかにして時代の特色を理解させることである。

図4-1に示すように、単元における時代の特色の理解の構造は、7つの要素（論題・背景や状況・時代階層や歴史的人物の判断・行為・出来事・時代の特色・普遍的原理）とこれら一連の要素の因果的連鎖を単位とする時代の特色の解釈モデルをもとにして表すことができる（行為と出来事による時代像の構築性）。単元「ヒロシマ」では、図4-1に示すように、時代階層や歴史的人物の行為と出来事の関係の理解が、人物の動機や判断を含む7つの要素とこれら一連の要素の因果的連鎖を単位とする解釈モデルをもとにして行われる。まず、時代階層や歴史的人物と出来事の間には焦点となった論題があったことが理解され、次に、どの様な背景や状況がその論題を生み出したのかが分析される。そして背景や状況を踏まえて、論題に対して時代階層や歴史的人物がどの様な判断や行為をとったかが分析され、明らかとなった事実や因果関係をもとに、結果としての出来事が説明されるようになっている。

パート2を例にとると、原爆の使用の是非が軍事作戦の決定として妥当であったかが論題となる。そして、この論題に対して、史資料の解釈を手掛かりとして太平洋戦域で大きな被害を出している米軍の状況やトルーマン大統領の経験の浅さ、米軍内部における陸海空軍の作戦案の不一致や覇権競争といった背景や状況が理解され、この背景や状況に対して軍の指導者たちが提案した3つの作戦案（時代階層の判断）が分析される。さらに軍の最高司令官として原爆使用の最終決定権をもっているトルーマン大統領が、3つの作戦案とは別に原爆の使用を提案し、既存の作戦案との比較検討なしに作戦決定を行い（歴史的人物の判断）、原爆の投下を命令したことで（行為）、広島・長崎に原爆が投下され日本が降伏した（出来事）という一連の因果的関係が理解される様になっている。

以上が内容構成原理である。内容構成原理1は、「時代像の解釈モデルⅠ」を用いた時代像・社会問題の理解、内容構成原理2は、意思決定の一般

基準を理解させる構成、内容構成原理3は歴史的人物の動機・判断基準を理解させる構成、であった。

2) 学習方法原理－時代の特色や社会問題に焦点を当てた解釈学習の原理

　前述の1)では、本単元の内容構成原理について述べた。ここでは、学習者がどの様な方法で学習を深めていくのかという学習方法原理について考察する。

　表4-3で示した各パートでの背景や状況、判断に基づいて作り出された行為や出来事、さらに時代の特色や時代を通した普遍的原理が作り出されていく構造と全体の流れ、そして学習者の推論の型を総合すると図4-2、図4-3が抽出される。以下ではこれらの図と、図から抽出される3つの学習方法原理について述べる。

　まず図4-2、図4-3の基本的な構成を説明する。縦軸は、内容構成原理の項で示した表4-3の縦軸と同じく、広島への原爆投下の決定を行った過程を軍事的・科学的・外交的・道徳的・倫理的観点から区分したものである。また横軸は、前述した「時代像の解釈モデルⅠ」の要素を、左から順に①論題、②状況や背景、③判断、④行為、⑤出来事、⑥時代の特色、として並べ、右端には最終的に学習者が習得する「歴史理解」の内容を示した。

　図4-2、図4-3の縦軸は、内容構成原理で示した表4-3の縦軸（パート1〜6）とまったく同じである。図4-2および図4-3と表4-3のちがいは横軸であるが、それは次のちがいを示している。すなわち表4-3は、教師の発問に対して学習者が答えを追求する中でどの様に歴史理解をするかという「学習者」に焦点を当てたものであった。これに対して図4-2および図4-3は、「時代の特色」に焦点を当てたものである。つまり、時代階層や歴史的人物がどの様な課題に取り組み（①論題）、どの様な背景・状況（②）のもとで判断（③）・行為（④）をして出来事（⑤）を作り出し、時代（時期）の特色（⑥）を作り出していたのか、について学習者は①〜⑥の要素をそれぞれ詳細に検

討する。この詳細な検討の過程を分析的に示したのが図4-2および図4-3である。

なお、図4-2および図4-3の右端「歴史理解」は、歴史上の人物について①～⑥の順に詳細に検討した結果、学習者が習得する「歴史理解」の内容であり、表4-3の「認識過程」と同じ内容となる。

以上が図4-2および図4-3の構成についての説明である。次に、これらの図から抽出される3つの学習方法原理について述べる。

学習方法原理1　現在の視点からの歴史的事実の解釈

第一の学習方法原理は、時代を通した普遍的原理（本単元では意思決定の方法原理）を学習者に理解させるために、現在の視点で歴史的事実を解釈させる方法をとっていることである。

現在の視点とは、過去の歴史的事実を単に過去のものとして理解するのではなく、過去の延長としての現在にも当てはまるものとして理解することである。

また、時代を通した普遍的原理とは本単元では核兵器使用などの社会問題について意思決定する場合には、事実を緻密に吟味し合理的に判断しなければならないという原理のことである。この第一の学習方法原理が適用されるのは本単元のパート1とパート6である。

パート1では、学習者は原爆の投下の是非について自問し自分の家族に尋ね、結果を学級で話し合うことで賛否両論があることを理解する。また、被害にあった当時の広島の子どもたちの作文・医学報告書・現在のマスコミの記事などを読み、現在も論争中の未解決な社会問題であることを知る。パート2～5までの学習はこの問題の追求として組織され、パート6ではその結果導き出された答えがまとめられている。それは政治指導者たちに求められる意思決定の方法と原爆が投下された時代の特色の理解であったが、意思決定の方法は現在の学習者にも求められるものであり、時代の特色はこの時代

第 1 部　認知構築主義に基づく歴史学習の原理と展開

	論　題	背景や状況	→	時代階層の判断	+	歴史的人
パート1	・原爆の使用の是非 ・原爆投下の決定の正当性	・現在、原爆の投下には賛否両論がある。 ・原爆によって米国は日本に勝利し多くの米兵の命が救われたが、原爆によって広島は多大な被害を受け現在も苦しみが続いている。原爆の使用は正当化されるか。 ・われわれは原爆の使用をどの様に評価し、関わっていけばよいのか。	→			
↓						
パート2	・軍事作戦としての原爆使用の是非	・米軍は硫黄島やカミカゼ攻撃で甚大な被害を受け、兵士の犠牲の最小化が求められていた。 ・トルーマン大統領は経験が浅く、政策決定は側近に頼っていた。 ・日本侵攻について陸海空軍はそれぞれ異なった作戦案を提案し、軍の意見は一致していなかった。 ・原爆の開発成功の一方で、戦局・国際情勢・世論は変化していた。 ・日本は海上封鎖と空爆で降伏寸前であった。	→	(原爆開発前) ・日本は十分な戦力を温存している。 ・(陸軍)日本本土侵攻作戦で降伏する。 ・(海軍)海上封鎖による作戦で降伏する。 ・(空軍)通常の高性能爆弾による空爆の増強作戦で降伏する。 ・海軍提督は意見の一致を最優先して陸軍の作戦案に同意する。 (原爆開発後) ・原爆の使用には誰も反対しなかった。	+	(原爆開発前) ・トルーマン 封鎖と空爆 を承認す ・次に会議の なった九州 土侵攻作戦 (原爆開発後) ・投下の是非 となく、原 提として投 確認する。
↓						
パート3	・科学的観点から見た原爆の使用の是非 ・政治的意思決定への科学者の社会的関わりの是非	・ドイツの原爆開発が危惧されていた。 ・ドイツの原爆開発は無かったことが判明した。 ・政策決定においては科学者は発見のみが求められ権利と責任は問題にされていなかった。 ・世論調査では殆どは原爆の使用に賛成していた。	→	・一部の核物理学者や科学委員団は原爆の威力の示威的・警告の提示によって原爆を使用せずに日本の降伏が可能になると判断して請願を行う。 ・政府指導者や暫定委員会への提案によって意見が反映できると考えた。 ・原爆の使用について大統領が諮問した暫定委員会は原爆の使用を勧告した。	+	・科学者によ 的警告によ 肢の提案は なかった。 ・暫定委員会 を使用すべ とめた。 ・日本が降伏 米国人と日 救出を最優 投下を決定
↓						

図4-2　単元

第 4 章　時代像や社会の動きの解釈に基づく歴史学習の論理　191

物の判断 →	行為 →	出来事（結果）→	時代の特色 =	歴史理解
			=	・原子爆弾使用の是非は現在の社会においてもわれわれと密接に関係する解決すべき重要な課題である。
は初めは海上による作戦案る。統一意見とからの日本本を承認する。を検討するこ爆の使用を前下候補都市を	・ポツダム会談の最中にチャーチルとスターリンに原爆開発の成功を伝える。・ポツダム会談からの帰途に広島・長崎への原爆投下を命令する。	・太平洋における侵攻作戦を展開するとともに、日本の空爆と海上封鎖を続行する。・一方で原子爆弾の開発を続けて完成させる。・九州からの日本本土侵攻作戦が中止される。・広島・長崎に原爆が投下されて多大な被害が出て日本が降伏する。	・第二次世界大戦末期にはトルーマン大統領を中心とした軍事的政策決定における指導者の意思決定は十分に機能していなかった。	・原爆使用の是非の検討では、多様な選択肢を検討する（論題の多様化）とともに、根拠となる事実や論拠を明確にし、さまざまな観点から検討することで意思決定を行う必要がある。
る原爆の示威る新たな選択判断に使われの勧告を原爆き提言と受けしない場合、本人の生命の先して原爆のした。	・勧告に対しては原爆使用への反対科学者よりも賛成科学者の意見を採用し、科学者たちの請願よりも原爆使用を求める国内の世論への対応を優先させて原爆投下を命令した。	・核物理学者たちの請願運動の展開にも拘わらず、広島・長崎に原爆が投下されて日本が降伏する。・戦後、科学者たちは核開発反対運動を展開して政治的意思決定を行っていく。	・科学革命の時代の到来とともに核兵器反対運動など専門科学者の意思決定を反映する、科学者と社会との新しい関係が始まった。	・原爆使用の是非の検討では、原爆の特性についての科学の専門的知識をもとにして意思決定が行われる必要がある。・また、科学者の考えを政策に反映させる社会関係の整備によって意思決定をより円滑に進めることができる。

(筆者作成)

「ヒロシマ」の構造 (1)

192　第1部　認知構築主義に基づく歴史学習の原理と展開

	論　題	:	背景や状況	→	時代階層の判断	+	歴史的人
パート4	・外交政策（国際関係）から見た原爆使用の是非	:	・天皇の在位保証について米国の指導者たちは寛容な考えをしていた。 ・日本では天皇の在位保証は降伏の必須条件と考えられていた。 ・ドイツ降伏後はソ連の極東進出が予想された。	→	（対日天皇制問題） ・天皇の在位保証の提案は知日派の人々、軍部、情報部、陸海軍大臣、大統領も基本的に認めていたが、実施は延期されていた。 ・国務長官は民主主義の完全実現を目的として天皇の在位保証の記述に反対した。 （対ソ新外交政策） ・米国の指導者の多くはソ連に用心深くなり深い疑念をもつようになった。	+	・ポツダム宣段階で天皇削除を認め
パート5	・道徳的・倫理的観点からの原爆使用の是非	:	・戦争の進行とともに市民への無差別爆撃が一般化し、爆撃のもたらす人的被害について無感覚・無批判的になってきていた。 ・復讐や懲罰を求める米国の世論が高揚していた。		・政治指導者たちは懲罰や復讐を求める世論への対応を迫られて解決策を模索した。 ・そのため勝利を得ることを最優先して確実な手段となる原爆の投下を支持した。 ・原爆の使用に対する科学者、軍事指導者、兵士たちの意見は一致していなかったが、人命の尊重（人道主義）では一致していた。	+	・原爆使用のては米軍の小化を最もた。
パート6	・原爆の使用に関する意思決定の方法 ・ヒロシマの問題（社会問題）の解決方法	:					

図4-3　単元

第4章　時代像や社会の動きの解釈に基づく歴史学習の論理　193

物の判断	→	行為	→	出来事（結果）	→	時代の特色	=	歴史理解
言作成の最終の在位保証のた。	→	・無条件降伏を求めるポツダム宣言を出した。 ・日本のポツダム宣言受諾拒否後の短期間、ソ連参戦前での原爆の投下。	→	・日本はポツダム宣言受諾を拒否して戦争を続行する。 ・これに対し米国は広島・長崎に原爆を投下。 ・ソ連の極東侵攻が始まり、米国主導の連合国軍が日本の占領統治を始める。	→	・ナショナリズム的（米国中心）外交的意思決定。 ・軍事強硬外交から協調外交への転換。 ・自由主義対ファシズムから米ソ冷戦の開始の時代への移行。	=	原爆使用の是非の検討では、ナショナリズムやイデオロギーなどの背景的文脈の影響を排除して意思決定を行う必要がある。
決定に当たっ人命犠牲の最優先的に考え	→	・政治指導者、科学者、軍人指導者や兵士の人道主義的な考え方の存在にも拘わらず、日本人よりも米国人の人命救出を優先して、原爆投下を認めた。	→	・広島・長崎への原爆投下が急きょ決定されてエノラゲイが出発。 ・広島・長崎に原爆が投下される。	→	・愛国主義やナショナリズムから普遍的人道主義を基準にした政策決定への転換。	=	原爆使用の是非の検討では、ナショナリズムやイデオロギーの影響を排除し、より普遍的な人道主義的原理をもとにして意思決定を行う必要がある。
						・原爆投下を挟んだ時期の時代的特徴は、意思決定が社会的な手続きを通して行われる方法に変化し、ナショナリズムから協調的な国際関係へ、ファシズムとの対決から米ソ冷戦の対立構造へと移行していたことである。	=	・原爆使用の是非の検討では、多様な選択肢の立案、正確な事実への依拠、多様な論拠、専門的知識や専門家の考え方の利用を行い、復讐や懲罰といった感情的要素を排除して意思決定を行う必要がある。 ・また、人道主義の理念や民主主義の原理を基準として意思決定を行う必要がある。（より望ましい解決策）

(筆者作成)

「ヒロシマ」の構造(2)

から続く現在の社会の特色でもあることが、学習者自身により意味づけられて理解されるのである。

学習方法原理2　多様な文書の活用

　第二の学習方法原理は、多様な文書を豊富に提供することにより、学習者が文書を読んでさまざまな人物の動機・信念、当時の背景・状況、出来事と出来事の関係を理解することができる学習方法をとっていることである。

　原爆投下の意思決定に至るまでの過程には、本研究の他の単元よりもはるかに多くの人物が関与し、また戦争という複雑で困難な社会状況があるため、これらを的確に理解し自分なりの時代像を作り上げるのは非常に困難である。そこで、関与した人物が書いた日記・書簡・声明・公文書など原爆投下に関するさまざまな角度から作成された文書を数多く読み解釈することは、複雑な戦時の状況や人物の考えを多角的にみる目を養い、自分なりの解釈を作り上げる基礎となる。例えば、セクション2「原爆の使用は軍事的決定だったのか」では、表4-4に示すような多様な文書が提供される。

学習方法原理3　物語の構成を通した時代像の理解

　第三の学習方法原理は、論題から出来事までの一連の要素の因果的連鎖の理解（内容構成原理3）の上に、理解された出来事同士の間に時代の流れとしての物語を再構成することで時代の特色（時代像）の理解が行われることである（出来事による時代像の構築性）。これは時系列的に並んだ出来事、あるいは複数の観点で個別に明らかとなった出来事同士の間に関連性をもたせ、より広い社会的な文脈をもつ物語として再構成させることで、人物の行為によりかたちづくられた出来事同士の間の意味を学習者自身に発見させて、時代の特色（時代像）を理解させることである。

　例えば、原爆の使用の是非はまず、パート2にあるような国内の軍事的な決定の観点からの検討が必要と考えられるが、続くパート3では核物理学者

表4-4 セクション2で利用される史料

A. 重要な決定のための段階を設定する	史料
1. 第二次世界大戦中の主要な出来事と原爆使用との関係	「第二次世界大戦中の主要な政治的・軍事的出来事年表［1939〜1945］」
2. 硫黄島上陸作戦での戦闘の様子	米国従軍記者R. シェロッド『西に向かって－中部太平洋戦争』、1945。
3. 硫黄島の戦闘と銃後への影響	米国海兵隊従軍記者R. ニューコム『硫黄島』、1965。
4. 沖縄戦の特質について	R. アップルマン他『沖縄－第二次世界大戦における合衆国の最期の戦い』、1948。
5. 沖縄の神風特攻機	E. ポッター、C. ニミッツ『太平洋戦争－第二次世界大戦期の海兵隊軍事行動の物語』1962。
B. 新しい最高司令官	**史料**
1. トルーマン大統領が原爆開発を知る	F. クネベル、C. ベイリイ『不利な立場』1960。
2. 就任初期のトルーマン大統領の課題	E. ゴールドマン『過酷な10年』、1956。
C. 大統領への軍部のアドバイス	**史料**
1. トルーマン大統領への戦時軍務大臣の提言	H. スティムソンと陸軍参謀総長G. マーシャルの提言 国務省『合衆国の外交関係』、1960。
2. 太平洋陸軍司令官D. マッカーサーの戦略提言	D. マッカーサー『回想録』、1964。
3. 陸軍の作戦に反対した海軍提督	W. レイヒイ『私は立ち会った』1950。
4. 米国艦隊司令長官（海軍参謀総長）E. キングによる当時の意思決定プロセスの分析	E. キング、W. ホワイトヒル『海軍元帥－海軍の記録』、1952。
5. 合衆国空軍司令官H. アーノルドによる陸軍の提言への反対理由	H. アーノルド『世界的な使命』、1949。
D. はたして決定はあったのか	**史料**
1. ポツダム会談で核実験成功の連絡を受けたトルーマン大統領の決断	「J. ケイト教授へのトルーマン大統領の手紙」（1953年12月）。

2．ポツダム会談時に核実験成功のニュースを知らされたチャーチルの情勢判断	W. チャーチル『勝利と悲劇』、1953。
E．事実を確かめる証拠	史料
1．二人の日本空軍高級司令官が証言する米国の日本本土侵攻への作戦計画	空軍司令部情報局副局長『達成された使命－日本人の産業・軍事・文民指導者に対する尋問』、1946。
2．神風特別攻撃隊飛行士が家族に宛てた手紙	D. フラワー、J. リーヴス『勇敢さの観念－1939〜1945年の戦争』、1960。
3．鈴木貫太郎首相による日本の国力調査	迫水久常「1945年6月時点の国家資源の調査」合衆国爆撃戦略調査『戦争終結に向けた日本の戦い』（1946所収）。
4．白人女性であった日本人外交官妻の戦時下日本の生活描写	グエン・寺崎『太陽に架ける橋』、1957。
5．戦後における日本の敗因分析調査報告（抜粋）	合衆国戦略爆撃調査『戦争終結に向けた日本の戦い』、1946。

（筆者作成）

など、軍人や政治家とは異なる時代階層に焦点を当てた異分野間の社会的関わりによる意思決定方法の必要性が明らかにされている。

　パート4では、外交政策の観点から原爆の使用の是非が問われ、ナショナリズムを克服した国家間の関係に焦点を当てた意思決定方法のあり方が追求されている。さらに、パート5では倫理的観点から原爆使用の是非が検討され、普遍的な人道主義的原理を基準とした意思決定の必要性が明らかにされている。このような異なる観点からの出来事の構築を基礎としてこれらの出来事を意味をもった物語として再構成することで、意思決定の方法としてはより幅広い領域の専門家集団や社会階層を含めた社会的な意思決定方法を採ることの必要性を理解する。また内容に関する理解としてはナショナリズム（自国中心主義）からより協調的な外交政策（国際関係）への変化、さらに自由主義対ファシズムの対立構造から米ソ冷戦という対立構造への過渡期として当時の時代の特色を理解できるようになっている。

3．特質と問題点－時代の特色や社会問題に焦点を当てた解釈学習の特質と意義

ここでは本節で明らかにした内容構成原理と学習方法原理をもとにして、本単元の特質と問題点について述べる。

第一の特質は、内容からみると、本単元は理解の枠組みである「時代像の解釈モデルⅠ」が学習者の理解の対象であり、これを用いて出来事と出来事の関係を明らかにすることで時代の特色を理解させていることである。

第二の特質は、原爆投下の意思決定の構造と問題点を理解することにより、これを一般化して意思決定はどの様になされるべきかということまで考えさせる内容構成になっていることである。学習者は時代階層の意思決定がどの様なものであったか、どの様に意思決定をしたかを分析し、歴史的人物の動機や判断の基準となる考え方を見つけ、時代における人物の行為と出来事の関係を理解する。それに加えて、学習者自身がどの様に意思決定をなすべきかという一般的な意思決定の方法までも習得する。

第三の特質は、学習方法の点から見ると、本単元は多様な文書を豊富に提供して時代の特色や社会問題を理解させ、その上で物語を構成させていることである。学習者は多くの文書を読んで、さまざまな人物の動機・信念、当時の背景・状況、出来事と出来事の関係などを理解する。そして、理解された出来事同士の間に時代の流れとしての物語を構成することで時代像や社会問題の理解が行われる。

第四の特質は、学習方法の点から見ると、本単元は現在の視点で歴史的事実を解釈させるという方法をとっていることである。学習者は、原爆が投下された当時の指導者の意思決定とその時代の特色を理解するが、この意思決定の方法は現在の学習者たちにも求められるものであり、また時代の特色は現在の社会の特色の位置づけでもある。この意味で、本単元は学習者に現在の視点で歴史的事実を解釈させる特質をもっていると言える。

第2節 社会問題に焦点を当てた時代像の解釈学習：ハーバード社会科の公的論争問題 単元「アメリカ独立革命」の場合

1．歴史学習の目標－公的論争問題の解決方法の理解

　本節では、社会問題に焦点を当てた解釈学習としてハーバード社会科（オリバー&シェーバー）の公的論争問題単元「アメリカ独立革命」を取り上げる。ハーバード社会科は、オリバーとその弟子であるシェーバーらが共同で開発した社会科プロジェクトであり、アメリカ新社会科運動の最盛期である1960年代に作成された。このハーバード社会科の特徴は、以下の2点である。第一は、公的論争問題から内容を構成し、諸科学を総合的に利用して問題を考察する「問題中心アプローチ」をとっていることである。これは、当時の「学問中心アプローチ」、つまり一般概念や概念などを体系的に整理して教授するアプローチとは一線を画すものであった。第二は、価値的問題についての議論を取り入れたことである。当時の社会科は価値的問題の議論を避ける傾向にあったが、ハーバード社会科ではこれを積極的に取り入れ、価値的問題の議論手順も明確に示した。この社会科の目標は、論争問題に対して学習者が自らの意思決定をできるようになること、学習者に学習過程で反省的思考をさせることである。反省的思考とは、「意思決定に至るために学習者が他者との議論を通して論争問題に対する互いの意見をぶつけ合い、批判し合うことで自らがもっていた従来の判断基準（学習者の価値観や事実認識）を反省し、最終的に自らが納得のいく判断基準（価値観や事実認識）に基づいて論争問題に対して自らの意見を主張できる能力」（池野、2000c：p.70）である。本節では、ハーバード社会科は後者の反省的思考の育成までを目標に入れているという立場をとる。

2．授業構成原理

(1) カリキュラムの全体計画とその論理
1) 全体計画

ハーバード社会科の全体構成は後掲の表4-5のようになっている。本節で取り上げる単元「アメリカ独立革命」は、このハーバード社会科の全体構成の中では「レベル2」に位置している。

この「レベル2」については、尾原康光が既に分析し、カリキュラム構成原理を明らかにしている（尾原、2009：pp.181-182）。以下では尾原の研究に基づいてハーバード社会科のカリキュラム構成原理を紹介する。

2) カリキュラムの構成原理

表4-5に示すハーバード社会科プロジェクトの全体構成は、「公的論争問題」について検討させることを通して、大きく以下の3つの内容を学習するようになっている。

① 合衆国の政治体制＝リベラル・デモクラシー（その基盤となる政治思想、それを構成する法制度や政治制度、そこにおける権力作動の在り方を規定する政治原理）

  リベラル・デモクラシー以外の政治体制－ファシズム、スターリン主義の政治体制など（その政治思想、制度、政治原理）

② 国際政治を動かす政治思想、制度、政治原理

③ 「公的論争問題」について考え判断するために必要な社会諸科学の理論や概念、分析的技法

この3つの内容についてはレベル2～5（表4-5参照）で、基本的に①→②→③という順序で学習するようになっている。

まずレベル2、3ではアメリカの政治体制であるリベラル・デモクラシーについて学習する。レベル2では、イギリスやアメリカにみる政治体制発展

表4-5 ハーバード社会科プロジェクトの全体構成

レベル
レベル1　社会的問題へのイントロダクション：コミュニティ内の個人
パート1　公的論争問題において繰り返し焦点を当てられている一般的な問題を示す一連の事例
パート2　社会システム内部での変化へのきっかけとなる人間の役割を示す、より複雑な状況におけるいくつかの事例
レベル2　革命、政治、法：アングロ＝アメリカにおける制度の発展
パート1　イギリスの経験：ウイリアム征服王から市民革命まで
パート2　アメリカの経験：アメリカ独立革命、憲法、南北戦争
パート3　アメリカの政治的過程と法的過程
レベル3　アメリカにおける変化と対立：　1865-1930
パート1　黒人
パート2　ビジネスと産業
パート3　移民
パート4　労働者
レベル4　世界のさまざまな社会における危機：20世紀の5つの社会
パート1　ニューディール政策
パート2　ケニア：植民地政策と独立
パート3　ドイツ：ナチズムの台頭
パート4　ソ連：ボルシェビキ革命から1930年代中頃まで
パート5　中国：20世紀以前の安定から共産主義革命へ
レベル5　国際的秩序についての問題への導入
パート1　植民地主義と列強のバランス
パート2　第一次世界大戦とベルサイユ体制
パート3　第二次世界大戦の外交史
パート4　ニュルンベルク国際軍事裁判
パート5　国際的秩序についての問題の事例：イスラエル、ハンガリー、ベルリン、キューバ、ベトナム、パナマ、南アフリカ
レベル6　現代の諸問題：「よき生活」を実現する
経済（生産、雇用、人口、技術）
人種的、民族的集団についての同化－分離－自治政策
政治（主権と同意の過程）
思想的、心理的、個人的な自己実現（自己の充足）

の歴史を概観し、現在の制度の学習を通して、リベラル・デモクラシーの基盤となる政治思想や、それを構成する法制度・政治制度を理解する。レベル3では、過去のある時点で生起し現在においても解決に至っていない社会問題への対応をめぐり論じ続けられてきた一連の「公的論争問題」について、その内部にある政治原理対立の構造を中心に検討することを通して、リベラル・デモクラシーにおける権力作動のあり方を規定する政治原理を理解する。

続いてレベル4では、アメリカとは異なる政治体制をとる国々で生起したさまざまな「公的論争問題」を検討することで、リベラル・デモクラシー以外の政治体制（その政治思想、制度、政治原理）について理解する。

そしてレベル5では、これまでの学習で確認した異なる政治体制（異なる政治思想、制度、政治原理）をもつ国家間で生じる「公的論争問題」の検討を通して、国際政治を動かす政治思想、制度、政治原理を理解する。以上がハーバード社会科プロジェクトの内容①～③のうちの①②である。

残る③「社会諸科学の理論や概念、分析的技法」については、レベル1で集中的に学習した後、レベル2～6で繰り返し（社会諸科学の理論や概念に関しては、新しいものを付け加えながら）学習していく構成になっている。

ハーバード社会科のカリキュラム構成の原理は以上である。

(2) 単元構成とその論理

1) 単元計画

(a) 目標

単元「アメリカ独立革命」の目標については、既に尾原（2009：pp.181-182）が分析している。そこで、目標についてもその研究に基づいて紹介する。

単元「アメリカ独立革命」に当たるレベル2の中心目標は、「公的論争問題」を解決するために発展してきたアメリカの法制度や政治制度を理解させ

ることである。アメリカの政治体制は「リベラル・デモクラシー」として特徴づけられるが、その思想的基盤は「自由主義（リベラリズム）」と「民主主義」である。自由主義とは政治の権力から国民の権利を守ることであり、民主主義とは政治権力に国民が参加することである。

(b) 単元の構成

単元「アメリカ独立革命」の構成は表4-6のようになっている。

2) 単元の概要

単元「アメリカ独立革命」の概要と特質については池野（2001b）と渡部（2015）が既に分析し明らかにしている。ここではその研究成果を引用する

表4-6 単元「アメリカ独立革命」の構成

小単元1　イントロダクション (1) 公的論争問題シリーズとは何か (2) この単元の中心問題は何か (3) この単元における問題はどの様にアプローチすればよいか
小単元2　場面設定 (1) 革命の原因 (2) 印紙条例の詳細な調査 (3) ジョージ・ワトキンスの場合
小単元3　困難な選択 (1) 対立する視点 (2) 愛国派か、王党派か
小単元4　戦争の開始 (1) スミス大尉の説明 (2) 王党派の視点 (3) 愛国派の主張
小単元5　今日の問題：類似の事例 (1) 1965年3月のペッツ橋の事件 (2) 権威への挑戦：方法と誘因
小単元6　復習・反省・研究

ことで単元の概要と特徴を確認する。

表4-6に示すように、単元は6つの小単元から成っている。

小単元1「イントロダクション」では、『公的論争問題シリーズ』の紹介と、これから学習する問題（論争問題）の紹介、またそれに対するアプローチの仕方を学習する。

小単元2「場面設定」では、問題「イギリス政府は植民地に課税できる権威をもつ『妥当な政府』であったか」（適切な政府はどの様なものであり、その権威はどこに発生するのか）を考察する。

小単元3「困難な選択」では、問題「植民地住民はどの様にしてイギリス政府に対抗することを正当化したのか」（政府の権利はいつ挑戦されるべきなのか）を考察する。

小単元4「戦争の開始」では、問題「植民地住民は暴力によってイギリスの決定に抗議すべきだったのか」（人々はどの様にして制度化された権威に立ち向かうのか。その手段としての暴力は常に正当なのか）を考察する。

小単元5「今日の問題」では、アメリカ独立革命以外の事例を通してこれまでの小単元2〜4で検討した問題を考察する。

最後の小単元6「復習・反省・研究」では、さらに他の事例を通して、小単元2〜4で検討した問題をもう一度考察することにより最終的な意思決定を行う。

3) 単元全体の特質

単元「アメリカ独立革命」（レベル2）の単元全体の特質についても池野 (2001b) の研究を引用すると以下のようになる。

単元は6つの小単元から成るが、公的論争問題の取り扱いによる民主主義社会の形成というハーバード社会科プロジェクト全体の趣旨を観点にすると、大きく4つのパート（パート1〜4）に区分できる。

ハーバード社会科全体を通して学習されるのは、現代社会において論争中

の公的論争問題である。公的論争問題は、現在も確かな答えが存在しないものであるが、それに対する一定の結論を導き出さなければならない。民主主義社会は、公的論争問題を批判的に分析し、それに対する判断を下すことのできる市民によって形成されるものである。そのような理念に基づいて、単元の展開は、公的問題に対する学習者の判断基準（＝信念）を批判的に吟味・構築させる過程として構成される。そして、学習者に社会に対する批判意識を形成し、根拠をもって理性的に社会を形成するための準備を行わせることが目標とされている。

単元「アメリカ独立革命」では、公的論争問題として次の3つの中心問題が設定されている。

(A) 適切な政府はどの様なものであり、その権威はどこに発生するか。
(B) 政府の権威はいつ挑戦されるべきなのか。
(C) 人々は制度化された権威にどの様な方法で立ち向かうのか。暴力は常に正当なのか。

学習者は、上記の問題に対するこれまでの議論などを加味しながら、自己の判断を構築していくことが求められている。表4-7は、各小単元で取り扱う中心問題を中心に、それをさらに具体的に考察するために設定された下位の問題と、そこでの学習内容により6つの小単元に区分し、その単元展開を構造化して示したものである。最左列「単元展開」について説明する。

単元展開の区分となるパート1～4は、執筆者たち（池野・他）の分析結果をまとめたものである。大きく捉えると、単元は公的論争問題（特に中心問題）の内実をさまざまな事例を通して分析し、それに対する自己の判断基準（＝信念）を絶えず吟味していく、という公的論争問題に対する信念の批判的吟味過程として構成されている。

パート1は、導入部にあたる小単元1「イントロダクション」である。ここでは、本単元で学習予定の公的論争問題（特に中心問題）の把握と、その分析方法の習得が行われる。まず、「公的論争問題は議論が進行中の決定や

選択を含むものであり、あらゆる市民が解決すべき問題である」という公的論争問題の学習意義が把握される。そして、本単元での公的論争問題でも、特にその議論の中心となる問題（中心問題(A)～(C)）の3つが把握される。問題が把握された後、公的論争問題（中心問題）にアプローチする方法の習得が行われる。その方法とは、公的論争問題に答えるために、さらに議論すべき下位の検討項目を決定し、これを倫理的・価値的問題、定義的問題、事実的・説明的問題の3種類に細分化して、それぞれ独自の手法で解決を図ることで、公的論争問題を考察していくものである。

パート2は、小単元2「場面設定」～小単元4「戦争の開始」である。ここでは個別的事例（＝アメリカ独立革命）を通して、先のパート1で習得した分析枠組みを適用しながら、公的論争問題（特に中心問題(A)～(C)）に対する判断基準を構築させる。小単元2「場面設定」では、イギリス政府の植民地への課税や、植民地住民の印紙条例廃止手続きの事例を分析させ、「イギリス政府は、植民地に課税できる権威をもつ『妥当な』政府だったか」という個別的問題を考察させる。学習者は、この個別的問題の考察を通して、イギリス政府の対植民地政策の在り方を反省する。そして、中心問題(A)「適切な政府はどの様なものであり、その権威はどこに発生するのか」について、一定の見解（仮説）として、適切な政府がもつべき最低限の基準を構築することが求められる。小単元3「困難な選択」では、イギリス政府への抵抗を主張する愛国派の事態の解釈や主張を正当化する価値観を分析することで、「植民地住民は、どの様にしてイギリス政府に対抗することを正当化したか」という個別的問題を考察させる。学習者はさらに、イギリス政府への忠誠を主張する王党派の事態の解釈や主張を正当化する価値観も分析し、愛国派との比較考察を通して、最終的に愛国派の主張が取り入れられ、イギリス政府に抵抗することになった政治的決断を反省する。そして、中心問題(B)「政府の権威はいつ挑戦されるべきなのか」について、一定の見解（仮説）として、政治変革行為・抵抗権が発動されるべき最低限の基準を構築す

ることが求められる。小単元4「戦争の開始」では、戦争の勝者である愛国派が自らの戦争（暴力）行為を正当化した過程を分析することで、「植民地住民は暴力によってイギリスの決定に抗議すべきであったか」という個別的問題を考察する。学習者は、この個別的問題の考察を通して、勝ち・負けにこだわった争いは、勝者が敗者に対しておごり高ぶる圧政の原因になること、互いが寛容になって話し合うことで平和的な議論が成り立つことなどを発見して、アメリカ独立革命（暴力）を正当化した愛国派の政治的決断を反省する。そして、中心発問(C)「人々はどの様な方法で制度化された権威に立ち向かうのか。暴力は常に正当か」について、一定の見解（仮説）として、暴力行為が正当化されるための最低限の基準を構築することが求められる。

パート3は、小単元5「今日の問題：類似の事例」である。ここでは、パート2でアメリカ独立戦争を事例にして検討した公的論争問題（特に中心問題(A)〜(C)）を、現代的な事例に変えて再度提示し、これまでの経験や学習で獲得した判断基準（適切な政府がもつべき最低限の基準、政治変革行為・抵抗権が発動されるべき最低限の基準、暴力行為が正当化される最低限の基準）の吟味・修正が求められる。取り上げられる事例は、1965年〜1968年の人種的な問題を背景とした暴力事件、過激化した妊娠中絶反対運動などである。

パート4は、小単元6「復習・反省・研究」である。ここでは、本単元の副題「法の危機と変化」に関係した「どの様なとき、どの様な方法で、法（制度化された権威）は変えられるべきか」という一般的な問題の分析を通して、パート2・パート3で検討した公的論争問題（特に中心問題(A)〜(C)）を、パート3とは別の事例に変えて再度提示し、パート3で吟味・修正された判断基準の再構築を求められる。これらの活動を通して学習者は、どの様な場面でどの様な時に、政府は適切に機能していないと見なせるのか、市民による政治変革行為が認められるのか、暴力による抵抗が認められるのか、その判断基準の明確化を図ることになる。

このように単元全体は、公的論争問題に対して学習者が「一市民」としてどの様に関与していけばよいのか、その方法についての判断を吟味していくように構成されている。

(3) 授業展開とその論理
1) 内容構成原理

ここでは、本単元の授業展開とその論理について内容構成原理を明らかにする。

内容構成原理を考える上で重要なことは授業の中で教師がどの様な発問をし、それに対して学習者がどの様に考え、答えるかを分析することである。なぜなら、内容構成原理は学習者が習得する内容から引き出されるものであり、その内容は教師の発問に学習者が答えることで初めて明らかにされるためである。そこで教師の発問と学習者の答えを分析するものとして池野・他（2001b）が作成した表4-7を用いる。

以下、表4-7の内容を縦軸、横軸の順に説明していく。

縦軸は学習の「段階」を示している。本単元はもともと6つのセクションから成っているが、単元の趣旨（公的論争問題の取り扱いによる民主主義社会の形成）から、実質的には4つの段階で構成されていると考えられる。そこで縦軸に4つの段階をパート1～4として示した。

横軸は5つの要素で構成される。左から「単元展開」「小単元名」「教師の発問」「具体的な学習内容」「内容組織化の原理」である。

「教師の発問」は、さらに「公的問題」と「具体的に考察される問題」の2つに区分される。また「具体的な学習内容」は教師の発問に答えることにより学習者が習得する内容である。

以下では各パートの内容を、表4-7の横軸にそって説明していく。

パート1は導入部に当たり、公的論争問題学習の意義や分析方法を学習するパートである。ここでは教師は3つの発問をする（「教師の発問」）。

① 公的論争問題とは何か。
② 本単元の中心的問題とは何か。
③ 公的論争問題にどの様にアプローチするか。

①の発問に対して学習者は、公的論争問題とは現代社会や学問において議論されているものについての選択や決定を含む質問であり、国家やコミュニティの全市民や公務員が答えるべき問題であることを知る。

②の中心的問題とは、公的論争問題の中でも特に議論の中心となる問題である。具体的には (A) 適切な政府はどの様なものであり、その権威はどこに発生するか、(B) 政府の権威はいつ挑戦されるべきか、(C) 人々はどの様な方法で制度化された権威に立ち向かうのか・暴力は常に正当か、の3点である。

③の発問に対して学習者は、公的論争問題のアプローチの仕方は、公的論争問題の種類に応じてさまざまであることを知る。その種類とは倫理的・価値的問題、定義的問題、事実的問題・説明的問題である（表4-7の「具体的な学習内容」）。まとめるとパート1は、公的論争問題を学習する意義（目的、テーマ、議論の方法）を学習者に理解させるパートである（「内容組織化の原理」）。

パート2は、個別の状況に応じて公的問題解決の判断基準を構築する段階であり、3つの部分に分けられる。

第1の部分の小単元名は「場面の設定」である。まず「教師の発問」として「公的問題」が問われる。それは「イギリス政府は植民地に課税できる権威をもつ『妥当な政府』だったか」である。これは、本単元の中心的問題 (A) (B) (C) のうちの (A) にあたるものである。これに対しては多様な回答が予想されるが、例えば「イギリス政府の植民地への課税は不当であった」、「議会の合理的議論、司法プロセスなど正統な政府機構に由来して行われたので妥当な印紙条例廃止である」、「よい政府がもつ価値とは特定の利益に関与しない公正な決定である」などである（「具体的に考察される問題」「具体的な

学習内容」)。

　第2の部分では、中心的課題 (B) である「植民地住民は、どの様にしてイギリス政府に対抗することを正当化したか。」が問われる(「教師の発問」)。この発問に答えるために、愛国派・王党派および植民地はどの様な理由から自らの立場を決定し、アメリカをより良くしようと考えたのかを追求する(「具体的に考察される問題」)。その結果学習者は、愛国派とは独立革命を支持し、財産・職業を保障することでアメリカを良くしていこうとした人々であること、また王党派とはイギリスを支持し、身体の自由を保障することでアメリカを良くしていこうとした人々であることを理解する(「具体的な学習内容」)。

　第3の部分では、中心的課題 (C) である「植民地住民は暴動によってイギリスの決定に抗議すべきだったか」が問われる(「教師の発問」)。この発問に答えるために、具体的に考察される問題は以下の3つである。①イギリス兵・王党派・愛国派の行為はどの様に正当化されているか。②レキシントンでの発砲は平和的解決を終わりにしてしまったのか。③勝ち・負けはどの様にそれを経験する人に影響するのか、および勝利を目的としない議論は可能か(「具体的に考察される問題」)。以上が具体的に考察される問題である。そして学習者は、イギリス兵・王党派・愛国派それぞれの価値感に基づく「正義」を盾にして行為の正当化がなされていること、レキシントンでの発砲により勝敗を決する必要性が生じ平和的解決は遠ざかったことを理解する。また、勝者は奢り、敗者は自らの価値をさげすむが、双方が寛容であれば勝利を目的としない平和的議論も成り立つことも理解する(「具体的な学習内容」)。

　まとめるとパート2は、第1の部分はイギリス政府が「妥当な政府であったか」(中心的問題 A) を解決する基準、つまり政府の正当性の基準を考察させる段階、第2の部分は植民地住民はイギリス政府に対抗することをどの様に正当化したか(中心の問題 B) を解決する基準、つまり政治変革行為の正当性の基準を考察させる段階である。第3の部分は、植民地住民はイギリスの

表4-7 公的問題学習における単元構成

単元展開	小単元名	教師の発問	
		公的問題 （中心的問題）	具体的に考察される問題
パート1 【公的問題学習の目的を知る】	〈小単元1〉 イントロダクション：若者の危機	●公的論争問題とは何か。 ○公的論争問題とは、議論が行われているものについての選択や、るべき問題である。 ●本単元の中心的問題とは何か。 ○本単元の中心的問題 (A) 適切な政府はどのようなものであり、どこにその権威は発生 (B) いつ政府の権威は、挑戦されるべきなのか。 (C) 人々はどのような方法で制度化された権威に立ち向かうのか。 ●公的論争問題（中心的問題）にどのようにアプローチするか。 公的論争問題（中心的問題） ↑ 倫理的・価値的問題　定義的問題　事実的・説明的問題	
パート2 【個別的な状況に応じて公的問題解決の判断基準を構築する】	〈小単元2〉 場面の設定	イギリス政府は植民地に課税できる権威をもつ「妥当な政府」だったか。 ＝（中心的問題 (A)）	●イギリス政府は植民地に課税する権利をもっているか。 ●印紙条例廃止の手続きは、妥当なプロセスで行われたか。 ●よい政府がもつ価値とは何か。
	〈小単元3〉 困難な選択	植民地住民は、どのようにしてイギリス政府に対抗することを正当化したか。 ＝（中心的問題 (B)）	●愛国派、王党派の意味は何か。 ●植民地は、どのような理由から、自らの立場を決定し、アメリカをよりよくしようと思ったのか。
	〈小単元4〉 戦争の開始	植民地住民は暴動によってイギリスの決定に抗議すべきだったか。 ＝（中心的問題 (C)）	●イギリス兵、王党派、愛国派の記述された行為はどのように正当化されているか。

－単元「アメリカ独立革命」の場合－

具体的な学習内容	内容組織化の原理		
決定を含む質問であり、国家やコミュニティの全市民、公務員が答えするか。 暴力は常に正当か。	【公的論争問題を学習する意義】 公的論争問題（中心的問題）学習の目的、そのテーマと議論の方法（アプローチ）の学習		
○（多様な解答・例） 　イギリス政府の植民地への課税は不当。 　理由…植民地はイギリス議会への代表権をもたないため、議会の権力と意思に対して植民地住民が制限する術をもたない。代表なき課税は圧政を生む可能性がある。 ○（多様な解答・例） 　議会の合理的議論、自分の意思と万人に求められる司法プロセスなど正統な政府機構に由来して行われたので妥当である。 ○（多様な解答・例） 　・特定の利益に関与しない公正な決定。 　・合法的権利と公共に基づく決定。 　・権力分立。	【中心的問題(A)解決の基準】 政府の正当性の基準の考察 ＝権力側の政治責任の考察	アメリカ独立革命の事例を通した「民主的な政治変革」の判断基準の構築	「民主的な政治変革」の判断基準の構築
○・愛国派は、独立革命を支持・推進する中で、合衆国をよくしていこうとした人々である。 　・王党派は、イギリスを支持し、その中で、合衆国をよくしていこうとした人々である。 ○・王党派…財産・職業の保障 　・愛国派…身体の自由の保障 　・中立派…個人の倫理観 　→個人の権利の危機が要因	【中心的問題(B)解決の基準】 政治変革行為の正当性の基準の考察 ＝市民側の抵抗権の発動責任の考察		
○・イギリス兵…地元の人が先に発砲したことを記述して、イギリス人の「正義」を訴えた。 　・王党派…ロード・パーシー将軍の有徳の心、勇気・不屈の精神などの人柄。 　・愛国派…民兵の草原集合の目的は、軍事行為ではなく町の安全保障の相談だった。イギリス兵の残忍性。	【中心的問題(C)解決の基準】		

			●レキシントンでの発砲は、平和的解決を終わりにしたのか。
			●勝ち・負けは、それを経験する人にどのように影響するのか。勝利を目的としない議論は可能か。
パート3 【個別的な状況を再度設定し、パートⅡの基準を吟味する】	〈小単元5〉 今日の問題	今日起こっている政治変革プロセスは、どのように評価できるか？ ＝（中心的問題 (A)・(B)・(C)）	●1966年の公民権運動と1775年の印紙条例反対行動はどちらが正当化できるか。
			●暴力の正当性は、何に関して判断されてきたか。
			●妊娠中絶反対運動での抗議の動機と方法は適切か。
パート4 【これまでの学習をもとにして、留保条件を付けながら、公的論争問題への判断基準を再構築する】	〈小単元6〉 復習・反省・研究	どのようなとき、どの様な方法で、法（制度化された権威）は変えられるべきか。 ＝（中心問題 (A)・(B)・(C)）	●印紙条例についての考えは、どのくらい幅があったか。
			●人々が政府に対して立腹した時、何が起こるか。
			●暴力は、いかなるときに正当化されるか。変化を達成するのに効果的か。

池野・他（2004b）の註　Oliver, D.W. and Newmann, F.M., *American Revolution: Crisis of Law* て筆者たちが分析して抽出したものであり、明朝体の部分は教材の事実をまとめたもの。

決定に対して暴動で抗議すべきだったか（中心的問題C）を解決する基準、つまり暴力行為の正当性の基準を考察させる段階である（「内容組織化の原理」）。

　パート3は、個別的な状況を再度設定してパート2の基準を吟味するものである。ここでは、パート2で順次検討した中心的問題(A)(B)(C)を総合して「今日起こっている政治変革プロセスは、どの様に評価できるか」が問われる（「教師の発問」）。この発問に答えるため学習者は、以下の3点について具体的に考察する。①1966年の公民権運動と1775年の印紙条例反対行動はどちらが正当化できるか、②暴力の正当性は何を基準に判断されてきたか、③妊娠中絶反対運動での抗議の動機と方法は適切か、である（「具体的に考察さ

→それぞれの価値に基づく「正義」を盾にした行為の正当化	暴力行為の正当性の基準の考察 ＝市民側の抵抗権の行動責任の考察	他の事例を通した「民主的な政治変革」の判断基準の再構築
○戦いの火が切って落とされ、勝敗を決する必要性が生じてしまったため、平和的な解決は遠ざかった。		
○（多様な解答・例） 勝ったものはおごり、敗者を従わせる。敗者は、自らの価値をさげすむ。お互いが、お互いの立場に寛容ならば、勝利を目的としない平和的な議論も成り立つ。		
○（多様な解答・例） 公民権運動…時間はかかったが、公民権を求めることが恒久的習慣に変わったので、正しい。 印紙条例反対運動…すぐに条例が破棄されたので、正しい。	【民主的な政治変革基準の再考察】 政府の正当性＝権力側の政治責任	
○暴力は、社会を統制し、説得させる有効な技術となるために、「庶民の支持」が判断基準とされてきた。	政治変革行為の正当性＝市民側の抵抗の発動責任	
○（多様な解答・例） 暴力以外の方法（座り込み、デモなど）でも、抗議への広い支持があれば、効果をあげることはできる。	暴力行為の正当性 ＝市民側の抵抗権の行動責任	
○人々は、立場によりさまざまな見解を有していた。	【民主的な政治変革基準の再考察（最終的な意思決定）】	
○（省略）		
○（省略）		

and Change, Social Science Education Consortium, 1988 より作成。ゴシック体の部分は主とし
（池野・他、2004b：p.82より引用）

れる問題」）。その結果学習者は、①については例えば、「公民権を求める運動が恒久的なものになったので正当化できる」、「印紙条例はすぐに破棄されたので正当化できる」、②については「暴力の正当性は『庶民の支持』を基準に判断されてきた」、③については例えば、「妊娠中絶反対運動の抗議の方法は、暴力以外の方法であれば広い支持の下で一定の効果を上げることは可能である」、ということを理解する（「具体的な学習内容」）。

　まとめるとパート３は、政府の正当性、政治変革行為の正当性、暴力行為の正当性について具体的に考察し、民主的な政治変革基準を再考察するパートである（「内容組織化の原理」）。

最後のパート 4 は、これまでの学習をもとに留保条件をつけながら、公的論争問題への判断基準を再構築するパートである。ここではパート 1 ～ 3 の学習の仕上げとして、中心的問題 (A) (B) (C) を総合して「どの様なとき、どの様な方法で、法（制度化された権威）は変えられるべきか」が問われる（「教師の発問」）。これに対して学習者は、印紙条例についての考えにはどのくらい幅があったか、人々が政府に対して立腹したとき何が起こるか、暴力は変化を達成するのに効果的か、またいかなるときに正当化されるかについて考察する（「具体的に考察される問題」）。

このパート 4 は、パート 3 で行った民主的な政治変革基準の再考察について最終的な意思決定を学習者にさせるパートである（「内容組織化の原理」）。

以上、各パートの内容を表4-7の横軸にしたがって説明してきた。

そして前述の各パートで学習者が発問に対する答えを考えて理解を深めていく過程（表4-7の横軸）には、ひと続きの推論の型があることがわかった。この推論の型は、次のような内容である。「国家や集団は、〜という目的や〜という背景・状況をもとにして立場を構築し、その立場に基づいて判断や〜の行為を行い、その結果〜という出来事が構築される。そしてその出来事が〜という時代の特色（時代像）をかたち作っていく」。

このような推論の型は本章第 1 節の単元「ヒロシマ」においても用いられ、それは次の図4-4のような構造で、「時代像の批判的解釈モデルⅠ」と呼ぶことのできるものであった。

この解釈モデルでは③は②から直接導かれ、④は③から直接導かれるという流れになっており、①の論題について②〜⑦が直接的に導かれていく、いわば単線的理解であった。この単元「ヒロシマ」の解釈モデルと本単元「アメリカ独立革命」の推論の型を比較すると以下のようになる。

まず類似点は、単元「アメリカ独立革命」においても ①：②→③→④→⑤→⑥は単線的理解がなされていることである。つまり時代像（⑥）から直接的に社会問題（⑦）が理解される。重要なのは相違点である。単元「アメ

①論題：②背景・状況→③判断→④行為→⑤結果としての出来事→⑥時代像→⑦社会問題

〈単線的理解〉

図4-4　単元「ヒロシマ」の「時代像の解釈モデルⅠ」

リカ独立革命」の推論においては、①〜⑥を単線的に理解した後、時代像（⑥）から直接的に社会問題（⑦）が理解されるわけではない。①：②→③→④→⑤→⑥で理解したことは、これが全体として1つのまとまったデータ（客観的情報）となる。そして、このデータをもとに社会問題（⑦）を理解することになるが、その際にはデータから恣意的に社会問題の理解が導かれるのではない。根拠づけに基づいて社会問題（⑦）の理解を導き出す、いわば複線的理解がなされる。この根拠づけとして用いられるのは普遍的・一般的原理である。なぜなら、社会問題はその中に普遍的・一般的原理を内包しているためである。

以上をまとめると、本単元「アメリカ独立革命」の推論の型は単線的理解（①：②〜⑥）と複線的理解（一般的原理を根拠づけとした⑥→⑦の理解）を組み合わせたものであると言える。このような推論の型を本研究では「時代像の解釈モデルⅡ」と呼ぶ。これを図式化すると図4-5のようになる。

各パートの内容と上記の「時代像の解釈モデルⅡ」を合わせて考察すると、以下の2つの内容構成原理を導き出すことができる。

内容構成原理1　「時代像の解釈モデルⅡ」を用いた時代像・社会問題の理解

第一の内容構成原理は、先に述べた「時代像の解釈モデルⅡ」を用いて分析的に時代像や社会問題を理解させる内容構成になっていることである。ここでは具体的にパート2（⑥時代像までの理解）とパート3（⑦社会問題までの理解）を例に説明する。

パート2では、「時代像の解釈モデルⅡ」を用いて時代像（⑥）を理解させる。パート2の論題（①）は3つある。(A) イギリス政府は植民地に課税

216　第1部　認知構築主義に基づく歴史学習の原理と展開

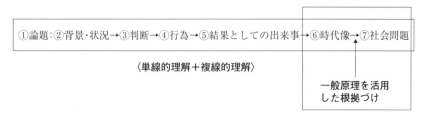

図4-5　単元「アメリカ独立革命」の「時代像の解釈モデルⅡ」

できる権威をもつ「妥当な政府」だったか、(B) 植民地住民はイギリス政府に対抗することをどの様に正当化したか、(C) 植民地住民はイギリスの決定に対して暴動で抗議すべきだったか、である。この3つの論題についてまとめると以下のようになる。

　教師は論題(A)(B)(C)を問う。学習者は、「時代像の解釈モデルⅡ」を用いて次のように理解を深めていく。当時、植民地住民は愛国派と王党派の2つに分かれていた。(②背景・状況)。愛国派は、身体の自由の保障が重要であると判断し(③判断)、独立革命を支持・推進した(④行為)。これに対して王党派は、財産・職業の保障が重要であると判断し(③判断)、イギリスを支持することによってアメリカをよくする運動をした(④行為)。そしてレキシントンでイギリスと植民地の間で軍事衝突が起こり独立戦争が始まった(⑤結果としての出来事)。イギリスからの独立はアメリカにおいては最初の民主的政治改革であった(⑥時代像)。

　パート3では、「時代像の解釈モデルⅡ」を用いて社会問題(⑦)までを理解させる。パート3の論題は「今日起こっている政治改革プロセスは、どの様に評価できるか」である。これはパート2での理解を基礎に、これを今日の社会問題の理解につなげるものである。学習者は、「時代像の解釈モデルⅡ」を用いて以下のように理解を深めていく。1966年当時は黒人に対する強い人種差別があった(②背景・状況)。キング牧師を中心とする黒人は人種差別の撤廃が必要と考え(③判断)、バスボイコットや座り込みなどの抗議行

動を行った(④行為)。その結果徐々に黒人が公民権を獲得していった(⑤結果としての出来事)。この出来事はアメリカ社会における黒人の権利の拡大という時代の特色(⑥時代像)を作り出した。ここまでが先述した単線的理解である。次に、①：②→③→④→⑤→⑥で理解した内容は、全体として1つのまとまったデータ(客観的情報)となる。そしてこのデータをもとに学習者は、黒人の権利の拡大という時代像(⑥)が人種差別の撤廃という社会問題(⑦)の解決をもたらしたと理解する。ただし、時代像(⑥)→社会問題(⑦)の理解は直接的なものではない。データから恣意的に社会問題の理解(人種差別の撤廃)が導かれるのではなく、根拠づけに基づいて社会問題の理解(人種差別の撤廃)を導き出すという、いわば複線的理解がなされる。この根拠づけとして用いられるのは普遍的・一般的原理であり、このパート3では「バスボイコットや座り込みなどの暴力以外の方法でも人々の広い支持があれば可能である」という普遍的・一般的原理が根拠づけとして用いられる。なぜなら、社会問題はその中に普遍的・一般的原理を内包しているためである。

以上が内容構成原理1、つまり「時代像の解釈モデルⅡ」を用いた時代像・社会問題の理解である。

内容構成原理2　「民主的な政治変革」の判断基準の構築

第二の内容構成原理は、本単元が公的論争問題、特に3つの中心問題に対して学習者自身の判断基準を吟味・構築していく過程となっていることである。3つの中心問題とは、(A)「適切な政府はどのようなもので、その権威はどこに由来するのか」、(B)「いつ政府の権威は挑戦されるべきなのか」、(C)「人々はどの様な方法で制度化された政府に立ち向かうのか、暴力は常に正当か」である。そして単元の学習を通して、学習者は、適切な政府がもつべき最低限の基準、政治変革行為・抵抗権が発動されるべき最低限の基準、暴力行為が正当化されるための最低限の基準、の3つを構築することができる

ようになっていた。これらの3つの中心問題が設定された理由は、これらの問いは一つのテーマとなる問い（MQ）をもつためである。すなわち「『民主的な政治変革』とは何か」である。そして、このテーマとなる問いを考察し、その答えとなる「民主的な政治変革」の判断基準を構築するための下位の発問として、中心問題(A)～(C)が位置づけられる。表4-7の右端列には「内容組織化の原理」を示した。以下で単元に即して説明する。

パート1で公的論争問題学習の意義やアプローチの仕方を学習した後、パート2では、アメリカ独立革命は「民主的な政治変革」のプロセスをとった行為であったかを、3つの観点から検討・評価する。3つの観点とは、①権力側の市民への行動責任、②市民側の抵抗権の発動責任、③市民側の抵抗権の行動責任、である。そしてこの検討を通して、中心問題(A)～(C)に答えるかたちで、学習者は「民主的な政治変革」の判断基準を、3つの点（適切な政府の基準・政治変革行為発動の基準・暴力抵抗発動の基準）から仮説的に構築する。

パート3では、公民権運動や妊娠中絶反対運動は「民主的な政治変革」のプロセスをとった行為であったかを、3つの観点（①権力側の市民への行動責任、②市民側の抵抗権の発動責任、③市民側の抵抗権の行動責任）から検討・評価する。ここではパート2で仮説的に構築された判断基準を活用することが求められるが、公民権運動などの新たな事例での検討を通して、仮説的に構築された判断基準が反省され、修正・再構築されることが望まれている。

パート4の展開も、パート3と同様である。このように単元は、公的論争問題、特に中心問題について事例を変更しながら繰り返し問うことで、学習者自身による「民主的政治変革」の"普遍的な"判断基準となる枠組みを構築する過程として組織されている。

以上が内容構成原理である。内容構成原理1は「時代像の解釈モデルⅡ」を用いた時代像・社会問題の理解であり、内容構成原理2は民主的な政治変革の判断基準の構築、であった。

2) 学習方法原理

　これまで第2章（人物の行為）では単元「リンカーンと奴隷解放」、第3章（出来事）第1節では単元「レキシントン・グリーンで何が起こったのか」、第2節では単元「誰がアメリカを発見したのか」、本章（時代像）第1節では単元「ヒロシマ」、第2節「アメリカ独立革命」を分析してきた。

　人物の行為に関しては以下の「人物の行為の解釈モデル」を用いて、歴史理解を行っている。

①論題：②背景や状況＋③人物の判断→④人物の行為＝結果としての出来事

　出来事に関しては以下の「出来事の解釈モデル」を用いて、歴史理解を行っている。

①論題：②背景や状況＋③人物の判断→④人物の行為＝結果としての出来事 **歴史上の人物による出来事の解釈＝複数の出来事の解釈**

　そして、時代像に関しては以下の「時代像解釈モデル」を用いて歴史理解を行っている。

220　第1部　認知構築主義に基づく歴史学習の原理と展開

```
┌─────────────────────────────────────────────────────────┐
│  ┌─────────────────────────────────────────────────┐   │
│  │ ①論題：②背景や状況＋③人物の判断→④人物の行為＝結果としての出来事 │   │
│  └─────────────────────────────────────────────────┘   │
│         歴史上の人物による出来事の解釈＝複数の出来事の解釈      │
│                          ↓                              │
│  「複数の出来事の解釈」をもとにした学習者による出来事の解釈（社会的文脈は大） │
│                          ↓                              │
│         時代像の理解（社会的文脈の読み取りがより大）            │
└─────────────────────────────────────────────────────────┘
```

　本章では時代像理解の単元を分析した。第1節では単元「ヒロシマ」、第2節では単元「アメリカ独立革命」を取り上げたが、両節で用いられる時代像の解釈モデルは異なっている。違いは、前者では批判的思考が行われず、後者では批判的思考が行われる点である。第1節の単元「ヒロシマ」で用いられるモデルは以下の図4-6のようになる。

```
┌─────────────────────────────────────────────────────────┐
│  ┌─────────────────────────────────────────────────┐   │
│  │ ①論題：②背景や状況＋③人物の判断→④人物の行為＝結果としての出来事 │   │
│  └─────────────────────────────────────────────────┘   │
│         歴史上の人物による出来事の解釈＝複数の出来事の解釈      │
│                          ↓                              │
│  「複数の出来事の解釈」をもとにした学習者による出来事の解釈（社会的文脈は大） │
│                          ↓                              │
│         時代像の理解（社会的文脈の読み取りがより大）            │
│                          ↓                              │
│     社会の仕組みや制度、理念に関する時代を通した普遍的な原理の理解  │
│       （社会の仕組みについての普遍的な考え方や社会問題の発生の仕方）│
└─────────────────────────────────────────────────────────┘
```

図4-6　時代像の解釈モデルⅠ

第4章　時代像や社会の動きの解釈に基づく歴史学習の論理　221

これに対して第2節の単元「アメリカ独立革命」で用いられる解釈モデルは以下の図4-7のようになる。

図4-6（ヒロシマ）と図4-7（独立革命）の共通点は、ともに「社会の仕組みや制度、理念に関する時代を通した普遍的な原理」までを理解させていることである。

このような点を踏まえた上で、以下では単元「アメリカ独立革命」の学習方法原理について述べる。

学習方法原理1　批判的検討を通した理解の促進

第一の学習方法原理は、反省的思考（批判的思考の方法）を習得させるために批判的思考を重視した学習方法をとっていることである。反省的思考とは、学習者が他者との議論を通して論争問題に対する互いの意見を批判し合うことで自分の判断基準（学習者の価値観や事実認識）を反省し、自らの意見

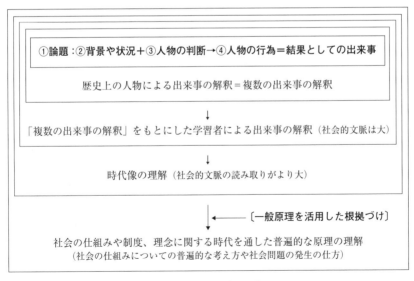

図4-7　時代像の解釈モデルⅡ

を主張する能力である。

　この原理は、具体的にはパート3に現れる。パート3はパート2の基準を吟味するものである。ここでは、パート2で順次検討してきた中心的問題(A)(B)(C)を総合して「今日起こっている政治変革プロセスは、どの様に評価できるか」が問われる。これに対して、学習者は以下の3点について具体的に考察する。①1966年の公民権運動と1775年の印紙条例反対行動はどちらが正当化できるか、②暴力の正当性は何を基準に判断されてきたか、③妊娠中絶反対運動での抗議の動機と方法は適切か、である。その結果学習者は、①については例えば、「公民権を求める運動が恒久的なものになったので正当化できる」、「印紙条例はすぐに破棄されたので正当化できる」、②については「暴力の正当性は『庶民の支持』を基準に判断されてきた」、③については例えば、「妊娠中絶反対運動の抗議の方法は、暴力以外の方法であれば広い支持があれば一定の効果を上げることは可能である」、ということを理解する。

　このような理解を行わせるために、学習者が他の学習者との議論を通して論争問題に対する互いの意見を批判し合うことで自分の判断基準（学習者の価値観や事実認識）を反省し、自らの意見を主張できる方法が用いられている。

学習方法原理2　推論方法の吟味

　第二の学習方法原理は、反省的思考を習得させるために、学習者相互で「吟味する」方法をとっていることである。

　この原理はパート4で最もよく現れる。パート4では、それまでの学習をもとにして留保条件をつけながら、公的論争問題への判断基準を再構築する。ここではパート1～3の学習の仕上げとして、中心的問題(A)(B)(C)を総合して「どの様なとき、どの様な方法で、法（制度化された権威）は変えられるべきか」が問われる。これに対して学習者は、印紙条例についての考えにはどのくらい幅があったか、人々が政府に対して怒ったとき何が起こるか、暴

力は変化を達成するのに効果的か又いかなるときに正当化されるか、について考察する。この考察を行う際に、学習者相互で批判的に吟味する方法をとっている。

以上が学習方法原理である。学習方法原理1は「批判的検討を通した理解の促進」、学習方法原理2は「推論の方法の吟味」、であった。

3．特質と問題点

ここでは本単元の分析から得られた内容構成原理、学習方法原理をもとに本単元の特質と問題点について述べる。

第一の特質は、推論の型である「時代像の解釈モデルⅡ」を用いて分析的に時代像や社会問題を理解させていることである。本単元「アメリカ独立革命」の推論の型は単線的理解と複線的理解を組み合わせたものであり、複線的理解とは一般的原理を根拠づけとした理解を指す。この推論の型を用いてアメリカ独立革命の歴史的構造を学習者は理解する。

第二の特質は、本単元は公的論争問題、特に3つの中心問題に対して学習者自身の判断基準を吟味・構築する中で「判断の方法」を習得させるようになっていることである。3つの中心問題とは、(A)「適切な政府はどの様なもので、その権威はどこに由来するのか」、(B)「いつ政府の権威は挑戦されるべきなのか」、(C)「人々はどの様な方法で制度化された政府に立ち向かうのか、暴力は常に正当か」であった。

第三の特質は、学習方法の点から見ると、反省的思考（批判的思考の方法）を習得させるために学習者に自ら批判的思考を行わせ、それを学習者相互に吟味させていることである。学習者は他者との議論を通して論争問題に対する互いの意見を批判し合うことで自分の判断基準（学習者の価値観や事実認識）を反省し、自らの意見を主張できるようになる。

以上が本単元の特質であるが、以下の問題点もある。

本単元では、学習者はアメリカ独立革命について、学級の他の学習者と議

論することによって論争問題に対する意見を批判し合い、自分の判断基準（学習者の価値観や事実認識）を反省する。しかし、「批判し合う」具体的内容が不明であり、相互に批判し合うことによりどの様に判断基準が発展するのかが明らかにされていない。またその具体的指導方法は詳細に説明されていない。

第3節　時代像や社会の動きの解釈に基づく歴史学習の特質と問題点

　本節では第1節の単元「ヒロシマ」と第2節の単元「アメリカ独立革命」を通した時代像や社会の動きの解釈に基づく歴史学習の特質と問題点について述べる。

　本章では、認知構築主義に基づく時代像学習の特質と問題点を、ハーバード社会科公的論争問題シリーズ単元「アメリカ独立革命」、およびアマースト・プロジェクト単元「ヒロシマ」の分析を通して解明してきた。この2つの単元は、その授業構成の特質から、前者が「理念解釈型研究的時代像学習」、後者が「政策解釈型研究的時代像学習」と呼べるものである。時代像学習は、時代像や社会の動きに焦点を当て、時代像や社会の動きが時代の特色や社会問題をどの様にかたち作っていたのかを明らかにして、時代像や社会の動きと、社会の仕組み・制度や社会問題（論争問題）の関係を学習者に理解させる学習である。

　分析した2つの単元には、次の4点で共通した特質がある。

教授－学習の捉え方から見た特質

　第一の特質は、両単元ともに学習者が推論の型である「時代像の解釈モデル」を用いて時代像や社会の動きの理解をしていることである。「時代像の解釈モデル」は、当該時代の人々の考え方や社会の動きが、社会の仕組み（制度・政策）や社会問題を作り出していることを理解させるはたらきをする。単元「ヒロシマ」では「時代像の解釈モデルⅠ」、単元「アメリカ独立

革命」では「時代像の解釈モデルⅡ」を用いた。2つのモデルを以下、それぞれ図4-1、図4-5として再掲する。「時代像の解釈モデルⅡ」は「時代像の解釈モデルⅠ」と比べると、前者が複線的であるのに対して後者が単線的であるというちがいがある。「時代像の解釈モデルⅡ」は因果関係の説明に一般原理を活用して根拠づけをしている点で、より精緻な推論を行っているといえる。

　第二の特質は、両単元ともに社会問題を解決するための思考の方法を習得させようとしていることである。単元「ヒロシマ」では原爆投下の意思決定の構造と問題点を理解することにより、これを一般化して意思決定の方法はどの様になされるべきかを習得させる。単元「アメリカ独立革命」では公的論争問題に対する判断の方法および反省的思考（批判的思考の方法）を習得させている。また現代の社会の理解に応用できる普遍的・一般的な社会的見方

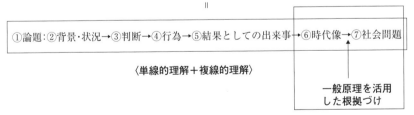

（再掲）　図4-1　単元「ヒロシマ」の「時代像の解釈モデルⅠ」

（再掲）　図4-5　単元「アメリカ独立革命」の「時代像の解釈モデルⅡ」

や考え方、社会問題の発生の仕方を学習者に発見させ、理解させており、これにより学習者の現在の生活にも適用できる、応用性の高い知識を獲得させることが可能となっている（図4-6参照）。

第三の特質は、時代像や社会の動きと、時代の特色や社会問題との関係を、現在の社会問題にもつながる普遍的な社会問題についての物語として作らせていることである。

第四の特質は、現在の視点から歴史解釈を行わせていることである。すなわち、過去の時代像や社会の動きの解釈を、現在にも共通する問題（国家の独立などの政治変革の正当性や核兵器使用の政治的・倫理的正当性）やその解決方法に結びつけて理解させていることである。単元「ヒロシマ」では学習者は原爆が投下された当時の指導者の意思決定を理解するが、この意思決定の方法は現在の学習者にも求められるものである。また単元「アメリカ独立革命」では国家の危機という状況の中での政治的立場の正当化の方法はどうあるべきかを批判的に追求しているが、この追求の過程で1960年代の公民権運

```
┌─────────────────────────────────────────────────────┐
│  ①論題：②背景や状況＋③人物の判断→④人物の行為＝⑤結果としての出来事  │
│                                                     │
│       歴史上の人物による出来事の解釈＝複数の出来事の解釈       │
│                          ↓                          │
│  「複数の出来事の解釈」をもとにした学習者による出来事の解釈（社会的文脈は大） │
│                          ↓                          │
│         時代像の理解（社会的文脈の読み取りがさらに大）          │
│                          ↓                          │
│    社会の仕組みや制度、理念に関する時代を通した普遍的な原理の理解    │
│      （社会の仕組みについての普遍的な考え方や社会問題の発生の仕方）   │
└─────────────────────────────────────────────────────┘
```

（再掲）　図4-6　時代像学習における理解発展の構造

第4章　時代像や社会の動きの解釈に基づく歴史学習の論理　227

動における暴力と正当化の問題が事例に用いられ、この方法が現在にも応用できることを学習する。このような学習により学習者は現在の視点から過去の時代像や時代の動きを解釈することで、普遍的原理を学習者自身が発見し、理解するようになっている。

　事例に取り上げた単元の学習では、アメリカ独立革命や広島への原爆の投下に関係する史資料が提供され、それらの史資料をもとにして独立革命における政治的正当性の問題（論争問題）や、原爆の投下をめぐる政治的判断の妥当性・倫理性の問題を分析、研究する学習が行われる。また、第二、第三の特質でもふれたように、現代と共通する社会的な見方・考え方や社会問題の一般的解決方法が理解されるため、学習者は学習内容を、現在の社会の理解に応用する機会をもつことができる。そのため、歴史人物学習（第2章）や出来事学習（第3章）よりも、歴史と学習者の現在の生活（社会）との関係はより密接なものになっている。しかし、この段階での歴史理解は、史資料から読み取れる歴史上の人物や他者の視点で構築されており、学習者自身の視点をもとに構築されてはいない。また、歴史理解は他者とは関係なく行われており、その理解は過去の問題の理解にとどまる傾向がある。つまり、学習者自身の視点からの、他者との関わりにおける歴史や社会の理解を構築するには限界がある。

　本章で述べた時代像歴史学習は、学習対象を第3章で見た出来事のレベルからさらに時代像や社会の動きのレベルにまで深め（高め）、時代像や社会の動きと、時代を特色づける考え方や社会問題の構築的な関係を理解させるものである。そして、学習者が史資料から歴史的人物の視点を読み取り、この視点に基づいて歴史理解を構築していく「研究的」な内容となっている。

歴史理解の捉え方から見た特質

　本章で分析した2つの単元に見られる歴史理解の捉え方については、第2・3章で示したものと同様に、歴史理解についての5つの基本概念を備えている。この点において、本章で取り上げた時代像学習は認知構築主義に基

づく時代像学習と言える。

　しかし内容に目を向けると、この歴史学習では第1章で仮説的に示した構築主義歴史学習の8つの基本概念（29頁参照）の中の以下の基本概念の理解も行われていると考えられる。

> ⑥ 歴史の理解は、言語や記号を媒介とした社会的、文化的相互作用によって多様に作り出される。

　このように社会・文化的相互作用を考慮に入れる点では、この歴史学習は学習内容の面で社会構築主義的な要素をもっている。これが本章の2つの単元を歴史理解の捉え方からみた場合の特質である。

　一方、この歴史学習には、以下の様な問題点もある。

　それは提供される文書の数が多過ぎるということである。とりわけ単元「ヒロシマ」では、原爆の投下に関わった人物の証言や手紙、回想録、歴史家の著作の抜粋などさまざまな文書が用いられる。これらをみると、はたして学習者に十分な読解ができるかどうか、また一定の授業時間内に利用可能かどうかという疑問もある。教師用指導書には学習時間に応じて選択的に用いてもよいという助言が記載されているが、より細かな配慮をした指導の方略を詳述する必要があると考えられる。

　本章では、認知構築主義歴史学習の「歴史理解の内容」による3つの類型（人物の行為・出来事・時代像）のうち、第3類型である「時代像」の解釈を行う2つの単元の分析を行った。時代の政治思想や倫理性に焦点を当てた時代像の解釈学習単元「ヒロシマ－戦争の科学、政治学、倫理学からの研究－」（アマースト・プロジェクト）、および社会問題に焦点を当てた時代像の解釈学習として、ハーバード社会科プロジェクトの公的論争問題単元「アメリカ独立革命」である。これらの分析の結果、双方の単元について内容構成原理と学習方法原理が抽出された。

　第1節で分析した単元「ヒロシマ」の内容構成原理は、⑴「時代像の解釈モデルⅠ」を用いた時代像・社会問題の理解、⑵ 意思決定の一般基準を理

解させる構成、(3) 歴史的人物の動機・判断基準を理解させる構成、であった。学習方法原理は (1) 現在の視点からの歴史的事実の解釈、(2) 多様な文書の活用、(3) 物語の構成を通した時代像の理解、であった。

また第2節で分析した単元「アメリカ独立革命」の内容構成原理は、(1)「時代像の解釈モデルⅡ」を用いた時代像・社会問題の理解、(2)「民主的な政治変革」の判断基準の構築、であった。学習方法原理は、(1) 批判的検討を通した理解の促進、(2) 推論方法の吟味、であった。

第4章の註

1) この目標は、アマースト・プロジェクトのリーダー、ブラウンの論文 (Brown, 1966, 1970, 1996) および歴史研究委員会作成のプロジェクト最終報告書 (Committee on the Study of History, 1969) から抽出した。
2) アマースト・プロジェクトで開発された単元の目標リストはそれほど詳しいものではない。著作者名は書かれていないが、筆者がこのプロジェクトの中心であった統括指揮者R. ブラウンに行ったインタビューでは、リストはE. トラバーソが作成し、その年代は明確ではないが1970年代初めであったという。

第5章　認知構築主義に基づく歴史学習の原理と特質

本章では第2章～第4章で分析した5つの単元から抽出される認知構築主義に基づく歴史学習の原理と特質について述べる。

本研究では歴史理解のレベルを「人物の行為」(人物学習)、「出来事」(出来事学習)、「時代像」(時代像学習) の3つで捉えてきた。そして第1部では、表5-1に示す構成で分析と考察を行い、認知構築主義の各タイプの歴史学習の原理と特質を章ごとに明らかにしてきた。

各章で明らかとなった原理と特質を総合すると、次の3つの観点で認知構

表5-1　第1部の構成

歴史理解のレベル \ 構築主義のタイプ	認知構築主義（第1部）			
	研究的歴史構築学習			
	解釈学習			
人物学習	第2章	第1節	史料の解釈	単元「リンカーンと奴隷解放」
		第2節	章のまとめ	———
出来事学習	第3章	第1節	史料を媒介	単元「レキシントン・グリーンで何が起こったか」
		第2節	史料と学説を媒介	単元「誰がアメリカを発見したのか」
		第3節	章のまとめ	———
時代像学習	第4章	第1節	社会問題に焦点	単元「アメリカ独立革命」
		第2節	時代の思想や倫理性に焦点	単元「ヒロシマ」
		第3節	章のまとめ	———

築主義に共通する原理と特質が抽出される。それは、1．歴史理解の捉え方からみた特質、2．教授－学習過程の構成からみた特質、3．学習者と歴史・社会との関係からみた特質、である。以下ではこれら3つの観点から、認知構築主義に基づく歴史学習の原理と特質について述べる。

1．歴史理解の捉え方から見た特質

まず、歴史理解の捉え方から見た特質について述べる。構築主義歴史学習の基本概念は第1章第3節で仮説的に示した。要点を簡略化して示すと以下の表5-2になる。

第2章～第4章の「人物学習」「出来事学習」「時代像学習」の特質で見た歴史理解の捉え方で共通していたのは、いずれのタイプの歴史学習も表5-2の基本概念のうち①～⑤を基礎に備えていることであった（表の網掛け部分参照）。ただし、歴史の理解は個人中心で行われるにとどまり、学習者が自分で作り上げた歴史理解を学級の他の学習者と協働で吟味・検討し、発展させることはほとんどなく、単元プランにおいてもインタラクティブな学習展開は想定されていなかった。したがって、表5-2の基本概念⑥～⑧はほとんど

表5-2　構築主義歴史学習の基本概念

① 歴史の知識は、認識主体から独立して客観的に存在するものでなく選択的に構成されたものである。
② 歴史の知識は、個人や人々の目的や信念、経験や特定の環境に基づいて能動的に作り出されたものである。
③ 歴史の理解は、個人や人々の経験を組織化し、意味を構成することである。
④ 歴史の理解は、学習対象の構成や観点の取り方によって多面的な解釈となりうる。
⑤ 歴史の理解は、外的な歴史的実在についての正確な表象を得ることではない。
⑥ 歴史の理解は、言語や記号を媒介とした社会的・文化的相互作用によって多様に作り出される。
⑦ 歴史の理解は、個人や人々の協働による認知を通して吟味され、妥当なものと認められる。
⑧ 歴史の理解は、個人的・社会的認知によって拡大・普及される。

備わっていない。そのため、第1部で取り上げた歴史学習は、①〜⑤の基本概念をもつ認知構築主義に基づく歴史学習であると推測される。この点を、以下で明らかにする。

第1部（第2〜4章）で考察した歴史学習では、3つのレベル（人物の行為・出来事・時代像）での歴史理解の際に、それぞれ、「人物と行為の解釈モデル」「出来事の解釈モデル」「時代像の解釈モデル」という理解の枠組みを用いる。そして、歴史的人物の行為・出来事・時代像・社会問題の理解が、〔人物の行為と出来事〕〔出来事と時代像〕〔時代像と社会問題〕の間の関係の解釈というかたちで人々により多様に構築されることを理解させるものであった。

以下、認知構築主義に基づく歴史学習の「人物学習」「出来事学習」「時代像学習」について、その歴史の捉え方の特徴を述べる。

まず認知構築主義の「人物学習」では、分析事例として単元「リンカーンと奴隷解放」を取り上げた。この単元には、次の原理が用いられていた。

・「人物の行為の解釈モデル」を用いた歴史的人物の行為と出来事の関係理解による出来事理解
・時期的変化を視点にした「人物の行為」と「出来事」の関係の動的理解
・物語的構成による「人物の行為」と「出来事」の関係理解

これらを総合すると次のことが言える。単元の学習では、人物の動機や判断の基準となる考え方の発見を学習者に要求することで、歴史的人物の行為と出来事の関係を明らかにする歴史理解を行わせていた。ここでいう歴史的人物の行為と出来事の関係の理解とは、「人物の行為の解釈モデル」を用いた理解であった。すなわち、歴史的人物の行為と出来事の関係が、次に述べる人物の動機や判断を含む5つの要素と、これらの一連の要素の因果的連鎖を単位として理解されるようになっていた。具体的には、まず歴史的人物と出来事の間には時々の焦点となっていた論題（①）があったことが理解される。次に、どの様な背景や状況（②）がその論題を生み出していたのかが分

析される。そして背景や状況を踏まえた上で、論題に対して歴史的人物がどの様な判断（③）や行為（④）を行なったかが分析され、明らかとなった事実や因果関係をもとに、結果（⑤）としての出来事が説明される。「人物の行為の解釈モデル」とは、ある時代の人物は一定の信念や価値観をもち、その信念や価値観に基づいて行為の原則を立て、その原則にそって一定の行為を行い、その結果として一定の出来事が構成されるというモデル化を行うことで、歴史的人物が行った一連の行為の解釈やその意味の発見を可能にする枠組みであった。

認知構築主義に基づく歴史学習では、表5-2に示す基本概念の①〜⑤を備えている点で共通していたが、このような基本概念の下では、歴史上の出来事や時代の特色は、人々の視点に基づき、歴史的人物の行為と出来事の関係の理解を通して多様に理解される（基本概念①）と考えられている。これは、知識が人々の視点を通して選択的・多面的に構築されるとする認知構築主義の考え方をとっていることを示す。また、このような選択的・多面的な理解の構築が、人物の行動原理や出来事の発生原理の解明を通して行われると捉えられている（基本概念②③）。さらに、歴史的人物の行為と出来事の関係が、時系列にそった選択的構造化や、日常の経験や概念を利用した物語の構築によって社会的意味をもつものとして理解され、出来事を作り出す自分自身の行為の意味づけが行われるとされる。このような特徴が認知構築主義の「人物学習」の特徴を作り出していると推測される。

次に「出来事学習」における歴史理解の特徴をみる。「出来事学習」では、分析事例として単元「レキシントン・グリーンで何が起こったのか」と単元「誰がアメリカを発見したのか」を取り上げた。この分析からは単元に共通する、歴史理解の捉え方に関係する原理として以下のことが明らかになった。

・「出来事の解釈モデル」を用いた出来事と時代像の関係理解
・現在の出来事理解にも共通して適用可能な概念の理解

・歴史理解の方法の理解（2つの単元はそれぞれ「歴史の読解方法」と「社会科学の方法」で異なる）

　史資料を媒介とした出来事学習（単元「レキシントンで何が起こったのか」）では、人物学習で見た「人物の行為の解釈モデル」に加えて、「出来事の解釈モデル」が追加され用いられた。また、この学習の特徴は、(1) 複数の歴史的人物の視点による出来事の解釈が扱われている点、および(2) テキストを通した歴史解釈の多層性までが理解される点である。(2)の例としては、目撃者・当事者の報告（宣誓証言・日記）、同時代の関係者の報告や手紙、後世の歴史家や教科書執筆者の著述、などがある。学習者がこれらの文書（テキスト）を通した読解レベル（読みの深さ）には階層性があることを理解した上で出来事を解釈している点で、先に見た「人物学習」とは異なっている。

　また、ホルト社会科の「出来事学習」単元「誰がアメリカを発見したのか」で用いられた史資料は、文書（テキスト）以外のもの、例えば口頭伝承や考古学的遺物、実験航海による実証データ、などである。授業で学習者は、これらを証拠としてさまざまな学説（アメリカ発見という出来事の解釈）が出来上がることを知り、どの学説が最も妥当であるかを科学の方法である仮説－検証のプロセスを踏んで判断していた。この点で、本単元は科学研究を中心とした研究的構築主義の出来事学習となっていると考えられる。

　以上のことから、認知構築主義に基づく「出来事学習」全体としての歴史理解の捉え方としては、「人物の行為の解釈モデル」を内包し、追加的に「出来事の解釈モデル」を用いることで、出来事と時代像の間の関係を理解させる構造をもっているといえる。また、複数の視点から出来事を解釈することで、歴史解釈の階層性の理解までを行わせることができる。しかし、解釈の視点は歴史的人物や科学者の視点を再構成するにとどまっている。

　次に、「時代像学習」における歴史理解の特徴について述べる。「時代像学習」では、分析事例として単元「ヒロシマ」と単元「アメリカ独立革命」を取り上げた。2つの単元に共通していたのは以下の原理である。

・「時代像の解釈モデル」を用いた時代像や社会問題の理解（ただし、2つの単元は「時代像の解釈モデルⅠ」と「時代像の解釈モデルⅡ」で異なる）
・人物の動機・判断基準、意思決定の一般基準の理解
・物語の構成による時代像の理解
・現在の視点からの歴史の解釈

　これらがどの様な特徴をもつ歴史理解の原理であるかを確認すると、例えば、「時代像学習」（第4章）での歴史理解の捉え方は次のようになる。単元「ヒロシマ」は、時代の特色を理解させる歴史学習であった。時代の特色とは、狭義では太平洋戦争末期の原爆投下の時期の特色であるが、広義では意思決定、政策決定についてのより普遍的な基準（どの時代でも使われるもの）や、その適用方法である。また、政策の決定・実施に際しての倫理的判断基準、その適用方法でもある。これらは現在の社会の理解にも適用できる基準である。この点で、「出来事学習」（第3章）での基準が当該時代の出来事の理解にのみ適用できるものであったのとは異なる。また、「時代像学習」のもうひとつの単元「アメリカ独立革命」では、当時の民主国家の実現に関わる公的論争問題を取り上げて批判的思考を育成していた。この単元の目標は、現在の公的論争問題の解決基準や意思決定方法の習得に焦点化されていた。その点は、時代を問わず適用できる意思決定や倫理的判断の普遍的基準、その適用方法を習得させる単元「ヒロシマ」と共通する。認知構築主義に基づく時代像学習は、歴史理解を現在にも共通する論争問題の解決方法の理解として捉えているといえる。

　しかし、このような歴史理解は、学習者の個人的レベルで行うものにとどまり、後述の第2部で扱う社会構築主義に基づく歴史学習のように、学習者が他の学習者とともに協働で発展させる歴史理解とは異なったものである。

　以上で見てきた「人物学習」「出来事学習」「時代像学習」の関係は、出来事学習は人物学習を土台として（含みながら）行われ、出来事学習を土台としてさらに時代像学習が築かれるという関係である。

歴史理解の発展レベルから見ると、「人物学習」→「出来事学習」→「時代像学習」と順を追って深まるにつれて、人物の行為の解釈、出来事の解釈、時代像の解釈で利用される知識や概念の質的レベルは高くなる。しかし、利用される知識や概念は、人物の物語の構築、因果関係的説明の中で解釈に利用されてはいるが明示化はされていない。このため習得する新たな知識や概念が学習者に意識化されにくく、学習内容の記憶・定着が十分に行われない恐れがある。

以上が、歴史理解の捉え方からみた認知構築主義歴史学習の特質である。

2．教授-学習過程の構成から見た特質

次に、教授-学習過程の構成からみた認知構築主義歴史学習の特質について述べる。

ここでは「人物学習」「出来事学習」「時代像学習」の３つのレベルの歴史学習ごとにどの様に教授-学習を構成し、授業を組織しているかを確認し、認知構築主義に基づく歴史学習の特質を明らかにする。

認知構築主義に基づく歴史学習は、これまでも指摘したように構築主義歴史学習の基本概念の①～⑤を基礎にしており、これらに応じて後掲の表5-3に示す原則で教授-学習過程が構成されていることが考えられる。以下、これらの原則の妥当性を検討する。

まず、認知構築主義に基づく「人物学習」をみる。この学習で教授-学習過程の構成に関する原理として明らかになったのは以下である。

・時期的変化を視点にして、人物の行為と出来事の関係を理解させる。
・物語を構成させることで、人物の行為と出来事の関係を理解させる。

単元では、行為の解釈モデルの利用と物語の構築を基礎とした３つの学習原理および構築主義歴史学習の基本概念の①～⑤、とりわけ①と②により、歴史的人物の行為と出来事の関係を、歴史人物が出来事を作るという関係（動的な流れ）として学習者に理解させる方法を学習原理として定式化してい

表5-3 教授－学習過程構成の原則

(1) 歴史の知識は、学習者の外部に客観的に実在するのではなく、認識主体によって選択的に構成されるものであるので、歴史学習では、歴史の知識がそのような性格をもつことを理解させる。また、歴史理解の過程を、学習者が歴史の知識を選択的に構成していく過程として組織する。
(2) 歴史の知識は、客観的に実在するものではなく、個人や人々の目的や信念、経験や特定の環境を通して能動的に作り出されたものであるので、歴史学習では歴史の知識がその様な特性をもつことを理解させる。また歴史理解の過程を、学習者が目的や信念、経験や特定の環境に基づいて知識を能動的に創り出していく過程として組織する。
(3) 歴史の理解は、個人や人々の経験を組織化し、意味を構成することによって行われるので、歴史学習では、歴史理解がそのような特性をもつことを理解させる。また、歴史理解の過程を、学習者が自分自身で経験の組織化や意味構成を行っていく過程として組織する。
(4) 歴史の理解は、認識対象の構成や観点の取り方によって多面的な解釈となりうるので、歴史学習では、歴史理解がそのような特性をもつことを理解させる。また、学習対象の構成や観点の取り方を工夫することによって、学習者が多面的な解釈を行い歴史を理解していけるように学習条件を整備する。
(5) 歴史の理解は外的な歴史的実在についての正確な表象を得ることではないので、歴史学習では、歴史理解がそのような特性をもつことを理解させる。また、歴史学習の過程を、学習者が内面に自分なりの歴史像を作っていく過程として組織する。

ると考えられる（表5-3の (1) (2)）。

　このような教授－学習の構成や授業の作り方は、従来の学習指導要領社会科や科学主義社会科にみられる問題点を克服し、人物学習を歴史的人物の行為と出来事の関係を研究する人物学習へと変革すると考えられる。

　次に「出来事学習」における教授－学習過程の構成の原理について見る。「出来事学習」では、教授－学習過程の構成に関する原理として、以下のものがある。

・歴史理解の方法に基づいて歴史を理解させるとともに歴史理解の方法自体についての理解も行わせる（ただし、歴史理解の方法は単元で異なる。ひとつは「歴史の読解方法」、もうひとつは「社会科学の方法」である）。
・「人物の行為」「出来事」「時代像」のそれぞれの関係を理解する学習場

面を設ける。

「出来事学習」では、構築主義歴史学習の基本概念①〜⑤を構成要素としていると考えられる。この学習においても先の「人物学習」と同様に、表5-3に示す教授－学習過程構成に関する5つの学習原理が組み込まれていると思われる。基本的には教授－学習過程を、歴史的人物や研究者が行った解釈を学習者が分析し、吟味・検討していく過程として組織している。

また、「出来事学習」では基本概念⑥（表5-2参照）の習得までも行われているが、これは知識面のみでの理解にとどまり、学習者が学級の中で相互に関わり合いながら学習を進める協働的な学習とはなっていない点で、後述の社会構築主義に基づく出来事学習とは大きく異なっていると判断される。

「時代像学習」では、教授－学習過程の構成について分析した2つの単元で次のような共通の原理が明らかになった。

・多様な史資料を活用して解釈を行わせる。
・多様な推論をさせて歴史を理解させる。
・推論方法を吟味させる（ただし、推論のタイプは単元によって異なる）。

「出来事学習」では、教授－学習過程の構成に関して次の4つの特質がある。

第一の特質は、歴史の事実を現在の視点で解釈させることで出来事を理解させることである。これは歴史上の出来事を現在にも共通する問題として学習者に捉えさせ、検討させることで現代にも適用できる意思決定の方法原理についての理解と意義づけをさせる特質と考えられる。

第二の特質は、「人物の行為と出来事による時代像の構築性」と言えるもので、時代階層や歴史的人物の動機、判断の基準となる考え方の発見を学習者に求めることで、時代における人物の行為と出来事との関係を理解させるとともに、理解した出来事と出来事の関係を明らかにし、時代の特徴を理解させるものである。単元における時代の特色理解の構造は、「論題」「背景や状況」「時代階層や歴史的人物の判断」「行為」「出来事」「時代の特色」の6

つの要素と、これら一連の要素の因果的連鎖を単位とする「時代の特色の解釈モデル」をもとにして表すことが出来ると考えられる。

　第三の特質は、「出来事による時代像の構築性」といえるもので、第二の特質にある、論題から出来事までの一連の要素の因果的連鎖を理解した上で、理解した出来事同士を関係づけて当該時代（時期）における出来事の流れとしての物語を構成することで時代の特色（時代像）の理解が行われることである。これは、時系列にそって並べられた出来事、あるいは複数の観点で個別に明らかとなった出来事の間に関連をもたせ、より広い社会的な文脈をもつ物語として再構成することで、人物の行為によりかたち作られた出来事の間にある関連的意味を学習者自身に発見させることである。これにより時代の特色（時代像）の理解が行われる、と考えられる。

　第四の特質は、歴史の出来事を現代とも共通する、時代を通した普遍的問題として取り上げ、歴史的人物の考え方や、倫理的判断の検討を通して、社会的問題の解決法や時代の特色を解明することで歴史を理解することが想定されていると考えられる。

　以上が、教授－学習過程の構成について、推測される原理と特質である。

3．学習者と歴史・社会との関係から見た特質

　最後に、学習者と歴史（社会）との関係の観点で認知構築主義に基づく歴史学習をみると、以下のような特質があると考えられる。

　まず「人物学習」（第2章）では、単元「リンカーンと奴隷解放」で学習者は、不平等や人権に関わる日常生活の中での経験や既有の概念を用いてリンカーンの政治活動の変化の研究を行い、歴史的人物と出来事の関係についての理解を学習者自身で作っていく学習を行っている。ここでは、日常性と科学的研究との両方を利用し、両者の相互作用により、学習者による人物研究や物語の構築を促進する点に大きな意義があると思われる。

　しかし、このような認知構築主義に基づく歴史研究型の歴史人物学習は、

第5章　認知構築主義に基づく歴史学習の原理と特質　241

人物の行為と出来事の関係が歴史的人物（リンカーン）に内在する単一の視点でしか取り扱われないため、学習者の多様な視点から歴史理解を促進するという点では限界がある。ひとりの歴史的人物の視点だけでなく、複数の人物の多様な視点によって人物の行為と出来事の関係を複数の関係（複数の物語）へと社会的にまとめていく人物学習へ発展させることが必要と考えられる。

　次に「出来事学習」（第3章）では、植民地民兵やイギリス軍兵士（レキシントンの戦いの関係者）、コロンブスやインディアン（アメリカの発見者）など、複数の人物が取り上げられている。解釈の視点は複数の歴史的人物の視点を中心にして扱われており、人物学習に比べると学習者の出来事解釈は多様に行われている。しかし過去の歴史的人物の視点の考察や出来事がどの様に解釈されてきたのかについては理解されているが、過去の人物や歴史学者、考古学者や文化人類学の研究者が行っている解釈の妥当性の判断のみにとどまっている。つまり、学習者自身による出来事（歴史）解釈にはなっていない。学習者が内面に自分なりの過去の歴史像をつくっていく過程として学習が組織されてはいるが、学習者と歴史上の出来事との関係が中心であり、現在の社会のあり方と結びついた歴史像の構築は希薄である。そのため、学習者と歴史の関係をみると、歴史はなお学習者の外側にあり、学習者がそれを受容するかたちで歴史を構築している。この点で、学習者による自律的な歴史（出来事）解釈を保障する歴史学習の実現には依然として課題があるといえる。

　さらに「時代像学習」（第4章）について見ると、ハーバード社会科の単元「アメリカ独立革命」では、国家が危機に直面したときの解決策としての判断基準と判断の方法（批判的思考）を習得させ、現在にも通用する判断基準を吟味・検討させる。さらにその判断基準を学習者自身が適用可能なものにする点で、学習者を現在の社会とも関わらせるものとして高く評価できる。しかし、学習者同士の批判活動を大きく位置づけていない点や現代の社会そ

のものの特質や改変と結びつけていない点で、なお認知構築主義に基いた時代像学習にとどまっていると言える。一方、同じ「時代像学習」である単元「ヒロシマ」では、歴史の出来事が複数の視点から理解されているが、当該時代の当事者たちの視点からみるだけにとどまり、学習者自身の視点から出来事や時代をみることにはなっていない。また、時代の特色の理解においては学習者自身の視点は形成されるが、それは学習者同士の関わり合いによって形成・吟味されたものではない。そのため、ここで取り上げた単元は、構築主義歴史学習の８つの基本概念のうち①〜⑥は備えているが、⑦と⑧の基本概念が欠落しており、認知構築主義に基づいた歴史学習といえる。学習者がより主体的に自らの歴史像を作っていくためには、⑦と⑧の基本概念を備えたものに改善していくことが不可欠と考えられる。

　以上が、学習者と歴史・社会との関係からみた認知構築主義歴史学習の特質である。

　１．歴史理解の捉え方から見た特質、２．教授−学習過程の構成から見た特質、３．学習者と歴史・社会との関係から見た特質、の３つの観点から認知構築主義に基づく歴史学習全体の特質を述べてきた。これまで第１部で取り上げた歴史学習は「仮説的に」認知構築主義に基づく歴史学習であると推測していたが、以上で明らかになったことをもとに判断すると、これらの歴史学習は歴史学などの学問的研究方法を通して学習者個人に歴史の構築性を理解させている点で共通しており、個人による研究的な歴史構築学習（研究的歴史構築学習）と呼べるもので、確かに認知構築主義に基づく歴史学習であると言える。

　以上、本章では第２章〜第４章までの認知構築主義原理と特質について示した。

　第１部では、認知構築主義に基づく歴史学習の原理を、(1) 人物学習、(2) 出来事学習、(3) 時代像学習の３つの類型ごとに明らかにしてきた。

　第２〜４章で考察した歴史学習は、学習者が教師の発問に答え、提供され

る史資料を読み取る中で「人物の行為」「出来事」「時代像」の解釈を行うものである。学習者は自分の視点（既有の知識）を活用して史資料を解釈し解釈を作っていく。この際に用いられるのが「解釈モデル」である。

このモデルは因果関係を重視するもので、(1) 人物学習では「人物の行為」と「出来事」の因果関係、(2) 出来事学習では「出来事」と「時代像」の因果関係、(3) 時代像学習では「時代像」と「歴史を通して共通する一般的原理」の因果関係が重視される。このモデルは後述の第2部で用いられるモデル（複線的構造）とは異なり、単線的構造（論題、背景や状況などによって一続きの因果関係を説明するもの）をもつものである。

第1部の歴史学習は、学習者の内在的な視点をもとにして史資料を解釈して理解を作り上げるという点で教師主導の暗記主義的な歴史学習と異なるものであり、「認知」構築主義に基づく歴史学習といえる。

第2部　社会構築主義に基づく歴史学習

　第1部（第2章〜第5章）では、「認知」構築主義に基づく歴史学習の単元を分析した。

　第1章第3節で述べたように、本研究の目的は、構築主義に基づくさまざまな類型の歴史学習プランを分析することにより、構築主義に基づく歴史学習の原理と授業構成の特質を明らかにすることである。

　第1章で述べたように、構築主義は大きく2つの類型、(A) 認知構築主義と(B) 社会構築主義に分けられる。そして各単元の分析に当たってはさらに「歴史理解の内容」による3つの下位レベルの枠組み、(a) 人物の行為の解釈、(b) 出来事の解釈、(c) 時代像の解釈を設定した。第1部ではこの2類型のうち(A)認知構築主義と3つの下位レベル (a) (b) (c) を順次組み合わせ、(A) (a)＝認知構築主義＋人物の行為、(A) (b)＝認知構築主義＋出来事、(A) (c)＝認知構築主義＋時代像、の順で各単元を分析し、原理を抽出してきた。

　次の第2部では、構築主義の第2類型である「社会」構築主義に基づく歴史学習の単元を分析する。ここでも第1部と同様に、(B)社会構築主義とその下位レベルの3つの枠組み、つまり(a) 人物の行為の解釈、(b) 出来事の解釈、(c) 時代像の解釈、を順次組み合わせる。そして(B) (a)＝社会構築主義＋人物の行為、(B) (b)＝社会構築主義＋出来事、(B) (c)＝社会構築主義＋時代像の順で各単元を分析して原理を抽出し、社会構築主義に基づく歴史学習の特質を明らかにする。

第6章　人物の行為の批判的解釈に基づく歴史学習の論理

　本章の目的は、社会構築主義に基づく歴史学習の「歴史理解の内容」による3つの類型（人物の行為・出来事・時代像）のうち、第1類型である「人物の行為」の解釈学習単元を分析し、その原理を明らかにすることである。

　本章では2つの学習単元を取り上げて分析する。第1節ではDBQプロジェクト（Document Based Questions Project）の世界史単元である「ガンジー、キング、マンデラ」、第2節では同じくDBQプロジェクト「何がセイラムの魔女裁判を異常なものにしたのか」の2つである。

　第1節では、まずDBQプロジェクトの歴史学習の目標について述べ、カリキュラムの全体計画とその論理について説明する。次に分析対象とする単元「ガンジー、キング、マンデラ」の単元構成とその論理（目標と構成・指導計画・単元概要・パートの構成・単元全体の特質）を述べる。そして具体的な授業展開についてパートに分けて分析し、分析の結果明らかになった内容構成原理および学習方法原理について詳述する。最後に単元の特質と問題点に言及する。

　第2節ではまず、集団の行為に焦点をおく必要性について述べる。なぜなら、人物の行為の分析について一人または複数の個々人の行為を分析するのみでは、歴史上の出来事を解釈することが難しい場合があるからである。次に単元「何がセイラムの魔女裁判を異常なものにしたのか」の構成とその論理（目標・単元全体の概要・パートの構成・単元全体の特質）について述べる。そして具体的な授業展開について分析し、分析の結果明らかになった内容構成原理および学習方法原理について詳述する。

　最後の第3節では、2つの単元「ガンジー、キング、マンデラ」「何がセ

イラムの魔女裁判を異常なものにしたのか」を通した全体の特質と問題点に言及する。

第１節　個人の思想に焦点を当てた人物の行為の批判的解釈学習：
DBQプロジェクト（世界史）　単元「ガンジー、キング、マンデラ－何が非暴力主義の事業を成し遂げさせたのか」の場合

　この節では、社会構築主義に基づく歴史人物学習の原理を解明する。

　歴史人物学習を歴史理解の観点からみると３つのレベル、つまり(1) 人物の行為の理解、(2) 人物と関連する出来事の理解、(3) 人物の生きた時代の特色の理解に区分される。そして歴史理解は(1)のレベルから(2)や(3)のレベルへと段階的に発展するものである。人物学習が学習者の歴史理解を発展させるひとつの基本型として機能するには、この３つのレベルの理解を組み込んで学習過程を組織し、学習者の歴史理解を発展させることが必要であり、これが今後の課題であると言える。

　この課題に応えるために必要なことは２つある。第一に人物の行為・出来事・時代の特色の相互関係をどの様な内容として理解させるかを解明し、人物学習の原理（内容構成原理）として定式化すること、第二に歴史的人物の行為・出来事・時代の特色の相互関係を学習者にどの様な方法で理解させ、構築させるかを解明し、人物学習の原理（学習方法原理）として定式化することである。

　この２つの課題に対しては、第１部第２章においてアマースト・プロジェクトの単元「リンカーンと奴隷解放」の分析を通して、構築主義に基づく歴史人物学習の原理を明らかにすることにより回答を得ることができた。しかし、この単元は学習者「個人」のレベルでの歴史人物学習を扱ったものであり、明らかにされたのは認知構築主義（学習者ひとりの視点のみで事象を理解する）に基づく歴史人物学習の原理にとどまった。社会科は文字どおり、社

会、つまり人との関係をもちながら社会における人間関係についての理解を深める教科であり、個人のレベルの学習にとどまるものではない。現在、授業ではグループやクラス全体で学習者同士が議論し、討論しながら主体的に学習を進める協働的な学習が重視されている。このような中で歴史学習においても、個人の学習にとどまらず、学習者同士が関わり合いながら理解を深めていく社会構築主義（複数の学習者同士の視点で事象を理解する）に基づく歴史学習の原理の解明が強く求められる。このことは人物学習においても同様であり、社会構築主義に基づく歴史人物学習の固有の原理の解明が望まれている。

そこで先述の2つの課題に十分に応えるという目的達成のため、第1節では社会構築主義の歴史学習に位置づく米国のDBQプロジェクト（Document Based Questions Project）[1]を取り上げ、社会構築主義に基づく歴史人物学習の2つの原理を析出する。このプロジェクトは、社会構築主義に基づく歴史人物学習であり、現在の人物学習の大きな課題である、前述の3つのレベルを組み込んで学習過程を組織する構成になっており、社会構築主義に基づく歴史人物学習の原理を含んでいると考えられる。分析対象とするのは、世界史単元「非暴力主義：ガンジー、キング、マンデラ」である。また、この歴史人物学習は後述するように「史料批判型社会的人物学習」と呼ぶことができものであり、議論の構造をもとにした批判の方法を用いて、社会的に（他の学習者との関係において）歴史上の人物の行為と出来事の関係を理解させるものである。

1．歴史学習の目標

DBQプロジェクトはアメリカの中等学校段階（ミドルスクールとハイスクール）の歴史カリキュラムであり、その特徴は記録、解説文、写真や絵、地図、統計などの情報が盛り込まれた文書資料（史資料）を手がかりにして歴史を学習することである。そして文書資料を分析する高次の思考活動を通し

て、学習者の歴史の思考や技能を伸ばそうとしている。

DBQプロジェクトは、米国イリノイ州エバンストン・ハイスクールの教師、C. ブレーディ（Charles Brady）とP. ローデン（Phil Roden）によって2000年頃から開発が始まり、2002年には米国史のカリキュラムが、2005年には世界史のカリキュラムが単元キットで出版された。

このプロジェクトのウェブサイトの説明[2]によると、DBQプロジェクト開発の当初の目的は、3つの学力（読解力、論理的思考力、文章力）の育成を課題にしていた教師たちを支援することであった。アメリカでは伝統的に歴史の試験（the Advanced Placement History Test）があり、この試験で評価される読解力、論理的思考力、文章力の育成に応えようとしていたのである。

DBQプロジェクトは現在ではさらに目的を広げて、歴史の批判的思考や技能を伸ばす[3]ことをめざしており、小学校から高等学校まで活用できる世界史および米国史の単元と教材キットの開発を進めている。また、教師向けのワークショップを開催してプロジェクトの実際的な活用方法を指導し、教育現場への普及をはかっている。

2．授業構成原理

(1) カリキュラムの全体計画とその論理

DBQプロジェクトの歴史カリキュラム単元は、既存の歴史カリキュラムの全体をカバーするものではなく、適宜投げ入れ的に利用するものとして作られている。

DBQプロジェクトの歴史カリキュラムの全体を構成する単元を示すと、表6-1のようになる。これまでに米国史と世界史のカリキュラムが開発されており、米国史は8個、世界史は10個の単元から成っている[4]。これは二種類の媒体（a. 文書資料のかたちの教材のみを製本した学習者用キット、b. 教師用指導書と文書資料教材を合わせたバインダー式の教師用キット）で出版されている。

本節ではDBQプロジェクトの教師用キットと学習者用キット（Brady &

Roden, 2005a, 2005b）の内容を、①教材、②学習問題、③学習方法の３つの観点から分析した。①の教材として取り上げられているのは社会問題に関する出来事であり、社会問題の考察を通して時代の特色を理解させる教材が選ばれている。②の学習問題は通常の学習問題と異なり、「分析的問い」と名づけられた問題解決的な問いとなっている。そして③の学習方法については、グループや学級での討論の方法を用いている。これら３つから、歴史カリキュラムの基本的な構成原理として以下の原理があることが明らかとなった。

各時代の特色と全時代を通して共通する社会問題を追求させる構成

　このカリキュラムは、２つの概念を理解させる構成になっている。第一は時代の特色を示す概念の習得、第二は時代を超えて存在する社会問題を示す概念の習得である。つまりこのカリキュラムの構成原理は、時代の特色および各時代に共通する社会問題を追求させる構成になっている。

　単元の学習内容を分析して習得される概念を抽出して示すと、表6-1の「中心概念」の欄になる。そして、これらの中心概念がそれぞれ当該時代にのみ特徴的なもの（時代の特色）なのか、それとも各時代に共通する社会問題分析の指標なのかを区分して示すと、「歴史理解のレベル」の欄になる。時代の特色を理解させる概念としては、「土地改革」「女性の地位」「大恐慌期における市場と景気変動の原理」「中世ヨーロッパにおける社会的危機への宗教的対処」「印刷機による情報革命」「砂糖貿易における生産の基本要素」「植民地の独立」などがある。また時代を通して存在する社会問題を理解する概念としては、「経済システム」「人種分離主義と統合主義」「ジェンダーと平等権」「政治形態の意義」「女性労働と権利保障」、「民族主義」「非暴力主義」などの概念がある。さらに単元「ゴールドラッシュ」（米国史）や単元「アステカ帝国」（世界史）では、「歴史理解の方法」についても学習する。

表6-1 DBQプロジ

	単元名	副題（分析的問い）	対象年代
米国史	単元1 セイラム	何がセイラムの魔女裁判を異常なものにしたのか	1620〜1776
	単元2 革命	アメリカ革命はどれくらい革命的だったのか	1761〜1808
	単元3 ジャクソン	ジャクソンはどれくらい民主的だったのか	1813〜1848
	単元4 ゴールドラッシュ	この時期の旅日誌はどの様に書けるか	1839〜1869
	単元5 オールド・ウエスト	オールド・ウエストはどれぐらい暴力的であったのか	1848〜1890
	単元6 大恐慌	何が大恐慌の原因となったのか	1920〜1941
	単元7 キングとマルカムX	キングとマルカムX：1960年代のアメリカにとって誰の哲学が最も大きな意味をなしていたのか	1936〜1974
	単元8 ERA（憲法の平等権修正条項）	ERAはなぜ否決されたのか	1964〜1982
世界史	単元1 古代アテネと漢帝国	ちがいはどれほど顕著であったのか	BC.551〜105
	単元2 モンゴル帝国	「野蛮人たち」はどれ程野蛮であったのか	1167〜1348
	単元3 黒死病（ペスト）	キリスト教徒とイスラム教徒の反応はどの様に異なっていたのか	1303〜1387
	単元4 アステカ帝国	歴史は何を語るべきであったのか	1200〜1519
	単元5 印刷機	印刷機が引き起こした最も重要なものは何か	1040〜1543
	単元6 砂糖貿易	何が砂糖貿易を強力に推進したのか	1493〜1740
	単元7 工業化と女性	彼女達の経験はどれくらい類似していたのか	1789〜1900
	単元8 植民地主義とケニア	植民地主義はケニアにどの様に影響したのか	1855〜1963
	単元9 第一次世界大戦	第一次世界大戦の基礎にある原因は何であったのか	1861〜1945
	単元10 非暴力主義	何が非暴力主義を実現させたのか	1869〜1993

(2) 単元構成とその論理

1) 単元構成原理

　DBQプロジェクトでは単元構成原理として次の2つの原理が読み取れる。

第6章　人物の行為の批判的解釈に基づく歴史学習の論理　253

ェクトの単元構成

主な学習内容	中心概念	歴史理解のレベル	主要な思考スキル
社会的行動の原理	社会心理	時代を超えた問題	個人の信念を吟味する
土地改革・女性の地位	社会変革	時代の特色	分析的カテゴリーを利用する
民族・人種問題（インディアンと黒人奴隷）	人種、民族、人権問題	時代の特色	カギになる用語を定義する
人種・民族・ジェンダー問題	人種、民族、ジェンダー、人権	時代の特色 歴史理解の方法	代弁者（persona）を作る
多様な史料による歴史理解の方法（西部開拓時代の実相）	歴史理解の方法	歴史理解の方法	偏向を見破る
市場と景気変動の原理	経済システム	時代の特色	因果関係を判断する
人種分離主義と人種統合主義	人種問題	時代を超えた問題	一般化を行う
ジェンダーと平等権問題	ジェンダー、人権	時代を超えた問題	一般的に受容されている考え方に対する例外を考察する
民主政治と皇帝政治の理念と意義	民主政治	時代を超えた問題	分析的なカテゴリーをつくる
文明圏交流の効果	文化、文明	時代の特色	カギになる用語を定義する
社会的危機と宗教（キリスト教とイスラム教）	危機（疫病）、宗教	時代の特色	個人的な応答を吟味する
多様な史料による歴史理解の方法	歴史理解の方法	歴史理解の方法	判断を下す
情報革命	革命（情報革命）	時代の特色	歴史的な重要性を評価する
生産の基本要素の整備（土地、労働者、資本）	経済システム	時代の特色	経済的な関係を理解する
女性の労働進出と権利	ジェンダー、人権	時代を超えた問題	矛盾している史資料を扱う
植民地独立	民主政治	時代の特色	個人的な応答を明確にする
民族主義	民族	時代を超えた問題	立場を明確にする
非暴力主義と人権保障	人権	時代を超えた問題	歴史的なシチュエーションを個人化する

(Brady & Roden, 2002b, 2005b より筆者作成)

原理1　「分析的問い」を基軸にした概念探求過程としての構成

　表6-1に示されるカリキュラムの各単元の副題には、学習者が取り組むべき学習問題が「分析的問い」と呼ばれる問いで示してあり、単元は「分析的問い」を追求していく問題解決的な過程として構成されている。各単元の「分析的問い」を示すと表6-1の「副題（分析的問い）」の欄のようになる。

「分析的問い」は、表6-1で示した中心概念を学習者自身が探求的に導き出す原動力となるものである。そのため単元構成の第一の原理として析出できるのは、学習する際に基軸となる分析的問いを設定することで学習者の積極的な概念探求過程を構成していることである。

例えば、米国史の単元1「セイラム」では分析的問いとして「何が1692年のセイラムの魔女裁判となった集団ヒステリーを引き起こしたのか」が問われ、米国マサチューセッツ州北東部のセイラム地域で発生した魔女裁判を引き起こした要因を追求する。ここで学習される因果関係的条件は、セイラムという特定地域に当てはまる条件であるだけでなく、他の地域あるいは異なる時代において、集団ヒステリーを引き起こす社会心理学的な条件（人々の社会的行動の規定要因）でもある。この単元では、当該の時代はもちろん、現代の理解にも共通して適用できる概念（社会の見方）を学習している。

原理2　文書による批判的解釈と討論を通した批判的解釈に基づく歴史と社会の理解

第二の原理は、二段階にわたる批判によって学習を進めていく方法をとっていることである。

DBQプロジェクトの単元学習でとられる段階を表6-2に示した。単元は大きく5段階の学習で構成されている。段階1では、学習者は分析的思考へと興味づける導入問題を解く。段階2では、問題の背景を知るために小論文を読み、段階3では問題解決の手がかりとなる文書を分析する。そして段階4では、問題への解答として分析的小論文を書き、最後の段階5では簡易ディベートを行う。

学習では、分析的問いへの学習者の回答内容（歴史解釈）について二段階にわたって批判が行われる。批判の第一段階は、学習者個人による文書の批判的解釈である（表6-2の段階2および段階3の(1)(2)）。そして批判の第二段階は、批判の第一段階で作り出した解釈を、学習者がグループや学級全員で批判的に検討することにより解釈を協働で批判的に作り出すことである（表

表6-2 DBQプロジェクト単元の学習段階

段階	内　　容	時間
1	分析的思考へと興味づける導入問題を解く。	1
2	問題の背景を知るための小論文を読む。 (1) 分析的問いを理解する 　1) 問いのタイプを明確にする。 　2) 問いの中のカギになる用語を定義する。 (2) 背景を知る小論文の内容を知る (3) 小論文の中のカギになる語彙の意味を理解する	
3	手がかりとなる文書を分析する。 (1) 教師の模範を見て文書の分析方法を理解する。 (2) 分析的フレームワークを用いて文書をグループ化する。 (3) 文書の分析方法をコーチする。 (4) 文書を再びグループ化する（re-bucketing）。 (5) 学級全員に文書を配布する。 (6) 徹底的に議論させる。	1
4	分析的小論文を書く (1) レディネスを確かめる。 (2) 小論文の構成を考える。	1
5	オプション－簡易ディベート	2～3

(筆者作成)

6-2の段階3の(3)～(6))。

このように本単元の学習では、学習者自身がまず文書による歴史の批判的解釈を通して歴史を理解し、次に文書から得られた自分の解釈をグループや学級の討論を通して批判的に検討する。

2) 単元「非暴力主義」の目標と構成

(a) 目標

単元「非暴力主義：ガンジー、キング、マンデラ－何が非暴力主義を実現

させたのか」(世界史単元)は、ガンジー、キング、マンデラの3人の「人物の行為」が、隷属状態の人々を解放した「出来事」の中でどの様な役割を果たし、人権保障に関わる偉業を成し遂げたのかについて、文書の批判的解釈を通して理解させるものである。

本単元の基本目標は、1．で示したDBQの基本目標と同じく歴史の批判的思考と技能を育てることである。ここでは特に平和と和解の実現方法を検討することによって、非暴力主義が社会や生活の中でどの様に実現するのかを理解させる。具体的には、3人の歴史的人物の行為を分析し、彼らの行為を非暴力主義の観点から順次解釈しながら、「人物の行為」「人物の行為と出来事との関係」「出来事と時代の特色との関係」を追求し、理解を進めていく。対象となる時期は、1869年から1993年までである。表6-1に示すように、学習内容は非暴力主義と人権保障である。そして学習する中心概念としては「人権」が設定されており、分析的問いである「何が非暴力主義を実現させたのか」という問いを普遍的問題として理解する。そして最終的には非暴力主義の意味とその実現の意義、さらには「人権保障の実現」という、社会を構築していく上で中核的な働きをする普遍的概念を理解する。思考技能としては、「歴史的な状況を個人化する力(自分に当てはめて考え、解決方法を考え出す力)」を育成しようとしている。

(b) 単元の概要

単元「非暴力主義」の目標は、DBQプロジェクトの特徴である、史資料[5]の分析に基づいた高次の思考活動に取り組ませることで学習者の批判的思考、分析的思考、技能を伸ばすことである。文書資料には、ガンジー、キング、マンデラという3人の歴史的人物の行為が物語として示されている。学習過程では、これらを読み取り、人物の行為を解釈し、非暴力主義がどの様に実現されたのかを明らかにしていくプロセスが重視される。そして一連のプロセス、つまり〔分析的問いの把握〕→〔史資料の分析〕→〔ディスカッ

ション〕→〔分析的小論文の執筆〕という流れで学習が展開する。

　教師用指導書によれば、単元は次の4つのパートで構成されている（Brady & Roden, 2005b：p.610）。

パート1　背景的小論文の紹介と「分析的問い」を考える手がかりの提供
パート2　グループディスカッション
パート3　クラスディスカッション
パート4　小論文の執筆

　単元の展開をこれらのパートにそって指導計画として示すと表6-3のようになる。

　単元「非暴力主義」の分析的問いは、「何が非暴力主義を実現させたのか」である。学習者は、背景的小論文（歴史的人物の活動の背景を書いた小論文）や文書を手がかりとしてこの問いを追求していく。まず、ガンジー、キング、マンデラの行為を比較し、これら3人がとった非暴力主義の実現方法や人権の概念を理解し、現在にも共通する人権保障と、人権保障を実現する手段である非暴力主義について理解する。学習者は、分析的問いに答えていくことで時代の特色や出来事の特徴、現在の社会の理解に役立つ見方・考え方を獲得することになる。

　単元ではまず、ガンジー、キング、マンデラによって行われた非暴力主義による背景的小論文を学習者に読ませ、基礎知識を習得させる。そして、単元の学習問題である「何がガンジー、キング、マンデラたちの非暴力主義の事業を実現させたのか」が問われる。

　次に、この学習問題を考える手がかりとして、生活の中の身近な問題（図書館のパソコン利用での利用者同士のトラブル）が紹介され、その解決の仕方を考える。ここで考えた解決方法は、学習問題を考えるヒントとしてこれに続く学習で役立つことになる。

　続いて、ガンジー、キング、マンデラの順で、非暴力主義の活動についての文書資料を読む。そして、「分析的問い」である「何が非暴力主義の事業

表6-3 単元「非暴力主義：ガンジー、キング、マンデラ」の指導計画

段階	学習項目	概要	配当時間
パート1	背景的小論文を読む	・単元の学習テーマ「非暴力主義」の歴史的背景を理解させるためにガンジー、キング、マンデラに関する小論文（要約的伝記）を読み、単元の学習問題「何がガンジー、キング、マンデラの非暴力主義の事業を成功させたのか」（分析的問い）を把握する。	30分
	学習への動機づけ	・図書館でのPC利用の優先権をめぐって個人同士の間で生じたトラブルの事例を紹介しその解決方法を考えさせる（解決方法のひとつとして非暴力の抗議も考えさせる）。この事例と学習問題とを結びつける。3人の歴史的人物は社会的な問題の解決に取り組んでいたこと、彼らの非暴力主義の事業が成功した要因が、勇気・信念・献身性・暴力の排斥・法の尊重・カリスマ的指導力などがすべてではないことを強調し、学習問題追求への関心を高める。	15分
	文書の分析カテゴリーの抽出（個人で分析）	・学習問題を検討する手がかりとして18個の文書が提供され、学習者はそれらを通読する。次に何が学習問題となっていたかを確認し、非暴力主義による運動の成功要因の解明に役立つように18個の文書をいくつかのグループに分類する。	宿題（適宜）
パート2	「何がガンジー、キング、マンデラの非暴力主義の事業を成功させたのか」を議論する	・学習問題の解決のために作成した、文書の概括的グループが学習問題の解決に役立つかどうかを検討する。教師は経済的要求、道徳的要求など合計6個の視点が抽出されるように指導する。	10分
	カテゴリーを指標とした非暴力主義成功の要因分析(1)（学級全体での議論）	・1、2個の文書を取り上げ、非暴力主義運動を実現させた要因として何が見い出されるかを学級全体で検討させる。次に、二人組あるいはグループで、作成した文書のグループを分担し、含まれている文書を分析し、グループ化の視点になっているものが運動の成功に本当に必要な要因かどうかを検討する。	35分

	非暴力主義成功の要因分析(個人で分析)	・分担した文書グループに含まれる文書を個人でさらに分析し、3人の歴史的人物が非暴力主義の事業を実現した要因を考えてメモにまとめる。	宿題(適宜)
パート3	カテゴリーを指標とした非暴力主義成功の要因分析(1)(学級全体での議論)	・作成したメモをもとに、学習問題「何がガンジー、キング、マンデラの非暴力主義の事業を成功させたのか」を学級全体で検討する。文書の比較が容易になるように要因を文書レベル、カテゴリーレベルで分析し、非暴力主義の構成要素を明らかにしてそれぞれの要因の重要度を評価する。	45分
パート4	問い「何がガンジー、キング、マンデラの非暴力主義の事業を実現させたのか」に対する回答を個人で小論文にまとめる	・これまで学習したことをもとにして学習問題「何がガンジー、キング、マンデラの非暴力主義の事業を成功させたのか」に答える小論文を書く。 ・学習者の小論文執筆スキルが不十分であれば、小論文を書く前に、執筆方法を指導する授業を1時間設ける。	45分(宿題として行うことも可能)

(Brady & Roden, 2002b, 2005b: p.610 より筆者作成。配当時間は上記文献（2002a）の授業展開の説明をもとにして明らかにした。)

を実現させたのか」についてその要因が検討される。その検討は、個人からグループへ、グループから学級全体へと広げながら行われる。そして最後に、これまでの学習をもとにして学習問題に対する答えを個人で考え、小論文にまとめる。

(c) パートの構成

(b)では単元の概要を4段階に分けたが、学習者の理解の過程をより明確にするために学習段階をさらに細かく分析し、どんな学習目的の下に、どの様な学習活動を、どの段階で行うのかを整理した。その結果を示すと後掲の表6-4のように5段階になる。表6-4に基づくパートの説明は、次項で詳しく行う。

(d) 単元全体の特質

以上の分析をもとに、プロジェクトとの関連で「ガンジー、キング、マンデラ－何が非暴力主義を実現させたのか」の単元全体の特質をまとめると次のようになる。

第一の特質は、ガンジー、キング、マンデラの3人の歴史的人物が取り組んだ非暴力主義による運動の理解を通して、自由・平等の実現や権利の保障という、現在とも共通する社会問題の特色を理解させる構成になっていることである。

第二の特質は、社会の変化や運動そのものによって変化する状況に伴い、3人の問題解決の方法についての考え方も変化したということを、「意思決定の問題」として理解させていることである。

第三の特質は、非暴力主義による社会問題の解決過程を〔ガンジー〕→〔キング〕→〔マンデラ〕と時系列に沿った一連の発展過程として理解させることにより、現代にも存在する同様な未解決の社会問題の解決方法を理解させていることである。

第四の特質は、第一～第三の特質で述べた理解を、グループや学級の批判的な討論を通して個人の主張として学習者に構築させていることである。

以上、単元構成とその特質について述べてきた。次項では授業展開とその論理について述べる。

まず単元「非暴力主義」の具体的授業展開をパートごとに詳しく述べ、その分析から得られる二種類の原理、つまり1）内容構成原理と2）学習方法原理を明らかにする。

(3) 授業展開とその論理

1) 内容構成原理

内容構成原理を考える上で重要なことは、授業の中で教師がどの様な発問をし、それに対して学習者がどの様に考えて回答するかを分析することであ

る。なぜなら、内容構成原理は学習者が習得する内容から引き出されるものであり、その内容は教師の発問に学習者が答えることで初めて明らかになるからである。そこで教師の発問と学習者の答えを分析するものとして後掲の表6-4を作成した。表6-4では、DBQの教師用指導書にある4つのパートを、習得する内容の観点から再構成して新たなパートに編成し直している。表6-3のパート1は内容が多く、3つの学習段階で成り立っている。そこで表6-4に示すように、3つの学習段階ごとに新たに3つのパート（パート1、パート2、パート3）に分けた。次に表6-3のパート2およびパート3は、非暴力主義成功の要因分析という点で共通しているため、表6-4では2つのパートを統合して新たにパート4とした。さらに、分析的小論文執筆のパートである表6-3のパート4は、表6-4ではパート5にしている。

以下、表6-4の5つのパートの内容を縦軸、横軸の順に説明していく。

縦軸は各パートを時系列にそって示した学習の段階であり、パート1からパート5までの5段階で構成されている。各パートの中心的内容や活動は以下のようになっている。

パート	中心的内容・活動
パート1	非暴力主義運動の背景と社会運動
パート2	日常生活の中で起こる衝突や対立の解決方法
パート3	論題と主張の構築
パート4	非暴力主義による社会改革成功の要因の検討〔検討事項〕①経済的圧力、②道徳的要求、③規律の維持、④刑務所への収監の積極的受容、⑤新聞の活用、⑥敵との和解
パート5	分析的小論文の執筆

表6-4の横軸には、各パートにおける歴史理解の構造を示すために、4つの欄（左から「教師の発問」・「歴史理解の内容」・「認識過程」・「社会的批判による理解の方法」）を設けた。「教師の発問」の欄には、各パートにおける◎単元の中心的問題、○パートの中心的問題、・具体的に考察される問題をそれぞれ

「◎」、「○」、「・」の記号を付けて示した。学習者の「歴史理解の内容」の欄では、パートごとに主要な内容を「◎」や「○」を付けて、また理解の支えとなる内容を「・」を付けて示した。そして「認識過程」の欄では、「歴史理解の内容」を踏まえて、学習者が過去の出来事を文書からどの様に構成し、また現在の視点からどの様に出来事を解釈し、意味づけていくのかを示した。一番右の「社会的批判による理解の方法」の欄は社会問題の理解の方法を2つのレベルで示したものである。

　以下では表6-4の横軸のうち、3つの欄(「教師の発問」「歴史理解の内容」「認識過程」)にそって各パートの概要を述べる。

　パート1ではまず、非暴力で平和を実現する運動はどの様に行われてきたかが問われる(「教師の発問」欄を参照)。そして、ガンジー、キング、マンデラの業績についての伝記的説明が書かれた小論文「ガンジー、キング、マンデラ－何が非暴力主義を実現したのか」が配布される。学習者はこれを読んで、問いの背景となっている非暴力主義に基づく活動や社会改革の概要を知る。つまりパート1では、非暴力主義による社会改革は、自由・平等を求める人物の行為やそれによって生み出された出来事によって実現されてきたことを理解する(「認識過程」欄)。

　パート2では、非暴力主義による対立の解決方法を考察するきっかけ作りとして、日常生活で起こり得るトラブルを取り上げる。図書館でパソコンを利用する際に生じうる生徒同士のトラブルについて3つのシナリオが提示され、それらを解決するための原則が7つ示される。そしてどの解決原則が適用できるかが問われる(「教師の発問」欄)。その結果、適用可能な原則は複数あり、身体的・言語的対決から人々を守る原則として非暴力主義の原則が理想的であること、ただしこれは最も実現困難であることを学習者は理解する(「歴史理解の内容」欄)。そして、日常的な対立を非暴力主義で解決する方法を明らかにするためには、ガンジー、キング、マンデラが非暴力主義を実現させた要因を解明することが必要であることを知る(「認識過程」欄)。こう

して、3人の非暴力主義による社会改革が検討課題となり、中心的問題「なぜ非暴力主義が実現できたのか」(「教師の発問」欄)という問いの下に、3人の行為と社会改革の出来事との関係が検討されることになる(この段階では出来事と時代の特色との関係については検討対象になっていない)。

パート3では、表6-5に示すA〜Rの18個の資料が配付され、学習者はこれらを通読して非暴力主義による社会改革実現の要素を一次的に推測する。教師はその際に、学習者が考えやすくなるように、A〜Rの各資料からどの様な要因が抽出できるかを推測させ、要因ごとに資料を分類させる。推測される要因は、①経済的圧力、②基本的人権(自由・平等)保障への要求、③規律の維持、④刑務所への収監の積極的受容、⑤新聞の活用、⑥敵との和解、の6つである(「歴史理解の内容」欄)。次に学習者は、ガンジー、キング、マンデラが①〜⑥の要因を論拠として判断し、さまざまな行為を行った結果、非暴力主義による社会改革という出来事を作り出したことを理解する(「認識過程」欄)。パート3の最後では、先述した①〜⑥の6つの要因の中のどれが非暴力主義の実現に不可欠な要素であったのかが問われる(「教師の発問」欄)。これに対して学習者は、3人の歴史的人物のおかれた社会的状況や具体的な目標は異なるので、実現に不可欠な要素はすぐには特定できないことを知る。そこで次のパート4では、推測した6つの要因を分析指標にして、学級での討論を通して教師の発問に対する答えを追求していくことになる。

パート4は6つのサブパートに分かれており、それぞれのサブパートでは推測した①〜⑥の6つの要因が順に検討される。

パート4−1では、非暴力主義による社会改革の要因①「経済的圧力」の妥当性を検討する。まず3人の歴史的人物の行為、すなわちストライキ(ガンジー)、バスボイコット(キング)、経済制裁の支援(マンデラ)についてそれぞれ必要性・目的・効果・具体的内容が問われる(「教師の発問」欄)。そして学習者は、文書A〔ガンジーの自伝〕、文書B〔キングの自伝〕、文書C

表6-4　単元「非暴力主義：

段階		教師の発問
		◎単元の中心的問題、○パートの中心的問題、 ・具体的に考察される問題
パート1	非暴力主義運動の背景と社会運動	○非暴力主義で平和を実現する運動はどの様に行われてきたか。 ・非暴力主義は生活の中でどの様に機能するか
パート2	日常的衝突の問題	○非暴力主義による対立解決法とはどの様な方法か。 ・対立を解決する7原則の中で最良の原則は何か。 ◎なぜ非暴力主義が実現できたのか。
パート3	論題と主張の構築	○文書A～Rからは、非暴力による社会変革に不可欠な要因としてどの様なものが考えられるか。
パート4	4－1 非暴力主義による社会改革成功の要因① 経済的圧力の検討	○3人の歴史的人物はなぜストライキを行ったのか。 ・ガンジーのストライキ戦術はなぜ必要だったのか。 ・キングはモンゴメリーでのバスボイコットの目的を何に置き、どの様な効果をあげたか。 ・マンデラはデクラーク大統領とどの様な交渉をし、大統領はどの様に応じたのか。
	4－2 非暴力主義による社会改革成功の要因②	○非暴力による社会改革は、基本的人権（自由・平等）保障を要求することによって実現したのか。

第6章 人物の行為の批判的解釈に基づく歴史学習の論理　265

ガンジー・キング・マンデラ」の構成

歴史理解の内容	認識過程	社会的批判による理解の方法	
非暴力主義運動〈背景説明の小論〉 〇社会的対立は非暴力主義で解決できるが、さまざまな条件を満たす必要がある。ガンジー・キング・マンデラは非暴力主義によって社会的対立を解決した。	・非暴力主義による社会変革はこれまで自由・平等を求める人物によって実現されてきた。	人物と出来事の関係の理解	論題の確認
日常的衝突の問題〈きっかけ作りの問題〉 ●非暴力主義による対立解決は困難だが、実現方法を知るにはガンジー、キング、マンデラの実例がすぐれた教材となる。 ・対立の解決には1)報復、2)非暴力による抵抗、3)威嚇、4)話し合いなどの7原則がある。	・非暴力主義による対立の解決は難しいが、実現してきた歴史的人物の行為と出来事の関係の解明から明らかとなる。	人物の行為理解の基本枠組の理解	主張の基本構造の把握
論題と主張の構築 〇非暴力による社会変革に不可欠な要因は①経済的圧力、②道徳的要求、③規律の維持、④刑務所への収監の積極的受容、⑤新聞の活用、⑥敵との和解などではないか。	・人物は社会的政治的状況のもとで一定の考え方を論拠に判断・行為し出来事を作り出している。	人物の行為と出来事の関係についての基本枠組の理解	複数の論拠に基づく主張の構成
●3人の歴史的人物はストライキによる経済的損失に訴えて権力に打撃を与え、権威を否定し、大衆を組織して非暴力による自由・平等の実現を果たした。 〈文書A〉彼が指導したストライキは巨大な大衆運動で英国に経済的大打撃を与えた。 〈文書B〉キングが指導したバスボイコットは多数の黒人が参加できる身近な抵抗方法であったため、絶大な効果を上げ白人側は経済的大打撃を受けた。 〈文書C〉マンデラはアパルトヘイト完全撤廃と移行政府樹立を行うまで南アへの経済制裁解除をすべきでないと主張したため、デクラーク大統領はこれらを受諾した。	**要因①** **経済的圧力の検討** ・人物は、経済的圧力を利用して権力の権威や威信を傷つけ、大衆の心理や運動を組織する行為を行って出来事を作り出していた。 （権威の否定・経済的損益・組織性を論拠にした主張）	経済的圧力を視点にした人物の行為と出来事の関係の批判的解釈	経済的損益・権威の否定・大衆組織を論拠とした主張の構成
●3人は既存の社会体制への抵抗原理として市民の不服従の考え方と非暴力主義の道徳的卓越性を利用して運動を組織した。	**要因②** **道徳的要求の検討** ・人物は、道徳的	道徳出来	

	道徳的要求の検討	・英国の塩税への抗議としてガンジーはどの様な戦術でどの様な効果を上げたか。
		・キングは大衆中心の居座り運動をなぜ重視したのか。 ・なぜ違法な市民的不服従の戦術を選んだのか。
		・マンデラはなぜ非暴力主義の市民的不服従運動へと転換したのか。この運動はガンジーとどう違うのか。
	4－3 非暴力主義による社会改革成功の要因③ 規律の維持の検討	○非暴力主義の抵抗運動は規律のとれたものであったが、果たしてこの規律の維持こそが社会革改成功の要因となったのか。 ・デハラサナ塩の売り消し運動が起きたとき、ガンジーはどの様に対応し、人々は非暴力主義をどの様に貫いたか。
		・キングは何を最もすぐれた武器と考えて行動したか。 ・キングとガンジーの類似点・相違点は何か。
		・なぜマンデラは規律ある非暴力主義で弾圧に対抗する必要があると考えたのか。
	4－4 非暴力主義による社会改革成功の要因④ 収監の積極的受容の検討	○非暴力主義による社会改革が成功したのは、運動の指導者や参加者が刑務所に収監されることを積極的に受容したからなのか。 ・進んで刑務所に収監されたガンジーの意志は運動をどの様に成功させ、どの様な効果を上げたか。
		・キングたちはなぜ逮捕され、判決に対しどの様な態度をとったか。 ・収監を選んだキングの判断は正しかったか。

第6章 人物の行為の批判的解釈に基づく歴史学習の論理　267

〈文書D〉ガンジーが国民に呼びかけた、自分で塩を作る違法運動は市民的不服従の戦術として効果を上げ、英国の威信を失わせた。	(倫理的)卓越性を利用して権力の不当性を批判する方法から、自由・平等のより普遍的原理をもとに正当性を訴える方法へと転換して社会変革を行ってきた。	的要求を視点とした人物の行為と事の関係の批判的解釈	市民的不服従を論拠とした主張の構築
〈文書E〉軽食堂の居座り運動では逮捕者が出たが、彼は黒人と白人両方の大衆が人種差別撤廃に取り組むことが重要と考えた。 ・市民的不服従運動の報道は人種隔離法の不当性を国民に訴える最良の方法となった。			
〈文書F〉マンデラは現実的必要から非暴力主義へと転換した。この点で、純粋に倫理的理由から非暴力を主張したガンジーと異なっていた。			
●3人は非暴力主義の抵抗運動に規律を持たせて正当性を示し、敵の攻撃を防ぎ、支持者を増やして運動を拡大していった。	要因③ 規律の維持の検討 ・人物は、行為や運動に規律をもたせて主張の正当性や一貫性を際立たせ、権力への抗議をより効果的にしようと判断して行為を行い、出来事を作り出している。(正当性の主張)	規律の維持を視点にした人物の行為と出来事の関係の批判的解釈	行為の一貫性・正当性を論拠とした主張の構成
〈文書G〉英国の塩税への抗議運動のとき、刑務所にいたガンジーは断食を通して参加者に規律と非暴力無抵抗を徹底させ、運動の道徳的正当性を示した。これによって運動は大きな効果を上げた。			
〈文書H〉1963年に逮捕されたキングは、非暴力主義による人種差別撤廃運動の正当性を示すことが最大の武器になると考え、刑務所から支持者に市民的不服従を訴えた。			
〈文書I〉マンデラは運動の正当性を示すために、暴力の弾圧をとる当局に対し規律維持・非報復・非暴力で対抗した。			
○3人の歴史的人物は、敵の不当な行為を非暴力で受け入れ、進んで収監される意思を示して非暴力主義に基づく自由・平等の要求の正当性を訴え、運動を拡大していった。	要因④ 収監の積極的受容の検討 ・人物は、対立相手の不当な行為を積極的に受け入れ、人々に公開することで、逆に自己の正当性を際立たせようと判断して行為を行い、出来事を作り出していることを主張する。	収監の積極的受容を視点にした人物の行為と出来事の批判的解釈	非妥協性・敵対者の不当性を論拠とした主張の構築
〈文書J〉ガンジーは進んで収監され、支持者も進んで逮捕されたので膨大な政治犯が刑務所にあふれた。支持者の捨て身の行動とガンジーの固い決意に英国は動揺した。			
〈資料K〉・バスボイコット裁判でキングは罰金刑よりも刑務所への収監を選択したため人々も進んで逮捕され、刑務所は人で満ちた。人々は自由の大義の下で逮捕されたことを誇りとし、連帯感をさらに強めた。			

		○マンデラは1964年の裁判の判決前にどの様に述べていたか。またその理由は何か。
	4－5 非暴力主義による社会改革成功の要因⑤ 新聞の活用の検討	○非暴力による社会改革が成功したのは、新聞の活用によるものか。 ・新聞を出していたガンジーは、なぜ新聞が非暴力主義に重要と考え、新聞をどの様に利用したか。
		・キングがタイム誌の表紙に載ったことは運動にどう影響し、規律ある運動の推進にどの様に作用したか。
		○マンデラによるメディアの巧妙な利用は彼の釈放実現にどの様な効果を上げたか。
	4－6 非暴力主義による社会改革成功の要因⑥ 敵との和解の検討	○非暴力主義による社会改革が成功した要因は、敵との和解があったからだといえるか。 ・ガンジーの風刺漫画は彼のどの様な考え方を表しているのか。 ・ガンジーの本当の目標は何だったのか。
		・キングの演説「私には夢がある」は何を述べたものか。
		・風刺漫画は何を表しているのか。また、マンデラとデクラーク大統領との会談はどの様な結果をもたらしたか。
パート5	非暴力主義と社会改革成功運動 →分析的小論文の執筆	◆分析的小論文を書こう。 ○何が非暴力主義を実現させたのか。 ○我々の生活の中の対立は非暴力主義によってどの様に解決できるか。

第6章　人物の行為の批判的解釈に基づく歴史学習の論理　269

〈資料L〉上訴は自由と平等を求める運動の大義を傷つける。死刑になる方が自由の闘いの大義に貢献すると考えたマンデラは、死刑の判決が出ても上訴しないと決めた。		
○3人はメディアを利用し、自らの主張を政府や大衆に広く知らせて非暴力主義で自由・平等を実現する運動を進めた。 〈文書M〉ガンジーは新聞の影響力が絶大と考え、3つの方法（①自分の考えを得る②ヒーローを作る③人々に意図的操作的に情報を流す）を効果的に利用した。 〈文書N〉キングはタイム誌の表紙に自分が載ったことで人々の運動への熱意が減退するのを心配し、高潔さと規律こそを運動のシンボルにする必要があると考えた。 〈文書O〉マンデラは収監される前に新聞記者に意図的に情報を流した。刑務所ではジャーナリストの取材を受けて政府の虐待から身を守り、新聞で社会の動きを察知した。	要因⑤ 新聞の活用の検討 ・人物は、メディアの効果を利用して、自分の主張や行為を人々に公開して権力や人々に働きかける行為を行って、出来事を作り出していることを主張する。 （主張の正当性（不当性）の公開による主張）	新聞の活用を視点にした人物の行為と出来事の関係の批判的解釈	情報の公開性を利用した主張の構築
○非暴力主義によって自由・平等を実現しようとしたガンジーの考え方と行為はキング、マンデラへと引き継がれて発展した。 〈文書P〉独立時に2つの国ができたこと、宗教的動乱が続いたことでガンジーは自分を責めた。彼の目標は英国追放とインド人国家の樹立にとどまらず個人が自由で平等な国家を作ることであった。 〈文書Q〉キングはこの演説で、運動を南部の地域的運動ではなく、個人の発展を求める国民的運動とした。彼は西欧でも非暴力主義が実現可能なことを初めて示した。 〈文書R〉マンデラはガンジーが未達成であった白人と有色人種の統合を達成した。会談の結果、少数白人集団が敗北を認め、多数黒人集団への権力委譲が決まった。 ・彼は圧政者と被圧制者双方の自由の実現が重要と考えた。しかし統合は未達成であり、この出来事は実現の最初の一歩であった。	要因⑥ 敵との和解の検討 ・人物は、自由や平等といったより普遍的な原理を根拠として判断や行為を行い、出来事を作り出していることを主張する。またこのような非暴力主義による自由や平等の実現は、出来事の時間的継承や空間的拡大によって時代の中でより拡大、発展していることを主張する。 （普遍的原理の時間的・空間的拡大）	敵との和解を視点にした人物の行為と出来事の関係の批判的解釈	普遍的原理を論拠にした主張の構築
〈分析的小論文〉○非暴力主義による社会変革はガンジー、キング、マンデラによって、さまざまな条件（権力への経済的圧迫・大衆組織・市民的不服従・規律ある運動・主張の幅広い公開）に支えられて実現されてきた。この動きは現在も継承され発展している。	・非暴力主義による社会変革は人物の判断・行為で実現される。この方法は現在の対立の解決にも利用できる。	出来事の総合による時代像の批判的解釈・現在の自己理解	複数の論拠に基づく主張の構築

（Brady & Roden, 2005a, 2005b より筆者作成）

表6-5 単元で利用される資料

記号	資料名	執筆者・作成者	媒体・出典
A	1919年3月のインド、マドラス	ガンジー	自伝の抜粋
B	1955年12月のアラバマ州モンゴメリー	キング	自伝の抜粋
C	1990年3月の南アフリカ、ケープタウン	マンデラ	自伝の抜粋
D	植民地総督アーウィン卿へのガンジーの手紙（1930年3月のインド、サバーマチ）	ガンジー	手紙
E	ジョージア州アトランタ（1960年10月）	キング	自伝の抜粋、カウンターでの座り込みの写真
F	南アフリカ、ポートエリザベス（1952年5月）	マンデラ	自伝の抜粋
G	インド、ボンベイの北150マイル、ドハラサナ塩の大行進（1930年5月）	ガンジー	雑誌の記事の抜粋 塩の行進の写真
H	アラバマ州バーミンガム（1963年4月）	キング	自伝の抜粋
I	南アフリカ、ヨハネスバーグ（1952年4月）	マンデラ	自伝の抜粋
J	南アフリカ、ヨハネスバーグ（1908年1月）	ガンジー	回想記の抜粋
K	アラバマ州モンゴメリー（1956年3月）	キング	自伝の抜粋
L	南アフリカ、リヴォニア（1964年6月）	マンデラ	自伝の抜粋、刑務所内のマンデラの写真
M	新聞の重要性	ガンジー	ガンジーのメモ 彼の写真
N	「雑誌タイムの後で…」	キング	自伝の抜粋 雑誌『タイム』の表紙
O	「私は秘密裏に旅をした…」	マンデラ	自伝の抜粋
P	ライオンのしっぽに塩を振りかける	風刺漫画家ギャレット	風刺漫画
Q	ワシントンへの行進	キング	バッジのメッセージ
R	「そして勝利者は…」	風刺漫画家ルリー	風刺漫画

(Brady & Roden, 2005b より筆者作成)

〔マンデラの自伝〕を読んでガンジー、キング、マンデラの行為が権力側に多大な経済的損失を与え、非暴力による自由・平等実現の要因になったことを知る（「歴史理解の内容」欄）。そして３人は権力側に損失を与え、大衆運動を組織する行為によって社会改革という出来事を作り出したことを理解する（「認識過程」欄）。

パート４－２では、非暴力主義による社会改革成功の要因②である「道徳的要求」の妥当性が検討される。まず、教師の発問として、「非暴力による社会改革は基本的人権（自由・平等）保障を要求することによって実現したのか」が問われる（「教師の発問」欄）。そして３人の人物が行った権力への抗議方法として、市民的不服従の運動（権力による命令・法律に従うことを非暴力によって拒否する運動）について、文書Ｄ〔ガンジーの手紙〕、文書Ｅ〔キングの写真〕、文書Ｆ〔マンデラの自伝の抜粋〕を読み、それぞれの事例を検討していく。そして市民的不服従の考えをなぜ採用したのか、具体的にどの様な行動をし、どの様な結果を得たのかを考える（「歴史理解の内容」欄）。その結果、３人の人物は従来の抵抗方法（権力側の暴力の不当性を批判する方法）を転換したこと、そして権力に対する抵抗運動は基本的人権（自由・平等）の保障を求めるためのものであり、市民としての権利を要求する正当なものであるという主張のもとで社会改革を行っていったことを理解する（「認識過程」欄）。

パート４－３では、非暴力主義による社会改革の成功要因③として「規律の維持」が検討される。まず、「非暴力主義の抵抗運動は規律のとれたものであったが、果たしてこの規律の維持こそが社会改革成功の要因となったのか」が問われる（「教師の発問」欄）。学習者は文書Ｇ〔ガンジーの「塩の行進」の記事〕、文書Ｈ〔キングの自伝〕、文書Ｉ〔マンデラの自伝〕を読み、３人の指導者がどの様にして抵抗運動の参加者に規律の維持を浸透させていったか、なぜ規律の維持が不可欠だったかを考える。そして、抵抗運動に規律の維持が要求されたのは、運動の正当性を示すためであり、このことに

よって抵抗運動の支持者が増え、運動がめざましく拡大したことを知る(「歴史理解の内容」欄)。さらに、3人の指導者は、非暴力主義による運動に規律をもたせると、主張の正当性や一貫性が際立ち、権力への抗議がより効果的に行えるという判断に基づいて行為を行い、社会改革という出来事を作り出していったことを理解する(「認識過程」欄)。

パート4-4では、非暴力主義による社会改革の成功要因④として、「刑務所への収監の積極的受容」の妥当性が検討される。まず、「非暴力主義による社会改革が成功したのは、運動の指導者や参加者が刑務所に収監されることを積極的に受容したからなのか」が問われる(「教師の発問」欄)。学習者は文書J(ガンジーの回想記)、K(キングの自伝)、L(マンデラの刑務所での写真)を読み、3人の指導者は抵抗運動の正当性を訴えるには、権力側の不当な行為(刑務所への収監)を非暴力で受け入れ進んで収監される意思を示すことが効果的であると考えてそれを実行し、運動参加者もそれにならって積極的に刑務所に収監されたことを知る(「歴史理解の内容」欄)。その結果、歴史的人物は、不当な行為(刑務所への収監)を積極的に受け入れてより多くの人々に運動を知ってもらうことで、逆に抵抗運動の正当性が際立つという判断に基づいて行為を行い、出来事を作り出していったことを理解する(「認識過程」欄)。

パート4-5では、非暴力主義による社会改革成功の要因⑤として「新聞の活用」の妥当性が検討される。まず、「非暴力による社会改革が成功したのは新聞の活用によるものか」が問われる(「教師の発問」欄)。学習者は文書M〔ガンジーのメモ〕、文書N〔雑誌タイムの表紙〕、文書O〔マンデラの自伝〕を読み、ガンジー、キング、マンデラがなぜ、どの様に新聞を活用し、それがどの様な効果を生んだのかを知る(「歴史理解の内容」欄)。その結果、3人はメディアの効果を利用して自らの主張を公開しようという判断のもと、人々や権力に働きかけるという行為を行って出来事を作り出したことを理解する(「認識過程」欄)。

最後のパート4-6では、要因⑥「敵との和解」の妥当性が検討される。まず、「非暴力主義による社会改革が成功した要因は敵との和解があったからだと言えるか」が問われる（「教師の発問」欄）。学習者は文書P〔風刺漫画〕、文書Q〔ワシントン大行進のメッセージ〕、文書R〔風刺漫画〕を読み、3人の指導者がどの様な目的で、どの様に権力側と和解したのか、和解したことがどの様に彼らの言動に表れているかを知る。また、ガンジーの非暴力による自由・平等の実現という考え方は、後の世代であるキング、マンデラに引き継がれて発展したことも知る（「歴史理解の内容」欄）。そして、3人は普遍的な原理（自由や平等）を根拠に判断して行為を行い、出来事を作り出していったこと、さらに自由・平等の実現はその後何人もの指導者に受け継がれていき、時間的・空間的に拡大していったことを理解する（「認識過程」欄）。以上がパート4の概要である。

最後のパート5では、これまで学習したことを総合して非暴力主義による社会改革運動についての分析的小論文を書く。この場合学習者は、教師からの2つの問い、つまり「何が非暴力主義による社会改革を実現させたのか」、「我々の生活の中の対立は非暴力主義によってどの様に解決できるか」に答える形で小論文を書いていく（「教師の発問」欄）。この小論文を書くことで学習者は、ガンジー、キング、マンデラによる非暴力主義による社会改革は、さまざまな条件（前述の要因①～⑥）に支えられて成功したものであり、それは現在も継承され発展していることを再確認する（「歴史理解の内容」欄）。そして最終的には、非暴力主義による社会改革という出来事は歴史的人物の判断・行為によって作られたものであり、この方法は現在の社会にあるさまざまな対立の解決にも利用できることを理解する（「認識過程」欄）。

以上、表6-4の横軸の3つの欄（「教師の発問」「歴史理解の内容」「認識過程」）にそって各パートの概要を説明した。

そして前述の各パートのうちパート3とパート4においては、学習者が理解を深めていく過程（表6-4の横軸）には、ある一定の「推論の型」があるこ

とが明らかになった。

　この「推論の型」は、特定の「背景や状況」のもとで行われた判断や行為の背後にあるものを学習者が推測する基準である。学習者はまず、歴史上の社会集団が背景や状況に基づいて「判断」「行為」し、その結果「出来事」が作り出されたことを理解する。次に学習者は、この理解を内面化し、「主張」（〜という背景から〜を基準として〜と判断し〜という行為を行い、その結果〜という出来事が作られたと解釈すべきである）としてもつようになる。このように、社会集団の行動と出来事の関係を解釈する際に使われる理解の枠組みを、本研究では「行為の批判的解釈モデル」と呼ぶ。ここでいう「批判的」とは、社会集団の行動や出来事を理解する際に、データ、根拠づけ、主張の3つの要素を用いて推理し、理解を構築することである。そして、本稿で用いる「行為の批判的解釈モデル」は、歴史上の社会集団がとった行動（行為）の意味や意義を理解する際に、社会集団の行動と出来事との関係を3つの要素（データ、根拠づけ、主張）を用いて因果関係的構造をもつものとして推理、解釈する基本的・一般的な形である。このような推論の型は哲学者トゥールミン（S. E. Toulmin）によって考案されたものでトゥールミン図式と呼ばれる[6]。

　単元「非暴力主義：ガンジー・キング・マンデラ」の分析を通して明らかにした「行為の批判的解釈モデル」の要素は、①論題、②背景や状況、③人物の判断、④人物の行為、⑤結果としての出来事、である。そして学習者は、②〜⑤を因果関係的に理解することによって、人物の動機や判断の基準となる考え方を知る。その結果、学習者は人物の行為と出来事の関係を理解できるようになっていた。

　第1部第2章では、同じ人物学習単元であるアマースト・プロジェクトの単元「リンカーンと奴隷解放」を取り上げて分析したが、そこで明らかとなった「人物の行為の解釈モデル」は後掲の図6-1と図6-2に示すようなものである。一方、本節で取り上げている単元「非暴力主義：ガンジー・キン

グ・マンデラ」についてトゥールミン図式を用いて図式化すると図6-3のようになる。図6-3は、因果関係的理解という点では、図6-1と図6-2に示す、人物学習単元「リンカーンと奴隷解放」で用いた「人物の行為の解釈モデル」と同様であるが、②〜⑤の理解の構造は異なっている。単元「リンカーンと奴隷解放」で用いた「行為解釈モデル」においては、②〜⑤の理解は単線的なものであった（図6-1参照）。

しかし、単元「非暴力主義：ガンジー、キング、マンデラ」の分析で明らかになった「行為の批判的解釈モデル」では、図6-3に示すように②〜⑤の理解が複合的な構造になっている。複合的な構造とは、データをもとに根拠に基づいて理解するということである。

図6-3に示した「行為の批判的解釈モデル」は内側の囲みと外側の囲みから成っている。

まず、内側の囲みから説明する。内側の囲みは人物の行為の解釈の過程であり、出来事の解釈ではこの部分が中心となる。その内容は「歴史上の人物は、①論題（例えば人種差別の撤廃という目的）に対して、〜という背景や状況（②）から、〜を根拠として〜という判断をし（③）、〜という行為を行った（④）。」というものである。「行為の批判的解釈モデル」においては、論題（①）は単なるひとつの要素ではなく解釈の中心に据えられるものであり、論題（①）を中心に②〜④が組み立てられる。「行為の批判的解釈モデル」では背景や状況（②）から人物の判断（③）を導き出す際に根拠が厳密に検討される。この根拠となるのは歴史上の人物の動機や判断基準である。

これら①〜⑤の構造を、学習者や文書の執筆者の立場から説明すると次のようになる。「背景や状況（②）という客観的データ（D：Data）に基づき、人物の動機や判断基準（根拠づけ：W：Warrant）から考えると、歴史上の人物は〜と判断し（③）、〜という行為（④）をしたと解釈すべきである」。これは人物の行為について学習者や文書の執筆者が行った解釈を、他の人に対して主張する（C：Claim）構造になっており、議論の構造をもったものであ

●単元「リンカーンと奴隷解放」の中の「人物の行為の解釈モデル」

①論題：②背景・状況→③判断→④行為→⑤結果

(筆者作成)

図6-1 人物の行為の解釈モデル〈単線的構造〉

●単元「リンカーンと奴隷解放」の中の「人物の行為の解釈モデル」

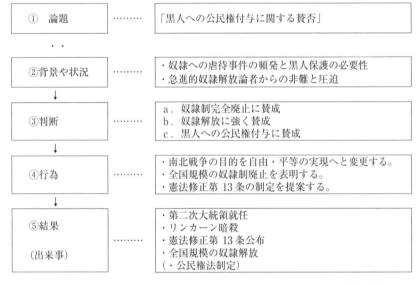

(筆者作成)

図6-2 リンカーンの行為の理解構造〈単線的構造〉

るといえる。なぜなら、議論とは論題についてデータ (D) に基づき根拠づけ (W) のなされた主張 (C) を行うものだからである。本稿では、学習者や文書の執筆者が自らの解釈を「～と解釈すべきである」と他の人に主張することを「解釈が主張としての構造をもつ」と表現する。以上が内側の囲み（人物の行為の解釈）の内容である。

次に外側の囲みについて説明する。内側の囲みは「人物の行為の解釈」で

●単元「非暴力主義」の中の「人物の行為の批判的解釈モデル」

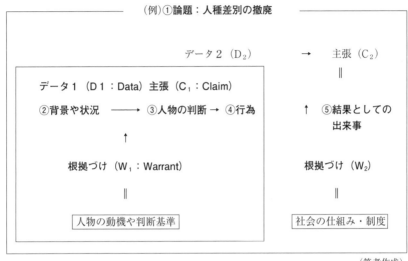

図6-3 人物の行為の批判的解釈モデル〈複合的構造〉

あったが、外側の囲みは「行為と出来事の関係」を考えさせるものである。内側の囲み（人物の行為の解釈）が「行為の批判的解釈モデル」の中心であったのに対して、外側の囲みは行為の解釈に付随するものである。その内容は、「人物の行為（④）がもとになり、結果として〜という出来事（⑤）が起こった」というものである。注意すべきことは、ここでも議論の構造が見られることである。人物の行為の解釈（内側の囲み）が新たなデータ（D）となり、「このデータ（内側の囲み）をもとに、〜という社会の仕組み・制度を根拠（W）として〜という出来事が起こったと解釈すべきである」という主張（C）が学習者や文書の執筆者によって作り出される。つまり「行為の批判的解釈モデル」においては、データ（D）と根拠（W）、それに基づく主張（C）という議論の過程が繰り返されるのである。このモデルを使って学習者は歴史上の人物の行為、そして行為と出来事の関係を理解していく。

278　第 2 部　社会構築主義に基づく歴史学習

　以上の説明を、トゥールミン図式を用いて具体例に当てはめると図6-4になる。取り上げた事例はパート 4 - 1 で学習する、非暴力主義実現のためにガンジーがとった経済的圧力の要因（方法）を検討する場面である。
　表6-4と図6-3の「行為の批判的解釈モデル」を 3 つの観点（学習の過程、歴史理解の内容、教材と教育内容との関係）から考察すると、本単元について以下のような 3 つの内容構成原理を導き出すことができる。

内容構成原理 1　「行為の批判的解釈モデル」による出来事理解
　第一の内容構成原理は、「学習の過程」の観点でみると、前述した「行為の批判的解釈モデル」を使って人物の行為と出来事の関係を理解する内容構成になっているということである。これを、パート 4 - 1 を例に説明すると以下のようになる（図6-4参照）。
　パート 4 - 1 では、ガンジー、キング、マンデラの行為と出来事の関係が、推測された要因①である「経済的圧力」の視点から検討される。例えばガンジーの場合（表6-4の 4 - 1 を参照）、論題（①）は「非暴力主義による社会改革成功の要因は経済的圧力であったのか」である。
　第 1 段階では、「行為の批判的解釈モデル」の中の②〜④を中心として人物の「行為の解釈」が行われる。学習者は当時インドでは国民が塩を自分で生産することは許されておらず、英国が専売していた（背景・状況（②）：データ D_1）ということを知る。そしてガンジーはインド人自身が塩を作ることが必要であると考え（判断（③）：主張 C_1）、インド国民に塩の行進を呼びかけた（行為（④））。この場合、背景や状況（②）から人物の判断（③）を導き出す際に根拠づけ（W_1）が厳密に検討される。この根拠づけとなるのは歴史上の人物（ガンジー）の動機や判断基準であり、この場合は英国からの経済的自立の達成である。
　第 2 段階は、「行為と出来事の関係」を解釈させ、それを学習者が学級で自分の解釈として主張する段階である。まず、第 1 段階で検討した①〜④を

第6章 人物の行為の批判的解釈に基づく歴史学習の論理 279

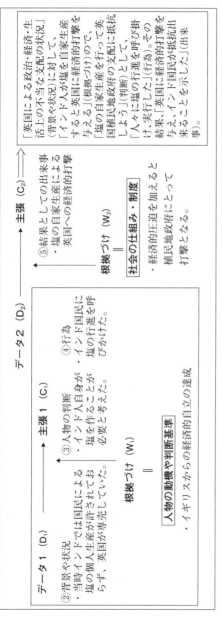

図6-4 人物の行為の批判的解釈モデル〈複合的構造〉

新たなデータ（D_2）として、結果としての出来事（⑤）が検討される。この際にも第1段階と同様に根拠づけが厳密に検討され、学習者は「経済的圧迫を与えると植民地政府にとって打撃となる」という社会の仕組み・制度が根拠づけ（W_2）となることに気づく。そして、①～④の結果、塩の自家生産による英国への経済的打撃という出来事（⑤）が作り出されたことを理解する。この理解を学習者は、自分の解釈として学級で主張（C_2）することになる。その主張の内容は例えば次のようになる。

「英国による政治・経済・生活上の不当な支配の状況」（背景や状況）に対して、「インド人が塩を自家生産するとイギリスに経済的打撃を与える」（根拠づけ）ので、「塩の自家生産を行って英国植民地政府の支配に抵抗しよう」（判断）として、「人々に塩の行進を呼び掛け、実行した」（行為）。その結果、「英国に経済的打撃を与え、インド国民が抵抗できることを示した」（出来事）。このように解釈すべきであると学習者は主張して、学級で発表するのである。

以上のように、2段階で「行為の批判的解釈モデル」を用いることで、人物の行為と出来事の関係を理解する内容構成になっている。

内容構成原理2　自由・平等を求める運動の成功要因の発展的理解

第二の原理は、「歴史理解の内容」の観点からみると、3人の運動の成功要因を理解するために、運動の正当性を訴える方法がどの様に発展したかを分析的に理解させ、その上で運動の成功要因を発展的に理解させる内容構成になっていることである。この原理は特にパート4で働く原理であるため、パート4を例に説明する。

ガンジー、キング、マンデラの非暴力主義に基づいた自由・平等実現の運動が成功した要因は、前掲の表6-4のパート4で示した①（経済的圧力）～⑥（敵との和解）であった。

これらの要因はガンジー、キング、マンデラにとっては運動の正当性を訴

える手段である。学習者は発問に答えていく中で、3人の人物がどの様な方法をどの様に用いたのかについて①（経済的圧力）から順に時期を追って、ガンジー、キング、マンデラと検討していく。この分析の過程で、学習者は①〜⑥までの要因について個々に理解することはもちろん、それにとどまらず、3人の人物を一体として捉えると正当性を訴える方法の種類と質的レベルが発展していることを理解する。これを示したのが表6-6である。そして正当性を訴える方法（運動成功の要因）は、時と共に発展し、その流れが時代の特徴をかたち作っていることを理解することができるようになる。この要因理解の発展をまとめると表6-7のようになる。討論の過程では、時代的背景や社会的状況、ガンジーが行った行為についての情報の追加、文書からガンジーの判断や行為の読み取りが行われ、学習者同士の批判によって論拠や主張全体の構成の妥当性が検討されていく。その結果、当初の論拠であった「経済的打撃」は新たな2つの本質的な論拠を生み出す。新たな2つの論拠とは、経済的支配から派生する植民地政府の「権力の否定」と、人々の同盟休業（ストライキ）への参加に見られる「大衆組織の可能性」である。つまり、「経済的支配への打撃は権力の否定につながる」ことや、「同盟休業（ストライキ）は大衆組織を必要とするとともに、その経験は新たな大衆組織の可能性を作り出す」という2つの本質的な論拠が生み出されるのである。

パート4-2〜4-6においても、同様にして②道徳的要求、③規律の維持、④刑務所への収監の積極的受容、⑤新聞の活用、⑥敵との和解、などの論拠や、これらをもとにした主張が批判的に検討される。そして表6-7に示すように、「市民的不服従原理による正当性の主張」（4-2）、「非暴力非服従行為による正当性の主張」（4-3）、「非妥協的行為による正当性の主張」（4-4）、「メディアを利用した正当性の主張」（4-5）、「自由・平等などの普遍的原理実現の主張」（4-6）などが新たな論拠として作られていく。そして、歴史的人物はこれらを論拠として判断や行為を行い、出来事を作り出していったことを理解する。

表6-6 人物による主張の正当化の方法的発展（パート4）

サブパート	訴えかけ	空間的拡大	人物による主張の正当化の方法		訴える相手
4－1	間接的な訴えかけ → 直接的な訴えかけ	地域（二〇世紀初頭）→ 世界（現在）	行為、手紙	塩の行進 バスボイコット	敵対者（植民地政府、州政府、政府）
4－2			行為	製塩運動 ランチカウンターの座り込み	敵対者（植民地政府、州政府、政府）
4－3			規律ある行為	塩税拒否運動 公民権要求行進	敵対者（植民地政府、政府） 国民
4－4			行為、手紙	刑務所への収監	敵対者（ 〃 ） 支持者（黒人、国民）
4－5			メディア	新聞の執筆・発行 雑誌記事の執筆	敵対者（ 〃 ） 支持者、国民、人々（公衆）
4－6			演説、直接対話、交渉	演説 会談	敵対者 国民、世界の国・人々（公衆）

(筆者作成)

　パート4における学習の流れを時系列で見ると（表6-7参照）、4－1～4－6の6つのサブパートは、前のサブパートで理解した論拠が次のサブパートに取り込まれ、新しい主張が徐々に構築されていく構成になっている。例えば、パート4－2で新しく論拠とされる「市民的不服従の原理」の概念は「弊害を生むシステムや憲法に従う必要がない」というものであり、前のパート4－1で学習した植民地政府によるインド国民の塩の製造禁止や塩の販売統制、塩税といった邪悪なシステム（法）に対する経済的抗議行動は「市民的不服従」概念の外延をかたち作っていく。

　さらに、次のパート4－3の規律のとれた非暴力不服従による正当性の主張についての理解は、市民的不服従の理解をもとにして作られていく。また学習者は、パート4－4における刑務所への収監の積極的受容による正当性の主張は、非暴力不服従による運動の行き詰まりや停滞、権力による反動的

表6-7　成功要因の理解の発展（パート4）

サブパート	始めの要因理解	深められた要因理解
4－1	①経済的圧力 →	大衆を組織して支配者に経済的打撃を与え、その権威を否定した。
4－2	②道徳的要求 →	市民的不服従の原理に基づいて正当性を示した。
4－3	③規律の維持 →	非暴力不服従行為によって正当性を主張した。
4－4	④刑務所への収監の積極的受容 →	非妥協的行為によって正当性を主張した（敵対者の不当性を暴いた）。
4－5	⑤新聞の活用 →	メディアを利用して正当性を広く主張した。
4－6	⑥敵との和解 →	敵を攻撃するのではなく、歩み寄って共に自由・平等をめざし、自分たちの主張が一般に認められるようにした。 過去の人物の主張の正当性を継承し、主張を地域的なものから世界的なものへ発展させた。

(筆者作成)

行為を克服する新たな方法として、ガンジー、キング、マンデラの3人の歴史的人物によって批判的に考え出されたものであることを理解する。次のパート4－5では、前のサブパートで理解した刑務所への収監の積極的受容による正当性の主張（権力の不当性に対抗する主張）が、メディアを通した一般の人々への積極的訴えによってより強力な主張へと発展したことを理解するようになっている。

そして最後のパート4－6では、正当性の主張の論拠を、植民地支配下での差別や人種差別の撤廃という個別的目標から、一般的目標（自由・平等の実現といった普遍的原理の実現）へと拡大する。そして、特定の国民や人種にとどまらず、国民全体や世界共通の問題の解決を目ざす出来事として理解するようになっている。また、3人の歴史的人物の非暴力主義による社会改革は、時代を追って時間的に継承されるとともに、〔アジア〕→〔米国〕→〔アフリカ〕へと空間的にも拡大しながら発展していったことが理解される

284　第2部　社会構築主義に基づく歴史学習

論題	:	背景や状況	→	判断

パート1

論題	背景や状況	判断
非暴力主義を実現させた原因は何か。	インド：植民地主義の存在 米国：人種差別の存在 南ア：人種差別の存在	○めざした判断 ガンジー：英国による社会的経済的差別撤廃 キング：　黒人差別撤廃 マンデラ：人種差別撤廃

論題	:	背景や状況	→	論拠

パート2

論題	背景や状況	論拠
生活の中で生じる対立の解決方法	対立が起こる場合とは ①可能なのに自分が譲らない　②相手が自分の権利を暴力的に奪う　③相手が可能なのに譲らない	対立解決の7原則 2）報復せず耐える、4）人から受けたい行為を他の人に行う、7）冷静な解決

論題	:	背景や状況	論拠

パート3

論題	背景や状況	論拠
非暴力による社会変革実現に不可欠な要素	資料Ａ～Ｒにあるガンジー、キング、マンデラの判断、風刺漫画中の人物の行為や出来事についての作者の主張。	①経済的圧力 ②道徳の要求 ③規律の維持 ④収監の積極的受容　⑤新聞の活用 ⑥敵との和解

↓

パート4　4-1-1

論題	背景や状況	論拠
過去の非暴力主義実現の要因は何だったか。 Ａ 経済的圧力か	A（ガ）英国による政治・経済・国民生活の支配 B（キ）米国南部での過酷な黒人差別。 C（マ）南アでのアパルトヘイト政策（有色人種への絶対的差別）。	（ガ）同盟休業は支配者への経済的・心理的打撃となる。 （キ）バスボイコットの大衆運動は白人に経済的打撃となる。 （マ）経済制裁は国家に大打撃となる。

第 6 章　人物の行為の批判的解釈に基づく歴史学習の論理　285

執筆者の説明				学習者（理解）
+	行為	→	出来事（結果）	歴史理解
→	ガンジー：塩の行進や断食 キング：バスボイコットや食堂での居座り マンデラ：制裁を盾に政府に人種差別撤廃を迫る		20世紀には3つの国で、3つの条件下（暴力の突発的発生可能性なし、植民地下での法による統治への信頼、カリスマ的人物の存在）で非暴力主義による社会変革が実現。	非暴力主義による社会変革は、自由・平等を求める人物の行為やその結果としての出来事によって実現されてきたのではないか。

↓

	学習者（主張＝理解）			
→	判断＋行為 論証	→	出来事（結果）	歴史理解
→	2)の原則を中核とした非暴力主義による対立解決は理想的であるが実現は難しい。	→		非暴力による対立解決は実現困難だが、歴史的人物の行為と出来事の関係の解明で明らかになる。

↓　　　　　　　　　　　　　　　　　　　　　　　↓

	学習者（主張＝理解）			
	判断＋行為 論証	→	出来事（結果）	=	歴史理解
+	非暴力による社会変革は①〜⑥に基づく人物の行為のため。しかし不可欠な要因は不明。	→	社会変革は、ガンジー、キング、マンデラの非暴力による行為で生じた出来事により実現。その不可欠な要因の特定にはさらなる検討が必要。		人物は社会的政治的状況下で一定の考え方を論拠に判断・行為して出来事を作り出したことを理解する。
+	(ガ)同盟休業は国民の抵抗力を証明した。 (キ)バスボイコットは白人への効果的抗議行動とされた。 (マ)白人は経済的打撃を受け、大統領は変革を迫られた。	→	(ガ)同盟休業成功後、英国による弾圧で運動は中止。 (キ)バスボイコットは大衆の組織化に意義があった。 (マ)制裁による変革で、国民統合政府が樹立。 ●3人はボイコットによる組織的大衆運動を行った。		人物は、経済的圧力で権力の権威を傷つけて大衆運動を組織しようと判断・行為して出来事を作り出したことを理解する。

↓

286　第2部　社会構築主義に基づく歴史学習

パート					
パート4	4-2	B 道徳的要求か	:	D (ガ)英国による製塩の独占 E (キ)人種隔離システムの存在 F (マ)アパルトヘイトの差別的な法の存在	→	(ガ)政府の独占阻止は権力の否定となる。 (キ)ソローの市民的不服従思想。 (マ)非暴力の道徳的卓越性としての市民的不服従の考え方。
	4-3	C 規律の維持か	:	G (ガ)英国によるガンジーの逮捕と塩税。 H (キ)非暴力主義運動の若者への報復的暴行と射殺。 I (マ)悪法によるアパルトヘイトの徹底。頻繁な威嚇や投獄。	→	(ガ)塩税拒否は権力否定、規律徹底は正当性の主張となる。 (キ)正当性が強力な武器。非暴力徹底には心理的・肉体的準備が必要。 (マ)非暴力で抵抗するには、徹底した規律が必要。
	4-4	D 収監の積極的受容か	:	J 南アでのガンジーの収監。インドでの度重なる逮捕・収監。 K キングは裁判で罰金刑と懲役刑の選択を求められた。 L マンデラは見せしめのために裁判で極刑を受けることが予想されていた。	→	(ガ)重い刑の受容は強力な異議申し立てとなり、収監の積極的受容は支持者の志気を高める。 (キ)不当な判決では、重刑を受容する方が正当性が高まる。 (マ)上告は道徳的大義を傷つける。
	4-5	E 新聞の活用か	:	M ガンジーは4つの新聞を発行し記事の75%を執筆した。 N キングは『タイム』誌の表紙に選ばれて有名になった。 O マンデラは新聞社に情報を流し警察の捜査を攪乱。刑務所でも記者に接触し情報操作。	→	(ガ)新聞記事執筆で考えが発展する。メディアは情報操作すれば多様な効力を発揮。 (キ)著名な雑誌はヒーローを作る。 (マ)新聞は情報操作すれば効果的に働く。

第 6 章　人物の行為の批判的解釈に基づく歴史学習の論理　287

・ガンジーは英国に反抗するために国民に製塩運動を呼びかけた。 ・キングは人種隔離に抗議する座りこみを呼びかけた。 ・マンデラは暴力運動失敗の教訓から市民的不服従へ転換した。	・製塩運動で英国の威信は失墜した。 ・キングの非暴力の異議申し立てはメディアにより全国に知られた。 ・マンデラは非暴力運動へ転換した。 ●3人は市民的不服従と非暴力で社会変革を進めた。	・人物は、市民的不服従の考え方を論拠にして権力に抵抗しようと判断し、行為を行って出来事を作り出していることを理解する。

+ → =

↓

(ガ) 規律・統制のある非暴力主義の塩税拒否運動は人々の抵抗をより強力・広範にした。 (キ) 人種的中傷や殴打防止訓練の実施で報復を避けた。 (マ) マンデラは非暴力主義を支持し、徹底して規律を求めた。	(ガ) 塩税拒否運動は英国への徹底反抗を生んだ。 (キ) 統制された無抵抗運動は人種差別法廃止へと結実。 (マ) 悪法への市民的不服従活動は徹底した非暴力。 ●規律ある非暴力無抵抗運動は正当性をもち、敵対者の攻撃を防ぎ、支持者を増やして組織化し運動を拡大。	・人物は、行為や運動に規律をもたせて主張の正当性・一貫性を際立たせ、権力への抗議をより効果的にしようと判断して行為を行い、出来事を作り出していることを理解する。

+ → =

↓

・ガンジーは塩の行進時に進んで収監された。 ・キングは罰金刑より懲役刑を選んだ。 ・マンデラは、殉教者となる方が大義に貢献するので極刑の受容を告げていた。	・ガンジーの収監後、刑務所は政治犯であふれた。 ・バスボイコットは多数が参加し逮捕収監を誇りとした。 ・マンデラのために英国で抗議の祈りが行われ、運動の正当性が世界に知れ渡った。 ●3人は敵の不当行為を積極的に受容し、非暴力による自由・平等要求の正当性を訴えた。	・人物は相手の不当行為を積極的に受容・公開して、逆に自己の正当性を際立たせようと判断して行為を行い、出来事を作り出していることを理解する。

+ → =

↓

・ガンジーは新聞発行で自制を学び、非暴力不服従を考案。 ・マンデラは新聞社に情報を流して警察の捜査を攪乱した。 ・刑務所では検閲された新聞を補完し、情報を得た。	・ガンジーは新聞を利用し国民を非暴力主義運動に結集。 ・『ポスト』の記事はマンデラと仲間の釈放を政府に要求し、議論を活発にした。 ●3人はメディアを利用し、自分たちの主張を広く知らせて非暴力による自由・平等の運動を推進。	・人物は、メディアの効果を利用して自分の主張や行為を公開し、権力や人々に働きかけるという行為をし、出来事を作り出すことを理解する。

+ → =

288　第2部　社会構築主義に基づく歴史学習

図6-5　単元「非暴力主義：

（表6-8を参照）。

　以上、第二の内容構成原理は、3人の人物の運動成功の要因を理解するために、運動の正当性を訴える方法がどのように発展したかを分析的に理解し、その上で運動の成功要因を発展的に理解する構成になっていることである。

内容構成原理3　行為と出来事の動的理解

　第三の内容構成原理は、「教材と教育内容との関係」の観点からみると、

第6章　人物の行為の批判的解釈に基づく歴史学習の論理　289

・ガンジーは個人の自由を保障し、宗教的に統合された国家建設をめざした。 ・キングのスピーチは公民権運動を国民的レベルに高めた。 ・マンデラは大統領となり、多人種共生社会の形成をめざした。	→	・ガンジーは自由・平等国家未建設のまま殺されたが、独立の父と呼ばれる。 ・キングのスピーチは人々の支持を得、公民権法が成立。 ・人種差別法撤廃と新政府樹立で、マンデラ大統領は多人種共生社会建設を開始。 ●ガンジーは非暴力主義で自由・平等の社会を作ろうとし、この運動はキング、マンデラへと引き継がれた。	=	・人物は、自由・平等の普遍的原理を根拠に判断・行為し、出来事を作り出すことを理解する。（普遍的原理を論拠とした正当性の主張：対国民、対世界市民） ・非暴力による自由・平等実現は、時間的継承や空間的拡大により発展することを理解する。

学習者（主張＝理解）				
出来事（複数）	→	時代像	=	歴史理解

非暴力の社会変革は、ガンジー、キング、マンデラによって、規律ある大衆組織運動・市民的不服従等で実現された。	→	20世紀は、自由・平等という普遍的原理実現をめざし、非暴力主義運動によって社会変革が行われた時代であり、その動きは現在も継続・発展している。	=	・非暴力による社会変革は、人物の判断・行為によって実現し、自由・平等の普遍的原理実現をめざして時間的・空間的に発展していることを理解する。 ・我々も生活の中で非暴力によって対立が解決できることを理解する。

（筆者作成）

ガンジー、キング、マンデラ」の構造

　3人の人物の行為と出来事（非暴力主義による自由・平等の実現）の関係を、学習者が一連の流れとして動的に理解できる内容構成になっていることである。この原理は主にパート4で働く原理である。

　まずガンジーがインドで非暴力の独立運動を始め（1900年代初頭）、ガンジーに影響を受けたキング牧師がアメリカで非暴力の人種差別撤廃運動を起こし（1950年代後半）、キング牧師の影響を受けたマンデラが南アフリカで非暴力によるアパルトヘイト廃止運動を始めた（1960年代前半）。パート4では、非暴力による自由・平等実現が成功した要因を①〜⑥（表6-7参照）と検

討する際に、要因ごとに3人の人物を〔ガンジー〕→〔キング〕→〔マンデラ〕と時代順に比較・検討して理解する。そしてこの時系列での比較検討を総合することで、非暴力主義による社会改革は最初から明確な方法として確立していたものではなく、3人の歴史的人物が時々の背景や状況に応じて論拠を変化させ、それに基づいて判断し行為を変化させていくことで、出来事が順次作り出されていったことを理解する。そして時間的継続（人物から人物への時を経た継承）と空間的拡大（対象や活動の舞台となる国・地域の拡大）をともなって運動が発展していくことを理解する。つまり、3人の行為と出来事は個々ばらばらに存在したのではなく、強く影響し合って一連の流れとして非暴力による自由・平等の実現という出来事が作り出されたという動的な理解が可能になるのである。

　以上が本単元の内容構成原理である。第一の原理は「行為の批判的解釈モデル」による出来事理解、第二の原理は自由・平等を求める運動の成功要因の発展的理解、第三の原理は行為と出来事の動的理解であった。

2) 学習方法原理

　前述の1)では、本単元の内容構成原理についてみてきた。ここでは、学習者がどの様な方法で学習を深めていくのかという学習方法原理について前掲の図6-5をもとに考察する。

　まず、図6-5の基本的な構造を説明する。縦軸は、内容構成原理の項で示した表6-4の縦軸と同じく本単元をパート順に示したものである。横軸はパートごとに異なっているため、それぞれに説明する。

　パート1の横軸の項目は左から「論題」、「執筆者の説明」、「学習者（理解）」となっている。これら3つの要素のうち右端の「学習者（理解）」の欄は学習者が理解を構築していく部分であり、これがすなわち学習者の歴史理解である。この学習者の歴史理解は、パート1が最も狭い範囲の理解であり、パートが進むにつれて理解が複合的になり、パート5で最も深い理解と

なる。パート1のその他の項目である「論題」「執筆者の説明」は、教師あるいは資料から与えられるものである。「論題」とは取り組むべき課題であり、「執筆者の説明」とは、文章を書いた人物が当該出来事をどの様に説明していたかである。この「執筆者の説明」は4つの要素（背景や状況・判断・行為・出来事）に分けて理解される。パート1では、「論題」と「執筆者の説明（背景や状況・判断・行為・出来事）」は、ガンジー、キング、マンデラの自伝的説明文によってあらかじめ教師から与えられ、学習者はこれをそのまま「歴史理解」として習得する。そしてこの「歴史理解」が「学習者」の理解である。

　パート2からは、横軸の右から2番目に新たに「論拠」の項目が加わる。その結果、横軸は左から「論題」「背景や状況」「論拠」「学習者（主張＝理解）」となる。この4つのうち左の3つの項目である「論題」「背景や状況」「論拠」は教師や文書から与えられるものであり、右端の「学習者（主張＝理解）」の欄は学習者が自ら構築するものである。つまり、横軸の項目は外からあらかじめ与えられるものと、学習者が自ら構築するものに分けられる。学習者が自ら構築するこの「学習者（主張＝理解）」の欄は、3つの要素（「判断＋行為」「出来事」「歴史理解」）から成っている。そして学習者はこれら3つの要素について「行為の批判的解釈モデル」を用いて解釈をする。この「行為の批判的解釈モデル」が用いられるのはパート2以降であり、このモデルが用いられる場合は学習者の解釈は主張となる。つまり学習者は、与えられた「論題」「背景や状況」「論拠」をもとに、「行為の批判的解釈モデル」を用いて「論題と背景・状況のもとで、歴史的人物は〜と判断して〜という行為をし、その結果〜という出来事が起こった」と自分なりに解釈する。その後、各学習者は学級内で自分の解釈を発表して「〜と解釈すべきである」と主張し、学級内でそれぞれの解釈が批判的に検討される。この、解釈を主張することがすなわち「歴史理解」となる。パート1では「学習者（の理解）」の欄には主張とは書かれていない。なぜなら、パート1ではすべての情報が

前提知識として教師から与えられており、前述の「行為の批判的解釈モデル」は用いられないためである。

パート3とパート4では、パート2と比べると横軸の項目は1つ少なくなり、「論題」「背景や状況」「学習者（主張＝理解）」である。ただし、「学習者（主張＝理解）」の要素の数がパート2よりも1つ多くなる。新たに「論拠」が加わり、「論拠」「判断＋行為」「出来事」「歴史理解」の4つとなっている。これは、パート2では「論拠」は教師や文書から与えられるものであったのに対し、パート3とパート4では「論拠」が学習者の内面に取り込まれ、「行為の批判的解釈モデル」を用いる際の重要な要素として働くからである。

最後のパート5では、横軸は「学習者（主張＝理解）」のみとなる。なぜなら学習者は、実生活での非暴力主義の実現方法について小論文を自ら執筆するため、教師や文書から与えられる「論題」「背景や状況」は存在しないためである。そして「学習者（主張＝理解）」の欄の要素は「出来事（複数）」「時代像」「歴史理解」となる。つまり、3人の歴史的人物が作り出した「数々の～という出来事が合わさって非暴力による社会改革の時代が形成されたと解釈すべきである」という時代像についてまでも主張がなされ、これが最終的な歴史理解となる。

以上が図6-5の説明である。以下では、単元全体とこの図の内容から導き出される4つの学習方法原理について述べる。

学習方法原理1　人物の行為と出来事の関係の解釈モデルによる出来事理解

第一の学習方法原理は、「学習の方法（モデル）」の観点からみると、歴史的人物の行為と出来事の関係を理解する際に、学習者が「人物の行為の批判的解釈モデル」を用いる方法をとっていることである。「人物の行為の批判的解釈モデル」は図6-5では横軸にあたる。従来の、「行為理解のモデルを用いて歴史的人物の理解を行う歴史学習」（寺尾、2004）に対して、本単元の

第6章　人物の行為の批判的解釈に基づく歴史学習の論理　293

「人物の行為の批判的解釈モデル」では批判の方法、特に2段階の批判によって学習を進めていく方法をとっている。2段階の批判とは、①文書を批判的に解釈すること（表6-4のパート1とパート3）、②各学習者が自らの解釈を主張（「～と解釈すべきである」）として提示し、学級内での討論を通して批判的に検討すること（表6-4のパート4）である。

①は、学習者が文書の作成者の解釈（「～という背景のもとで～を根拠に、人物は～と判断して～という行為をし、その結果～という出来事が作り出された」）をそのまま自分の解釈として取り込むのではなく、文書から読み取ることのできる作成者の解釈として吟味するということである。吟味するとは、作成者の解釈が妥当か否か、妥当でないとすれば何が問題かを考えることであり、この「文書作成者の解釈を吟味する」過程を経てはじめて、学習者自身の解釈が構築される。これが第1段階の批判（文書の批判的解釈）である。

次に、②の段階では、自分の解釈をグループや学級で発表し、他のメンバーとの討論を通して批判的に検討する。批判的に検討するとは、各自の解釈は何を論拠にどの様に解釈しており、それが妥当か否か、妥当でないとすれば何が問題かをメンバー間で分析的に考察することである。

この2段階の批判的検討を経た解釈は、2つの種類に分けられる。討論を通して合意できる解釈と、討論を経てもなお合意できない解釈の2つである。合意できる解釈がグループや学級の共通の解釈になることは明らかであるが、たとえ合意できない解釈であったとしても捨象されるのではなく、それも解釈のひとつとして学習者に認識される。これが多様な解釈を形成する基礎となるのである。

以上を、パート4－1を例に具体的に説明すると次のようになる。

4－1では、まず学習者は文書B〔アラバマ州モンゴメリーでの過酷な黒人差別を描いたキング牧師の自伝〕を読んで解釈する。このときに行われる文書の解釈が、2段階の批判方法の第1段階（文書の批判的解釈）である。学習者は各自文書を読んで文書の作成者の解釈を読み取る。作成者の解釈は例

えば以下のようになる。キングは、米国南部での過酷な黒人差別とローザ・パークス事件（バスの黒人席への移動拒否による逮捕）という「背景や状況」のもと、同盟休業（ストライキ）は経済的打撃を権力側に与えることを「論拠」として、経済的打撃を権力側に与えることで平等権を効果的に実現できると「判断」し、バスボイコット運動や、行政に対して人種差別撤廃を要求する運動を展開するという「行為」を行い、差別の撤廃という「出来事」を作り出した。文書作成者のこの解釈を学習者は吟味し、この解釈が妥当であると判断すればそれを学習者自身の解釈として構築し、妥当でないと判断すれば理由を考えて自分なりの別の解釈を構築する。

　次に第2段階の批判として、各学習者が自分の解釈をグループや学級内で発表し（「〜と解釈すべきである」）、解釈が主張として構築される。そして各自の解釈の妥当性がメンバー全員によって検討され、新しい解釈が生まれる。以上のような2段階の批判の過程を経て、人物の行為と出来事の関係について学習者の間に多様な解釈が可能になるのである。

学習方法原理2　主張の構築としての歴史理解

　第二の原理は、「学習の内容」の観点からみると、「行為の批判的解釈モデル」が二重に使われるかたちで歴史的人物の行為と出来事の関係を理解する方法をとっていることである。前述の内容構成原理で説明したトゥールミン図式で示すと図6-6のような構造になる。

　この図の中で第二の原理と深く関係するのは「主張（C1、C2）」の部分である。「行為の批判的解釈モデル」が二重に使われるというのは、学習者が2段階にわたってこの「主張」を構築することである。

　第1段階は、図6-6内側の囲みの中にある「主張（C1）」である。ガンジーら歴史的人物は、自由・平等を求める非暴力に基づいた運動が正当であることをさまざまな形で主張し、行為を行った。学習者はまず人物の行為の解釈を行うが、この解釈は「〜という背景・状況（②）から生じる論題（①）に

対して、歴史的人物は〜を論拠として〜と判断（③）し、自分たちの運動は正当であると主張して〜という行為を行った」という内容になる。「歴史的人物は運動の正当性を論拠に基づいて主張した」と解釈することになり、学習者は自由・平等を求める運動の「正当性の主張」というかたちで人物の行為を解釈する。つまり第1段階では、歴史的人物の主張（C1）を学習者が構築するのである。

次の第2段階の主張（C2）とは、第1段階で構築した自分の解釈を新たなデータ（D2）として、論拠に基づいて出来事（⑤）を解釈し、その解釈をグループや学級で「〜と解釈すべきであると主張」することである。この解釈の内容は「〜という状況（D2）のもとで〜という論拠に基づいて結果として〜という出来事（⑤）が起こった」というものであり、学習者は自分の解釈が正当であることを他の学習者に対して論拠を示して主張する。つまり第2段階では、学習者自身が主張（C2）を構築する。

まとめると、2段階の主張の構築は、まず歴史的人物の行った主張を学習者が解釈し、次に学習者自身の解釈の正当性を他の学習者に対して主張するという構造になっている。これは、学習者が人物の主張をいわば「入れ子」として自分自身の主張を構築するというかたちであり、非暴力主義による社会改革の方法を理解できる学習方法といえる。

そして各学習者は、非暴力主義実現の要因について上記のような2段階の主張の構築をグループやクラスの中で行っていくが、要因の内容として検討されるのは以下の6つである。

①経済的圧力、②道徳的要求、③規律の維持、④収監の積極的受容、⑤新聞の活用、⑥敵との和解、これら6つは図6-6にあるように仮説1〜6として提案、主張される。そしてこの仮説1〜6に対応して図6-6のトゥールミン図式では、主張構築が第1層〜第6層と6つの層から成っている。6つの仮説がパート1〜パート4で順次解釈・主張が構築される過程は重層的構造になっており、学習者の解釈・主張はグループや学級での議論を通してより

296　第2部　社会構築主義に基づく歴史学習

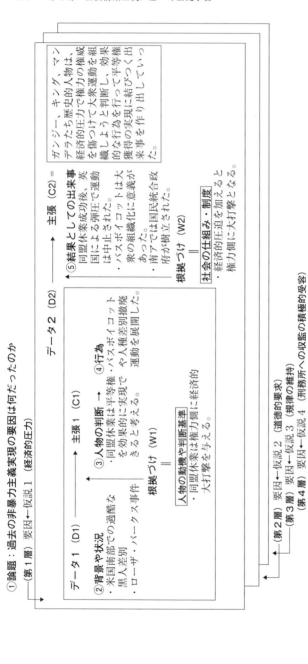

図6-6　人物の行為の批判的解釈モデル〈複合的構造〉

深いものとなっていく。このように、重層的なトゥールミン図式に基づいて学習内容は学習者同士で吟味され、人物の行為と出来事の関係の理解、出来事と時代の特色の関係についての理解へと拡大、発展していくのである。

学習方法原理3　主張（正当化）の方法の発展過程としての時代像理解

　第三の学習方法原理は、「学習内容の発展」の観点からみると、人物の行為と出来事の関係の解釈と、それを現代の紛争解決に応用するための手段としてエッセイを執筆する方法をとっていることである。学習者は人物の行為と出来事の関係の学習の仕上げとしてエッセイを執筆し、その過程で現在の視点で人物の行為を解釈する。これはパート5で働く原理であるため、パート5の内容にそって説明する。

　パート5では、学習者はパート1～パート4で学習したことをもとに分析的エッセイを書く。これは家庭学習（宿題）としてなされるものであり、エッセイに書くべき内容は次の2つである。

(1) ガンジー、キング、マンデラは非暴力主義に基づく運動の正当性の主張をどの様に発展させてきたか。

(2) 現在自分の身近にある対立や一般的な対立状況を解決するために、非暴力主義による方法をどの様に応用できるか。

(1)について学習者は、3人の歴史的人物が非暴力主義による社会改革の正当性の主張を3段階で変化・発展させたことを知る。第1段階は、敵対する対象自体（敵対する権力・社会システム・法）への不参加・非協力という形での正当性の主張。第2段階は、市民的不服従の原理による正当性の主張を、行為によって敵対者や仲間に表現する方法へと変化させる。そして第3段階は、行為の規律正しさによる正当性の主張、刑務所への収監の積極的受容による正当性の主張、メディアを利用した正当性の積極的公開、国民全体の自由・平等という普遍的原理に基づく正当性の主張である。学習者は3人の人物がこのような3つの段階で正当性の主張を変化・発展させることで非暴力

による社会改革を実現してきたことを理解し、エッセイにまとめる。

次に(2)について学習者は、自分の身近にある対立や一般的な対立状況を解決するために非暴力の方法をどの様に応用できるかについてさらにエッセイを書き進める。第2章第1節で分析した人物学習単元「リンカーンと奴隷解放」の場合では学習者は最後のパートで「物語」を構成したが、本単元では物語ではなく「エッセイ」の執筆となっている（寺尾、2004）。これは、本単元が学習者の主張として歴史理解を構築させようとしているからであると考えられる。エッセイの内容(2)は、次に述べる学習方法原理4と深く関わるため後述する。

第三の学習方法原理は、第二の原理である、主張としての正当化の方法を歴史的人物がどの様に用い、その種類や質的レベルを発展させてきたのかに焦点を当てる。そして、各パートにある主張の方法を時系列にそって分析することにより、主張としての正当化の方法の発展が当該時代の特徴をかたち作っていることを理解させて時代像を形成させる原理である（図6-7参照）。これは図6-5の「歴史理解」（右端の欄）を縦軸にそって説明する原理である。

学習方法原理4　現在の視点による人物の行為と出来事の関係の理解

第四の原理は、「歴史理解の現在的・教育的意義」の観点からみると、歴史的事実を現在の視点で解釈することにより人物の行為と出来事の関係や時代像を研究させ、理解させることである。この原理は、第三の原理に支えられて働く原理である。すなわち、第三の原理によって明らかとなる時代像は、20世紀は非暴力主義によって社会改革を実現しようとしてきた時代であり、自由・平等という社会の普遍的原理を求めて歴史的人物が行為を行い、社会改革のための出来事を作り出してきた過程である。その延長である現在においても、われわれは同様の課題を継承していると言える。そこで現在の生活の中で起こりうる対立の解決方法を考える際に、非暴力主義実現の要因①〜⑥を解決策の要素として取り入れることが可能である。学習者は3人の

第 6 章　人物の行為の批判的解釈に基づく歴史学習の論理　299

表6-8　パート4における主張の方法の発展

サブパート	公開	主張表現の中心形態		主張の対象	拡大	
4－1	消極的公開 ↓	行為、手紙	塩の行進 バスボイコット	敵対者（植民地政府、州政府、政府）	20世紀初頭 ↓ 現在	地域 ↓ 世界
4－2		行為	製塩運動 ランチカウンターの座り込み	敵対者（植民地政府、州政府、政府）		
4－3		規律ある行為	塩税拒否運動 公民権要求行進	敵対者(植民地政府、政府) 国民		
4－4	積極的公開	行為、手紙	刑務所への収監	敵対者(植民地政府、政府) 支持者（黒人、国民）		
4－5		メディア	新聞の執筆・発行 雑誌記事の執筆	敵対者(植民地政府、政府) 支持者、国民、人々(公衆)		
4－6		演説、直接対話、交渉	演説 会談	敵対者 国民、世界の国・人々(公衆)		

(著者作成)

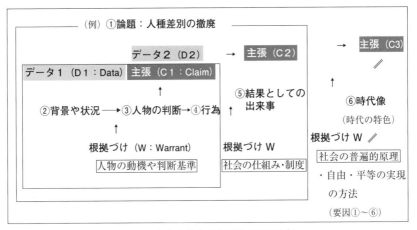

図6-7　人物の行為の批判的解釈モデル

人物がとった①〜⑥の方法を応用し、自らの経験も踏まえて対立解決の方法を考え、エッセイに自由にまとめていく。

　以上、4つの学習方法原理について述べてきた。第一の原理は「人物の行為の批判的解釈モデル」を用いる方法を採っていること、第二の原理は「人物の行為の批判的解釈モデル」を2度用いる方法をとっていること、第三の原理はエッセイの執筆という方法をとっていることであった。第四の原理は歴史の事実を現在の視点で解釈することにより、人物の行為と出来事の関係や時代像を研究させ理解させる方法をとっていることである。

　以上(3)授業展開とその論理では単元「非暴力主義」の分析を通して抽出した二種類の原理、つまり1）内容構成原理、2）学習方法原理について述べた。

　内容構成原理の第一は「行為の批判的解釈モデル」による出来事理解、第二は自由・平等を求める運動の成功要因の発展的理解、第三は行為と出来事の動的理解である。

　学習方法原理の第一は「人物と出来事の関係の解釈モデル」による出来事理解、第二は主張の構築としての歴史理解、第三は主張（正当化）の方法の発展過程としての時代像理解、第四は現在の視点による人物の行為と出来事の関係の理解であった。

　これまで述べた単元の授業の分析、およびそこから得られた上述の原理をもとに、次の3．では社会構築主義に基づく人物学習の特質と問題点について考察する。

3．特質と問題点

　本節では、人物の行為の批判的解釈に基づく歴史学習の論理について考察を行ってきた。そして特に、DBQプロジェクトの単元「非暴力主義：ガンジー、キング、マンデラ」の分析を通して、人物の行為の解釈に基づく歴史学習の論理について解明してきた。この単元は、歴史上の人物の行為と出来

事の関係を理解させるために、まず歴史上の人物についての史資料を解釈し、次にその解釈をもとに「行為の批判的解釈モデル」という認知の枠組みを用いて人物の行為を解釈し、最後に行為と出来事の因果関係をエッセイ（物語）として構築するというものであった。この人物学習には以下の２つの特質が見られる。

第一の特質は、学習者の行う資料の読解が批判的になされることである。本単元では18個の文書が提供され、学習者はこれらを通読して非暴力主義による社会改革実現の要因を推測する。その際に学習者が考えやすくなるように、A～Rの各文書（表6-5参照）からどの様な要因が抽出できるかを推測させ、要因ごとに文書を分類させる。抽出される要因は非暴力主義による社会改革実現の根拠づけである。このように根拠づけを行いながら史資料を読んでいくことが、史資料の読解を批判的にするということである。例えば、文書A、B、Cから推測される根拠づけは、①経済的圧力であり、文書D、E、Fから推測される根拠づけは②基本的人権（自由・平等）保障への要求である。この他に根拠づけとして推測されるのは、③規律の維持、④刑務所への収監の積極的受容、⑤新聞の活用、⑥敵との和解、である。

つまり史資料の読解を批判的にするとは、単に史資料を読むのではなく、教師の発問に答えるために、根拠づけをしながら史資料を読んでいくということである。

以上のように本稿では、史資料を批判的に読解し、学習者の解釈を、討論を通して批判的に検討する学習となっている。このような学習を「史資料批判型社会的人物学習」と呼ぶことにする。

第二の特質は、人物の行為の解釈において「行為の批判的解釈モデル」（図6-3、図6-4参照）という理解の枠組みを用いていることである。学習者は「行為の批判的解釈モデル」にしたがって、３人の人物が論題（解決すべき問題）に対して、どの様な背景や状況で、どの様な判断をして行為をし、その結果どの様に出来事を作り出していったのかを因果関係的に理解する。特徴

的な点は、背景や状況・人物の判断を客観的データとし、さらに一般的原理を根拠づけとしたのちに初めて人物の行為と、その結果としての出来事がどの様に作り出されたのかを理解する構造になっていることである。つまり学習者は、「行為の批判的解釈モデル」にしたがって5つの要素（①論題、②背景、③判断、④行為、⑤出来事）について、客観的データと一般的原理による根拠づけを段階的に行う過程を経て、出来事は客観的に存在するのではなく、社会的背景・信念・価値観に基づいた行為によって作られていくこと（行為による出来事の構築性）を理解することができる。

したがって人物の行為の批判的解釈において「行為の批判的解釈モデル」を用いることは、行為による出来事の構築性を理解するための必要条件である。

以上のように、本研究で分析した社会構築主義に基づく歴史人物学習の特質は、史資料の読解が批判的になされること、人物の行為の解釈において「行為の批判的解釈モデル」という理解の枠組みを用いることである。しかし、今後解決すべき次のような課題も見出される。

第一の課題は、学習者の歴史理解が人物の行為と出来事の関係の理解にとどまっているという点で、範囲の狭いものになっていることである。歴史理解の最も重要な要素は、人物の行為・出来事・時代像の3つである。分析した単元では、歴史的人物の行為と出来事の関係が構築的であることの理解まではなされているが、その先にある出来事と時代像・時代の動きとの関係の理解までは十分に至っていない。これを行わせるにはエッセイを書かせるだけでは不十分である。なぜなら、エッセイは学習者がひとりで書くものであり、グループやクラス全体での因果関係的解釈（出来事と時代像の関係）を行っていないからである。グループやクラス全体での複数の視点に基づく解釈をするには、出来事と時代像の関係を学習対象とした追加的な学習が必要になると考えられる。

第二の課題は、学習者の既有の経験や知識との結びつきが希薄であること

である。本単元では、18個もの文書が提供される。そして学習者は、非暴力主義に基づく社会改革成功の根拠づけを推測しながらこれらの文書を読んで分類する。この場合、読むべき文書が多数に上るため、学習者は文書の読解自体に多くの労力をとられ、既有の経験や知識と結びつけた読解をすることが困難となる。そのため、文書の数を精選し、教師が学習者の既有の知識と関連づけた読解ができるよう支援していく必要があると考えられる。

第2節　社会集団の行動の批判的解釈に基づく歴史人物学習：DBQプロジェクト　単元「何がセイラムの魔女裁判を異常なものにしたのか」の場合

1．歴史学習の目標

この節では、本章第1節で分析事例として取り上げたDBQプロジェクトの中の単元事例を新たに分析することにより、社会集団の行為に焦点を当てた場合の社会構築主義に基づく歴史人物学習の原理と特質を明らかにする。歴史カリキュラムであるDBQプロジェクトの目標は、まず歴史学習の基本目標として歴史に関係する3つの学力、すなわち「読解力」「論理的思考力」「文章力」を伸ばすことである。また3つの学力の育成を課題にしていた教師たちを支援することも目標であった。これらは米国で伝統的に重視されてきた学力であるが、DBQプロジェクトではこれに加えて、歴史の批判的思考や技能を伸ばすことに独自性がある。

2．授業構成原理

(1) カリキュラムの全体計画とその論理

DBQプロジェクトのカリキュラムとしての全体計画と、これに組み込まれている歴史理解育成の論理については第1節で説明した。

その要点を再確認すると、このカリキュラムは2つの概念を理解させる構成になっていることであった。第一は時代の特色を示す概念の習得、第二は時代を超えて存在する社会問題を示す概念を習得させることである。

また、カリキュラム全体の単元構成は第1節の表6-1に示してあるが、本節で取り上げるのはその中の米国史単元「何がセイラムの魔女裁判を異常なものにしたのか」（対象年代1620－1776年）である。この単元は「時代を超えて存在する社会問題を示す概念」を学習させるものであり、主な学習内容として「（社会集団がとる）社会的行動の原理」を設定している。そして中心概念として、一定の「社会心理学的概念」を教えるもので、主要な思考技能として「個人の信念を吟味する」ことがあげられている。

つまり、この単元では「セイラムの魔女裁判」と呼ばれる裁判を社会問題として取り上げ、当時の社会集団の行動を分析することによって裁判を異常なものとした原因を学習者が協働で探り、結果として社会心理学的な概念の習得と概念の習得過程で必要な思考技能を伸ばすことが目指されている。

(2) 単元構成とその論理
1) 社会集団の行動の批判的解釈学習による人物学習の必要性

第1節の「1.歴史学習の目標」の冒頭で指摘したように、現在一般に人物学習と呼ばれている、人物の行為や文化遺産を通した歴史学習では、学習者が人物を過大に偉人化してしまう、あるいは時代の特色の理解まで至らず単なる事象の因果関係的解釈にとどまるという問題が生じており、時代の特色の理解や説明までができる学習が実現していない。このような問題の解決のために、人物学習としての歴史学習の基本原理を早急に解明することが求められている。

出来事や時代像は、単に英雄的で卓越した能力をもった個人によって作られるだけではない。「歴史は民衆がつくる」「大衆が作り上げた歴史」などと言われるように、一定の属性のもとに個人が集まった社会集団によって出来

事や時代の特色が作り上げられる場合が多い。社会集団の行動や営み、文化遺産の創造活動などがひとりの人物に仮託されて英雄物語として伝わっている場合もある。また特定の社会階層の行動が歴史に残る出来事を生み出してきた場合も多くある。人物学習は、このように個人の行為だけでなく社会集団の行動を扱う場合も含めて、より幅のあるものとして捉える必要がある。

本節では、人物学習では社会集団の行為も対象にすべきであるという考えに立ち、人物学習を英雄や偉人など特定の個人だけでなく特定の社会集団も含む、より幅のあるものとして捉えて人物学習の新たな原理を解明する。そして、社会構築主義に基づく歴史学習の場合、社会集団に焦点を当てた人物学習はどの様な原理に基づいて行えばよいかを解明する。

社会構築主義に基づく歴史人物学習の原理については既に、DBQプロジェクトの単元「非暴力主義：ガンジー、キング、マンデラ」の分析を通して解明した。この研究では、歴史人物学習の原理を抽出する際に、歴史理解を3つのレベル、「(1) 人物の行為の理解」、「(2) 人物と関連する出来事の理解」、「(3) 人物の生きた時代の特色の理解」で分析した。

そしてこの分析を経て新たに見出された課題は、人物学習の対象を個人だけでなく社会集団にまで広げ、これまでの歴史理解の分析に用いてきた(1)「個人の行為」レベルのサブレベルとして「社会集団の行動」レベルを設定することである。これは、社会科は学習者に何を理解させるかという教科としての本質規定に関わる。すなわち、「社会科は文字どおり、社会、つまり人との関係をもちながら社会における人間関係についての理解を深める教科であり、個人のレベルの学習にとどまるものではない」ということである。これは一方で、学習者が、ひとりではなく他の学習者と議論・討論しながら主体的に協働的な学習をするという学習「方法」を意味しているが、他方で学習する「対象」もまた個人だけではなく社会集団をも含むということを意味している。

歴史学習においては、歴史に著名な名を残すまでには至らなかったが歴史

を確かに作り上げてきた大衆（マス）と呼ばれる「社会集団の行動」を学習対象にすることで出来事、そして時代像が作られた要因が明らかになり、より妥当性のある歴史理解を作ることができる。つまり、人物と出来事との中間には、人物の集積によって作られる「社会集団」があり、「社会集団の行動」が出来事を作り出す場合もある（現実にはむしろこの例が多い）と言える。

そこで第1節で明らかにした「人物の行為の批判的解釈モデル」を拡張するねらいから、本節では社会構築主義に基づく歴史人物学習の原理をさらに明らかにするために、歴史における社会集団学習の原理を新たに解明する。ただし、単元の基本的な分析枠組みは、歴史人物学習の原理の解明で用いたものと同様にして、「人物の行為」の部分を「社会集団の行動」に置き換え、「人物の意図」は「社会集団の社会心理学的傾向」に置き換えて考察する。

社会集団に焦点を当てた、社会構築主義に基づく歴史人物学習の原理を解明するために必要なことは、第一に社会集団の行動・出来事・時代の特色の相互関係をどの様な内容として理解させるか解明し、人物学習の原理（内容構成原理）として定式化することである。そして第二に社会集団の行動・出来事・時代の特色の相互関係を学習者にどの様な方法で理解させ、構築させるかを解明し、社会集団に焦点を当てた人物学習の原理（学習方法原理）として定式化することである。

これら2つの目的を達成するため、DBQプロジェクトの米国史単元「何がセイラムの魔女裁判を異常なものにしたのか」を分析対象に取り上げ、社会構築主義に基づく歴史人物学習の原理を析出する。この単元は、社会構築主義に基づく、歴史上の社会集団に焦点を当てた歴史人物学習となっており、3つのレベル（「人物の行為」・「出来事」・「時代の特色」）を組み込んで学習過程を組織する構成になっており、社会構築主義に基づく歴史人物学習の原理をも含んでいると考えられる。この歴史人物学習は「史料批判型社会的人物学習」と呼ぶことができるものであり、史資料をもとに批判の方法を用い

て、歴史上の人物の行為と出来事の関係を社会的に（他の学習者との関係において）理解させるものである。

2) 単元「セイラムの魔女裁判」の目標と概要

DBQプロジェクトの全体計画と目標の特徴については、第1節で述べた。そこで、以下では単元の目標と概要を示す。

(a) 単元の目標

米国史単元「何がセイラムの魔女裁判を異常なものにしたのか」（以下、「セイラムの魔女裁判」と略記）は、ボストンなどの大都市がある米国東海岸のマサチューセッツ州の都市セイラムの近くにあったセイラム村（現在の地名はダンバース）で1692年に起こった「魔女裁判」を題材にしている。

セイラム村は、17世紀を通じて英国から多くの移民が入植したニューイングランドと呼ばれる地域にあった村である。移民の多くはピューリタンであった。ピューリタンは、「死後に誰が天国に行き、誰が地獄に落ちるか、神は人が生まれる前に既に決めている」（前世の約束）と考える。セイラム村の人びとはこの前世の約束を信じ、「自分は地獄に落ちるかもしれない」と恐れを抱きながら生活していた。そして、「過酷な生活の中で敬虔な信仰と善行をすることこそが天国に行くことへの保証につながる」という絶対的宗教倫理観をもっていた。ニューイングランド地方は気候が寒く、冬は特に厳しかった。荒野を開墾し農地を開拓していく過酷な労働に耐えながらの生活は、「試練を克服していくことこそが自分が天国に行く証となる」というピューリタンの信仰にそのまま符合していた。このような歴史的、自然的背景の中で、1692年6月～9月の4ヶ月にわたる裁判の間に、ひとりの男性が拷問で死に、19人が判決で魔女と宣告され絞首刑となった。北米の植民地では魔女裁判と呼ばれる裁判がほとんどなかった中で、マサチューセッツ州知事が裁判の中止と刑の執行停止を命じたときには、なおも100人以上が刑務

所に収監されておりまさに異常というべき出来事であった。そのため「セイラムの魔女裁判」と呼ばれ、米国史上有名な出来事として現在もなお多くの人びとに知られている。

この単元では、セイラム村の人びとを社会集団、つまり農民（大地主・小作）、女性（若い女性・年配の女性）などの「集団」として扱う。そして、人びとの行動（社会集団の行動）によって魔女裁判という異常な出来事がどの様な要因で引き起こされたのかを、史資料の批判的解釈を通して理解させる。

本単元の目標は、本章第1節で示したDBQの基本目標と同じく、史資料の分析技能と批判的思考を育成することである。ここでは特に、魔女裁判という異常な出来事がなぜ引き起こされたのか、その要因の検討を通して、社会心理学的な概念（社会集団の行動原理）を理解させる。具体的には、セイラム村で魔女告発のきっかけを作った若い女性たちや、魔女として告発された年配の女性たちの行動と、行動の状況や背景を分析し、彼女たちの行動を社会集団の行動原理の観点から解釈する。そして、「社会集団の行動」、「社会集団の行動と出来事との関係」、「出来事と時代の特色との関係」を追求し、理解を深めていく。単元の学習内容のテーマは、「社会心理」である。そして学習する中心概念として「社会集団の行動原理」が設定され、「何がセイラムの異常な魔女裁判を引き起こしたのか」（分析的問い）を、歴史上の未解明な問題として理解し、その答えを追求する。そして最終的には「社会集団の行動原理」という普遍的概念を理解するようになっている。育成する思考技能は、「歴史的な状況を個人化する力（自分に当てはめて考え、解決方法を考え出す力）」である。

(b) **単元の概要**

単元「セイラムの魔女裁判」の目標は、史資料の分析に基づいた高次の思考活動に取り組ませることで学習者の批判的思考・分析的思考を伸ばすことである。これは、DBQプロジェクト全体の目標と同じである。史資料とし

ては、聖書の記述、裁判記録、住民の性別・年齢などの統計資料、歴史研究者の研究論文（抜粋）、地図、絵画などがある。学習過程では、これらを読み取り、セイラム村の人びとの行為（集団の行動）を解釈し、異常な出来事であるセイラムの魔女裁判が生じた要因を明らかにしていく。このような学習は一連のプロセス、つまり〔分析的問いの把握〕→〔史資料の分析〕→〔ディスカッション〕→〔分析的小論文の執筆〕、という流れで展開する。

教師用指導書によれば、単元は次の4つのセクションで構成されている（Brady & Roden, 2002b：p. 610）。

セクション1　背景的小論文の紹介と「分析的問い」を考える手がかりの提供
セクション2　グループディスカッション
セクション3　クラスディスカッション
セクション4　小論文の執筆

単元の展開をこれらのパートにそって指導計画として示すと表6-9になる。

単元「セイラムの魔女裁判」の分析的問いは、「何がセイラムの魔女裁判を異常なものにしたのか」である。学習者は、背景的小論文（セイラムの魔女裁判の歴史的背景を概略的に説明した小論文）と14個の史資料を手がかりにこの問いを追求していく。

セクション1の第1段階では、まず学習への動機づけとして、現在の学習者が生活や遊びの中で知っている、存在が不確かな事柄（例えば「神」「悪魔」「魔女」「ラッキーナンバー」「星占い」など）をどの程度信じるかが問われる。ここで明らかにされることは、「悪魔」や「魔女」の存在は現在では否定されているが、過去にはキリスト教の絶大な影響力により、存在するものとして広く信じられていた時期があったことである。ここでは学習者に理解の枠組みを作らせるが、この理解の枠組みは、現在と過去では人びとの理解が大きく異なること、つまり過去には宗教的規範が人びとの考え方に大きく影響していたという、歴史的社会的背景についての理解の枠組みである。

表6-9 単元「何がセイラムの魔女裁判を異常なものにしたのか」の指導計画

段階	学習項目	指導の概要	配当時間
セクション1	・学習への興味・関心をもつ（動機づけ）	・超自然的なものをどれ程信じるかを問う質問に答えさせ、学習について興味・関心をもたせる。	10-15分
	・背景的小論文を読む (1) 小論文を読んで出来事の背景を知る。 (2) 小論文の中にあるカギとなる語彙の意味を理解する。 (3) 与えられた分析的問いを理解する。 (4) 問いの中のカギになる用語を定義する。	・1692年のセイラムの魔女裁判について説明した背景的小論文を読ませ、学習問題をつかませる。 (1) 年表と地図を見せ、セイラムで魔女裁判があった時期と場所、この裁判がヒステリーのような異常な状態であったことを明確に理解させる。キリスト教根本主義では聖書にある「戒律」を厳格に守っていたことを理解させる。 (2) キリスト教の「前世の約束」「根本主義」の語彙の意味を理解させる。 (3) 学習問題としての分析的問い「何がセイラムの魔女裁判を引き起こしたのか」をつかませる。 (4)「異常な」の意味を理解させる。	20分
	・史資料を読んで魔女裁判を引き起こした原因を予想し証拠となる史資料を分類する。 ・分類した資料群ごとの中心テーマを探る。	・14個の史資料を配布して読ませ、セイラムの魔女裁判を引き起こした原因を予想させる。 ・予想に対応した史資料を選択・分類させる。 ・分類した史資料をさらに考察させ、予想される原因の中心テーマ（分析カテゴリー）が何かを検討させる。	15分
	・文書の分析カテゴリーの抽出（個人で分析） ・分類を再検討し、中心テーマとして何が適切かをさらに探る。	・宿題として、14個の史資料の分類が適切かどうか再度検討させる。その際、分類された史資料群ごとに分類テーマを付け、異常な魔女裁判を起こさせた原因が推測できるよう、ふさわしいテーマ名にさせる。（この段階では暫定的なテーマ名でよい。）	宿題

第 6 章　人物の行為の批判的解釈に基づく歴史学習の論理　311

セクション2	・魔女裁判の原因の予想が史資料の分類テーマに対応しているかを検討し、予想を整理する。 ・予想の妥当性を検討していくための学習手順を決める。	・宿題とした史資料の分類の仕方と分類テーマの妥当性を検討させ、教師が以下の7分類へと導く。【期待される分類テーマと関係する資料】 ① 人びとの過剰な信仰（A、B、C、D） ② 若い女性による抑圧解消（E） ③ 若い女性の注目を得たい願望（F、G） ④ 若い女性のヒステリー（H） ⑤ 農民間の階級対立（I、J） ⑥ 農民間の土地争い（K、L、M） ⑦ 麦角中毒による幻覚作用（N） これらの7つを要因の予想とする。	10分
	・予想した7つの要因を分析・解釈し、異常な魔女裁判を引き起こした要因を順次検討する。	・①〜⑦の順で、史資料をもとにして予想の妥当性を検討させる。史資料をプロジェクターで示しながら、まず学級全体で検討させる。史資料を使った検討の仕方を教師が模範的に示す。続いて、個人、ペア、3つのグループの順で史資料を分析・解釈し、出された予想が果たして妥当なものか検討させる。資料の余白、資料分析シートのどちらかに自分の考察結果を書かせる。	30分
	・すべての史資料を検討（分析・解釈）し、妥当な原因を整理する。	・すべての史資料を改めて自分自身で分析・解釈し、分かったことをもとに学習問題「何が魔女裁判を異常なものにしたのか」に対する回答を記述してこさせる。	宿題
セクション3	・異常な魔女裁判を生じさせた原因の予想について、史資料を再び検討しながら学級全体の討論を通して妥当性を検討する。	・作成したメモをもとに学級全体でセイラムの魔女裁判を引き起こした理由（因果関係の説明）の妥当性について討論させる。その途中、希望する生徒には、史資料を示しながら、異常な魔女裁判が起こった理由として自分の説明が優れていることを主張させる。その後、学級の投票によって、考えられる原因のベスト3を選ばせる。決まったランキング結果の妥当性を論証させる。	45分
セクション4	・これまで学習したことをもとに小論文を書く。	・これまでの学習で分かったことをもとにして、学習問題「何がセイラムの魔女裁判を異常なものにしたのか」に答える小論文を書かせる。	宿題

（Brady & Roden, 2002b, 2005b；p.610 より筆者作成。配当時間は文献（2002a）の授業展開の説明をもとにして明らかにした。）

続いて第2段階は次のような構成で展開する。

まずセイラムの魔女裁判について書かれた背景的小論文を学習者に読ませ、基礎知識を習得させる。そして、単元の学習問題である「何がセイラムの魔女裁判を異常なものにしたのか」が問われる。

第3段階では、14個の史資料が提供され、これらを概観する。そして、分析的問いである「何がセイラムの魔女裁判を異常なものにしたのか」を背景的小論文や史資料を手がかりとして追求していく。

第4段階は宿題として与えられる。セイラムの魔女裁判を異常なものにした要因を探る観点から、提供された14個の史資料を概観し、比較する。その中で、一定の要因が導き出せる資料を集めてグループに分類し、どの様な要因が導き出せるかを予想させ、要因名をつけさせる。

以上がセクション1である。

セクション2の第1段階では宿題をもとに、異常な魔女裁判の要因について各自の予想を発表し、7グループに整理させる。そしてグループに応じた①〜⑦の要因名(表6-9のセクション2を参照)として予想させる。

第2段階では、予想した7つの要因を分析・解釈し、異常な魔女裁判を引き起こした要因を①〜⑦の順に検討させる。その検討は、個人からグループ討論へと拡張されながら行われる。この検討過程では、仮説的に提案された7つの予想が整理されて、不適切と思われるものは排除されていく。

次の第3段階は宿題として与えられる。すべての史資料を改めて学習者自身で分析・解釈し、分かったことをもとに「何がセイラムの魔女裁判を異常なものにしたのか」に対する回答を個人で記述させる。

以上がセクション2である。

セクション3では、宿題の記述をもとにして、要因の妥当性について資料を再検討しながら討論させる。この討論はグループではなく学級全体で行われる。要因の予想がまとめられた後、学級全体での学習は終了する。

最後のセクション4では、これまでの学習をもとにして学習問題に対する

答えを学習者個人で考え、小論文にまとめる。

(c) パートの構成

(b)では単元の概要を教師用指導書にしたがい4段階のセクションで示したが、学習者の理解の過程をより明確にするために、学習段階をさらに細かく分析し、どの様な学習目的の下に、どの様な学習活動を、どの様な段階で行うのかを後掲の表6-10で再構成した。表6-10に基づくパートの説明は、次項(3)で詳しく行う。

(d) 単元全体の特質

DBQプロジェクト全体の構成との関連で「セイラムの魔女裁判」の単元全体の特質を示すと次のようになる。

第一の特質は、セイラムで起こった異常な魔女裁判の要因、そして社会心理学的な傾向に基づく社会集団の行動原理の理解を通して、特定の社会心理的状況下での社会集団の行動によって異常な出来事が生じるという、現在とも共通する社会問題の要因を理解させていることである。

第二の特質は、自然的・社会的状況によって人びとの社会心理学的傾向は異なり、その傾向に応じて社会集団の行動も異なる(因果関係)ことを理解させることである。

第三の特質は、異常な出来事の要因を明らかにする過程を経験することによって、歴史研究者や社会心理学者が行っている歴史研究の方法(出来事が作られていく過程の解明方法)を理解させることである。

第四の特質は、第一～第三の特質で述べた理解を、グループや学級の批判的な討論を通して個人の主張として学習者に構築させることである。

以上、単元構成とその特質について述べた。次項では授業展開とその論理について述べる。続いて、単元「セイラムの魔女裁判」の具体的授業展開をパートごとに詳しく述べ、その分析から得られる二種類の原理、(1) 内容構

314　第2部　社会構築主義に基づく歴史学習

成原理と(2) 学習方法原理を明らかにする。

(3) 授業展開とその論理
1) 内容構成原理

　繰り返しになるが、内容構成原理を考える上で重要なことは授業の中で教師がどの様な発問をし、それに対して学習者がどの様に考えて回答するかを分析することである。なぜなら、内容構成原理は学習者が習得する内容から引き出されるものであり、その内容は教師の発問に学習者が答えることで初めて明らかになるからである。そこで教師の発問と学習者の答えを分析するものとして表6-10を作成した。

　表6-10では、DBQの教師用指導書にある4つのセクションを、習得する内容の観点から再構成して新たなパートに編成し直している。教師用指導書のセクション2は多くの学習段階で成り立っている。そこで表6-10では、セクション2を大きく2つに分け、パート2、パート3とした。パート2は魔女裁判を引き起こした要因の予想を出してそれらを7つに整理する部分であり、パート3は整理された7つの要因の正しさ（妥当性）を順に検討している部分である。また、パート3は、7つの要因の検討段階に応じて「3－1」～「3－7」の7つのサブパートに分けた。こうしてセクション2が2つに分かれて1段階増えたため、教師用指導書のセクション3と4はそれぞれ番号を1つずつ加えてパート4とパート5とした。

　以下、表6-10の5つのパートの内容を縦軸、横軸の順に説明していく。

　縦軸は各パートを時系列に沿って示した学習の段階であり、パート1～パート5までの5段階で構成されている。各パートの中心的内容と活動は以下のようになっている。

パート	中 心 的 内 容 と 活 動
パート1	セイラムの魔女裁判の歴史的背景とその異常さ
パート2	異常な魔女裁判を引き起こした要因の予想（論題と主張の構築）
パート3	要因の検討（個人→グループ→学級全体） 　　　検討事項：①過剰な信仰説、②抑圧解消説、③注目願望説、④ヒステリー説、⑤階級対立説、⑥土地争い説、⑦麦角中毒説
パート4	要因の総合的検討（段階：個人→グループ→学級全体へと拡大）
パート5	分析的小論文の執筆

表6-10 単元「何がセイラムの魔女

段階		教師の発問
		◎単元の中心的問題、○パートの中心的問題、・具体的に考察される問題
パート1	1−1 社会の中の不可思議な問題と信頼性	〈きっかけの問題をもとに〉 ○幸運や不吉なものについてあなたはどれ程、存在可能性を信じているか。
	1−2 異常な魔女裁判	〈背景説明の小論文をもとに〉 ○セイラムの魔女裁判とはどの様なものか。いつ、どこで、どの様にして生じ、どの様な結果に終わったか。 ○なぜ19人もが魔女として処刑され、ひとりが拷問死させられたのか。 ○魔女の告発はなぜ二人の少女にとどまらず、他の若い女性までが行うようになったのか。 ◎何がセイラムの異常な魔女裁判を引き起こしたのか。
	1−3 異常な魔女裁判の要因	〈14個の史資料をもとにして〉 ○14個の史資料からどの様な要因が導き出せるか。 ◎何がセイラムの魔女裁判を異常なものにしたのか。
パート2	論題と主張の構築	○史資料A〜Nから、異常な魔女裁判を引き起こしたのはどの様な要因か。 ○7つの予想の中でどれが最も妥当な要因か。

第 6 章　人物の行為の批判的解釈に基づく歴史学習の論理　317

裁判を異常なものにしたのか」の構成

歴史理解の内容	認識過程
社会の中の不可思議な問題の存在 ●現在の社会でも、天使、幸運を呼ぶ数、魂、お守り、魔女、神、よく当たる星占いなどについて信じる人が多いが不可解である。	・社会の中には不可思議で合理的でないものであっても信じる人が多くいる。
〈背景説明の小論文〉〜1692年当時の時代状況 ・セイラムの魔女裁判は1692年5月に米国マサチューセッツ州セイラム村で起こった。100人以上が投獄され、19人が魔女として絞首刑になり、ひとりが拷問死して翌年の5月に終息した。 ・セイラムの住民は英国からのピューリタン移民であり、キリスト教根本主義の立場をとっていた。人びとはこの当時、悪魔を最大の敵とし、手下の魔女を死刑にした。 ・聖書や書物にある教えが強く信じられ、生活上の絶対的規範となっていた。 ・魔女狩りは二人の少女の奇行がきっかけで始まり、若い女性たちの言動によって多くの大人の女性が魔女として告発されていった。 ・魔女裁判は有力聖職者の説教に大きく影響されて、知事の命令によって停止された。	・この出来事は、現在の視点では不可思議で異常なものであった。 ・同じ宗教的信念をもつ人びととの集団や若い女性の集団、年配の女性の集団など、一定の社会集団の特徴が要因となって異常な出来事になったことが考えられる。 ・告発者と被疑者の社会集団の質が異なり、両者の関係が出来事の発生要因と考えられる。
〈資料A〜N〉 (宿題) 14個の史資料の分析と分類から導き出される分類テーマ (魔女裁判を引き起こした要因の簡単な名称)。	・史資料からは異常な魔女裁判を引き起こした複数の要因が考えられる。
〈異常な魔女裁判の要因の予想〉宿題で行った14個の史資料の分析と分類をまとめたもの。【期待される分類テーマと史資料】 ① 当時の信仰の深さ (A、B、C、D) ② 性別、夫の地位、年齢など人の属性 (E) ③ 演技して人びとに注目されたい願望 (F、G) ④ ヒステリーを起こしやすい人の存在 (H) ⑤ 階級対立 (I、J) ⑥ 土地争い (K、L、M) ⑦ 幻覚剤の作用 (N) ・上記の7つの予想の中でどれが妥当な要因かは史資料を詳しく検討しないと分からない。	○証拠となる史資料からは、異常な魔女裁判を引き起こした複数の要因が考えられるが、史資料をより詳しく分析しないと正確な要因は分からない。

パート3	3−1 魔女裁判を異常にした要因① 過剰な信仰説の検討	過剰信仰説の検討 ○過剰な信仰が要因なのか。 ・村人が信仰していたキリスト教根本主義とはどの様なものか。 ・聖書「出エジプト記」にある信者が守るべき戒律とは何か。 ・魔女に対する戒律はどれ程厳格なものであったか。 ・どの様な人が魔女として告発されたのか。また、処刑されたのはどの様な人か。 ・魔女の存在はどれほど迫真をもって受け止められていたのか。 ・魔女裁判で有罪と無罪の基準となっていたのは何か。 ・魔女の審問はどの様な環境の下で行われたのか。 ・裁判官となっていたのはどの様な人か。
	3−2 魔女裁判を異常にした要因② 若い女性の不満説の検討	抑圧解消行動説の検討 ○若い女性の抑圧解消行動が原因なのか。 ・表からどの様な特徴が説明できるか。 ・若い女性たちはなぜより年配の女性を告発したのか。 ・告発人と被疑者の両方に男性より女性の数がずっと多いのはなぜか。 ・セイラム村の若い女性たちはどの様な生活をしていたのか。 ・家族の中での世代間の関係はどの様なものだったか。
	3−3 魔女裁判を異常にした要因③ 注目されたい願望説の検討	注目願望説の検討 ○若い女性の注目願望が要因なのか。 ・審問中の告発者、被疑者の様子はどの様なものだったか。 ・裁判記録の資料によると女性たちは演技をしていたと言えるのだろうか。 ・歴史研究者の解釈である資料G、資料E、資料Fの比較から何が分かるか。

第6章　人物の行為の批判的解釈に基づく歴史学習の論理　319

①過剰信仰説 〈資料A〉聖書「出エジプト記」 ・セイラムの人びとはキリスト教根本主義をとり、聖書の教えに忠実に従う生活をしていた。魔女の抹殺は絶対的な戒律であった。 〈資料B〉裁判記録 〈魔女とされた人の特性〉 ・処刑者19人のほとんどが年配の女性であり、より年配の女性が多く告発され、処刑される傾向にあった。 〈資料C〉説教「魔女は身近に存在する」 ・人びとは、著名な聖職者K・マザーの教えを絶対的なものとして受け入れていた。 ・マザーは、魔女は悪魔の使いでありニューイングランドのあらゆる場所にいると述べ、人びとは魔女を極度に恐れていた。 ・村ではキリスト教と行政が一体化し、教義が裁判の判断基準に強く影響していた。 〈資料D〉絵画「魔女の審問」 〈魔女裁判の様子〉 ・セイラム村の実状を知らない村外の「聖職者・上流階級の市民」が裁判官となって審理し、判決を出した。 ・魔女裁判は、被疑者も告発者もが恐怖を感じる極度の緊張状態の下で行われた。	要因①　過剰信仰 ○要因はキリスト教原理主義の信仰である。 ・魔女裁判の犠牲者は年配の女性の集団に偏っているという特徴があった。 ・セイラムの社会では宗教と行政が一体化し、裁判では宗教的教義が判断基準となって判決が決められた。
②抑圧解消行動説 〈資料E〉 ・全体として、告発者は若い独身女性、被疑者はより年配の既婚女性という傾向があった。 ○1960年代の新社会史の学者たちは計量的研究によって次のような当時の人びとの社会心理学的傾向を発見した。 ・ニューイングランド地方の若いピューリタン女性たちは男性や年配の女性よりも極度に制約された生活を強いられていた。逆に、男性や年配の女性は自由で、年配の女性が若い女性を支配する厳格な世代間秩序があった。 ○厳格で制約された抑圧的な生活下の若い女性たちは、自由なより年配の女性に意識的・無意識的に日頃から強い不満を感じており、年配の女性たちを魔女に仕立てることで不満を解消しようとした。	要因②　抑圧解消 ○要因は若い女性たちの抑圧解消行動である。 ・年齢と性別において特徴のある集団間の社会心理学的な対立によって出来事が引き起こされた可能性がある。
③注目願望説 〈資料F〉〈資料G〉 ・裁判記録にある、若い女性が起こしていた発作は、魔女の攻撃で生じる発作と合致するように村人に都合よく解釈されていたと考えられる。 ・若い女性たちは、初めはストレス解消のために演技したが、自分の演技が魔女の告発という意外な結果となったので、その面白さに夢中になってさらに演技を続け、歯止めなく告発が続いたと考えられる。	要因③　注目願望 ○要因は若い女性たちが注目を得ようとした行動である。 ・若い女性たちは当初のストレス解消から、意外な結果に面白くなってさらに演技したので告発が広がった。

パート3	3−4 魔女裁判を異常にした要因④ ヒステリー性の病気説の検討	**ヒステリー説の検討** ○ヒステリーが要因なのか。 ・若い女性たちはなぜ発作を起こしていたのか。 ・11、12歳の少女が発作を偽って演技していた可能性があるだろうか。 ・発作を起こしている少女の両親は、自分たちの子どもの行動をどの様に説明するか。
	3−5 魔女裁判を異常にした要因⑤ 階級対立説の検討	**階級対立説の検討** ○農民間の階級対立が要因なのか。 ・地図Ⅰでは、告発者、被疑者はどの様な分布になっているか。 ・地図Ⅰと資料Jから何が分かるか。 ・地図Ⅰと資料Eの表の比較から何が分かるか。 ・村の東区域と西区域ではどの様なちがいがあったのか。 ・パトナムの家族の名前と資料K、L、Mの中の裁判の証言内容から何が分かるか。 ・告発していたのはどの様な人びとで、告発されていたのはどの様な人びとだったのか。 ・魔女裁判の要因としてどの様なことが考えられるか。
	3−6 魔女裁判を異常にした要因⑥ 土地争い説の検討	**土地争い説の検討** ○農民間の土地争いが原因なのか。 ・資料K、L、Mによると、村にはどの様な争いがあったのか。 ・幼い子どもたちが厳罰に関係する裁判で正確な証言ができるか。 ・地主たちの土地争いのために幼い少女たちが利用された可能性はあり得るのか。 ・資料Mからは、魔女の告発には他にどの様な動機があったことが分かるか。 ・この学説が成り立つには他にどの様な情報が必要か。 ・資料Mの学説は他の原因の説明と矛盾するか。

④ヒステリー説 〈資料H〉 ・告発者の若い女性はヒステリー性の発作に苦しんでいた。 ・幼少期の子ども、特に若い女性は著しく暗示を受けやすい傾向がある。 ○若い女性たちは悪魔に対する極限の恐怖から発作を起こし、魔女を極度に恐れていた村人の期待に応えようとして、魔女に襲われたように無意識に演技していたと考えられる。	要因④　ヒステリー ○要因は若い女性たちのヒステリーである。 ・若い女性たちのヒステリーを起こしやすい年齢特性が原因で年配の女性たちを魔女に仕立てたことが要因である。
⑤階級対立説 〈資料 I 〉 ・魔女の告発者と被疑者がいた地区は村の東西で分かれていた。魔女の告発者のほとんどは村の西区域の農民であり、告発された被疑者は東区域の農民であった。	要因⑤　階級対立 ○要因は階級対立である。 ・村では貧困農民と、商人と結びついた富裕農民との対立が伝統的にあり、魔女の告発によって前者が後者を攻撃した。
〈資料J〉 ・村の東区域は、村の南東部と大西洋岸の新興富裕商人が結びつき、生活が豊かだった。 ・セイラム村は新興農民の支持派と古い大地主の支持派に分かれていた。 ・新興農民の支持派は村の東区域の住民で、優秀な商人とうまく結びついてセイラムの政治的実権を握り、肥沃な土地で農業をし、新たな商業的繁栄の恩恵を享受していた。 ・これとは対照的に、大地主の支持派のほとんどはセイラム村の西区域の痩せた土地の農民で、セイラムタウンの商業的繁栄に遅れ、かつての政治力を失っていた。	・セイラムタウンの商業的発展の中でセイラム村の東西の区域間に急速な階級分裂が生じ、西側から東側区域への嫉妬が高まる中で、魔女裁判を契機として伝統的に貧しい西区域が東区域を攻撃した。
⑥土地争い説 〈資料K〉〈資料L〉 ・魔女裁判ではずっと古い大地主の家族が中心的な告発者であった。 ・大地主の家の少女（妹）は証言で悪魔の本に言及し、姉は10年前に突然に死んだセイラム村の住民3人を殺したのはレベッカ・ナースだったと述べたが、レベッカは以前から大地主パトナム家と土地争いをしていた。 ・二人の姉妹の父親である大地主の家長は21件の魔女告訴状の中の10件に署名しており、つねに告発者の側にいた。 〈資料M〉 ・歴史学者たちは、魔女とされた人の多くは新興富裕層の村の東区域の住人であり、告発者であった西区域の旧来の大地主たちと以前から土地の所有をめぐって言い争っていたと主張している。	要因⑥　土地争い ○要因は農民間の土地争いである。 ・魔女の告発は、村の西区域の大地主パトナム家が中心となって村の東区域トップスフィールドの人たちと土地をめぐって敵対していたことが原因であり、要因は土地争いである。

322　第2部　社会構築主義に基づく歴史学習

パート3	3-7 魔女裁判を異常にした要因⑦ 幻覚薬説の検討	麦角中毒による幻覚説の検討 ○麦角中毒による幻覚が要因なのか。 ・麦角中毒とはどの様なものか。 ・魔女裁判と麦角中毒とはどの様な因果関係があるのか。 ・研究ではこの要因はどの様に評価されてきたのか。 ・現在の評価はどうか。
パート4	何がセイラムの魔女裁判を異常なものにしたのか	◎セイラムの魔女裁判を異常なものにしたのは何か。 ・これまでの学習で分かったことをもとにして判断するとどの様に解釈できるか。
パート5	裁判を異常なものにした要因 →分析的小論文の執筆	◆分析的小論文を書こう。 ◎何がセイラムの魔女裁判を異常なものにしたのか。 ◇これまでの学習で分かったことを使って書きなさい。

　横軸には、各パートにおける歴史理解の構造を示すために、3つの欄（左から「教師の発問」「歴史理解の内容」「認識過程」）を設けた。「教師の発問」の欄には、各パートにおける◎単元の中心的問題、○パートの中心的問題、・具体的に考察される問題をそれぞれ「◎」、「○」、「・」の記号を付けて示した。その右には学習者の「歴史理解の内容」の欄を設け、パートごとに主要な内容を「◎」や「○」を付けて、また理解の支えとなる内容を「・」を付けて示した。

　そして「認識過程」の欄では、左の「歴史理解の内容」を踏まえて、学習

第6章　人物の行為の批判的解釈に基づく歴史学習の論理　323

⑦麦角中毒説 〈資料N〉 ・セイラムの異常な魔女裁判の要因として幻覚剤が作用していたとする麦角中毒説が1976年に科学雑誌『サイエンス』に発表された。 ・この説は、子どもたちのヒステリーの原因は麦芽による幻覚剤の作用であり、魔女の告発者は麦角中毒による幻覚がもとで年配の女性たちを魔女として告発したというものである。 ・この説の背景には、麦角中毒の原因となるライ麦が村で栽培されていたこと、子どもたちがこの中毒にかかりやすかったこと、中毒の発生時期と魔女裁判の時期とが重なっていることなどがある。 ・この説は、実験で麻薬常用患者を治した経験のある米国人学者から支持されたが、その後、雑誌『サイエンス』や他の多くの論文で痛烈に批判され、現在は退けられている。	要因⑦　麦角中毒 ○要因は麦角中毒である。 ・若い女性たちのヒステリーの原因は麦角中毒による幻覚作用であり、幻覚が原因で年配の女性たちを告発したことが要因である。
〈学級全体の討論によって整理された説〉 ◎要因①「過剰な信仰」は他の要因を成り立たせる基礎に位置づく要因である。 ◎もっとも有力なのは要因②「抑圧解放」と要因⑤「階級対立」である。 ・要因③「注目願望」、④「ヒステリー」は要因②に関係するマイナーな要因である。 ・要因⑥「土地争い」は要因⑤に関係するマイナーな説である。 ・要因⑦「麦角中毒」はほとんど支持されない。	○最も妥当な要因として抑圧解消と階級対立が考えられる。 ・出来事の要因はひとつではなく複数あり、要因の妥当性も人びとの評価によって変化する。
〈分析的小論文の執筆〉 ・生徒自身の視点に基づいて推理した、異常な魔女裁判が生じた要因の説明。	○出来事は社会集団の行為によって構築されている。

(Brady & Roden, 2002a, 2002b より筆者作成)

者が過去の出来事を文書からどの様に構成し、また現在の視点からどの様に出来事を解釈し、意味づけていくのかを示した。

　以下では表6-10の横軸を、3つの欄（「教師の発問」「歴史理解の内容」「認識過程」）にそって各パートの概要を述べる。

　パート1の第1段階（1－1）ではまず、幸運や不吉なものについてどれ程存在可能性を信じるかが問われる（「教師の発問」欄を参照）。この問いに対して、現在でも不可解で合理的でないもの（天使、魔女など）を信じる人が多い、ということを学習者は理解する（「認識過程」欄）。

次の第2段階（1-2）では、初期米国史の有名な出来事であるセイラムの魔女裁判が紹介される。この出来事を説明した小論文が配布され、学級全体でセイラムの魔女裁判の概要を理解する。強調されているのは、この魔女裁判がなぜ起こったのか、その原因が未だに分かっていないことである。続いて具体的な発問がなされる。「魔女裁判はいつ、どこで、どの様にして生じ、どの様な結果に終わったのか」、「19人もの人が処刑され、ひとりが拷問死させられたのはなぜか」、「魔女の告発はなぜ多くの若い女性によって行われたのか」である。そして最後には、中心的発問「何がセイラムの異常な魔女裁判を引き起こしたのか」が問われる（「教師の発問」）。これに対しては、告発者と被疑者の集団の関係にヒントがあるのではないかという予想が出てくると考えられるが、依然理由は不明確なままである。（「認識過程」）。

そのため第3段階（1-3）では、手がかりになる資料として、表6-11に示すセイラムの魔女裁判に関する14個の史資料（A～N）が配布され、要因をさらに予想する。個々の要因の予想は宿題として与えられる。具体的には、予想のもとになると考えられる史資料を集めてグルーピングし、予想した要因の名前を付ける。

次のパート2では、宿題として与えられた14個の史資料の分析と、分類から予想した要因を発表する。この時、もとになった史資料もあわせて発表する。ここで問われるのは、異常な魔女裁判を引き起こしたのはどの様な要因か、である（「教師の発問」）。追求させたい要因は、①過剰な信仰、②抑圧の解消、③注目されたい願望、④ヒステリー、⑤農民間の階級対立、⑥土地争い、⑦麦角中毒による幻覚、の7つである（「歴史理解の内容」）。この段階では名称の正確さにはこだわらない。そして予想した要因の中でどの要因が妥当か問われる（「教師の発問」）。これに対して学習者からは、史資料をより詳しく検討しないと正確な答えは分からないという反応が出ると考えられる（「歴史理解の内容」と「認識過程」）。そこで次のパート3では、予想として提出された7つの要因を、史資料を用いて順に詳しく検討していく。（3-1～

第6章 人物の行為の批判的解釈に基づく歴史学習の論理　325

表6-11　単元で利用される史資料

記号	史資料名	執筆者・作成者	媒体・出典
A	聖書の一節「出エジプト記」(21章、22章)		旧約聖書
B	裁判記録の一部「セイラム魔女裁判の処刑者と拷問による死者のリスト」	セイラム裁判所	裁判記録
C	著書の一部「邪悪な悪魔はいたるところに存在する」(抜粋)	当時の知識人・聖職者 C.マザー	コットン・マザー、『魔術と憑き物に関する重要な神意』(1689年)
D	絵画「魔女の審問」(1853年)	画家 T.H.マチソン	ピーボディ・エセックス美術館所蔵絵画
E	著書に掲載された表「セイラムの魔女裁判における『被疑者』と『告発者』」(セイラム、1692年)	歴史研究者 J.デモス	「17世紀ニューイングランドの魔女に関する検討課題」『アメリカン・ヒストリカル・レビュー』(1970年6月号)
F	「ブリジェット主教への審問」(1692年4月19日付の私的記録メモの抜粋)	聖職者 S.パリス	私的記録メモ
G	「セイラムの魔女裁判の原因」(抜粋)	C.W.アップハム	『セイラムの魔女』
H	論文「ヒステリーによる攻撃」(抜粋)	歴史研究者 J.W.デビッドソン、M.H.ライル	『事実を追いかける』(1982年)
I	著書の一部「魔女についての地理学的研究(サムエル・パリスをめぐる村内の対立)」(抜粋)	歴史研究者 P・ボイヤー、S.ニッセンバウム	『悪霊に取りつかれたセイラム－魔女の社会的起源』(1974年)
J	「セイラムの商業的発展による農民の階級分解」	歴史研究者 ボイヤー、他	『永続的評価を得ている洞察』(1992)
K	裁判記録の一部「年配の女性を魔女と証言する若い娘たちの証言(1)」(抜粋)	当時の大地主A.パトナムの娘2人（妹と姉）、トーマスの娘	セイラム裁判における宣誓証言(1692年6月4日)

L	裁判記録の一部「年配の女性を魔女と証言する若い娘たちの証言(2)」(抜粋)	大地主A.パトナム(姉)とパトナムの妻	セイラム裁判における宣誓証言(1692年6月)
M	著書の一部「魔女についての地理学的研究(土地争い)」(抜粋)	社会心理学者P.ボイヤー、S.ニッセンバウム	『悪霊に取りつかれたセイラム－魔女の社会的起源』(1974年)
N	論文「麦角中毒説」(要約)	科学者I.カポラエル	「麦角中毒－セイラムで解き放たれた悪魔」、『サイエンス』(1976年4月2日)

(Brady & Roden, 2005b より筆者作成)

7)

　パート3-1では、予想された要因「①村人の過剰な信仰行動」が正しいかどうかが問われる(「教師の発問」)。これに対して、学習者は表6-11の史資料A～Dの4つをより詳しく読んで答えを検討する。その結果、人びとは聖書の教えに忠実に従う生活をしていたこと、魔女の抹殺が絶対的戒律になっていたことを理解する(資料A)。また、告発された人そして処刑された人には年配の女性が多かったこと(資料B)、人びとは魔女が身近にいると信じていたこと、キリスト教の教義が裁判の基準になっていたこと(資料C)、裁判は村の実情をよく知らない村外の聖職者や上流市民によって、被疑者も告発者も恐怖を感じる極度の緊張状態の下で行われたこと(資料D)を理解する(3-1の「歴史理解の内容」)。そして、1番目の予想である「①村人の過剰な信仰が異常な魔女裁判を引き起こした」ことが可能性として高いことを理解する(「認識過程」)。

　パート3-2では、予想された要因「②若い女性たちの抑圧解消行動」が正しいかどうかが問われる(「教師の発問」)。これに対して、学習者は資料Eに基づいて答えを追求する。その結果、告発者には若い女性が多いこと、被疑者はほとんど年配の女性であった事実に着目し、世代間の厳格な秩序の下で極度に制約された生活を強いられていた若い女性がより自由な年配の女性

第6章　人物の行為の批判的解釈に基づく歴史学習の論理　327

に不満を感じ、その解消のために魔女として告発されるように行動したことを理解する（「歴史理解の内容」）。そして、2番目の予想である「②若い女性の抑圧解消の行動が異常な魔女裁判を引き起こした」ことが可能性として高いことを理解する（「認識過程」）。

　パート3-3では、予想された要因「③若い女性たちの注目されたい願望」が正しいかどうかが問われる（「教師の発問」）。これに対して、学習者は資料FとGに基づいて答えを導き出そうとする。その結果、若い女性が起こしていた発作は魔女の攻撃によって生じる発作と合致するように村人に都合よく解釈されていた可能性があること、若い女性たちは自分の演技が魔女の告発に結びついて自分が注目されたという意外な結果が面白くなり、歯止めなく演技を続けた可能性を理解する（「歴史理解の内容」）。そして、3番目の予想である「③注目されたいという若い女性たちの願望が異常な魔女裁判を引き起こした」ことが可能性として存在することを理解する（「認識過程」）。

　パート3-4では、予想された要因「④若い女性たちのヒステリー行動」が正しいかどうかが問われる（「教師の発問」）。これに対して、学習者は資料Hに基づいて答えを追求する。その結果、告発者の若い女性はヒステリー性の発作に苦しんでいたこと、特に幼少期の女性は暗示を受けやすい傾向があること、そのため魔女を極度に恐れていた村人の期待にこたえようとして魔女に苦しめられているように無意識に演技していたことを理解する（「歴史理解の内容」）。そして、4番目の予想である「④若い女性のヒステリー行動が異常な魔女裁判を引き起こした」ことが可能性として高いことを理解する（「認識過程」）。

　パート3-5では、予想された要因「⑤農民間の階級対立」が正しいかどうかが問われる（「教師の発問」）。これに対して、学習者は資料IとJに基づいて答えを導き出そうとする。その結果、告発者のほとんどは村の西区域の農民で、一方、被疑者のほとんどが村の東区域の農民であること、東区域の農民は近隣の新興富裕商人と結びついてより豊かになっていたこと、反対に

西区域の住民は旧来の貧困なままで村の政治力を失っていたこと、そのため西区域の農民は東区域の農民に不満を持っていたことを理解する（「歴史理解の内容」）。そして、5番目の予想である「⑤農民間の階級対立行動が異常な魔女裁判を引き起こした」ことが可能性として高いことを理解する（「認識過程」）。

パート3-6では、予想された要因「⑥農民間の土地争い」が正しいかどうかが問われる（「教師の発問」）。これに対して、学習者は資料K、L、Mに基づいて答えを追求する。その結果、魔女裁判では旧来の大地主の家族が中心的な告発者になっていた（最初の魔女の告発につながった幼い二人の少女も大地主の娘であった）こと、幼い少女が裁判で正確な証言ができるか疑わしいこと、土地争いをしている地主たちの争いのために少女たちが利用された可能性があることなどを理解する（「歴史理解の内容」）。そして、6番目の予想である「⑥農民間の土地争いが異常な魔女裁判を引き起こした」ことが可能性としてあるが、この予想は疑わしいことを理解する（「認識過程」）。

そして最後の3-7では、予想された要因「⑦麦角中毒による幻覚作用」が正しいかどうかが問われる（「教師の発問」）。これに対して、学習者は資料Nに基づいて答えを導き出そうとする。その結果、当時セイラム村で栽培されていたライ麦が、貯蔵されていた間に麦角を生じ、抵抗力の弱い少女たちが中毒に冒されて年配の女性たちが魔女として告発されるように行動した可能性があることを理解する。しかし、この説（解釈）は科学者の間では現在は否定されていることも知らされる（「歴史理解の内容」）。このことから、生徒たちは7番目の予想である「⑦麦角中毒による幻覚が異常な魔女裁判を引き起こした」ことは可能性としてはあり得るが、ひじょうに疑わしいことを理解する（「認識過程」）。

次のパート4では、学習問題である中心的な問い「何がセイラムの魔女裁判を異常なものにしたのか」が再び問われる（「教師の発問」）。学習者は、パート3で理解したことをもとに学級全体による討論を通して、セイラムの

魔女裁判を異常なものにした要因を検討する。その結果、予想された要因①「過剰な信仰」はこの出来事を引き起こした最も基礎にある要因（社会的条件）となっており、その上に、最も有力な要因として②「若い女性の抑圧解消行動」、⑤「農民間の階級対立」の二つがあることを確認する。そして「③若い女性の注目願望」、「④若い女性のヒステリー行動」は要因②「若い女性たちの抑圧解消」の下位に位置づくマイナーな要因であること、また要因⑥の「農民間の土地争い」は有力とされる要因「⑤農民間の階級対立」の下位に位置づくマイナーな要因であること、さらに要因「⑦麦角中毒による幻覚」は支持されないことが討論で論証され、学習者による学級全体の理解としてまとめられる（「歴史理解の内容」）。その結果、セイラムの魔女裁判を異常なものにした要因にはいくつか考えられるが、人（学習者）の判断・解釈によってさまざまに序列化できることが理解される（「認識過程」）。

最後のパート5では、単元の中心的な問い「何がセイラムの魔女裁判を異常なものにしたのか。」（「教師の発問」）に対して、学習者個人の判断・解釈を答えていくことになる。その答えは、学習者個々人の独自の視点をもとに総合的に推理した解釈の結果、小論文として構築される（「認識過程」）。小論文を書くことで学習者は、社会集団がどう判断し、それに基づいてどの様な社会的行動がとられ、結果として出来事がどの様に作られたのかについての個人的解釈を構築することになる。

以上が表6-10の横軸にそった各パートの概要である。そして前述の各パートのうちパート3とパート4においては、学習者が理解を深めていく過程（表6-10の横軸）には、ある一定の「推論の型」があることが明らかになった。

この「推論の型」は、特定の「背景や状況」のもとで行われた判断や行為の背後にあるものを学習者が推測する基準となるものである。学習者はまず、歴史上の社会集団がこの基準を用いて「判断」「行動」し、その結果「出来事」が作り出されたということを理解する。次に学習者は、この理解を内面化し、「主張」（〜という背景から〜を基準として〜と判断し〜という行動を

行い、その結果〜という出来事が作られたと解釈すべきである）としてもつようになる。このように、社会集団の行動と出来事の関係を解釈する際に使われる推論の型（理解の枠組み）を、本稿では「社会集団の行動の批判的解釈モデル」と呼ぶ。ここでいう「批判的」とは、社会集団の行動や出来事がどの様なものかを理解する際に、データ・根拠づけ・主張の3つの要素を用いて推理し、理解を構築することである。そして、この「行動の批判的解釈モデル」は、歴史上の社会集団がとった行動（行為）の意味や意義を理解する際に、社会集団の行動と出来事との関係を3つの要素（データ・根拠づけ・主張）を用いて因果関係的構造を持つものとして推理・解釈する、基本的・一般的なかたちである。このような推論の型は哲学者トゥールミンによって考案されたものでトゥールミン図式と呼ばれることはすでに述べた。

単元「セイラムの魔女裁判」で用いられる推論の型、つまり「社会集団の行動の批判的解釈モデル」は以下のような要素から成る。①論題、②背景や状況、③社会集団の判断、④社会集団の行動（行為）、⑤結果としての出来事、である。そして学習者は、②〜⑤を因果関係的に理解することによって、社会集団の動機や判断の基準となる考え方（心理的傾向性ないしは社会心理学的原理）を知る。その結果、社会集団の行動と出来事の関係を理解できるようになるのである。この「社会集団の行動の批判的解釈モデル」を図式化すると図6-8のようになる。

図6-8に示した「社会集団の行動の批判的解釈モデル」は内側の囲みと外側の囲みから成っている。

まず内側の囲みから説明する。内側の囲みは社会集団の行動の解釈の過程であり、出来事の解釈ではこの部分が中心となる。「社会集団の行動の批判的解釈モデル」では背景や状況（②）から社会集団の判断（③）を導き出す際に根拠が厳密に検討される。この根拠となるのは歴史上の社会集団の動機や判断基準（心理的傾向性ないしは社会心理学的原理）である。

これら①〜⑤の構造を、学習者の立場から説明すると次のようになる。

「背景や状況（②）という客観的データ（D_1：Data）に基づき、社会集団の動機や判断基準（根拠づけ：W_1：Warrant）から考えると、歴史上の社会集団は〜と判断し（③）、〜という行動（④）をした結果、出来事（⑤）が起こったと解釈すべきである」。これは社会集団の行動について学習者が行った解釈を、他の学習者に対して主張する（C_1：Claim）構造になっており、議論の構造をもったものである。なぜなら、議論とは論題についてデータ（D）に基づき根拠づけ（W）のなされた主張（C）を行うものだからである。本稿では、学習者や文書の執筆者が自らの解釈を「〜と解釈すべきである」と他の学習者に対して主張することを「解釈が主張としての構造をもつ」と表現する。以上が内側の囲み（社会集団の行動の解釈）の内容である。

　次に外側の囲みについて説明する。内側の囲みは「社会集団の行動の解釈」であったが、外側の囲みは「社会集団の行動と出来事の関係」を考えさせるものである。内側の囲み（社会集団の行動の解釈）が「行動の批判的解釈モデル」の中心であったのに対して、外側の囲みは行動の解釈に付随するも

●単元「セイラムの魔女裁判」の中の「社会集団の行動の批判的解釈モデル」

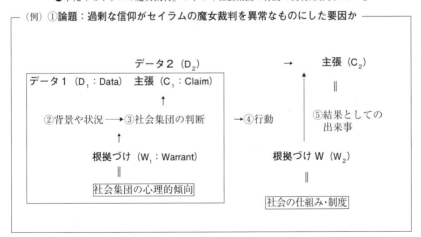

図6-8　社会集団の行動の批判的解釈モデル〈複合的構造〉

のである。その内容は、「社会集団の行動（④）がもとになり、結果として〜という出来事（⑤）が起こった」というものである。注意すべきことは、ここでも議論の構造が見られることである。社会集団の行動の解釈（内側の囲み）が新たなデータ（D_2）となり、「このデータ（内側の囲み）をもとに、〜という社会の仕組み・制度を根拠（W_2）として〜という出来事が起こったと解釈すべきである」という主張（C_2）が学習者や文書の執筆者によって作り出される。つまり「行動の批判的解釈モデル」においては、データ（D）と根拠（W）、それに基づく主張（C）という議論の過程が繰り返されるのである。このモデルを用いて学習者は歴史上の社会集団の行動、そして行動と出来事の関係を理解していく。

以上の説明を、トゥールミン図式を用いて具体例に当てはめると図6-9のようになる。取り上げた事例は、パート3-2で学習した、「若い女性たちが抑圧を解消しようとした」という要因②を検討する場面である。図6-9については後述する。

表6-10と図6-8の「社会集団の行動の批判的解釈モデル」を3つの観点（学習の過程、歴史理解の内容、教材と教育内容との関係）から考察すると、本単元の内容構成について以下の原理を導き出すことができる。

内容構成原理1　「社会集団の行動の批判的解釈モデル」による出来事理解

第一の内容構成原理は、「学習の過程」の観点でみると、前述した「（社会集団の）行動の批判的解釈モデル」を用いて社会集団の行動と出来事の関係を理解する内容構成になっていることである。魔女裁判の要因が「若い女性たちの抑圧解消行動であったか」の検討過程を例に取り、解釈モデルに当てはめると図6-9のようになる。

図6-9の論題（①）は、「セイラムの魔女裁判を異常なものにしたのは若い女性たちの抑圧解消行動であったのか」である。この論題に対して、「社会集団の行動の批判的解釈モデル」を用いて検討がなされる。以下で図6-9の

「社会集団の行動の批判的解釈モデル」の内容を説明する。

はじめに図6-9の内側の囲みについて説明する。ここでは、「社会集団の行動の批判的解釈モデル」の中の②〜④を中心として社会集団の「行動の解釈」が行われる。学習者は、当時のセイラム村では、男性や年配の女性たちがより自由であったことに比べ、若い女性たちは極度に制約された生活を強いられており、年配の女性たちに意識的・無意識的に強い不満を感じていた（②背景・状況：データD_1）ことを知る。そして年配の女性たちを魔女に仕立てることで不満を解消できると考え（③判断：主張C_1）、年配の女性に苦しめられていると思わせる演技をした（④行為）。この場合、背景や状況（②）から社会集団の判断（③）を導き出す際には、根拠づけ（W_1）が厳密に検討される。この根拠づけとなるのは歴史上の社会集団（若い女性たち）の動機や判断基準であり、この場合は「人びと（社会集団）は生活上の極度の制約から生じた心理的抑圧に対して、対象を攻撃することで不満を解消しようとする」という社会心理学的傾向性である。

次に、図6-9の外側の囲みについて説明する。これは「行為と出来事の関係」を解釈し、それを学習者が学級で自分の解釈として主張する部分である。まず、内側の囲みで検討した①〜④を新たなデータ（D_2）として、結果としての出来事（⑤）が検討される。この際にも内側の囲みと同様に、根拠づけが厳密に検討され、学習者は「若い女性たちは厳格で抑圧された生活の下で強い不満を蓄積したとき、宗教的戒律や社会制度（裁判）を利用して、社会集団として大規模で効率的、効果的に不満を解消しようとする心理的傾向がある」という社会心理学的傾向性が根拠づけ（W_2）となることに気づく。そして、①〜④の結果、若い女性たちが極度に抑圧された生活の不満を解消しようとしたことが要因となって異常な魔女裁判という出来事（⑤）が作り出されたことを理解する。この理解を学習者は、自分の解釈として学級で主張（C_2）することになる。その主張の内容は例えば次のようになる。

「当時のセイラムでは若い女性たちは屋内に閉じこもった不自由な生活を

① 論題B：セイラムの異常な魔女裁判は若い女性たちが抑圧を解消しようとしたことが要因となって起こったのか

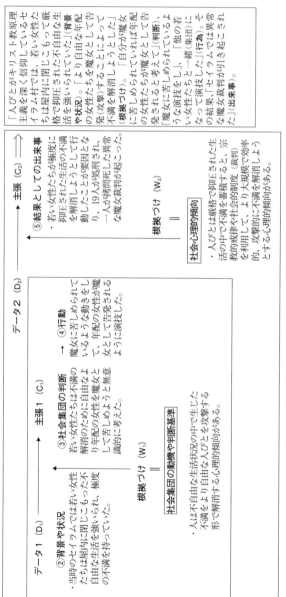

図6-9　社会集団の行動の批判的解釈モデル〈複合的構造〉

第6章　人物の行為の批判的解釈に基づく歴史学習の論理　335

強いられ、極度の不満を持っていた」(背景や状況) ため、「人びとは抑圧されて強い不満を蓄積したとき、宗教的戒律や社会制度 (裁判) を利用して、社会集団として大規模で効率的、効果的に不満を解消しようとする心理的傾向があった」(根拠づけ) ので、「若い女性たちは不満を解消しようと無意識に考え」(判断)、「魔女に苦しめられているような動きをして、より年配の女性が魔女として告発されるように演技した」(行為)。その結果、「19人が処刑され、ひとりが拷問死した異常な魔女裁判が起こった」(出来事)。

このように解釈すべきであると学習者は主張して、学級で発表するのである。

以上のように、本単元は「社会集団の行動の批判的解釈モデル」を用いて、社会集団の行動と出来事の関係を理解する内容構成になっている。以上が内容構成原理1である。

内容構成原理2　社会心理学的視点による出来事の理解

第二の原理は、「歴史理解の内容」の観点からみると、この単元は社会心理学の概念を理解させる内容構成になっていることである。ここで理解されるのは3つの社会心理学的な概念である。それらは明示されてはいないが、以下のようなものと考えられる。

(a) 人びとは過剰な信仰の下で精神的・肉体的に抑圧された状態が長期に続く社会的環境に置かれると、不満が蓄積され、その不満を解消しようとする行動をとる傾向にある。

(b) 人びとは極度に厳格で抑圧された生活が長期に続く環境の下では不満が蓄積し、その不満を解消しようとする行動をとる傾向にある。

(c) 経済的に豊かである集団と貧しい集団との間では、貧しい集団は豊かな集団に対して大きな不満を感じ、その不満が極度に蓄積されると、貧しい集団はその不満を解消しようと豊かな集団に向けて攻撃的になる傾向にある。

セイラムの魔女裁判は主としてこのような3つの社会心理学的概念（社会集団の心理的傾向性）を媒介として引き起こされ、異常な出来事になったのである。これまでの単元の分析によって明らかにした「社会集団の行動の批判的解釈モデル」に即して説明すると、これらの社会心理学的概念は理解モデルでは、「論拠」にあたるものである。(a)〜(c)の社会心理学的概念に対応する要因は、それぞれ以下のようになる。

　概念(a)→要因①「過剰な信仰」
　概念(b)→要因②「抑圧解消」
　概念(c)→要因⑤「階級対立」

　これらの社会心理学的概念相互の関係について見ると、パート3では並列的な位置づけで理解されるにとどまっている。しかしパート4で学級全員による討論が行われることで、7つの要因が総合的に検討され、その結果、要因①「過剰な信仰」は基盤的な要因であり、要因②「抑圧解消」と⑤「階級対立」を引き起こす要因であることが明らかになる。さらに3つの社会心理学的概念(a)〜(c)相互の関係についても、階層的関係にあることが理解される。そして社会心理学的概念(a)〜(c)と、魔女裁判を引き起こした要因①②⑤の影響力の大きさについての関係は、次に示すような階層的関係にあることが理解される。

第6章　人物の行為の批判的解釈に基づく歴史学習の論理　337

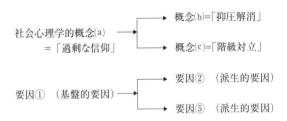

　本単元のパート３では、パート２の宿題であった魔女裁判の要因（７つ）がどの様なものであったかを確認し、その妥当性を①～⑦の順に史資料を再度読み直しながら詳しく検討していく（表6-12）。この過程で７つの予想の妥当性の高さ、低さが徐々に判明してくる。ただし、総合的な判断が下されるのは、パート４の学級全体での討論の結果が出た時点である。
　討論では、より妥当性の高いと思われる要因は「異常な魔女裁判がなぜ引き起こされたのか」の説明に活用できるものとして残され、妥当性の低いものは説明に活用できないものとして排除されていく。この過程で、学習者がパート３までに作り上げた理解も整理され、次のようにまとめられる。
1) 要因①「過剰な信仰」は他の要因を成立させる基礎の要因である。
　　→社会心理学的概念(a)
2) 最も有力なものは要因②「抑圧解放」と要因⑤「階級対立」である。
　　→社会心理学的概念(b)と(c)
3) 要因③「注目願望」、④「ヒステリー」は要因②の「抑圧解放」に関係するマイナーな要因である。
4) 要因⑥「土地争い」は要因⑤の「階級対立」に関係するマイナーな要因である。
5) 要因⑦「麦角中毒」はほとんど支持されない。
　このように、要因①～⑦を順次検討することにより３つの社会心理学的概念が習得される。
　以上、第２の内容構成原理は社会心理学の概念を理解させる内容構成に

なっていることである。

以上が本単元の内容構成原理である。第一の原理は「社会集団の行動の批判的解釈モデル」による出来事理解、第二の原理は社会心理学的概念による

表6-12 パート4における魔女裁判を異常なものにした要因理解

サブパート	始めの要因理解	深められた要因理解
3-1	①過剰な信仰 →	当時のセイラム村では、知識人で聖職者のキリスト教根本主義の指導者C.マザーの教えが支配的で、人びとは魔女の脅威を強く信じていた。
3-2	②抑圧解消 →	ニューイングランド地方の若い女性たちは厳格で制約された生活を送り、同居していた自由な年配の女性たちに無意識的・意識的に極度の不満を感じる心理的傾向をもっていた。
3-3	③注目願望 →	若い女性たちは自分が行った虚偽の告発の反響の面白さに夢中になり、怯えて意気消沈した年配の女性を魔女として告発することに歯止めが効かなくなった。
3-4	④ヒステリー →	幼少期の女性は悪魔に対して恐怖を感じる暗示にかかりやすく、ヒステリーを起こして、村人の期待にこたえようと魔女に苦しめられているように本能的に演技していた。
3-5	⑤階級対立 →	村の商業的発展の影響を受けて生じた、パトナム家（西地区）とポーター家（東地区）を代表例とするセイラム村内の階級対立が、若い女性を介して敵対する多くの年配の女性を魔女として告発させた。
3-6	⑥土地争い →	大地主のパトナム家（西地域）とレベッカ・ナース（東地域）を代表例とするセイラム村内の土地争いが少女を介して敵対する多くの年配の女性を魔女として告発させた。
3-7	⑦麦角中毒 →	セイラム村で栽培されていたライ麦が麦角中毒を生じて若い女性たちに幻覚や痙攣を引き起こさせ、魔女の攻撃を受けているように判断された。その状況の中で若い女性たちが年配の女性を魔女として告発したので魔女裁判が起こった。

（Brady & Roden, 2002b より筆者作成）

出来事の理解であった。

2) 学習方法原理

　前述の1)では、本単元の内容構成原理について見てきた。ここでは、学習者がどの様な方法で学習を深めていくのかという学習方法原理について後掲の図6-10をもとに考察する。

　まず図6-10の基本的な構造を説明する。図6-10の縦軸は、本単元をパート順に示したものである。横軸はパートごとに異なっているため、それぞれに説明する。

　パート１の横軸の項目は左から「論題」、「史資料の執筆者の説明」、「学習者（理解）」となっている。これら３つの要素のうち右端の「学習者（理解）」の欄は学習者が理解を構築していく部分であり、これがすなわち学習者の歴史理解である。この学習者の歴史理解は、パート１が最も狭い範囲の理解であり、パートが進むにつれて理解が複合的になり、パート５で最も深い理解となる。パート１の他の項目である「論題」「史資料の執筆者の説明」は、教師あるいは資料から与えられるものである。「論題」とは取り組むべき課題であり、「史資料の執筆者の説明」とは文章を書いた人物が、当該出来事をどの様に説明していたかである。この「史資料の執筆者の説明」は４つの要素（背景や状況・判断・行動・出来事）に分けて理解される。パート１では、「論題」と「執筆者の説明（背景や状況・判断・行為・出来事）」はあらかじめ教師から与えられ、学習者はこれをそのまま「歴史理解」として習得する。この「歴史理解」がすなわち学習者の理解である。

　パート２からは、横軸の左から３番目（「背景や状況」の右横）に新たに「論拠」の項目が加わる。その結果、横軸は左から「論題」「背景や状況」、「論拠」「学習者（主張＝理解）」となる。この４つのうち「論題」「背景や状況」「論拠」は教師や文書から与えられるものであり、残る「学習者（主張＝理解）」は学習者が自ら構築するものである。横軸の項目は、外からあらかじ

第2部　社会構築主義に基づく歴史学習

	論題	:	史資料の執筆			
			背景や状況	→	判断	+
パート1	セイラムの魔女裁判とはどの様なもので、何が異常だったのか。	:	・当時、セイラム村の人びとはキリスト教根本主義を信仰し、過酷な生活の中でキリスト教の教えを最上の規範として厳格な生活を送っていた。 ・悪魔は最大の敵であり、その手下の魔女は処刑すべきものとされていた。	→	・初期のアメリカでは原因がよく分からない不可思議で異常な出来事が起こっていた。	+

↓

	論題	:	背景や状況	→	論拠	+

	論題	:	背景や状況	→	論拠	+
パート2	セイラムの異常な魔女裁判を引き起こした要因は何か。	:	・A～Nの14個の史資料の中で説明されている、セイラムの魔女裁判が行われた当時の自然的社会的状況。	→	・史資料の分類によってネーミングから推測される魔女裁判の要因。 ① 過剰信仰説 ② 抑圧解消説 ③ 注目願望説 ④ ヒステリー説 ⑤ 階級対立説 ⑥ 土地争い説 ⑦ 麦角中毒説	+

↓

		論題	:	背景や状況	→	論拠	+
パート3	3-1-1	異常な魔女裁判を引き起こしたのはA 過剰な信仰が要因である。	:	Ⓐ聖書「出エジプト記」 Ⓑ魔女裁判の処刑者リスト Ⓒコットン・マザーの教え Ⓓ絵画「魔女の審問」	→	・キリスト教根本主義では悪魔や魔女の抹殺が至上命題となっており、過剰な信仰が行われる傾向があった。	+
	3-1-2	B 抑圧解消を求めたことが要因である。	:	Ⓔ「セイラム村の魔女の告発者と被疑者」(地図)	→	・屋内に閉じこもって抑圧された生活で苦しんでいた若い女性たちはストレスを解消しようとして自由なより年配の女性を魔女のかどで苦しめようとする。	+

第 6 章　人物の行為の批判的解釈に基づく歴史学習の論理　341

者の説明				学習者（理解）
行動	→	出来事（結果）	=	歴史理解
・若い女性たちの異常な行動が年配の女性たちを魔女として次々に告発させていった。	→	セイラムの魔女裁判は1692年1月に起こり、翌年5月まで続いた。その結果19人もの人が魔女として処刑され、ひとりが拷問で死に、現在もなお不可思議で異常な出来事とされている。	=	・不可思議と思われる出来事の中にもそれを生じさせた未解明の要因がある。 ・出来事は歴史上の特定の社会集団の行為によって引き起こされることがあるのではないか。
↓		↓		↓

学習者（主張＝理解）				
判断＋社会集団の行動	→	出来事（結果）	=	歴史理解
論証				

判断＋社会集団の行動
論証

・セイラムの異常な魔女裁判が生じた要因としては①～⑦のような社会集団の行為があったためと思われる。しかし資料をさらに分析しないと明確な要因は不明なままである。	→	・セイラムでは社会集団の行為に関わる何らかの要因がもとになって、19人もの処刑とひとりの拷問死が引き起こされる異常な魔女裁判が起こった。	=	・同じ宗教的信仰をもった人びとや同じ性別、類似した年齢の人びとがもっていた特徴が要因となってそれらの人びと（社会集団）の行為によって出来事が生じた可能性がある。 ・出来事は一定の特徴をもった社会集団の行為によって作り出された可能性があることを理解する。
		↓		↓
	→	・セイラムでは、村人の過度な信仰が要因となって異常な魔女裁判が行われ、19人もの処刑とひとりの拷問死が引き起こされた。	=	・社会集団が過剰な信仰を基にして（判断・）行為し、出来事を作り出したことを理解する。
		↓		↓
・若い女性たちは自由な年配の女性たちを苦しめることでストレス解消ができると思い、年配の女性たちが魔女と思われるような行動をした。	→	・セイラムでは、抑圧解消を求める若い女性たちの欲求が要因となって、多くが処刑された異常な魔女裁判が起こった。	=	・社会集団が抑圧の解消を求めて（判断）・行為し、出来事を作り出した事を理解する。

342　第2部　社会構築主義に基づく歴史学習

パート3	3-13	C 注目されようとしたことが要因である。	:	F（「ブリジェット司教への審問」（私的な記録メモ） G論文「セイラム魔女裁判の原因」（著書からの抜粋）	→ ・好奇心旺盛な若い女性たちは、人びとの注目を浴びることに喜びや魅力を感じて注意を引く出来事を起こそうとする。	+
	3-14	D ヒステリーが要因である。	:	H論文「ヒステリーによる攻撃」	→ ・幼少期の若者は暗示にかかりやすく、特に若い女性にこの傾向が強い。そのため若い女性たちは悪魔に対する極度の恐怖からヒステリーを起こし、魔女を恐れている村人の期待にこたえようとした。	+
	3-15	E 階級対立が要因である。	:	I論文「悪魔についての地理学的研究」（パリスをめぐる村内の対立、抜粋）。 J論文「セイラムの商業的発展による農民の階層分解」（抜粋）	→ ・農業中心で経済的に貧しい生活にある農民は、より豊かな生活をしている農民を妬んで攻撃しようとする。	+
	3-16	F 土地争いが要因である。	:	K年配の女性を魔女であるとする若い娘の証言(1)。 L年配の女性を魔女であるとする若い娘の証言(2)。 M論文「悪魔についての地理学的研究」（土地争い、抜粋）	→ ・土地の所有をめぐるトラブルが極めて激しければ、その対立は土地以外の事柄でも生じやすくなる。	+
	3-17	G 麦角中毒が要因である。	:	N論文「麦角中毒説」（抜粋）	→ ・麦角中毒はライ麦から生じ、幻覚、刺すような痛み、発作、猛烈な錯乱状態を引き起こす。	+

第6章　人物の行為の批判的解釈に基づく歴史学習の論理　343

	↓	↓
・セイラムの目立ちたがり屋の若い女性たちは、村人の注目を引こうとして大人の女性たちが魔女と思われるようにふるまった。	→ ・若い女性たちの目立ちたいという欲求が要因となってより年配の女性たちが魔女として告発され、多くが処刑される異常な魔女裁判が起こった。	= ・社会集団は、注目されたいという欲求をもとにして（判断・）行為し、出来事を作り出していることを理解する。
	↓	↓
・暗示にかかりやすい若い女性たちが悪魔に対する極度の恐れからヒステリーを起こし、村人の期待にこたえようとして魔女を告発するようになっていた。	→ ・若い女性たちのヒステリーが要因となって年配の女性たちが魔女として告発され、多くが処刑される異常な魔女裁判が起こった。	= ・社会集団は極度の恐怖から生じたヒステリーをもとにして（判断・）行為し、出来事を作り出していることを理解する。
	↓	↓
・経済的に貧しいセイラム村西地域の農民たちは、より豊かな東地域の農民を妬んでいたので、攻撃として魔女として告発した。	→ ・セイラム村での階級対立が要因となって若い女性たちが対立相手の地区のより年配で自由な女性たちを魔女として告発し、多くが処刑される異常な魔女裁判が起こった。	= ・社会集団は階級対立をもとにして（判断・）行為し、出来事を作り出すことを理解する。
	↓	↓
・大地主のパトナム家は自分の従来の土地所有に対してレベッカ・ナースから争いを起こされていた。そのため父親のパトナムは自分の二人の娘を使って対立するレベッカ・ナースの関係者を魔女として告発するように告訴状の署名に協力した。	→ ・セイラム村での土地争いが要因となって若い娘たちが対立相手の地区のより年配の女性たちを魔女として告発し、多くが処刑される異常な魔女裁判が起こった。	= ・社会集団は土地争いをもとにして（判断・）行為し、出来事を作り出すことを理解する。
	↓	↓
・セイラムの若い女性の症状は麦角中毒の症状と一致する。セイラム村ではライ麦を育てており、魔女裁判が行われた時期は麦角中毒が起こりやすい時期と重なる。そのため、若い女性たちは麦角中毒になり精神的、肉体的苦痛が原因となって魔女を告発した。	→ ・麦角中毒が要因となって若い女性たちがより年配の女性たちを魔女として告発し、多くが処刑される異常な魔女裁判が起こった。	= ・社会集団は薬物中毒をもとにして（判断・）行為し、出来事を作り出すことを理解する。

344　第2部　社会構築主義に基づく歴史学習

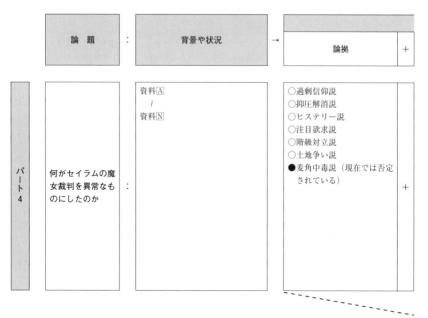

図6-10　単元「何がセイラムの魔女裁判

第6章　人物の行為の批判的解釈に基づく歴史学習の論理　345

学習者（主張＝理解）					
判断＋集団の行動	→	出来事（結果）	=	歴史理解	
論証					
・セイラムの異常な魔女裁判は基本要因としてキリスト教原理主義の過剰な信仰があり、その上に2つの大きな要因が働いて起こった可能性がある。1)若い女性の意識的・無意識的な抑圧解消行動、2)村内の階級対立、である。1)に関係したより小さな要因としてア)ヒステリーとイ)注目欲求があったとも考えられる。また2)に関係してウ)土地争いが考えられる。	→	・セイラムの人びとのキリスト教原理主義の過剰な信仰が基礎にあったため異常な魔女裁判が起こった。 ・若い女性たちの抑圧解消を求める行動が要因となって異常な魔女裁判が起こった可能性が高い。 ・セイラム村内にあった住民の階級対立が要因となって異常な魔女裁判が起こった可能性がある。 ・その他、若い女性のヒステリー、注目を得たいという欲求、麦角中毒などが要因となった可能性もある。	=		

学習者（主張＝理解）					
出来事	→	時代像（一面的）	=	歴史理解	
・セイラムの異常な魔女裁判は、過剰なキリスト教信仰のもとで、若い女性が日常生活で受けていた抑圧を解消する欲求や、当時の商業的な発達のもとで生じていた農民間の階級対立が要因となって引き起こされた。	→	・英国から大陸東海岸に移民が入植していた初期のアメリカでは、現在の社会では考えられないような異常な出来事が起こっていた。 ・初期のマサチューセッツ地方ではキリスト教の教義が生活の隅々まで支配する精神的に抑圧された時代であった。 ・農業が中心の中で徐々に商業が成長し始めた時代であった。	=	・アメリカに移民が入植した初期の歴史は現在の社会では考えられないような異常な出来事が起こっていた時代であった。 ・異常と思われる出来事も社会的・自然的環境の中でかたち作られ、社会集団がもつ一定の特徴を要因として引き起こされ、形作られていることを理解する。 ・我々が日常生活の中で感じる不可思議なことも、社会集団の判断基準や心理的傾向性に基づいて信じられたり否定されることを理解する。	

を異常なものにしたのか」の構造

め与えられるものと、学習者が自ら構築するものに分けられる。学習者が自ら構築する「学習者（主張＝理解）」の欄は、3つの要素（「判断＋社会集団の行動」「出来事」「歴史理解」）から成っている。そして学習者はこれら3つの要素について「社会集団の行動の批判的解釈モデル」を用いて解釈する。この「社会集団の行動の批判的解釈モデル」が用いられるのはパート2以降であり、このモデルが用いられる場合は学習者の解釈は主張となる。つまり学習者は、与えられた「論題」「背景や状況」「論拠」をもとに、「社会集団の行動の批判的解釈モデル」を使って「論題と背景・状況のもとで、社会集団は〜と判断して〜という行動をし、その結果〜という出来事が起こった」と自分なりに解釈する。その後、各学習者は学級内で自分の解釈を発表して「〜と解釈すべきである」と主張し、学級内でそれぞれの解釈が批判的に検討されることになる。この、解釈を主張することがすなわち「歴史理解」となる。パート1では「学習者（理解）」の欄には主張とは書かれていない。なぜなら、パート1ではすべての情報が前提知識として教師から与えられており、前述の「社会集団の行動の批判的解釈モデル」は用いられないためである。

　パート3とパート4も、パート2と同じく横軸の項目は「論題」「背景や状況」「学習者（主張＝理解）」である。ただし、3番目の「学習者（主張＝理解）」の要素の数がパート2よりも多くなる。新たに「論拠」が加わり、「論拠」「判断＋社会集団の行動」「出来事」「歴史理解」の4つとなっている。つまり、パート2では「論拠」は教師や文書から与えられるものであったのに対し、パート3とパート4では「論拠」が学習者の内面に取り込まれ、「社会集団の行動の批判的解釈モデル」を用いる際の重要な要素として働くということである。

　最後のパート5では、横軸は「学習者（主張＝理解）」のみとなる。なぜなら小論文を自ら執筆するため、教師や文書から与えられる「論題」「背景や状況」はないためである。そして「学習者（主張＝理解）」欄の要素は「出来

事（複数）」「時代像」「歴史理解」となる。つまり、社会集団が作り出した「17世紀末のアメリカでは、さまざまな出来事が合わさって異常な魔女裁判が行われる時代が形成されたと解釈すべきである」という時代像についてまでも主張がなされ、これが最終的な歴史理解となる。

以上が図6-10の説明である。以下では、単元全体と図6-10の内容から導き出される3つの学習方法原理について述べる。

学習方法原理1　「社会集団の行動と出来事の解釈モデル」による出来事理解

第一の原理は、「学習の方法（モデル）」の観点からみると、社会集団の行動と出来事の関係を理解する際に、学習者が「社会集団の行動の批判的解釈モデル」を用いるという方法をとっていることである。「社会集団の行動の批判的解釈モデル」は図6-10では横軸にあたる。従来の、「行為理解のモデルを用いて歴史的人物の理解を行う歴史学習」（寺尾、2004）に対して、本単元の「社会集団の行動の批判的解釈モデル」では批判の方法、特に2段階の批判によって学習を進めていく方法をとっている。2段階の批判とは、①史資料を批判的に解釈すること（表6-10のパート1とパート3）、②各学習者が自らの解釈を主張（「～と解釈すべきである」）として提示し、学級内での討論を通して批判的に検討すること（表6-10のパート4）である。

①は、学習者が史資料の作成者の解釈（「～という背景のもとで～を根拠に、社会集団は～と判断して～という行為をし、その結果～という出来事が作り出された」）をそのまま自分の解釈として取り込むのではなく、史資料の作成者の解釈を吟味することである。吟味するとは、作成者の解釈が妥当か否か、妥当でないとすれば何が問題かを考えることであり、この「史資料作成者の解釈を吟味する」過程を経てはじめて、学習者自身の解釈が構築される。これが第1段階の批判（史資料の批判的解釈）である。

次に、②の段階では、自分の解釈をグループや学級で発表し、他のメンバーとの討論を通して批判的に検討する。批判的に検討するとは、各自の解

釈は何を論拠にどの様に解釈しており、それが妥当なものかどうか、妥当でないとすれば何が問題かをメンバー間で分析的に考察することである。

　この2段階の批判的検討を経た解釈は、2つの種類に分けられる。討論をとおして合意できる解釈と、討論を経てもなお合意できない解釈の2つである。合意できる解釈がグループや学級の共通の解釈になることは明らかであるが、たとえ合意できない解釈であったとしても捨象されるのではなく、それも解釈のひとつとして学習者に認識される。これが多様な解釈を形成する基礎となるのである。

　以上を、パート3-6で行われる要因⑥「土地争い」を例に具体的に説明すると次のようになる。

　パート3-6では、まず学習者は資料K（「年配の女性を魔女と証言する少女〔大地主パトナムの娘〕の証言」）、資料L（「年配の女性を魔女と証言する女性〔大地主パトナムの妻〕の証言」）、資料M（「魔女についての地理学的研究（土地争い）」）を読んで解釈する。資料KとLは当時の裁判記録である。資料Mは資料Kと資料Lを利用した研究として書かれた社会心理学者の論文の抜粋である。このときに行われる史資料の解釈が、2段階の批判方法の第1段階（史資料の批判的解釈）である。学習者は各自資料を読んで、資料Mの作成者の解釈を読み取る。作成者の解釈は以下のように想定される。

（背景や状況　D_1）

- セイラム村の昔からの大地主の11歳の娘はひとりの女性農民が以前から自分の体に危害を加えて苦しめてきたと証言している。また大地主の妻でこの娘の母親も、この女性農民が刑務所に収監された後にも自分の所にやって来て、おまえを苦しめて殺すと脅した、と証言している。
- この女性農民は大地主の一家と土地争いをして、大地主の一家を何年にもわたって悩ませている地域の出身である

(根拠づけ　W_1)
・土地の所有について既得権のある者が他の者から新しく所有権を主張（攻撃）されると、既得権者は土地の喪失を恐れ、対抗する。

(判断　C_1)
・〔二人の社会心理学者の主張〕昔からの大地主の妻は、大地主の一家と土地争いをして、大地主の一家を何年にもわたって悩ませているセイラム村東地区出身の女性農民を著しく恐れていたので魔女として告発した、と解釈できる。

資料Mの作成者の解釈を学習者は吟味し、この解釈が妥当であると判断すればそれを学習者自身の解釈として構築し、あるいは妥当でないと判断すれば理由を考えて自分なりの別の解釈を構築する。

次に第2段階の批判として、各学習者が自分の解釈をグループや学級内で発表し（「～と解釈すべきである」）、解釈が主張として構築される。そして各自の解釈の妥当性がメンバー全員によって検討され、新しい解釈が生まれる。以上のような2段階の批判の過程を経て、社会集団の行動と出来事の関係について学習者の間に多様な解釈が可能になるのである。

以上、学習方法原理1は「社会集団の行動の批判的解釈モデル」を用いて社会集団の行動と出来事の関係を理解させるという方法をとっていることである。

学習方法原理2　主張の構築としての歴史理解

第二の原理は、「学習の内容」の観点からみると、「社会集団の行動の批判的解釈モデル」が使われる際に、学習者が行う「主張」が2段階で構築される方法をとっていることである。前述の内容構成原理で説明したトゥールミン図式で示すと後掲の図6-11のような構造になる。

この図の中で学習方法原理2と深く関係するのは「主張（C_1, C_2）」の部分である。学習者が2段階にわたって「主張」を構築するとは具体的には以下

のことである。

　まず、主張の第1段階は、図6-11の内側の囲みの中にある「主張1（C_1）」であり、これは歴史上の「社会集団の」主張である。大地主を中心としたセイラム村の西地区の農民たちは、新興商人と結びついて成長する東地区の農民たちの豊かさを妬んでいた。そして東地区の農民を魔女として告発して苦しめることで不満が解消できると意識的・無意識的に考え、西地区の農民の若い女性たちが東地区の年配の女性を魔女として告発するようにした（社会集団の主張＝主張1）。そしてこの社会集団の主張を学習者は次のように解釈する。「生活において経済的により貧しい人びとは、より豊かな人びととの経済的格差に不満をもち（妬み）、その解消のために攻撃を加える心理的傾向があるという論拠に基づいて主張した」。さらに、セイラム村の農民の間に生じていた階層分解の中で、より貧しい西地区の農民による経済的格差の不満解消を求める意識が、魔女としての告発（「主張1」）を行わせたというかたちで学習者は社会集団の行動を解釈する。つまり第1段階では、歴史上の社会集団の主張（C_1）を、学習者が解釈として構築するのである。

　次の第2段階の主張（C_2）とは、第1段階で構築した自分の解釈を新たなデータ（D_2）として、論拠に基づいて⑤出来事を解釈し、その解釈をグループや学級で「～と解釈すべきであると主張」することである。この解釈の内容は「～という状況（D_2）のもとで～という論拠に基づいて結果として～という⑤出来事が起こった」というものであり、学習者は自分の解釈が正当であることを他の学習者に対して論拠を示して主張する。つまり第2段階では、学習者自身が主張（C_2）を構築するのである。

　まとめると、2段階の主張の構築は、まず歴史上の社会集団の行った主張を学習者が解釈し、次に学習者自身の解釈の正当性を他の学習者に対して主張するという構造になっている。これは、学習者が社会集団の主張をいわば「入れ子」として自分自身の主張を構築するというかたちで、セイラムの異常な魔女裁判は農民間の階級対立を要因として生じたことを理解できる学習

第6章 人物の行為の批判的解釈に基づく歴史学習の論理 351

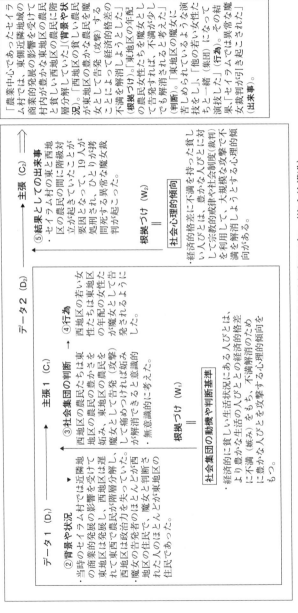

図6-11 社会集団の行動の批判的解釈モデル〈複合的構造〉

方法といえる。

　そして各学習者は、魔女裁判の要因について上記のような二段階の主張構築をグループやクラスの中で行っていく。要因として検討されるのは以下の7つである。①過剰な信仰、②若い女性による抑圧解消行動、③若い女性の注目願望、④ヒステリー、⑤農民間の階級対立、⑥土地争い、⑦麦角中毒、である。

　これら7つは図6-10のパート2にあるように予想1～7として提案、主張される。そしてこの予想1～7に対応して図6-12のトゥールミン図式では、主張構築が第1層～第7層と7つの層から成っている。7つの予想がパート1～5で順次解釈・主張・構築される過程は重層的構造になっており、学習者の解釈・主張はグループや学級での議論を通してより精緻なものとなっていく。このように、重層的なトゥールミン図式に基づいて学習内容は学習者同士で吟味され、社会集団の行動と出来事の関係の理解、出来事と時代の特色の関係の理解へと拡大・発展していくのである。

　以上、学習方法原理2は、「社会集団の行動の批判的解釈モデル」を用いて主張が2段階にわたって構築されるという方法をとっていることである。

学習方法原理3　小論文の執筆を通した時代像の理解

　第三の原理は、「学習内容の発展」の観点からみると、社会集団の行動と出来事の関係の解釈と、それを現代の紛争解決に応用するための手段として、小論文を執筆する方法をとっていることである。学習者は社会集団の行動と出来事の関係の学習の仕上げとして小論文を執筆し、その過程で現在の視点で社会集団の行動を解釈する。これはパート5で働く原理であるため、パート5の内容にそって説明する。

　パート5では、学習者はパート1～4で学習したことをもとにして小論文を書く。これは宿題としてなされるものであり、小論文に書くべき内容は教師用指導書によると次の2つである。

第6章　人物の行為の批判的解釈に基づく歴史学習の論理　353

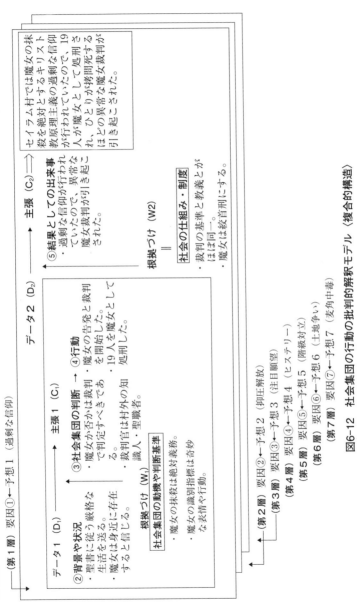

図6-12　社会集団の行動の批判的解釈モデル〈複合的構造〉

(1)「セイラムの魔女裁判を異常なものにした背後には実際には何があったのか」という問いについての自分なりの問いの捉え方と学級全体の学習で出たさまざまな答え。
(2) 上記の問いに対して詳細に研究すべきと思われるテーマと、それについて自分が研究して分かった答えを、証拠資料を用いて自分の主張として説明すること。テーマ例としては、キリスト教根本主義者の信仰、不満をもった若い女性たち、社会階級の間の緊張など。

(1)について学習者は単元の問いをどれほど深く自分なりに理解し、捉えているかを表現することになる。また、学級全体の学習を振り返ることによって、学習者から出てくると想定される7つの要因について、文章に書くことで自分自身が構築した理解の内容を表現し、確認することができる。

(2)については、例示として「キリスト教根本主義者の信仰」、「不満をもった若い女性たち」、「社会階級の間の緊張」といった表現で中核となる研究テーマが示されているが、これらはセイラムの魔女裁判の中心的要因と考えられるものである。そのため、既にヒントが示されているともいえるが、この単元で目標とする理解を保障しようとすれば、ある程度のヒントを与えることも必要であろう。

以上のように小論文を執筆することにより、学習者は17世紀末のアメリカの時代像について次のような理解を構築することになる。つまり、セイラムの魔女裁判があった当時は、キリスト教が人びとの生活や考え方を隅々まで支配した時代であったこと、そして農業中心の生活から少しずつ商業が発展し人々の間に階級差が生じた時代であったこと、である。

このように第三の学習方法原理は、社会集団の行動と出来事の関係を解釈し、時代像を理解するために小論文を執筆することである。

以上、3つの学習方法原理について述べてきた。第一の原理は「社会集団の行動と出来事の関係の批判的解釈モデル」を用いるという方法をとっていること、第二の原理は主張の構築としての歴史理解という方法をとっている

こと、第三の原理は小論文の執筆を通した時代像の理解という方法をとっていることであった。

以上、1）内容構成原理、2）学習方法原理について述べた。これまで述べた単元の授業の分析、およびそれから得られた上述の原理をもとに、次の3．では社会構築主義に基づく歴史人物学習（本節の場合は「社会集団の行動と出来事との関係を理解する歴史学習」）の特質と問題点について考察する。

3．特質と問題点

本節では、社会集団の行動の批判的解釈に基づく歴史学習の論理についての考察を行ってきた。そしてDBQプロジェクトの単元「セイラムの魔女裁判」の分析を通して、社会集団の行動の解釈に基づく歴史学習の論理について解明してきた。この単元は、歴史上の社会集団の行動と出来事の関係を理解させるために、まず社会集団についての史資料を解釈し、次にその解釈をもとに「社会集団の行動の批判的解釈モデル」という枠組みを用いて社会集団の行動を解釈し、最後に行動と出来事の因果関係を小論文として構築するものであった。この単元には以下の2つの特質が見られる。

第一の特質は、学習者の行う史資料の読解が批判的になされることである。本単元では14個の史資料が配付され、学習者はこれらを通読してセイラムで異常な魔女裁判が起こった要因を推測する。その際に学習者が考えやすくなるように、まずA～Nの各文書（表6-11参照）からどの様な要因が抽出できるかを推測させ、要因ごとに文書を分類させる。抽出される要因は異常な魔女裁判を引き起こした因果的説明（主張）の根拠づけである。このように根拠づけをしながら史資料を読み取っていくことが、史資料の読解（解釈）を批判的にするということである。例えば、文書A～Dから推測される根拠づけは①過剰な信仰であり、文書Eから推測される根拠づけは②抑圧解消行動である。この他に根拠づけとして推測されるのは、③注目願望、④ヒステリー、⑤階級対立、⑥土地争い、⑦麦角中毒、である。

つまり史資料の読解（解釈）を批判的にするとは、単に史資料を読むのではなく、教師の発問に答えるために、根拠づけをしながら読んでいくということである。

以上のように本節では、史資料を批判的に読解し、学習者の解釈を、討論を通して批判的に検討する学習がなされる。このような学習を「史料批判型社会的人物（社会集団）学習」と呼ぶことにする。

第二の特質は、社会集団の行動の解釈において「社会集団の行動の批判的解釈モデル」（図6-8、図6-10参照）という理解の枠組みを用いることである。学習者は「行動の批判的解釈モデル」を用いて、当時のセイラムに居住していたさまざまな社会集団が（解決すべき問題に対して）、どの様な背景や状況で、どの様な判断をして行動し、その結果どの様に出来事を作り出していったのかを因果関係的に理解する。特徴的な点は、背景や状況・社会集団の判断（意識的・無意識的なもの）を客観的データとし、さらに一般的原理を根拠づけとしたのちに初めて社会集団の行動と、その結果としての出来事がどの様に作り出されたのかを理解する構造になっていることである。つまり学習者は、「行動の批判的解釈モデル」を用いて5つの要素（①論題、②背景、③判断、④行動、⑤出来事）について、客観的データと一般的原理による根拠づけを段階的に行う過程を経ることで、出来事は客観的に存在するのではなく、社会的背景・信念・価値観に基づいた社会集団の行動によって作られていくこと（行動による出来事の構築性）を理解することができるのである。

したがって社会集団の行動の批判的解釈において「社会集団の行動の批判的解釈モデル」を用いることは、行為による出来事の構築性を理解するための必要条件であると言える。

以上のように、本節で分析した社会構築主義に基づく歴史人物学習の特質は、(1) 史資料の読解が批判的になされること、(2) 社会集団の行動の解釈において「社会集団の行動の批判的解釈モデル」という理解の枠組みを用いること、である。しかし、今後解決すべき次の課題も見出される。

第一の課題は、学習者の歴史理解が社会集団の行動と出来事の関係の理解にとどまっているという点で、範囲の狭いものになっていることである。歴史理解の最も重要な要素は、社会集団の行動・出来事・時代像の３つである。分析した単元では、歴史上の社会集団の行動と出来事の関係が構築的であることの理解まではなされているが、その先にある出来事と時代像・時代の動きとの構築的関係の理解までは十分に至っていない。これを行わせるには小論文を書かせるだけでは不十分と言える。なぜなら、小論文は学習者がひとりで書くものであり、グループや学級全体での因果関係的解釈（出来事と時代像の関係）を行っていないからである。グループや学級全体での複数の視点に基づく解釈をするには、出来事と時代像の関係を学習対象とした追加的な学習が必要になる。

　第二の課題は、学習者の既有の経験や知識との結びつきが希薄であるということである。本単元では、史資料として14個もの多様な文書が提供される。そして学習者は、異常な魔女裁判が起こった因果関係的説明（主張）の根拠づけを推測しながらこれらの史資料を分類する。この場合、読むべき文書が多数に上るため、学習者は読解自体に多くの労力をとられ、既有の経験や知識と結びつけた読解をすることが困難となってしまう。そのため、史資料の数を精選し、教師が学習者の既有の知識と関連づけた読解ができるよう支援していく必要がある。

第３節　人物の行為の批判的解釈に基づく歴史学習の特質と問題点

　本節では、第１節で分析した単元「ガンジー、キング、マンデラ－何が非暴力主義の事業を成し遂げさせたのか」と第２節の単元「何がセイラムの魔女裁判を異常なものにしたのか」を通した、人物の行為の批判的解釈に基づく歴史学習の特質と問題点について述べる。

　この２つの単元は、その授業構成の特質から、前者が「史料批判型社会的

人物学習」、後者が「史料批判型社会的社会集団学習」と呼ぶことができる。第1部で取り上げた「研究的」歴史構築学習の人物学習は人物の行為を単に解釈するものであったが、それと異なり本章の人物学習は、人物の行為と出来事の関係を、学習者に批判の方法を用いて社会的に（他の学習者との関係において）理解させるものである。

分析した2つの単元には、2つの観点（歴史理解の捉え方、教授－学習の捉え方）から共通した特質が見られる。

歴史理解の捉え方から見た特質

まず歴史理解の捉え方から見ると5つの特質があげられる。

第一の特質は、歴史上の人物の行為と出来事の関係を構築的なものとして理解させるために「行為の批判的解釈モデル」と呼べる理解の枠組みを用いていることである。「人物と行為の解釈モデル」（第2章で明らかにしたもの）は、①論題、②背景や状況、③人物の判断、④人物の行為、⑤結果としての出来事、の5つを要素としている。学習者は、②～⑤を因果関係的に理解することで人物の動機や判断の基準となる考え方を発見し、その結果、人物の行為と出来事の関係を理解できる。本章で見た2つの単元でもこのような理解が行われており、この点は第1部第2章で見た人物学習と同様である。単元「ガンジー、キング、マンデラ」では、人物の行為の解釈において「行為の批判的解釈モデル」を用いる。そして、単元「セイラムの魔女裁判」では社会集団の行動の解釈において「社会集団の行動の批判的解釈モデル」を用いている。

両者が異なっている点は、②～⑤の因果関係的理解は、第1部の人物学習では単線的な理解であったが、本章では討論やディベートなどを通して複合的な構造をもったものになっていることである。これをトゥールミン図で示すと次のようになる。

第6章 人物の行為の批判的解釈に基づく歴史学習の論理　359

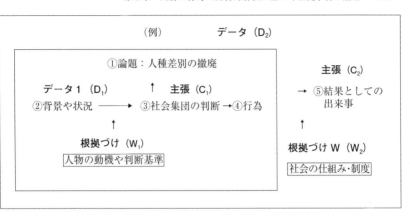

　第1部の認知構築主義に基づく人物学習と本章の人物学習が異なる点は、①論題と③人物の判断が第1部よりもさらに重視され、解釈が主張としての構造（議論の構造）をもったものとして理解されることである。
　第二の特質は、歴史的人物の行為の変化の根底にある行動原理を学習者に発見させることで、「出来事は人物の行為の結果として構成される」という、出来事と行為の関係の一般的特質（行為による出来事の構築性）を理解させることである。この点は第1部の人物学習と同様である。異なるのは、行動原理（人は論題、すなわち解決すべき問題に対して、時々の社会的背景や状況に応じて判断しどの様に行為すればよいかを決定するということ）を、主張（C）の根拠づけ（W）として利用していることである。
　第三の特質は、人物の行為と出来事の関係を理解させるために、歴史的人物の行為の変化を物語として構成させていることである。取り上げる人物は複数であるため、対象となる時代・時期は広いものとなる。これは第1部の人物学習で構成される物語が1人の人物を対象とし、狭い範囲の時代・時期を扱っているのとは異なる。そのため、第1部の認知構築主義に基づく人物学習よりも、第2部の社会構築主義に基づく人物学習で構成される物語の方が、より普遍性をもち、なおかつ現在にも当てはまる物語となっている。そのため、学習者はより広い社会的・文化的文脈で歴史を理解できるようにな

る。

　第四の特質は、人物の行為と出来事の関係を理解させる際に、背景となる社会的・文化的文脈を重視していることである。第1部の認知構築主義に基づく人物学習でも、②背景や状況（時代背景）などの社会的・文化的文脈を理解させていた。しかし、本章で分析した人物学習ではその社会的・文化的文脈がより広いものになっている。それは複数の人物を取り上げ、より広い時代や地域を対象にしているためである。

　第五の特質は、本章の人物学習では、学習者の行う史資料の読解が批判的になされ、「社会型」の学習となっていることである。批判的に史資料を読解するとは、単に史資料を読むのではなく、論題の答えを探るために根拠づけをしながら読んでいくことである。単元「ガンジー、キング、マンデラ」では複数の人物の自伝、手紙、雑誌記事、写真、風刺マンガなどの史資料が提供される。また単元「何がセイラムの魔女裁判を異常なものにしたのか」では日記や裁判の証言記録、歴史画や風刺画、統計資料、地図などが提供され、手紙や証言記録、風刺画などの史資料、映像やテキストの記号的特性を考慮しながら、人物の行為と出来事の関係を解明していく。これは第1章の人物学習「研究型」の授業と同様である。しかし、本章の人物学習では史料の単なる解釈にとどまらず、学習者の解釈を相互に検討する。それらの解釈に基づいて学習者自身が執筆・作成した小論文が他の学習者との討論を通して批判的に検討される。つまり、小論文に示された学習者一人ひとりの解釈を、学習者同士で批判し、その妥当性を検討して合意できる解釈を構築していく。これが「社会型」学習の特質である。

　次に、教授－学習の捉え方から見た特質は以下のようになる。

教授－学習の捉え方から見た特質

　第六の特質は、学級での協働的な批判を通して歴史理解を構築していることである。2つの単元の授業では、討論やディベートの中で学習者個人のさまざまな解釈を提示・検討させ、複数の視点から人物の行為の批判的解釈を

行わせている。第2章の認知構築主義の歴史人物学習では、行為と出来事の関係を、歴史上の人物がもっている単一の視点を通してのみ理解させていたが、それとは対照的に、本章の人物学習では学習者相互の批判的解釈を通して多様な歴史解釈を構築し、最終的には学習者自身の視点で、人々の行為と出来事の関係についての理解を構築するようになっている。この点で、学習者の自律的な歴史理解の構築をいっそう保障するものとなっている。

　第七の特質は、社会的理解の方法に基づく歴史理解を行っていることである。本章の人物学習の基礎となる歴史理解の捉え方は、第1章第3節（29頁）で示した構築主義歴史学習の基本概念①～⑤に加えて、さらに以下の⑥～⑧の3つの追加的基本概念に支えられている。

⑥ 歴史の理解は、言語や記号を媒介とした社会的・文化的相互作用によって多様に作り出される。
⑦ 歴史の理解は、個人や人々の協働による認知を通して吟味され、妥当なものと認められる。
⑧ 歴史の理解は、個人的、社会的認知によって拡大・普及される。

　追加的基本概念⑥～⑧に共通しているのは、学習者が歴史理解をする際の視点は、単に他者の視点だけでなく学習者自身の視点をもとにしていることである。個々の学習者が構築した歴史理解は、他の学習者との間で批判・検討されることによって社会的に（教室内で）認められる歴史理解となる。これらの基本概念は、歴史理解についてのものではあるが、同時に心理学や社会学で唱えられている社会構築主義の考え方と基本的に重なっている。なぜなら、社会構築主義とは、(1) 知識は社会的に構築されるものと考え、知識形成における言語や文化的コンテクストの役割を重視し、(2) 対話的・協働的なインタラクションによる探究活動を重視する、という考え方であるためである。

　以上から、本章で取り上げた歴史学習は、社会構築主義に基づく歴史人物学習であると言える。

以上が特質であるが、以下のような問題点もある。

第一の問題点は、学習者の歴史理解が範囲の狭いものになっていることである。単元「ガンジー、キング、マンデラ」では、学習者の理解は「人物の行為」と出来事の関係にとどまっている。また、単元「セイラムの魔女裁判」では、学習者の理解は「社会集団の行動」と出来事の関係にとどまっている。このように、本章での学習者の歴史理解は出来事までの理解であり、その先の時代像の理解までは至っていない。

第二の問題点は、学習者の既有の経験や知識との結びつきが希薄であることである。これは両単元で読むべき文書が多数に上るため、学習者は文書の読解自体に多くの労力をとられ、既有の経験や知識と結びつけた読解をすることが困難となってしまうためである。そのため、学習者が自律的に歴史理解を構築することが難しい。

本章では、社会構築主義歴史学習の「歴史理解の内容」による3つの類型（人物の行為・出来事・時代像）のうち、第1類型である「人物の行為」の解釈を行う2つの単元の分析を行った。DBQプロジェクト単元「ガンジー・キング・マンデラ」、単元「何がセイラムの魔女裁判を異常なものにしたのか」である。分析の結果、双方の単元について内容構成原理と学習方法原理を抽出することができた。

第1節で分析した単元「ガンジー・キング・マンデラ」の内容構成原理は、(1)「行為の批判的モデル」による出来事理解、(2) 自由・平等を求める運動の成功要因の発展的理解、(3) 行為と出来事の動的理解、である。学習方法原理は(1) 人物と出来事の解釈モデルによる出来事理解、(2) 主張の構築としての歴史理解、(3) 主張（正当化）の方法の発展過程としての時代像理解、(4) 現在の視点による人物の行為と出来事の関係の理解、であった。

また第2節で分析した単元「何がセイラムの魔女裁判を異常なものにしたのか」については、内容構成原理は(1)「社会集団の行動の批判的解釈モデル」による出来事理解、(2) 社会心理学的視点による出来事の理解、である。

学習方法原理は、(1)「社会集団の行動と出来事の解釈モデル」による出来事理解、(2) 主張の構築としての歴史理解、(3) 小論文の執筆を通した時代像の理解、であった。

第6章の註

1) DBQ プロジェクトの名称は、歴史教育のプロジェクトを指し示すとともに、このプロジェクトによって開発され、指導書や文書ファイルの形態の教材キットとして出版された米国史と世界史の歴史カリキュラムを指し示している。Document Based Questions という原文が意味するとおり、文書と問い（学習問題）を基軸にして歴史学習を進めていく方式をとる点に特徴がある。
2) DBQ プロジェクトのウェブサイトは下記の URL を参照。
http://www.dbqproject.com/
3) DBQ では、基本的な指導目標として歴史の思考や技能を伸ばすことが挙げられているが、上記の2）で示したこのプロジェクトの URL にある概要説明「DBQ プロジェクトについて」では、目標のうち思考については「生徒を高次の批判的思考活動に取り組ませる」こと、技能に関しては「文書を緻密に分析・吟味する力、理解を促進する深い読解力、証拠に基づいた説得的な文章力」が挙げられている。また、DBQ 世界史の教科書（Brady & Roden, 2005a）の冒頭の項目「生徒へのお知らせ」では、DBQ は下記のような５つの基本理念に基づいて歴史の学習を進めることが説明されている。①生徒は思考の方法を学ぶべきである。②思考の学習には訓練が必要である。③思考の方法を学ぶのは負担の大きい勉強であることを覚悟しよう。④思考は書くことで明確になる。⑤思考はすべての人に役立つ。
4) DBQ プロジェクト米国史の最新版の教材キット（2016年現在）では以下の２単元が新たに追加され、合計10単元で構成されている。
　　単元５「何が南北戦争を引き起こしたのか」（旧単元４と５の間に追加）
　　単元７「カーネギーは英雄だったのか」（旧単元５と６の間に追加）
5) DBQ プロジェクトでは教材として Document が用いられているものには、遺物として残っている一次史料（原典）に近い文書（現代語訳を含む）や統計資料など歴史研究に用いられる「史料」と呼ばれるものと、一次史料をもとにして作られた一般の情報源としての「資料」の二種類がある。本研究では、原則として両者を統一して「史資料」の用語を使用する。
6) ここで用いる、主張（C）、事実（D）、論拠（W）を基本的要素とした推論の構造に

ついては足立幸男（1984）およびトゥールミン（2011）の文献を参考にした。

第7章　出来事の批判的解釈に基づく歴史学習の論理

　本章の目的は、社会構築主義に基づく歴史学習の「歴史理解の内容」による3つの類型（人物の行為・出来事・時代像）のうち、第2類型である「出来事」の解釈学習単元を分析し、その原理を明らかにすることである。

　本章では2つの時代像学習単元を取り上げて考察する。第1節では、役割討論を媒介にした出来事の批判的解釈学習単元「民主政治の出現」（中等歴史カリキュラム「生きている歴史！」）、そして第2節では社会的理解の方法を媒介にした出来事の批判的解釈学習単元「レキシントン・グリーン再訪」を分析する。

　第1節では、まず中等歴史カリキュラム「生きている歴史！」の目標、全体計画とその論理について説明し、次に単元「民主政治の出現」の単元構成とその論理（目標・活動構成・留意点・単元の概要・パート構成・単元全体の特質）を述べる。そして具体的な授業展開についてパートに分けて分析し、分析の結果明らかになった内容構成原理および学習方法原理について詳述する。最後に単元の特質と問題点に言及する。

　第2節では、G.シューマンによって開発された中等段階の米国史単元「レキシントン・グリーン再訪」について目標、全体計画とその論理について説明し、次に単元構成とその論理（目標・単元の概要・パート構成）を述べる。そして具体的な授業展開についてパートに分けて分析し、その結果明らかになった内容構成原理および学習方法原理について詳述する。最後に単元の特質と問題点に言及する。

　第3節では、2つの単元を通した全体の特質と問題点について述べる。
　以上が第7章の構成である。

第1節　役割討論を媒介にした出来事の意義の批判的解釈学習：中等歴史カリキュラム「生きている歴史！」 単元「民主政治の出現」の場合

　歴史学習については、知識の記憶に偏る学習が繰り返し批判され、史資料の活用や思考の育成を通した主体的な歴史学習が求められている。この要請に応えるため、探究（求）学習、合理的意思決定や価値判断過程を組み込んだ学習などが提案されているが、これらの建設的提案にもかかわらず歴史学習の改善は進んでいない。その根本的な原因として「歴史理解の考え方」に大きな問題があることが指摘できる。すなわち、精緻な理論的裏づけをもつ探究（求）学習や合理的意思決定、価値判断過程を備えた学習においてさえも、基本的には歴史的知識は客観的真理として認識主体の外に独立して存在しており、このような知識を学習者が批判的に獲得することで歴史理解が発展すると考えられている点に問題がある。

　野家（1998）が指摘しているように、歴史的知識は、認識主体が既有の信念、経験、知識など一定の見方や視点から歴史的事実を意味づけ、既有の意味のネットワークの一部として構成することによって獲得されるものであり、歴史理解は本来このような意味構成による歴史的知識の獲得過程を通して発展するものである。また、歴史理解は個人で完結するものではなく、絶えず社会的文脈の影響を受けて他者との関係の下で発展するものである。

　野家が示す歴史理解の考え方に基づくと、歴史学習で主体的な歴史理解の発展を保証するには、学習者自身が既有の見方や視点（認知構造）を利用して歴史の意味構成を行って歴史的知識を獲得していく過程が不可欠となる。さらに、学習者間の交流によって知識を間主観化・共有化し、社会的文脈を踏まえた意味構成活動を保証することで歴史理解を大きく促進できる。既存の探究学習や合理的意思決定、価値判断過程を備えた学習では上記のような歴史理解の考え方が欠落しており、このことが歴史学習の改善を困難にする決定的要因になっている。

しかし、上記のような新しい歴史理解の考え方をもとにして授業を構成する場合、①歴史を理解するとはどうすることか〔歴史理解の構造〕、またこのために②学習者にどの様な歴史理解を行わせればよいか〔学習者の歴史理解の構造〕、さらに③どの様な教授-学習過程を組織すればよいか〔授業の構造〕など、歴史授業の構成原理については未解明である。それ故、新しい歴史理解の考え方に基づく授業構成原理の解明が不可欠である。

以上のような問題意識から本章の第1節では、米国のTCI (Teachers' Curriculum Institute) が開発した構築主義歴史カリキュラム「生きている歴史！」を取り上げて分析し、求められている歴史授業構成原理を解明する。

構築主義では知識は個人の既有の信念や経験に基づいた意味構成によって生み出される仮説的・主観的なものと考えられており、基本的に本稿の提案と同様の理解の考え方がとられている。従って、「生きている歴史！」を分析することで、課題とした歴史授業構成原理解明の大きな手がかりが得られると考えられる。そこで以下では、まず「生きている歴史！」の単元構成原理を明らかにし、続いて①教授-学習過程の構造、②歴史理解の構造、③学習者の歴史理解の構造の観点からその基盤にある歴史授業構成原理を明らかにし、最後にこの授業構成原理の特質と意義を考察する。

1．歴史学習の目標-歴史カリキュラム「生きている歴史！」の目標

「生きている歴史！」では、「学習者は自分自身の知識を構成することを認められるべきである」という主張に基づいて、学習者が歴史の「体験」を通して歴史と現在の生活との結びつきを適切に理解することを中心目標としている (Bower & Lobdell, 1998: p.50)。さらに「生きている歴史！」の意義についての説明 (Bower, Lobdell, Swenson, 1999: p.7) からは、以下の3つの下位目標が抽出できる。

1. 過去だけでなく現在の学習者の生活にも影響する歴史概念や、グローバル化が進む世界の多様性を正しく認識し、問題解決できるような文

化多様性を理解させる歴史概念を教えることで、過去と現代との結びつきを理解させる。

2. 問題解決や状況分析、評価などを求める活動的な課題を通して、クリティカルシンキングのスキルや、活動・議論・表現・意思決定・提案・批評などの高次の知的スキルを発展させる。

3. 協働での作品制作やプレゼンテーションによる仲間との関わり合いを通して、主体的協働的で寛容な行動がとれる社会的スキルを獲得させる。

1.は歴史概念、2.は認知スキル、3.は社会的スキルの獲得に関わる目標である。「生きている歴史！」では、これらの下位目標の達成を通して中心目標を達成する階層的目標構造をとっている。

2．授業構成原理

(1) カリキュラムの全体計画とその論理

「生きている歴史！」では、これまでに中等学校段階の世界史と米国史のプログラムが開発されており、その単元構成は表7-1のようになる。世界史のうち古代史では現代社会の起源となる代表的な文明が取り上げられる。500年〜1700年までの時期および近代史では世界史の形成に大きく影響した文明圏・地域・国家が、さらに米国史では国家形成過程の重要な出来事が取り上げられている。

内容構成の観点から単元構成原理を見ると、歴史カリキュラム「生きている歴史！」の単元内容は基本的に「子どもの認知特性」と「現代社会の課題」の2つの観点で選択されている点に特徴がある（Bower, Lobdell, Swenson, 1999: p.6)。

まず「子どもの認知特性」の観点では、学習者が歴史の既習内容の多くを忘れる原因が知識の応用力の弱さにあると考えられ、歴史と現代との結びつきの理解を促進する、より応用可能性の高い歴史概念の教授が必要とされ

第7章 出来事の批判的解釈に基づく歴史学習の論理　369

表7-1 「生きている歴史！」の単元構成

プログラム		単　元		主要歴史概念	内容選択の観点
世界史	古代世界史プログラム	単元1 単元2 単元3 単元4 単元5 単元6	初期の人類 古代エジプトとメソポタミア 古代インド 古代中国 古代ギリシャ 古代ローマ	人種、民族、文化の歴史的類似性と相違	歴史と現代との結びつきの理解を促進するより応用可能性の高い歴史概念
	500年から1700年までの世界史プログラム	単元1 単元2 単元3 単元4 単元5 単元6	ローマ帝国崩壊後のヨーロッパ イスラムの台頭 サハラ以南のアフリカの帝国と王国 中国帝国と封建時代の日本 ヨーロッパの近代への移行 アメリカの文明化		
	近代世界史プログラム	単元1 単元2 単元3 単元4 単元5 単元6	近代における西ヨーロッパ ソビエト連邦の出現と崩壊 共産中国と近代日本 近代ラテンアメリカ 近代アフリカ 近代中東		
合衆国史	1900年までの合衆国史プログラム	単元1 単元2 単元3 単元4 単元5 単元6	過去から現代までのアメリカ地理 植民地の生活と独立革命 新国家の憲法 成長する国家における運命的な出来事 南北戦争と再建 工業国アメリカの発生	定住、独立、民主的な関わり合い、憲法、統合、工業化	文化的多様性を理解させる歴史概念
	20世紀合衆国史プログラム	単元1 単元2 単元3 単元4	合衆国の成長（1890-1920） 好況の1920年代と大恐慌 第二次世界大戦における合衆国 冷戦	移民、差別、経済、戦争、対立、人権、権力の利用と	

| | | 単元5 公民権運動
単元6 現代の合衆国社会 | 濫用 | |

(Teachers' Curriculum Institute, 1999より筆者作成)

註：単元1「近代における西ヨーロッパ」は以下の5つの小単元で構成されている。分析対象としたのはこのうちの小単元1である。「小単元1　民主政治の出現」、「小単元2　産業革命の時代」、「小単元3　植民地主義－輸出されたヨーロッパの近代化」、「小単元4　近代化への挑戦－二つの世界大戦」、「小単元5　ヨーロッパの近代化を評価する資料館を設計する」

表7-2　単元1「近代における西ヨーロッパ」の構成

小単元	学習テーマ
小単元1	民主政治の出現
小単元2	産業革命の時代
小単元3	植民地主義－輸出されたヨーロッパの近代化
小単元4	近代化への挑戦－二つの世界大戦
小単元5	ヨーロッパの近代化を評価する資料館を設計する

る。その理解の観点となる概念として、権力の利用や濫用、差別、民主的関わり合い、移民、定住などの歴史概念が選択されている。

一方、「現代社会の課題」の観点では、急速にグローバル化される現代に対応するために、人種、民族、文化のさまざまな歴史的類似性と相違などの文化的多様性を理解させる歴史概念が選択されている。

これらの内容選択の観点と単元の項目名とを照合すると、単元の中核的内容には前掲表7-1の「主要な歴史概念」の欄に示す歴史概念が設定されていると考えられる。

「生きている歴史！」では小単元が学習の基本単位となっている。そのため、以下では近代世界史プログラムの小単元「民主政治の出現」（単元1「近代における西ヨーロッパ」の中の小単元）を事例にしてその授業構成原理を明らかにしていく。この小単元の単元全体における位置を示すと表7-2のようになる。

(2) 単元構成とその論理
1) 小単元「民主政治の出現」の構成とその原理
(a) 目標

この小単元では、民主政治の概念および近代民主政治の実現に貢献したフランス革命の意味の理解が中心目標となっている。そのため、民主政治を保障する条件（民主的統治を委任できる条件）とは何かを学習者自身が検討し、理解することがめざされている。また小単元は4つの活動から成り、各活動には後掲の表7-3に示す目標が設定されている。これらの目標を順次達成し、民主政治を実現する条件を一つひとつ確認していくことで中心目標を達成する構造になっている。

(b) 教授－学習過程の特徴

小単元「民主政治の出現」の教授－学習過程は後掲の表7-4のように整理できる。表7-4をもとに学習過程を概観すると、学習者はまず活動1で、無人島でのコミュニティ統治の規則集作りの体験を通して、統治の難しさ、および「独裁政治」と「民主政治」の概念（定義）を理解する。これらの概念を利用して次の活動2では、政治思想に関係した9人の歴史的人物によるパネル討論を通して、多様な政治形態や民主政治の条件を分析することで民主政治の概念をより精緻化する。活動3では、フランス革命の3つの時期における代表的社会階層の役割体験を行い、既習概念を用いて革命期の政治形態の発展や民主政治の発展に必要な条件を分析することで民主政治の概念をさらに発展させる。活動4では、フランス革命の物語本の制作を通して民主政治の概念の定着と民主政治発展史におけるフランス革命の歴史的意味の理解を行っている。

このように、小単元「民主政治の出現」の教授－学習過程では、概念を利用した活動を通して認知構造を発展させており（表7-4「活動」欄を参照）、学習者の歴史理解は以下の3段階の過程で発展していることが推測される（「段

階」欄を参照)。

(1) 既有の概念を確認し、歴史的事実の分析指標となる基本概念へと発展させる段階
(2) 基本概念の利用による歴史的事実の解釈を通して歴史理解を発展させる段階
(3) 制作や表現活動によって歴史理解を総合し、現在の生活と結びつけて歴史理解をさらに発展させる段階

つまり、小単元「民主政治の出現」では、歴史理解の第1段階には活動1を、第2段階には活動2と3を、第3段階には活動4を当て、小単元の目標となっている歴史理解を総合的に達成する構造になっていると推測される。

なぜこのような段階によって歴史理解の発展が可能となるのか。以下では、これを可能にしている授業構成原理を明らかにしていく。

(3) 授業展開とその論理

1) 内容構成原理

内容構成原理1　民主的国家を実現する条件の理解

(1)でみたように、「生きている歴史！」の近代世界史プログラムでは基本的学習内容として「世界史の形成に大きく影響してきた文明圏、地域、国家」について学習する。この節で分析対象とするのは単元「近代における西ヨーロッパ」であり、具体的には小単元「民主国家の出現」である。この小単元は、先に確認した近代世界史の基本的学習内容のうちの「国家」について、特に近代西ヨーロッパに初めて誕生した「民主国家」に焦点が当てられている。そして「民主政治」の実現を可能にする条件を学習するように考えられている。そのような条件の柱となるのは、民主的な憲法、国民の代表による議会、そして統治を委任される政府である。したがって、第一の内容構成原理は、単に歴史上の一時期のフランス革命期に出現した出来事としての初期民主主義国家の理解にとどまらず、民主国家の実現を支える一般的概念

としての条件を基軸にして内容が構成され、理解がめざされていることである。

内容構成原理2　政治学的指標の理解に基づく多様な国家概念の理解
　第二の原理は、国王を絶対的支配者とした独裁的国家や富裕な階層を中心とした不平等な国家など、社会を構成する人々の中で誰が権力をもって国家が形成されているかを指標にして、さまざまな国家のタイプを理解させる構成になっていることである。国家のタイプは、政治権力は誰がもっているか、政治権力は誰によって与えられるのか（決められるのか）、人びとの自由や権利はどの様にして保障されるのか（されないのか）などを指標にして判断され、民主的と独裁的の両極の間に位置づけられる。この小単元では、国家の民主的レベルを判断する政治学的指標を理解させ、この指標を活用させながら同時に、民主的レベルから独裁的レベルにまでわたる、歴史上出現した（これから出現する可能性のある）さまざまな国家のタイプの存在を理解させている。

内容構成原理3　人々が歴史的に作り出してきた思想としての民主国家の概念理解
　第三の原理は、さまざまな国家のタイプを歴史上の思想家（プラトン、モンテスキュー、ルソー、ホッブスなど）や指導者（エリザベス一世、ルイ16世など）の思想や行為と、これらの人びとによって引き起こされた出来事（名誉革命、アメリカ独立革命、フランス革命など）とを、因果的関連をもつものとして理解させているということである。学習者は、民主国家の出現や発展を近代西ヨーロッパや米国における歴史の大きな流れとして理解することができるような内容構成になっている。
　以上内容構成原理について述べてきた。第一の原理は民主的国家を実現する条件の理解、第二の原理は政治学的指標の理解に基づく多様な国家概念の理解、第三の原理は人々が歴史的に作り出してきた思想としての民主国家の

概念理解、であった。

2) 学習方法原理

小単元「民主政治の出現」の分析から、歴史理解の発展を保証する条件として3つの学習方法原理が抽出できる。

学習方法原理1　資料と体験に基づく歴史の意味構成

第一の学習方法原理である資料と体験に基づく歴史の意味構成は、「歴史理解の構造」に関するもので、この原理は事例小単元における歴史的知識の獲得方法の分析によって明らかになる。

小単元「民主政治の出現」を歴史的知識の獲得方法の観点で整理すると、後掲の表7-4の「資料と体験」欄のように整理できる。小単元では基本的に、歴史の「体験」を通して歴史と現在の生活との結びつきを理解することがめざされる。そしてこの理解は、現代社会を理解する鍵概念でもある「民主政治」の概念の発展と、この概念を指標とした歴史的事実の意味づけ（意味ネットワークの拡大）によって行われる。小単元ではその具体的方法として、概念を用いて歴史的人物の政治形態論の中の民主政治を実現する条件を分析し、民主政治の発展へのフランス革命の貢献を評価することにより「民主政治」の概念を段階的に発展させ、民主政治発展史におけるフランス革命の歴史的意味を理解させている。そしてこのような歴史の意味構成を、「資

表7-3　小単元1「民主政治の出現」を構成する活動の目標

活動1	政府をつくることの難しさを理解し、民主政治と独裁政治の概念を説明できる。
活動2	主な歴史的人物の考え方の背後にある、理想的な政治形態についての理論の正当性を主張できる。
活動3	フランス革命の3段階の期間におけるフランス社会の構成員の役割を演ずることができる。
活動4	革命の出来事がどの様にして民主政治の出現を可能にしたかを示すような、フランス革命についての挿し絵入りの物語本を計画して執筆できる。

(Teachers' Curriculum Institute, 1994b：p.1, Activity 1.1より筆者作成)

料」や「体験」をもとにした学習者自身による歴史的知識の解釈や他の学習者との交流による間主観化によって行っている。

　授業で使われる「資料」は、無人島の生活条件の説明文、年表、歴史的人物の伝記の要約、社会階層の役割カード（フランス革命期の社会階層と政治形態の説明）、革命期の歴史の要約などである。また「体験」は、「体験的学習」「問題解決的グループワーク」「理解のための作文」と呼ばれる教授方略によって行われている[1]。「体験的学習」では無人島のコミュニティの規則集づくり（活動1）やフランス革命期の社会階層の役割体験（活動3）、「問題解決的グループワーク」では歴史的人物を演じるパネル討論（活動2）、さらに「理解のための作文」ではフランス革命の物語本の制作（活動4）が行われている。

　「資料」と「体験」に基づく意味構成の構造を、活動2を事例にして分析すると以下のようになる（表7-4の活動2を参照）。活動2がめざすのは民主政治の概念と歴史的人物の政治形態論が民主政治の発展に対してもつ意味（意義）の理解であり、学習者は以下の3段階で意味構成を行っている。

　第一段階では、まず資料をもとにして民主政治の発展に関係する歴史的事実を理解する。始めに年表をもとにアテネの直接民主制〜合衆国憲法制定までの民主政治発展史の主要な出来事を確認する。続いてアリストテレス以下合計9人の歴史的人物の政治形態論（表7-4参照）を、グループ毎に分担して理解する。各グループは当該の政治形態論とこれが形成された歴史的・社会的文脈（人物の時代の社会構造、提唱の目的、社会的反響）を理解する。学習者は、資料「歴史的人物の伝記の要約」をもとに、活動1で習得した民主政治の定義を利用した歴史的事実の解釈や意味づけをして理解を進める。例えばアリストテレスを分担したグループの場合、彼が「人間に固有な理性の最高形態はポリスであり、公共の善が個人の上位にあって、法や秩序をもつ社会や政府を通して個人の潜在的能力が最大限に発揮できる。政治形態には①君主政治、②貴族政治、③立憲政治の3タイプがあり、①②は統治者が高潔な

表7-4 小単元「民主政治

段階	活動	教授活動	資料と体験	個人間交流
第一段階　既有の歴史概念の確認と分析用歴史概念の習得	活動1　統治の難しさを体験する	1．無人島への漂着を想定させ、島のコミュニティを統治するための規則集づくりの経験をさせる。 ○規則集の内容を考え、吟味させる。	〈体験的実習〉	
			無人島の生活条件の説明文	クラス検討会
		2．規則集作りの経験をもとにして民主政治の概念を理解させる。 ○統治の難しさについて活動中に感じたことを具体的に発表させる。 ◎小単元の課題（問い）を伝える。 「今回の経験から、統治は委任できるものと考えられるか。」 ○民主的統治の条件の具体的事例を規則集作りの経験の中から発表させる。 ○無人島のコミュニティの統治方法についての知識をもとにして、2つの典型的政治形態（民主政治と独裁政治）の概念を理解させる。	規則集作りの体験 規則集作りの体験	
	活動2　政府の理想的形態を議論する	1．民主政治の発展史における主要な出来事を確認する。	〈問題解決的グループワーク〉 民主主義発展年表	
		2．理想的な政治形態とは何かを追究するパネル討論（賢人会議）の開催を予告し、その準備をさせる。 ○政治形態論の資料を提供する。 ○会議の手順を知らせる。 ○歴史的人物を9個のグループで分担させ、会議の準備をさせる。 ○グループ内の役割分担をさせる。	資料「歴史的人物の伝記の要約」 歴史的人物の仮面	グループ内活動（俳優、歴史家、調整官、レポーター）
		3．パネル討論の議題を知らせ、立論・提案の準備をさせる。 ◎議題（中心発問）を知らせる。 「理想的な政治形態とは何か。」 「人々は統治を委任できるか。」 ○資料を提供し、グループごとに分担した歴史的人物の政治形態論を読み取らせる。	グループワークチェックリスト 歴史的人物の政治形態論の要約一覧	グループ内活動
		4．パネル討論を開催させる。 ○グループ（歴史的人物）間で「理想的な政治形態とは何か」を検討させる。	人物の政治形態論の特徴分析表	グループ間パネル討論

第 7 章 出来事の批判的解釈に基づく歴史学習の論理　377

の出現」の教授－学習過程

学習活動	子どもに構築される知識
話し合って規則集を作る。吟味する。	・統治についての既有知識と無人島の生活の状況をもとにして考えられるコミュニティの民主的統治の条件（規則）
経験を発表する。 自分の答えを考える。 経験を発表する。 教師の説明を聞く。	・島のコミュニティの統治にはさまざまな民主的条件が必要となる。 ①民主的統治を実現するにはさまざまな条件が必要である。 ②統治を委任できるためにはさまざまな条件が必要である。 ・コミュニティの規則集づくりの際には、民主的統治の方法と非民主的統治の方法とが現れる。これらは次の２つの典型的な政治形態の概念（定義）にまとめられる。 ①「独裁政治」とはひとりの人物が最大の権力を持っているような政治である。 ②「民主政治」とは権力が国民の責任のもとにある政治である。
資料で確認する。	民主政治発展史の出来事：①ギリシャ・アテネの直接民主政治、②ローマ共和制、③封建制、④マグナ・カルタ、⑤英国の模範議会、⑥ルイ14世、⑦名誉革命、⑧合衆国憲法
資料を読む。 人物を分担して会議の準備をする。 賢人会議の議題（中心発問）を確認する。資料から人物の政治形態論を読み取る。	・政治思想に関係した歴史的人物の歴史的社会的背景と政治形態論中の民主的条件①アリストテレス（立憲政治と立憲的君主政治）、②女王エリザベス１世（王権神授説に基づく君主政治）、③トマス・ホッブス（自然権や社会契約説に基づく絶対的君主政治）、④ジョン・ロック（自然法や社会契約論、権力分立論に基づく個人の自由と権利を保障する限定的君主政治）、⑤国王ルイ14世（王権神授説に基づく絶対王政）、⑥モンテスキュー（三権分立論と立憲政治）、⑦プラトン（選ばれた哲学者の君主による統治）、⑧ルソー（社会契約説と直接民主制）、⑨ウルストン・クラーフト（平等権の思想に基づく女性の参政権が保障された政治）
グループ間で議論して議題（中心発問）の答を考える。	・各歴史的人物の政治形態論に含まれる民主政治の条件、およびこれらを構成要素とする民主政治の概念。

第二段階　基本概念の利用による歴史的事実の解釈を通した歴史理解の発展	5．討論の経験をもとに、9人の歴史的人物の政治形態論を、独裁政治と民主政治を両極（端点）とする床の帯線上に立って序列化させ、民主政治の概念を明確にする。 ○序列（民主的条件）の妥当性をグループ間で吟味させる	パネル討論の経験 帯線上への位置づけの経験	グループ内活動 グループ間交流
	6．民主政治の概念をもとにして、民主政治の発展に対する各政治形態論の意味（意義）をつかませる。 ○人々が統治を委任できると思ったのはどの歴史的人物の政治形態論か。それはなぜか。 ○時代は歴史的人物の考え方にどの様に影響したか。 ○民主政治の発展に最も影響したのはどの歴史的人物の政治形態論か	9人の歴史的人物の政治形態論の要約一覧 パネル討論の体験 政治形態論の特徴分析表	クラス討論
活動3　フランス革命の情熱を体験する	**ステージ1　ルイ16世期のフランス（絶対王政）を体験する**		
	1．社会階層の役割カードを利用してルイ16世治世期の絶対王政を体験させる。	〈体験的実習〉	
		ロールカード	グループ活動
	2．体験の解釈や意味づけを課題とするクラス討論をさせて歴史的事実と経験とを結びつけさせる。 ○誰が最大の権力を持っていたか。	ルイ16世期の絶対王政の体験	クラス討論
	3．歴史についての要約を読ませ、歴史理解を再構成させる。	歴史の要約資料	
	ステージ2　三部会の会議（立憲君主制）を体験する		
	1．社会階層の役割カードを利用して三部会期の立憲君主制を体験させる。	〈体験的実習〉	
		ロールカード	グループ活動
	2．体験の解釈や意味づけを課題とするクラス討論をさせて歴史的事実と経験とを結びつけさせる。 ○誰が最大の権力を持っていたか。	三部会期の立憲君主制の体験	クラス討論
	3．歴史についての要約を読ませ、歴史理解を再構成させる。	歴史の要約資料	
	ステージ3　急進的共和制を体験する		
	1．社会階層の役割カードを利用して急進的共和制を体験させる。	〈体験的実習〉	
		ロールカード	グループ活動
	2．体験の解釈や意味づけを課題とするクラス討論	急進的共和制	クラス討論

第7章　出来事の批判的解釈に基づく歴史学習の論理　379

歴史的人物の政治理論を帯線上に位置づける。質問して特徴づけの妥当性を話し合う。	・討論の経験と作成した特徴分析表の記載内容（理想とする政治形態論の要点、統治を委任できる程度）から明らかになる**各政治形態論中の民主政治の条件** ・各政治形態論が含む民主的条件を総合して明らかになる民主政治の一般的概念
政治形態論の内容や特徴をもとに歴史的意味（意義）を解釈して発表する。	・近代民主政治の発展に対する9個の政治形態論の意味（意義） ①9人の歴史的人物の政治形態論、②統治の委任に対して最も支持される政治形態論、③最も支持できない政治形態論、④自分が最も支持する政治形態論、⑤歴史的人物の政治形態論に影響を与えた歴史的社会的背景、⑥近代民主政治の発展に最も影響を与えた政治形態論

ルイ16世期絶対王政のロールプレイングをする。 歴史的知識と経験とを結びつける。	・ルイ16世期フランスは7年戦争と国王の奢侈生活で深刻な財政危機に陥った。 ・聖職者・貴族・農民などの社会階層があったが、貴族と聖職者が農民を搾取し、新たな増税によって農民は疲弊していた。 ・国王ルイ16世は、財政危機を解決するため、聖職者・貴族・平民の3身分から成る三部会を召集せざるを得なかった。
理解を再構成する。	**・ルイ16世期の絶対王政がもっていた民主政治（独裁政治）の条件**

三部会期立憲君主制のロールプレイングをする。 歴史的知識と経験とを結びつける。	・第三身分は国民議会をつくり、テニスコートの誓い、新憲法制定を経て立憲君主政を樹立し、立法権を掌握した。 ・国王は国家元首にとどまり、議会が承認したいかなる法律も拒否できた。 ・極度の失業や物価高騰のためにパリの民衆はバスティーユ牢獄を急襲し、蜂起がフランス全土に広がった。
理解を再構成する。	・三部会期の立憲君主制がもっていた民主政治の条件

急進的共和制のロールプレイングをする。	・国王は憲法を承認したが革命的行政命令は拒否した。1792年の一般選挙で生まれた国民議会は憲法の妨害と権力奪還を企てた国王を反逆罪で処刑した。
歴史的知識と経験とを結	・ロベスピエールが率いた国民議会は急進的共和制を樹立し、恐怖政

		をさせて歴史的事実と経験とを結びつける。○誰が最大の権力を持っていたか。	の体験	
		3．歴史についての要約を読ませ、歴史理解を再構成させる。	歴史の要約資料	
第三段階 制作活動による歴史理解の総合と現在の生活との結びつけ	活動4 物語本を作る	1．フランス革命についての物語本制作の課題を告げ、準備させる。○作成する物語本の特徴や必須内容を知らせる。	〈理解のための作文〉	
			活動1〜活動3の体験（経験）	
		2．友達とペアでブレインストーミングをさせ、物語本のアイデアを出させる。		ペア活動
		3．物語本の最終原稿を書かせる。	フランス革命の用語集 出来事についての映像資料	
		4．ペアになってフランス革命についての物語本を作らせる。		
		5．人々が統治を委任できる程度を帯線上に位置づけさせ、その妥当性をグループで話し合わせる。統治を委任できるための条件（民主政治実現の条件）とフランス革命への自分の評価を書かせる。	評価の帯線	グループ活動

場合は優れているが、そうでなければ、危険である。③は完全平等な民主政治をめざすが、個人の能力の多様性への配慮を欠けばかえって有害になる」と考え、適切な教育を受けた中間階層による統治が理想であるが、現実にはアリストテレスは国王統治を認めた立憲君主制を支持した事実を理解する。しかしこの段階では、各グループはひとつの政治形態論の理解に留まっており、民主政治の概念を発展させるには、9個の政治形態論を比較して概念を一般化する必要がある。

　そのため第二段階では、パネル討論（賢人会議）を通して民主政治の概念を理解することになる。パネル討論では「理想的政治形態とは何か」を追究し、各グループは分担した人物の視点から当該政治形態の優位性を主張する。最初に9個の政治形態論が学級全体に提示され、その内容と思想形成の歴史的・社会的文脈を理解する。グループはこれらの論を相互に比較・検討

びつける。	治を行った。 ・総裁と二院議会からなる総裁政府の後、ナポレオンが皇帝政治を行った。
理解を再構成する。	・急進的共和制がもっていた民主政治の条件
民主政治発展史におけるフランス革命の意味を考える。	・革命期の6つの出来事は民主政治の実現へ向けて条件を満たしていくステップとして重要な働きをしている。 [（ ）内は出来事の説明のキーワード] ①三部会の会議（財政危機、序列による選挙、第三身分）、②テニスコートの誓い（誓約；国民会議；1791の憲法）、③バスティーユ牢獄の急襲（7月14日、囚人、黒色火薬、革命）、④ベルサイユ宮への行進（女性、パン、王宮、約束）、⑤恐怖時代（ロベスピエール、ギロチン、反逆罪、共和政体）、⑥ナポレオンの登場（皇帝、軍事的成功、革命の修正）
革命期の出来事の意味（意義）を考える。	
民主政治発展に対する革命の意味（意義）を記述する。	
物語本を実際に制作する。	・6つの出来事は民主政治発展史において重要な歴史的意味をもっている。 ・フランス革命は民主政治の発展に貢献した点で歴史的意味（意義）がある。
民主政治を実現できる理想的政治形態を考える。	・これまでの学習内容をもとにして学習者自身が考えまとめた民主政治を可能にする条件とフランス革命の歴史的意味づけ

（Teachers' Curriculum Institute, 1994b の「セクション1民主政治の出現」より筆者作成）

して民主政治の条件を抽出し、一般化していく。しかし各グループの視点は分担した人物に限定されているため、民主政治の概念を複数の条件で客観的に捉える必要がある。そこで次に、独裁政治と民主政治を両極とする帯線上に政治形態論を序列化する活動をする。ここでは既習の政治概念（民主制と独裁制）を利用して政治形態論を比較・検討して、個人の自由と権利の保障、権力分立、直接民主制、女性の政治参加などの新たな民主的条件を抽出するとともに、これまでに抽出した条件の民主的レベルを序列化して、構造化・一般化した民主政治の概念へと精緻化する。

　第三段階では、学習者はクラス討論を通して、前段階で一般化した民主政治の概念をさらに発展させる。ここでは資料「歴史的人物の政治形態論の要約一覧」、「政治形態論の特徴分析表」、それにパネル討論の体験を手がかりとして、9個の政治形態論を、統治の委任可能性と近代民主政治の発展への

貢献の2つの観点から検討し、民主政治の発展に対する各政治形態論の意味（意義）を理解する。第二段階では民主政治の概念を精緻化したが、第三段階ではこれを指標として政治形態論を特に統治の委任可能性の観点から分析、評価する活動を通して近代民主政治の発展に対する各政治形態論の意味づけを行っている。

このように、活動2では学習者は3段階の意味構成過程を経て民主政治の概念を発展させているのである。「資料」と「経験」に基づく歴史の意味構成過程をまとめると次の3段階が抽出できる。

① 資料の解釈や意味づけに基づく歴史的事実（歴史的知識）の理解
② 体験を通した歴史的知識の解釈、意味づけに基づく歴史概念の理解
③ 歴史概念と歴史的事実との結びつけの再構成による歴史の意味理解

これらの段階は、個々の学習者に歴史の意味構成を可能にさせていく段階であり、このような段階を教授－学習過程に適用することで、本節2.の(2)で推測した(1)～(3)の3段階から成る歴史理解の発展が可能となる。また、このような歴史理解の構造は活動1や活動3、4においても確認でき、小単元全体の学習方法原理となっている。

以上が、学習方法原理1（資料と体験に基づく歴史の意味構成）である。

学習方法原理2　協働による歴史解釈の吟味と知識の発展

第二の原理「協働による歴史解釈の吟味と知識の発展」は「学習者の歴史理解の構造」に関するもので、この原理は事例小単元における学習者間の交流に基づく歴史的知識の発展過程の分析により明らかになる。小単元を「学習者間の交流に基づく知識の発展」の観点で整理すると、表7-4の「個人間交流」欄のように整理できる。

この小単元では、グループ活動・クラス検討会・パネル討論・クラス討論・ペア活動などが多用されており、歴史理解は基本的に学習者の交流をもとにした歴史的知識の解釈や意味づけによる知識の間主観化・共有化によっ

て行われている。

　学習者の交流によって促進される歴史理解の構造を、前項と同様に活動2を事例にして分析すると以下のようになる（表7-4の活動2を参照）。

　活動2では、民主政治の概念と民主政治の発展に果たした歴史的人物の政治形態論の意味（意義）の理解が、グループ活動・パネル討論・クラス討論などの学習者の交流によって深められている。

　活動2を「個人間交流による歴史的知識の発展」の観点で見ると、学習者は民主政治の概念と民主政治の発展過程に影響を与えた政治形態論の意味の理解を以下の3段階で発展させている。

　第1段階では、グループ内での個人間交流によってひとりの歴史的人物の政治形態論を理解する。始めに学級全体で民主政治発展史の主要な出来事を確認し、続いてグループ毎にアリストテレス以下9人の人物を分担し、活動1で理解した民主政治の定義を指標にして、当該政治形態論の特徴とその成立の背景にある歴史的社会的文脈を理解する。

　政治形態論の理解は、パネル討論の準備過程で深まっていく。グループ内では全員が分担して歴史的人物（俳優）の他、歴史家・関係調整官・調査レポーターを演じる。俳優はパネル討論に直接関わり、当該人物の政治形態論を熟知しておく。関係調整官は討論で俳優を弁護する役で、俳優同様に政治形態論を熟知しておく。調査レポーターは、担当する政治形態論の民主的特性や他の8個の政治形態論の弱点（非民主的特性）を明らかにし、予想される質問や他の8人のパネリストに対する質問を準備する。また歴史家主導の事前検討会では、グループのメンバー全員で、担当する人物の歴史的社会的背景や政治形態論の民主的特性を検討し合い、理解を深めておく。歴史家は、メンバーから出された疑問に対して教科書、百科事典、その他の情報源を調べて追加的情報を提供し、全員が政治形態論の民主的特性を確実に理解する。このように、政治形態論についての個人の理解をグループ内の学習者間の交流によって協働で吟味し、間主観化してグループ内で了解、共有化で

きる理解（知識）へと発展させている。

　次の第2段階では、学習者はグループ間のパネル討論によって交流することで、民主政治の概念を精緻化させる。パネル討論では2つの問い（「理想的政治形態とは何か」「統治を委任できるか」）を追究する。討論では事前に配布された歴史的人物の特徴分析表をもとに、学習者全員が①人物が唱えた理想的政治形態、②当該人物がそれを理想とする理由、③当該政治形態への統治の委任可能性の3つの観点で9個の論の特徴を分析する。

　はじめに関係調整官がパネリストを紹介し、9人の人物が順に、自分の提唱する政治形態の理想性と統治の委任可能性について提案する。これに対して、各グループの調査レポーターが順に別グループのパネリストに質問し、政治形態の特徴をより明確にしたり、論の弱点（非民主的特性）を明らかにする。質問にはパネリストや関係調整官が答え、歴史家は答えの助けとなる資料を提示して論の理解を促進する。パネル討論の後半は公開討論に拡大し、グループが担当する人物の立場で全員が直接質問し意見を述べる。

　人びとが統治を委任できる理想的政治形態とは、民主政治を実現する形態であり、民主政治の条件の抽出と確定が議論の焦点となる。民主的条件として学習者が理解するのは、アリステレスの立憲政治、モンテスキューの三権分立論、ルソーの社会契約説や直接民主制、ウルストン・クラーフトの女性の政治参加の保障などである。一方、独裁的条件として理解するのは、エリザベス1世の王権神授説に基づく君主制、ホッブスの絶対君主制、ルイ14世の王権神授説に基づく絶対王政である。また留保的な条件として理解するのは、民主政治と独裁政治の中間的性格をもつホッブスの自然法や社会契約説、ロックの社会契約説、権力分立論に基づく君主制、モンテスキューの立憲君主制、プラトンの選ばれた哲学者の国王による統治である。

　以上のように第2段階のパネル討論では、学習者は、第一段階では各グループ内で分担して限定的に理解していた政治形態論（の知識）を、グループ間の交流によって民主的条件と統治の委任可能性の2つの観点で批判・吟

味する。そしてグループ間で間主観化して民主政治の条件をさらに一般化し、民主政治の概念を発展させている。

　グループ間交流による理解の発展は、次の段階である帯線上への政治形態論の序列化活動でも行われる。この活動では、各グループはパネル討論で分担した歴史的人物の立場を離れ、活動1で定義した独裁政治の概念や第一段階で一般化した民主政治の概念を指標にして各政治形態論の民主的レベルを評価し、序列化する。続いて、各グループは序列化の根拠となる民主的条件の重要度を説明し、その妥当性を他のグループが質問で吟味することによりグループ間で承認できる序列にまでまとめる。ここでは、学習者はまずグループ内で各政治形態論が含む民主的条件の重要度を評価して序列化し、さらにこれをグループで吟味し合い、間主観化してグループ間で共有できる構造化された民主政治の概念へと精緻化する。

　さらに第3段階では、学習者はクラス討論によって近代民主政治の発展に対する各政治形態論の意味（意義）を理解する。討論の課題は、9個の政治形態論を統治の委任可能性と民主政治の発展への貢献の2つの観点で評価することである。民主政治の発展への貢献度を評価する際は、学習者は第二段階で精緻化した民主政治の概念を指標にして分析し、歴史的知識を再構成することにより最終的に活動2全体の目標である、近代民主政治発展史における政治形態論の歴史的意味を理解する。すなわちモンテスキュー（三権分立論）、ルソー（社会契約論や直接民主制）などの各政治形態論における民主的条件の包含度や民主政治の発展への影響度を判定し、民主政治の概念とこれを含む政治形態論の歴史的意味をクラス全員で検討し、学級全体で間主観化、共有化できる理解（知識）へと発展させているのである。

　以上の3段階をまとめると、活動2では、学習者は歴史的人物の政治形態論の知識を①グループ内交流、②グループ間交流、③クラス全体での交流の順で吟味し、間主観化・共有化のレベルを高めて民主政治の概念を発展させ、近代民主政治の発展に対する政治形態論の意味を理解している。このよ

うな、協働による歴史解釈の吟味と知識の発展過程は、学習者に知識を社会的に構築させる過程であり、本節2.の(2)で示した3段階の歴史理解に対応するものである。また、このような過程を基礎におく第二の学習方法原理は、社会構築主義歴史学習の不可欠の要素である。

以上のような個人間交流による歴史的知識の発展方法は、活動1や活動3、4でも確認することができ、小単元全体の学習方法原理となっている[2]。

学習方法原理3　既有の認知構造の利用と再構成による歴史理解の発展

これまで考察してきたように、小単元「民主政治の出現」の目標は、民主政治の概念と近代民主政治の発展史におけるフランス革命の意味の理解であり、この理解を第一と第二の学習方法原理に基づいて発展させようとしていた。

第三の学習方法原理は、既有の認知構造の利用と再構成による歴史理解の発展であり、第一の原理と第二の原理を「授業の構造」によって保証するものである。この原理は事例小単元の認識過程の分析から明らかになる。

小単元「民主政治の出現」における学習者の認識過程は、図7-1のような4つの活動から成る認識のスパイラルな発展[3]として整理できる。この小単元では、既有の認知構造の利用とその再構成を認識過程の基本構造としており、この基本構造を1～4の活動の中に段階的に組み込むことで理解を発展させる。さらに上記の認識過程の基本構造を3つの層、①〔1～4の各活動を単位とするレベル〕、②〔活動1と2および活動3と4の2つの活動を単位とするレベル〕、③〔小単元全体のレベル〕の各層に設定して理解を発展させる。各層の認識過程の構造を順に見ると以下のようになる。

まず第一層の①〔1～4の各活動を単位とするレベル〕の認識過程をみると（図7-1参照）、活動1は2段階の認識過程で構成されており、学習者は始めに既有知識を利用して無人島での規則集づくりを体験し、民主的統治の基本枠組みを理解する（$_{S1}$1）。次に、この体験で得た統治の基本枠組みを利用

して「民主政治」と「独裁政治」の概念（定義）を理解し、後の学習で歴史的知識の分析指標となる概念を獲得する（$s_1 2$）。

次の活動2では、第1段階として始めに各グループで分担して歴史的人物の政治形態論を理解し、続いてグループ間のパネル討論で政治形態論を比較して、これらに含まれる民主政治の条件（立憲制、権力分立、直接民主制、女性の政治参加など）を抽出する。さらに9個の政治形態論を、活動1で習得した2つの概念（民主政治と独裁政治）を指標にして序列化し、個人の自由と権利を保障する契約に基づく君主政治や、権力分立論に基づく限定された君主政治、立憲君主制などの留保的条件を含む精緻化された民主政治の概念にまとめて理解している（$s_2 1$）。

続く第2段階のクラス討論では、これまでに精緻化してきた民主政治の概

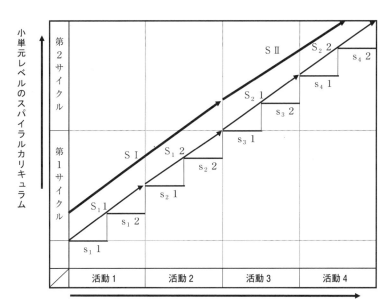

（筆者作成）

図7-1　小単元・活動レベルのスパイラルカリキュラム

念を利用して民主政治の実現過程における各政治形態論の意味（意義）を評価して民主政治の概念自体を理解し、民主政治発展史における政治形態論の歴史的意味を理解している（$s_2 2$）。

また活動3では、第1段階として始めにロールプレイングによってフランス革命期の3つの政治形態（絶対王政、立憲君主制、急進的共和制）を体験することで民主政治の実現過程の具体的事実を理解する。例えばルイ16世期絶対王政の学習では、学習者は当時の社会構造や社会階層（ルイ16世、マリー・アントワネット、財務長官、聖職者、貴族、農民の特徴や関係）を説明した役割カードを手がかりにして絶対王政を体験的に理解する（$s_3 1$）。次のクラス討論では、第1段階での体験をもとにして「誰が最大の権力をもっていたか」、「このような社会構成の利点と欠点は何か」などの問いを検討することで、既有の歴史的知識（政治形態論）と体験とを結びつけ、ルイ16世期の絶対王政についてクラスで共有できる理解を獲得する。さらにこの時期の歴史の要約資料を読んで、ルイ16世期絶対王政についてのより客観的・一般的知識を獲得している（$s_3 2$）。このような2段階の認識過程は三部会期立憲君主制や急進共和制の学習においても繰り返され、活動3の認識過程の基本構造となっている。

最後の活動4でも、まずフランス革命の物語本を書くことで革命における政治形態の変化に対する革命期の出来事の意味を理解し（$s_4 1$）、さらにグループで、理解した出来事を統治の委任可能性の大きい順に帯線上に序列化し、序列の妥当性を吟味することで、近代民主政治発展史におけるフランス革命の歴史的意味を理解する（$s_4 2$）という2段階の認識過程をとっている。

以上が第一層①〔1〜4の各活動を単位とするレベル〕の認識過程の構造である。

次に第二層の②〔2つの活動を単位とするレベル〕を見ると、〔活動1と活動2〕は2段階の認識過程を構成しており、活動1では民主政治（独裁政治）の概念を理解し（$s_1 1$）、さらに活動2ではこれらの概念を利用して9個

の政治形態論の特徴を分析して民主政治の概念自体を発展させ、民主政治発展史における各政治形態の歴史的意味を理解している（$_{s_1}2$）。また〔活動3と活動4〕も2段階の認識過程を構成しており、活動3では革命期の絶対王政、立憲君主制、急進的共和制の3つの政治形態における民主的条件の変化を理解し（$_{s_2}1$）、活動4ではこの条件をフランス革命の民主的特性の分析に利用して近代民主政治の発展に対するフランス革命の意義を理解している（$_{s_2}2$）。

さらに第三層の③〔小単元全体のレベル〕を見ると、〔活動1、活動2〕と〔活動3、活動4〕で2段階の認識過程を構成している。すなわち、〔活動1、活動2〕では民主政治の概念と政治形態論を理解し（SⅠ）、これらの知識を〔活動3、活動4〕ではフランス革命における民主政治実現過程の分析に利用し、フランス革命期の出来事の分析を通して民主政治の概念自体を発展させると同時に、近代民主政治の発展に対するフランス革命の歴史的意味を理解して（SⅡ）、全体として小単元の目標を達成する構成になっている。ここでは学習者は既有の概念を利用して民主政治の概念を作り（SⅠ）、これを事実で確かめ、精緻化して学習者同士で間主観化・共有化された概念へと発展させている（SⅡ）。フランス革命は事実による概念の一般化のための事例として機能している。

以上の分析から、小単元「民主政治の出現」では、既有の概念の活用と再構成によって歴史概念を発展させる認識過程の基本構造（授業の構造）が設定されていることがわかる。この基本構造は学習者の歴史理解の構造にもなっており、本節2.の(2)で仮説的に示した(1)～(3)の3段階の歴史理解の過程が、図7-1のように、①活動内レベル、②活動レベル、③小単元（単元）レベルの3層で構成されている。またこれらの3段階の認識過程は、3層の各レベルで第一の学習方法原理（3段階の歴史の意味構成）と第二の学習方法原理（3段階の協働による知識の発展）と対応しており、この2つの原理を基礎にしていると考えられる。

上記のような認識過程の基本構造は他の小単元（単元）でも確認でき、「生きている歴史！」の中心的授業構成原理になっていると考えられる。

以上、学習方法原理について述べてきた。第一の原理は資料と体験に基づく歴史の意味構成、第二の原理は協働による歴史解釈の吟味と知識の発展、第三の原理は既有の認知構造の利用と再構成による歴史理解の発展、であった。

3．特質と問題点

本節で明らかにしようとしたことは、学習者が、歴史的事実の解釈や意味づけによって理解し、得られた歴史的知識を他の学習者との交流によって発展（知識の間主観化・共有化）させ、歴史の意味構成を行っていく歴史学習の授業構成原理である。そして構築主義に基づく歴史教育カリキュラム「生きている歴史！」の小単元を分析した結果、2．の(3)でみたような3つの内容構成原理と3つの学習方法原理が抽出できた。これらの原理は分析事例とした小単元以外の単元においても確認でき、「生きている歴史！」の基盤にある授業構成原理と考えられる。内容構成原理については構築主義の一般原理が、学習方法原理については社会構築主義の原理が適用されたものと考えられる。

歴史理解の観点からは、3つの内容構成原理は歴史理解の基盤となる「歴史理解の構造」に関するものである。これらの原理の基礎には、歴史理解は認識主体自身の既有の見方や視点（認知構造）をもとにした歴史の意味構成や、知識の間主観化・共有化によって深められるという考え方がある。

また学習方法原理のうちの第二と第三の原理は、第一の原理を基礎にして成立する「授業における学習者の認識過程の構成」に関するものである。つまり学習者が資料や経験に基づいて知識を構築することを学習の基盤原理とし、個人レベルにとどまらず、グループやクラスといった社会的レベルで吟味・検討させることで、学習者個人の知識や理解を発展させるという歴史理

解の構造を「授業の構造」として組織化するのが第二と第三の原理なのである。

これまでの社会科学の概念学習では、基本的に歴史的知識は客観的真理として認識主体である学習者の外に独立して存在しており、そのような知識を学習者が批判的に獲得することで歴史理解を発展できると考えてきた。これに対して、社会構築主義を授業構成原理とする歴史学習では、学習者自身が既有の見方や視点（認知構造）をもとにして歴史的事実についての意味構成を行い、学習者同士の交流によって知識の間主観化を行って既有の認知構造（意味ネットワーク）自体を再構成することで歴史理解を発展できると考える。この点で、社会科学の概念を中心とする知識体系や研究方法を学習内容として授業を組織する発見学習、これらの批判的習得をめざす概念（探求）学習とは歴史理解の捉え方が根本的に異なっている。

本節で明らかにした社会構築主義の3つの授業構成原理は、既有の認知構造の利用とこれ自体の発展を保証する歴史理解の構造を学習過程に変換しており、学習者自身によるより実質的な歴史理解の発展を可能にする。また学習者同士の社会的交流をもとにした意味構成活動によって歴史的知識を発展させる点で、学習者の主体的な歴史学習をより保証できる。このような授業構成原理の利用によって、現在の歴史学習の改善が期待できる。

以上が本節の単元「民主政治の出現」の特質である。一方、次のような問題点もある。

第一は、内容的な側面から見た問題点である。本単元では民主的国家実現のさまざまな考え方が示されているが、それらが十分に整理されているとは言えない。理想的な民主国家とはどのようなものかを、学習者に分かりやすく示す必要がある。

第二は学習方法の側面からの問題点である。本単元ではさまざまなタイプのグループ学習（応答的グループ活動、ペアでの議論など）が行われている。グループ学習の形式としては分かりやすいが、学習者の理解を実質的にどう深

めていくか、という方法については明確ではない。つまり、内容理解に結びつく方法としてグループ学習がどのように機能しているか、という点が不明瞭である。

第2節 社会的理解の方法を媒介にした出来事の批判的解釈学習：
G. シューマンの開発単元「レキシントン・グリーン再訪」の場合

1．歴史学習の目標

本節では、米国の歴史学習単元を分析することにより、社会構築主義に基づく出来事学習の原理と特質を明らかにする。

歴史学習においては、過去の出来事の学習が中心的な位置を占めている。そして現在の歴史学習では、出来事の学習が単に事実の理解にとどまっていたり、出来事理解の単なる集積によって歴史理解の発展が可能になると考えられているため、出来事学習の位置づけや意義を明確にする必要がある。歴史理解には(1)人物の行為の理解（人物学習）、(2)出来事の理解（出来事学習）、(3)時代の特色の理解（時代学習）の3つのレベル[4]があると考えられるが、出来事学習は他の2つのレベルの歴史理解（学習）とどの様に関係し、また歴史理解を発展させる上でどの様に位置づければよいのかも明確にする必要がある。

一方、出来事学習での歴史理解の指導についてみると、多くの場合、教師は出来事についての自分の解釈や歴史教科書にある著者の歴史解釈（出来事解釈）をそのまま学習者に伝達し、学習者はこれを無批判に受容する指導になっている。

上記のような問題を克服し、学習者に主体的に歴史理解を行わせようとした研究には、佐々木（1996）、児玉（1999）、溝口（2003）などの研究がある。これらは歴史的思考力（佐々木）、批判的解釈や解釈批判の能力（児玉）、価

値判断力（溝口）などの育成を中心目的としており、人物や出来事に焦点を当てた歴史学習の原理を明らかにしているが、人物学習・出来事学習・時代像学習の３つのレベルでの歴史理解の関係の考察はない。さらにこれらの研究における学習者の歴史理解の捉え方にも以下のような大きな問題がある。

歴史理解は本来、認知主体（学習者）自身が既有の知識や経験をもとに現在の視点から過去の出来事を自分なりに解釈して意味づけ、歴史像を再構成することによって行われるものである。しかし従来の研究では、知識の獲得が受容的であれ批判的であれ歴史の知識を外在的なものと捉え、学習者の既有の知識や経験と学習とを切り離して、社会科学（歴史学）の知識や方法を獲得するための歴史学習の原理を解明してきた。それ故、学習者自身による出来事の意味づけや歴史像の構成を通した、自律的な歴史理解の発展を可能にする別の原理が必要である。

これに対して本稿では、歴史の知識は学習者に内在的なものとして作られ、歴史理解は現在の視点から学習者が出来事を構築することで行われると考える[5]。その方法が「社会的理解の方法」である。

社会的理解の方法とは、テキスト（文書）を通して現在の視点から歴史を読み解き、出来事の社会的意味（意義）を構成するとともに、読み取った意味の妥当性を論証や主張として構築することである。そして出来事学習の場合には、過去の出来事を現在の問題関心から解釈することによって出来事が理解されていく。このような歴史理解の方法を基礎とするのが社会的理解の方法を媒介とした出来事の解釈学習であり、本節ではこの学習原理の解明を目的とする。これには歴史構築主義の考え方が大きな手掛かりとなる。

歴史構築主義に基づく歴史学習は、一人ひとりの学習者（認知主体）が既有の知識や経験をもとに過去の出来事を意味づけ、歴史像を自分なりに再構成することで歴史理解を自律的に発展させることができるとする考え方であり、アメリカで先進的に展開してきた。構築主義には認知構築主義と社会構築主義の２つのタイプがある[6]。認知構築主義は、知識は客観的なものでは

なく、認知主体によって選択的・多面的に構成されることや意味構成に基づいて構成されることを強調する考え方である。また社会構築主義は認知構築主義の考え方に加えて、知識は社会的に構築されるとして、知識形成における言語や文化的なコンテクストの役割、人びとの間の対話的・協働的なインタラクションによる探求活動を重視する考え方である。

本節では先述した課題に応えるために、G. シューマンによって開発された中等段階の米国史の単元「レキシントン・グリーン再訪」を分析することによって出来事学習の学習原理を析出し、その意義を明らかにする[7]。この単元は、社会構築主義に基づく出来事学習であり、現在の歴史学習の課題となっている人物と出来事の関係や、出来事と時代の特色との関係の理解のさせ方の学習原理を、社会的理解の方法を媒介とした出来事の解釈学習の原理として示していると考えられる。

2．授業構成原理

(1) カリキュラムの全体計画とその論理

シューマンが開発した単元「レキシントン・グリーン再訪」は、米国史の教育課程の中で投げ入れ的に利用できる授業として作られたものであり、カリキュラムとしての全体計画やその論理の説明は示されていない。そのため、この項目の説明は省略する。

(2) 単元構成とその論理　単元「レキシントン・グリーン再訪」

1) 単元の目標

単元「レキシントン・グリーン再訪」はアメリカ独立革命の発展学習の単元である。単元の基本目標は、アメリカ史の研究を通して学習者の歴史を作る能力を発展させることである。そのために単元を通して学習者が以下の4つの目標を達成することがめざされている[8]。

1) 独立革命の契機となったレキシントンでの戦闘はアメリカ独立革命に

おいて英国からの独立の正当性を主張する出来事として利用されたことを理解する。

2) 現在においても一般に対立場面においてその正当性を主張するために、より一般的・普遍的原理と結びつけて主張を行うことができるようになる。

3) 歴史の出来事はこれについて書かれた文書（テキスト）の読み取りを通して読者が出来事を社会的に構築することで理解可能なことを理解する。

4) 思考や技能にかかわるものとして、関係する文書（史資料）から実際に出来事を構築する能力を発展させる。

3)と4)については、より具体的な目標は以下の4つである。①出来事についての目撃者の説明、同時代人の説明、史資料から復元された歴史の説明を区別できる、②史資料の歪や信頼性を判断する規準を明らかにできる、③一次史料を分析・評価できる、④矛盾した証拠を解釈し、多様な見方を総合して結論を導き出せるようになること、である（Yell & Scheurman, 2004: p.73）。

2) 単元の概要

単元の概要は以下のようになる（表7-5参照）。単元では中心発問として「レキシントン・グリーンではどの様な出来事が起こったのか」という問いが設定されている。またこれに答えられるように2つの下位発問が設定されている。ひとつは「文書を手掛かりにすると出来事はどの様に解釈できるのか」という問い、もうひとつは「一般に対立はなぜ生じるのか」という問いである。この2つの問いは単元の学習過程でかたちを変えながら繰り返し登場する。前者はテキストを媒介とした出来事の社会的構築の方法を理解させるもの、後者は現在の社会の理解にも通じる「対立」の一般概念を形成させるとともに、レキシントンの戦闘を現在の視点で意味づけさせるものである。これらの下位発問に答えていくことで、先述した1)～4)の単元目標が達成され

表7-5 単元「レキシントン

段階	認識過程	歴史理解の内容 レベル2	歴史理解の内容 レベル1
パート1	○出来事は、それを伝えている文書を手掛かりとして出来事を構築することで理解できる。 ○対立状況下での正当性の主張では言葉の使い方や論拠により普遍的・一般的な原理が求められることを知る。	○誰がどの様に戦闘を挑発したかは戦闘の関係者が残した文書の内容や言葉の使い方から明らかになる。 ○賛同者を得るときには、言葉や意味を変えることで異なった事実が作られる。 ○発言や文書の内容の真偽は公的レベルと私的レベルでは異なり、より一般的原理に基づく方が判断の信頼性はより高くなる。	・レキシントンの戦闘は米国史上の鍵となる出来事である。 ・誰が発砲したかは現在も解釈が分かれている。 ・文書は出来事を知る重要な手掛かりであり、説明に使われている用語の意味を検討することで出来事をより深く理解できる。 ・独立戦争では英国からの独立の正当性が求められていた。 ・対立的な出来事における正当性の主張では基準が必要であり、レキシントンの戦闘は独立戦争の正当性を問う上で重要な出来事であった。
パート2	○出来事は文書に表された原文通りの意味を読み取ることによって構築されることを理解する。	○レキシントン事件の事実は目撃者や報告者の書いた文書の中の語、句、文、節、テキスト全体から文面の意味を知ることで理解される。 ○出来事の事実は、文書の原文から読み取れる現地の地勢、軍隊や建物の配置、英国将校の馬の行動や将校の動作などの視覚的情報を知ることで理解される。	A．レキシントンの戦闘は植民地民兵と英国軍が軍事衝突した最初の出来事であり、英国軍が一方的に勝利した。 B．出来事は異なる文書の内容の共通点と対立点の検討によって明らかになる。 ・英国軍と植民地軍との最初の戦闘であり、英国軍が勝利した点では説明は共通している。 ・英国軍と植民地民兵の発砲の真相や戦闘に至る経緯、その場の状況についての説明は文書によって異なっている。
	○出来事は、原文の背後にある著者の社会的な	○出来事は、文書に登場する歴史的人物の動機、意図、願望、信念、恐れ、世界観を明らかにすることで理解される。 ○出来事は文書が作られた理	A．英国軍と植民地民兵のどちらが先に発砲したかは、登場人物の行為の動機や意図、願望などを推理することで明らかとなる。 B．レキシントンの戦闘は文書の

・グリーン再訪」の構成

主要な問いと指示（◎中心発問、○発問、・補助発問、◆指示）	社会的理解の方法	
◎米国史で有名なレキシントン・グリーンではどの様な出来事が起こったのか。 ○現代ミュージカル「1776年」はどの様な出来事を表現したものか。 ◎一般に対立（conflict）はなぜ生じるのか。 ○戦闘の挑発者が誰であったかを知る上で鍵になるものは何か。 ○戦闘を伝える場合、多くの賛同者を得るには、「侵略者」と「応戦者」のどちらの表現がより説得力があるか。 ○「国家間の紛争」と「人々の間の対立」とのちがいは何か。	出来事理解の基本モデルの形成	論題の確認
○文書の語、句、文節、テキスト全体からこの戦闘について何がわかるか。 ◆8つの文書を8グループで分担し、文書の記述をもとに、この出来事の目撃者、報告者、引用（説明）者の立場でこの出来事を解釈しよう。 ○グループで分担している文書にある登場人物の行動や地理的・知覚的情報からの戦闘についてどの様な事実が読み取れるか。 ◆読み取った内容をグループ間で発表し、8つの文書の説明を互いに比較しよう。 ○8つの文書の共通点と相違点は何か。	文書の原文の意味理解による出来事の構築	単一の視点からの出来事の構築
◎文書からは登場人物のどの様な動機、意図、願望、信念、恐れが読み取れるか。 ・少佐はなぜ民兵の前を馬で駆け抜けたのか。 ・英国軍はなぜ一斉に発砲したのか。 ◎文書の著者はどの様な意図、目的のもとで出来事を説明しているのか。	文書の解	複数の視

398　第2部　社会構築主義に基づく歴史学習

パート3	目的や意図、主張（議論）の構造を読者が読み取ることによって構築されることを理解する。	由や方法を理解したり、著者（説明者）の地位、真実を語り得る能力を知ることによって理解される。 ○出来事は著者の目的や意図をもとにした主張として構築される。	著者（引用者）の地位や立場、能力に規定された一定の視点から説明されている。 ・英国軍中尉バーカーの場合、英国軍の正当性を主張するために正当防衛として応戦したと説明し、植民地民兵の場合、英国軍の不当性を主張するために、無抵抗な民兵に一方的に攻撃してきたと説明している。
パート4	○出来事は、その文書ができた方法や伝え方の社会的文脈を読み取ることによって構築されることを理解する。	○レキシントン事件は、それを伝える著者の意図を越えて、著者自身を規定しているアメリカ独立革命という社会的文脈をもとにして文書の内容を意味づけることによって理解される。	・文書には著者の意図を越え、著者を社会的に規定している性格、偏見、信念、世界観、社会的思潮（心性）などが反映しており、出来事はこれらを通して説明されている。 ・文書の著者は、英国からの独立を求める当時の社会的状況の影響を受けて、植民地アメリカと英国のどちらかの立場を正当化するように出来事を説明（主張）している。
パート5	○出来事はこれを伝える文書の社会的意味を読み取り、主張として組織することで構築できることを理解する。 ○現在の人々や歴史家も社会的意味構築によって出来事を理解し、作り出していることを理解する。	○出来事は、それを伝える文書の著者の特性によってさまざまに構築され、伝えられている。 ○現在に生きるわれわれも、文書の中にある議論の構造を読み取って出来事を理解したり、対立場面においては、より普遍的・一般的な原理を論拠とした議論を組み込んで正当性を主張したりすることで、出来事を作り出していく必要がある。	・レキシントンの戦闘は独立革命という社会的文脈のもとで、正当性の主張（否定）の論拠として人々によってさまざまに理解され、利用されている。 ・現在の人々も対立場面で、正当性の主張のためにより信頼性のある普遍的・一般性的原理に基づいた論証や議論を行っている。 ・文書の信頼性の判断基準は、①比較による確証、②典拠の確認、③文脈の説明である。 ・この授業で行った、文書を手掛かりとしたレキシントンの戦闘の解釈は歴史家と同じ方法で行われている。

註1）この表はG. シューマンの文献 (Scheurman: 1993, 1998)、およびこの授業の理論的基礎となっ
　2）授業では表2に示す8つの文書の他に2つの地図（①ボストン－コンコード間のレキシントン

○8つの文書の信頼性の順位はどうか。 ◆8つの文書の信頼性を順位づけよう。 ○順位づけの基準は何か。 ○著者は何の証明を試みているのか。 ○著者は言葉の使い方（レトリック）によって自分の論証（主張）を読者にどの様に受け入れさせようとしているか。 ○戦闘についての著者の説明（主張）の論拠は何か。	釈による出来事の構築	点からの出来事の構築
◎独立宣言の公布というより大きな出来事の中にレキシントンの戦闘を位置づけると文書から何が分かるか。 ○レトリックによる著者の意図を越え、著者を無意識のうちに（社会的に）規定している著者の性格、偏見、世界観、思潮、社会的心性、傾倒、願望、恐れは何か。 ○文書が存在するようになった社会的背景は何か。 ○文書の内容は独立宣言が作られた当時の社会的状況の中でどの様な言外の意味（社会的効果や影響力）があったのか。	文書の評価による出来事の構築	複数の視点の批判による出来事の構築
◎文書の信頼性の検討から学んだことにもとづくと、レキシントン・グリーンでの戦闘はどの様な意味をもっていると言えるか。 ◆自分の考えを作文に書きなさい。 ◎学んだことをもとにすると、最近学校で起こった喧嘩やニュースで伝えられている紛争などの出来事について適切に報告するにはどの様な基準が必要か。 ○報告書の作成にはどの様な手順のリストが必要か。 ○目撃者の信頼性や偏りを判断する際に役立つ基準は何か。 ○歴史情報の正確さを立証することがなぜ必要なのか。 ○この授業での活動は、実際の歴史家の活動とどの様な点で似ているのか。	出来事の意味づけに基づく現在の理解	現在の視点による出来事の社会的構築

ている S. ワインバーグの理論（Wineburg: 1991, 1994）に基づいて筆者が作成した。
事件関連広域戦闘略地図、②レキシントン・グリーン付近の戦闘略地図）が用いられている。

表7-6 授業で使用された文書

文書	著者	内容の特徴
文書1	植民地臨時大統領ウォレン	レキシントンとコンコードでの戦闘後に、英国滞在の植民地代議員フランクリンに送られた事件についての宣誓証言に添えられた手紙。1775年4月26日の日付がある。英国におけるフランクリンの役割と同様に、英国における植民地アメリカの権利の実現をめざして直接に英国国王と英国民に訴えている。（複数の歴史家が判定した8文書の中での信頼性の平均順位は第5位）
文書2	植民地民兵（治安判事への宣誓証言）	レキシントンの治安判事の前で行われた、レキシントンの戦闘に直接関わった植民地民兵32人の宣誓証言記録からのもの。1775年4月25日の日付がある。（信頼性の平均順位は第4位）
文書3	小説家ファスト	ハワード・ファストの小説『4月の朝』(1961)からの抜粋。この小説は植民地住民を主人公とした小説である。（信頼性の平均順位は第7位）
文書4	英国海軍中尉バーカー	英国陸軍将校ジョン・バーカー中尉の日記の1775年4月19日の記述。この説明には、レキシントンに続くコンコードでの戦闘以降に英国軍が置かれた状況に配慮した記述の可能性が読み取れる。4月19日は疲れた中でコンコードへ向けて行軍中であり、当日の記載かどうかは疑問が持たれている。（第1位）
文書5	ロンドン新聞記者	1775年6月10日ロンドン新聞のレキシントンの戦闘についての記事。英国の新聞という性格のもとで、中立的ないしは英国民の意識や感情に沿った文脈でこの出来事を説明している。（信頼性の平均順位は第6位）
文書6	エール大学長スタイルズ	エール大学学長エズラ・スタイルズの日記の1775年8月21日の記述。スタイルズは一流の知識人であり英国国教系の聖職関係者でもある。その記述には植民地民兵や住民を見下した表現があり階級的差別意識が読み取れる。（第2位）
文書7	歴史教科書執筆者スタインバーグ	S.スタインバーグ著『アメリカ合衆国－自由な人々の物語』(1963)の中のレキシントンの戦闘に関する記述の抜粋。レキシントンの戦闘での植民地民兵の行為を独立革命運動の文脈の中で愛国的行為として説明している。（第8位）
文書8	英国軍連隊旗手リスター	英国軍将校の中で最年少であった連隊旗手ジラミー・リスターが、後の1782年に書いた自伝の中にあるこの出来事についての記述の抜粋。（信頼性の平均順位は第3位）

（Scheruman (1998b) の中で示されている文書をもとに筆者が作成した。）

るようになっている。

　単元は表7-5に示す5つのパートで構成されている。縦軸には各パートを時系列にそって順に示し（段階）、横軸には各パートにおける歴史理解の構造を示すために5つの欄を設定した。横軸の右端には単元の各パートで出来事理解のために用いられる「社会的理解の方法」の欄を設けた。この欄はさらに、出来事理解のための視点の設定の仕方と出来事の構築方法の2つに分けて示してある。続いて左には各パートにおける教師の「主要な問いと指示」の欄、学習者の歴史理解の内容を事実理解のレベルからより本質的な理解のレベルに至る2段階で示した欄を設けた（「歴史理解の内容レベル1」、「歴史理解の内容レベル2」）。そして最後の「認識過程」の欄では、右の2段階の歴史理解を踏まえて、学習者が文書から過去の出来事をどの様に構築し、また現在の視点からどの様に出来事を解釈し、意味づけていくかを示した。以下、表7-5に示す5つのパートの内容と構成をみていく。

　パート1の冒頭ではこの単元の学習テーマが告げられ、中心発問「レキシントン・グリーンではどの様な出来事が起こったのか」が問われる。続いて、この出来事を題材とした現代ミュージカルの新聞記事が提供される。記事からは、レキシントンの戦闘は英国軍と植民地民兵とのどちらの発砲かが不明な銃声で始まったこと、双方が戦闘の正当性をめぐって相反する主張をしており、現在もこの戦闘の真相は不明なままであることを知る。しかし限られた情報のもとでは曖昧な答えしか得られない。そこで次に、「対立」の概念の定義と追加的な資料（文書と地図）の検討を行うことになる。学習者は「一般に対立はなぜ生じるのか」を、国家間の紛争の場合と一般の人々の間の紛争の場合で検討し、対立は正当性をめぐって生じるものであり、正当性は主張として表れることを理解する。また、戦闘における正当性を主張する場合に、「侵略者」や「応戦者」といった用語のちがいで主張の意味や説得力が異なってくることから、言葉の使い方に焦点を当てて正当性の主張の構造を検討することも重要であることを理解する。

パート2〜4では、学習者は、パート1で理解した対立の概念と言葉の分析方法に従って、表7-6に示す8つの文書を手掛かりとしてレキシントンの戦闘を段階的に構成していく。

まずパート2－Aでは、文書の原文を通して戦闘の様子を理解する。始めに8グループに分かれ、各グループに8つの文書のひとつが割り当てられる。学習者は文書にある語句、文、節、テキスト全体のレベルで原文通りの意味を読み取り、目撃可能な視覚的情報を読み取ることで、戦闘に関わった人物、人物の位置、建物や地形の配置、人物の行動を知り、戦闘の様子を理解する。そして、出来事は目撃者や報告者が残した文書の原文の意味の読解によって理解できることを知る。

次のパート2－Bでは、文書から読み取られた戦闘の様子が学級全体に紹介され、目撃者や報告者たちが伝える戦闘の視覚的情報の中の共通点や対立（相違）点を理解する。共通点となるのは、この戦闘が英国と植民地アメリカの最初の戦闘であり、植民地民兵は英国軍の猛烈な攻撃で最後は散り散りに逃れたことである。また、対立点となるのは、①先に発砲したのはどちらの側か、②植民地民兵に解散を命令したのはどちらの側か、③どちらかの側に挑発行為があったのか、④英国軍の攻撃は無抵抗な民兵への残虐的攻撃かそれとも正当防衛か、⑤攻撃は英国軍の意図的・計画的なものか偶発的なものか、⑥民兵は逃げたのか愛国的抗戦をしたのか、などである。これらの対立点は植民地アメリカと英国双方の正当性の主張の論点となっており、これらを確認することで正当性のより緻密な検討が可能となる。

次のパート3では、8つの文書の情報を総合し、複数の著者（引用者）の視点から論点を検討して出来事を構築していく。パート2では分担した文書のみから戦闘の様子を理解していたのに対して、このパートでは8つの文書すべてを手掛かりにして登場人物の行為の動機、意図、信念を読み取り（3－A）、著者自身の目的や意図を読み取るなど（3－B）、この戦闘を人物の行為と出来事の関係として二次的に理解していく。まずパート3－Aでは、

第 7 章　出来事の批判的解釈に基づく歴史学習の論理　403

学習者は登場人物の考え方や行為をグループで検討し、学級全体に発表する。このパートでは人物の行為を「状況」「判断」「行為」「結果」という 4 つの指標（行為理解の枠組み[9]）でとらえ、人物の行為の動機、意図、信念を読み取ることで、出来事が生じた理由を理解している。例えば、先述の①④⑤の対立点に関して、英国軍中尉バーカーの場合では、（状況）〔レキシントンの手前で敵対する数百人の人々がいると聞き〕→（判断）〔二、三百人が町の中心部で組織されていると思ったが、彼らを攻撃しようとは思わなかった〕→（状況）〔接近して行くと民兵たちは 1、2 発発砲してきた〕→（行為）〔そのため英国軍兵士たちは何の命令も無しに突撃して発砲し〕→（結果）〔民兵たちを敗走させた〕、と分析できる。一方、植民地民兵の場合では、（状況）〔鐘の合図で閲兵場に出た時、たくさんの英国兵が行軍して来るのを発見した〕→そこで（行為）〔民兵は集まった後解散し始めたが〕→（状況）〔英国軍を背にしている間に発砲され、何人かが死傷した〕→（結果）〔民兵の誰ひとり英国軍に向けて発砲していないし、民兵の全員が逃げ切るまで英国軍は発砲し続けていた〕、と分析できる。パート 3 − A ではこのように、人物の行為を枠組みとしてこの出来事を理解しているのである。

次のパート 3 − B では、文書から著者の論拠や主張を読み取り、著者がどの様な意図でこの戦闘を説明しているかを推理して、学習者自身の視点で出来事を構築していく。例えばエール大学長スタイルズの場合、この戦闘を、「英国軍が民兵を取り囲み、指揮官のピトケアン少佐が民兵に解散を命令しようとした時に、民兵の銃が発火し、続いて 2、3 発発砲したので、英国軍は指揮官ピトケアン少佐の命令無しに、統制不可能なほどの一斉射撃で応戦した」と説明している。学習者は、この説明の論拠には「正当防衛としての軍事行動は許される」とする考えがあり、英国軍を正当とする主張の存在を理解する。そしてこのような英国寄りの主張は、彼が高度な知識人で英国国教系の聖職関係者でもあるという「能力」や「地位」、「立場」の故に英国軍を擁護し正当化する意図から生まれている、と推理する。このような理

解は、8つの文書の信頼性を序列化し、その順位や解釈の妥当性を学級で批判・吟味し合う活動を通して行われている。

パート4では、学習者は出来事をより大きな歴史的・社会的文脈で評価し、レキシントンの戦闘に対する自分の歴史の見方と現代的関心を見つけ出し、それらを視点としてこの出来事をさらに緻密に構築していく。そのためにまず「独立宣言公布というより大きな出来事の中にレキシントンの出来事を位置づけると文書から何が分かるか」が問われる。こうして学習者は、引用者を規定している、独立を求める（否定する）社会的思潮や心性といった社会的文脈を読み取っていく。例えば植民地臨時大統領ウォレンの文書からは、レキシントンの戦闘は、独立宣言公布に至る独立の流れの中で英国に抗して基本的人権や革命権を主張する基礎になった出来事であり、植民地全土に向けて独立運動を呼びかける檄文となった重要な出来事であったことを理解するようになる。つまり、この戦闘は当時の植民地アメリカが独立革命を進めていったという大きな社会的文脈のもとで、アメリカの立場を正当化する論拠となる出来事として構築されていることを理解するのである。こうして、出来事はこれを伝える文書が作られた方法や内容の社会的文脈を知ることで構築できることを理解していく。

最後のパート5では、これまでのパート1～4の学習を振り返り、レキシントンの戦闘が独立革命（独立宣言の公布）という社会的文脈のもとで、人々は革命の正当性の主張のためにどの様にして出来事を社会的に構築しているのか、また文書を通した出来事の社会的理解はどの様な原理で行われているのかを理解する。そして、対立場面での正当性の主張の方法（議論の構造）は、過去の出来事に限らず、学校での喧嘩、ニュースが伝える国際紛争など現在の社会の出来事理解にも利用されていること、歴史家もこのような方法をとっていること、出来事の解釈では現在の関心や視点で普遍的・一般的原理を論拠とした正当性の主張が重要なことを理解するまでになっている。

単元は以上のような構成になっており、各パートで目撃者や報告者、引用

(説明)者、読者によって出来事が作り出されていく構造と全体の流れを図示すると後掲の図7-2のようにまとめられる。

単元「レキシントン・グリーン再訪」はパート1、パート2～4、パート5の3つの部分に大きく分かれていた。各部は次のような段階的構造をとっている。すなわち、パート1では、レキシントンの戦闘を理解する際の問題点を見つけ、過去の出来事は文書から明らかになること、対立状況下での正当性の主張ではより普遍的(公的)な論拠や言葉の使い方への配慮が必要なことを仮説的に理解する。次のパート2～4では、文書から出来事を実際に構成しながら仮説を検討していく。まずパート2－Aでは文書の原文から出来事を理解する方法が理解され、2－Bではこの方法を実際に適用して文書情報の共通点と対立点を明らかにして出来事を一次的に構築する。その上でパート3－Aでは、人物の行為理解の枠組みを用いて戦闘の様子を理解し、出来事を人物の行為と出来事の関係として構築する。3－Bではさらに出来事をその様な関係として説明している引用者の論拠や主張を見つけ出し、その社会的意図を通して出来事を構築する。次のパート4では、今度は読者(学習者)自身がこの戦闘をアメリカ独立革命の文脈に位置づけて理解し、出来事はより大きな社会的文脈の下で構築できることを理解している。最後のパート5では、過去の出来事は文書の中にある主張の構造を読み取り、読者自身の現在の関心や視点をもとにして意味を構成する社会的理解の方法によって理解できることに気づく。また、この理解の方法は歴史家やわれわれが現実に利用しているものであり、出来事はより普遍的・一般的原理を論拠とした主張として構築することが重要なことを理解している。

(3) 授業展開とその論理－社会的理解の方法を媒介とした出来事学習の原理
1)内容構成原理

この単元の学習内容がどの様な基準で構成されているかを、先述の(2)で見た1)目標および2)単元の概要で示された学習過程で習得される理解の内容

から判断すると、以下の2つの内容構成原理が抽出できる。

内容構成原理1　人びとの主張の構造に焦点を当てた出来事理解

　第一の内容構成原理は、4つの目標の中の1)と2)から導き出される。すなわち、レキシントンの戦闘は歴史上の単なる事実ではなく、植民地アメリカの人びとにとっては、英国からの独立に当たって、どの様な事実であればその正当性が認められるかを考慮して当時の人びとの主張が作られたという「出来事の構築性」を教えるようになっていることである。ここでは歴史的事件としてのレキシントンの戦闘がどの様なものであった（べきであった）かという主張の根拠づけに用いられる一般的・普遍的原理（この単元の場合は、「正当な武器の使用は許される」という一般的基準）の理解も行われたが、それと同時に歴史理解の特性をも踏まえたアメリカ独立革命期の出来事理解がめざされている。

内容構成原理2　史資料（テキスト）を用いた歴史解釈の方法の特性理解

　第二の原理は、歴史理解の特性を理解し、歴史理解の方法知を習得する内容になっていることである。この原理は、4つの目標の中の3)と4)から導き出される。本単元では、レキシントンの戦闘に関わるさまざまな文書（史資料）の分析から実際に出来事を構築する能力を発展させる。より具体的には提供される史資料〔出来事についての目撃者の説明、同時代人の説明、史資料から復元された歴史の説明〕が一次史料か二次史料かを区別し、それぞれの特性に基づいて事実は一定の観点から解釈できること、史資料が帯びている歪み（バイアス）や信頼性を判断する基準は何かを明らかにすること、多様な見方を総合してより妥当性のある結論を導き出すには互いに矛盾した証拠を解釈し、隠されている執筆者の多様な見方を明らかにして全体を総合して判断する方法があること、など歴史上の出来事を解釈し、理解するには一定の歴史理解の方法があることを知る学習が行われている。

2) 学習方法原理

単元「レキシントン・グリーン再訪」の学習で行われる歴史理解の構造を分析すると、出来事の理解について、次の3つの学習方法原理が抽出できる（以下、図7-2を参照）。

学習方法原理1　社会的文脈への位置づけによる出来事理解

第一の学習方法原理は、出来事が他の出来事とともにより大きな出来事を作り出していったことを理解させ、出来事を社会的文脈に位置づけて理解させる方法をとっていることである。これは図7-2の各々のパートを横軸にそって説明する原理である。

本単元の構造を歴史理解の観点から分析すると図7-2のようになる。そして図7-2の横軸に示したように、出来事が文書（著者）・目撃者・報告者・引用（説明）者・読者という5つを要素として構成（理解）されている。ここでは基本的に、報告者は目撃者の情報に依拠し、引用（説明）者はさらに目撃者や報告者の情報に依拠して出来事を説明している。そしてこれを受けて読者（学習者）は、これらの人々が構築した出来事をもとにして出来事を理解していく構造になっている。横軸ではまた、目撃者・報告者・引用（説明）者の各要素について下位の要素として「共通点と相違点」、「論拠」、「論証」の欄を設けて、出来事を理解するそれぞれの主体の主張（解釈）の構造が読み取れるようにしている。

この第一の原理は、パート3〜5で中心的に働くものである。

パート3－A（図7-2参照）では、登場人物の行為の理解によって出来事が構築される。ここでは人物の行為が人物の行為理解の枠組み（状況・判断・行為・結果（出来事）の4要素からなるもの）で理解され意味づけられて、レキシントンの戦闘の出来事が人物の行為によって構築されていたことが理解されている。続いてパート3－Bでは、出来事は文書の引用（説明）者によって作られていることを理解する。ここでは、植民地臨時大統領ウォレン、

第2部　社会構築主義に基づく歴史学習

文書	目撃者		報告者	
著者	共通点	相違点	論拠	

パート1

↓

パート2A

8つの文書（各グループに個別に配布されたもの）　：　・8つの文書の中に登場する目撃者が語っているレキシントンでの戦闘の具体的な様子。

↓

パート2B

8つの文書（学級全体で検討されるもの）
〈文書1〉臨時大統領ウォレン
〈文書2〉植民地民兵の宣誓証言
〈文書3〉小説家ファスト
〈文書4〉英国軍中尉バーカー
〈文書5〉ロンドン新聞記者
〈文書6〉エール大学長スタイルズ
〈文書7〉歴史教科書執筆者スティグバーグ
〈文書8〉英国軍連隊旗

　：　（共通点）この戦闘は英国と植民地の最初の戦闘であり、結局、英国軍の猛烈な攻撃で植民地民兵は散り散りになって逃れた点で目撃者や報告者の情報は共通している。（相違点）植民地民兵の解散を命令したのはどちらの側か、先に発砲したのはどちらの側か、どちらかの側に挑発行動があったのか、英国軍の攻撃は正当防衛か否か、意図的・計画的なものか偶発的なものか、民兵は逃げ去ったのか、無抵抗だったのか愛国的抵抗活動をしたのかといった点では目撃者、報告者の情報は異なっている。

↓

パート3A

：　[英国軍中尉バーカーの場合]（論拠：状況）二、三百人が町の真ん中で組織さ（民兵）を攻撃する意図はなかった。しかし、接近していくと彼らは1、2発のために、英国軍兵士は何の命令も無しに突撃し、彼らを敗走させた。（→英は無く、戦闘は植民地民兵の発砲による偶発的な出来事だった）
[植民地民兵の場合]（論拠：状況）閲兵場所に出た時、多くの軍隊が行進して為）。そのため民兵は集まった後で解散し始めた。（状況）英国軍に背を向けて何人かが死んだ。（論証）われわれの誰ひとりとして英国軍に発砲していない員が逃げ終わるまで発砲し続けていた。（→英国軍の一方的攻撃だった）

↓

パート3B

：　　　　　　　→　[英国軍中尉バーカーの場合]（状況）もりはなかったが、接近していくと発衛としての応戦は許されるので、（行無しに突撃し、民兵を敗走させた。ける英国軍の行動は正当な軍事行動で[植民地民兵、エール大学長、英国軍

↓

第7章　出来事の批判的解釈に基づく歴史学習の論理　409

引用（説明）者 論証	出来事（結果）	=	読者 歴史理解
	・レキシントンでの英国軍と植民地民兵の戦闘の原因は現在も確定していない。	=	・出来事の構造や原因は関係する人物の発言や残した文書から明らかになる。 ・対立状況下での正当性の主張では言葉の使い方の面で、より普遍的原理が求められる。
	↓		
	・レキシントンの戦闘の真相については、英国軍と植民地民兵のどちらが先に発砲したかがさまざまな目撃者によって多様に伝えられている。	=	・出来事は、目撃者や報告者の書いた文書の中の語、句、節、テキスト全体から文面の意味を読み取ることで理解される。
	↓		
	・レキシントンの戦闘の真相については、さまざまな報告者（目撃者）によって異なる状況を理由に多様に伝えられており、事実の情報には共通点と相違（対立）点がある。	=	・出来事は、文書の記述から読み取れる地勢、建物の配置、現場にいた人物の行動などの知覚的情報を知ることで理解される。 ・出来事は文書に表された文字通りの意味を読み取ることによって理解される。
	↓		
れていると思ったが、彼ら発砲してきた。（論証）そ国軍に民兵を攻撃する意図くるのを発見した。（行いる間に彼らから発砲されし、英国軍は植民地民兵全	・レキシントンの戦闘の真相は、事件の目撃者や報告者である英国軍の少佐や兵士、植民地民兵などの行為の動機や意図、願望、さらに報告を受けた指導者や知識人といった説明者の地位や能力によって多様に解釈されている。	=	・出来事は、文書に登場する歴史的人物の動機、意図、願望、信念、恐れ、世界観や社会的心性を明らかにすることによって理解される。 ・出来事は、文書が作られた理由や方法の理解、出来事に対峙している著者の地位、真実を語り得る能力を知ることによって理解される。
	↓		↓
英国軍は民兵を攻撃するつ砲された。（論拠）正当防為）英国軍兵士たちは命令（主張）そのため戦闘におあった。 旗手、小説家等の場合]	・レキシントンの戦闘は、一定の立場や地位にある英国軍や植民地住民、知識人、小説家などの著者の視点や利益からの主張をもとに多様に解釈され説明（主張）されている。	=	・出来事は、文面の背後にある著者の目的や意図といった言外の意味を読み手が再構成することによって理解される。
	↓		↓

410　第2部　社会構築主義に基づく歴史学習

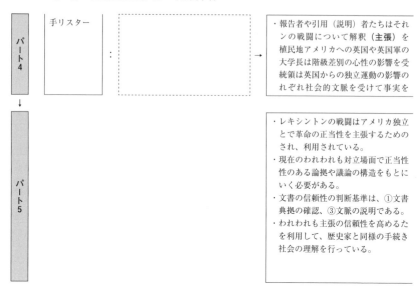

図7-2　単元「レキシントン

エール大学長スタイルズ、ロンドン新聞の記者など、引用者の出来事の説明における社会的意図を読み取って出来事についての理解を構築することになる。この場合、明らかとなった登場人物の行為の構造の中から、さらに独立の正当性（不当性）の主張の構造を明らかにし、引用者の主張やその論拠を見つけ出してこの戦闘の出来事を構築している。このように、出来事を人物の行為と出来事の関係として理解させるとともに引用者による出来事の社会的構築の仕方を理解させ、さらに学習者（読者）自身の視点で出来事を理解させるようになっている。

　パート4では、パート3－Bにおいて人物の行為理解の枠組みをもとにして理解された出来事が、当時の他の出来事と合わせて、独立宣言公布（独立宣言の理念）の視点で総合され、より大きな社会的文脈に位置づけられて理解される。すなわち、植民地アメリカでは1772年に植民地の連絡組織通信

第7章　出来事の批判的解釈に基づく歴史学習の論理　411

ぞれの視点からレキシントン行っているが、パーカーは抑圧政策のもとで、エールけて、植民地民兵や臨時大もとでといったように、そ作っている。	・レキシントンの戦闘は、著者の意図を越えて、執筆者自身を規定しているアメリカ独立革命の達成という社会的文脈をもとにして文書を意味づけることで理解される。	・出来事は、それを伝える文書が作られた社会的文脈や表されている内容の社会的文脈を明らかにすることで理解される。
革命という社会的文脈のも証拠としてさまざまに理解の主張のためにはより信頼して報告（議論）を行って相互の比較による確証、②めに、このような判断基準によって歴史理解や現在の	・レキシントンの戦闘は米国にとっては植民地の権利をおかした英国に対する抵抗手段としての独立戦争の正当性の主張と結びつけられた出来事であった。 ・出来事はそれを伝える執筆者の特性によって、さまざまに構築され伝えられている。 ・日常生活における喧嘩や紛争においても同様の方法で出来事が構築されている	・出来事はこれを伝える文書の中の社会的主張の構造や特性を通して理解できる。またこの理解は社会的な意味構成を通して行われる。 ・われわれも歴史家と同様に上記の方法をもとに歴史理解を行っている。 ・現在のわれわれも文書にある議論の構造を読み取って出来事を理解したり、対立場面では、普遍的・一般的原理を組み込んだりして正当性を主張することで出来事を作り出していくことが望ましい。

・グリーン再訪」の構造

委員会が設立され、1774年に植民地の代表からなる第1回大陸会議が、翌1775年には予備的中央政府となる第2回大陸会議が13植民地の代表によって設立された。このような革命権力の整備と抵抗運動の激化に対して英国軍は武器接収を目的にコンコードへ進軍した。その途上で起こったのがレキシントンの戦闘である。ここでの英国軍の不当性と民兵の抗戦の情報は、檄文として植民地全土へ伝えられて独立運動を激化させ、革命の正当化に結びつく象徴的出来事として独立宣言の成立に大きな影響を与えた、という文脈である。

　パート5では、現在の対立の事例が取り上げられ、アメリカ独立戦争に見られる正当性の主張の構造が現在の人々の対立や国家間の対立の構造の理解にも応用され、学習した出来事がさらに現在の社会の出来事の理解にも組み込まれることになる。ここでは出来事に関係する人物の理解と出来事の理解

の関係は、後者が前者の情報を取り込みながら出来事が主張として作られるという入れ子の関係にある。このように本単元では、出来事の理解は人物学習を含み込み、さらに現在の社会的理解へと理解を発展させる原理によって深められている。

学習方法原理2　社会的状況場面での主張の正当化としての出来事理解

　第二の原理は、出来事の解釈を社会的状況における主張として正当化させることで現在の理解の方法と結びつけて出来事を理解させることである。これは単元のパート3－Bの部分から中心的に働く原理である。パート2～3－Aまでは、目撃者・報告者・引用（説明）者の行為の構造や視点を見つけ、出来事を学習者（読者）に外在的で客観的なもの（知識）として構築しているが、パート3－Bからは学習者の視点で出来事を内在的なものとして構築するようになっている。この転換を支えているのが第二の学習方法原理である。パート3－Bでは学習者は、引用（説明）者のおかれた社会的な状況のもとで、レキシントンの戦闘について引用者が自分の解釈を読者に受容させるために、どの様な社会的意図（社会的状況）をもち、それをどの様な論拠をもとにして主張（論証）へと組み立て、出来事を構築しているのかを発見する。この過程では、引用（説明）者がもっている主張の構造を読者の視点で解明することで出来事を構築させようとしている。すなわちパート3－Bでは、これまで学習した情報をもとに、独立の大義や階級差別の意識という著者の視点や利益を読み取ることで主張の構造として出来事を示している。そしてパート4では、植民地アメリカの立場で戦闘を正当化する主張として出来事を構築しようとしている。最後のパート5では、独立宣言にある基本的人権や革命権などの普遍的原理の実現という社会的文脈を学習者自身が読み取り、論拠や主張をもとに出来事の解釈を正当化することで現在の理解の方法にまで結びつけて出来事を理解するようになっている。

学習方法原理3　現在の視点からの出来事理解

　第三の原理は、歴史の事実を現在の視点で解釈することで出来事を研究させ、理解させることである。この原理は単元で次のように働く。まず単元のパート1（図7-2参照）では独立宣言（現在も民主主義社会の形成に大きな影響力をもつもの）公布の契機となったレキシントンの戦闘の解釈が現在もなお確定していないことに焦点が当てられる。そしてこの問題は国家間の紛争や人々の間の対立という一般的問題と深く関係していること、さらに出来事の解釈は文書（テキスト）の読解の仕方で異なってくるという現在の社会の問題や出来事理解の方法とも共通する問題が取り上げられる。そしてこれらの問題の解決を目ざして過去の出来事の追究が促される。このため、学習者はレキシントンの戦闘を現在の視点（問題）で追究し、最終的にこの出来事の現在的意味づけを行って理解することになる。その結果、現代の社会の理解や問題の解決にも応用できる、対立場面での正当性の主張や出来事理解の方法が学び取られるまでになっている。

　現在の視点による理解の学習の流れは、図7-2の右端の「読者」の欄に示される。図7-2「読者」欄の項目である「出来事（結果）」の欄に示すように、各パートではレキシントンの戦闘が対立場面での正当性の主張の構造として構築され、パート2～5で段階的に意味づけられていく。これと平行して出来事の理解の方法も一般化され、図7-2「読者」欄の項目である「歴史理解」の欄に示すような、文書を通した出来事の構築方法としてパート2～4を経て段階的に理解されていく。そして最後のパート5では、出来事はこれを伝える文書の中にある社会的主張の構造を見つけ出し、社会的な意味構成を行うことで理解できることを知るまでになっている。こうして、パート1で提起された現代的な問題を改めて検討し、出来事理解の現在性及び議論や主張を通した望ましい出来事理解の方法が理解されるようになり、現在を視点とした出来事の社会的理解の方法が学ばれるようになっているのである。

以上、本単元の学習方法原理について述べてきた。第一の原理は社会的文脈への位置づけによる出来事理解、第二の原理は社会的状況場面での主張の正当化としての出来事理解、第三の原理は現在の視点からの出来事理解、であった。

3．特質と問題点

ここまで、単元「レキシントン・グリーン再訪」を分析し、2つの内容構成原理と3つの学習方法原理を明らかにした。これらをもとに本単元には以下の特質があることがわかった。

第一の特質は、人びとの主張の構造がどの様になっているかを理解する際に、多くの史資料を用いてその特性を明らかにした上で、出来事の構築性を理解していることである。すなわち、レキシントンの戦闘は歴史上の単なる事実ではなく、植民地アメリカの人びとにとっては、英国からの独立に当たって、どの様な事実であればその正当性が認められるかを考慮して当時の人びとの主張が作られたことを教えるようになっている。

また、レキシントンの戦闘に関わるさまざまな文書（史資料）の分析から、それらが一次史料か二次史料かを区別し、事実は一定の観点から解釈できることや、史資料が帯びている歪み（バイアス）や信頼性を判断する基準は何かを明らかにすること、隠されている執筆者の多様な見方を明らかにして全体を総合して判断する方法があることなど、歴史上の出来事を解釈し、理解するには一定の歴史理解の方法があることを知る学習が行われている。

第二の特質は、学習者が自らの主張を正当化する際に、他の出来事と関連づけ、さらに現在の視点から出来事を解釈することである。これは、学習者が社会的状況（出来事が起こった当時に学習者が身を置いて考える状態）において自らの主張を正当化することで、これまで自分が行ってきた理解の方法と結びつけて出来事を理解することである。このように主張を正当化する場合に用いられる論拠は、現代社会や日常生活を見る際の視点でもあり、現在の視

点で解釈することでもある。その際に、出来事が他の出来事とともにより大きな出来事を作り出していったことを理解し、社会的文脈に位置づけて理解する。

　例えば、パート3-Bでは、これまで学習した情報をもとに、独立の大義や階級差別の意識といった著者の視点や利益を読み取って主張の構造として出来事を示している。そしてパート4では、植民地アメリカの立場で戦闘を正当化する主張として出来事を構築する。最後のパート5では、独立宣言にある基本的人権や革命権などの普遍的原理の実現という社会的文脈を学習者自身が読み取り、論拠や主張をもとに出来事の解釈を正当化することで現在の理解の方法にまで結びつけて出来事を理解するようになっている。

　第三の特質は、学習者が学級内で他の学習者に対して自分の解釈を主張をすることで、理解の妥当性を吟味していることである。

　例えば、パート3-Bでは、レキシントンの戦闘に関する文書から（文書の）著者の論拠や主張を読み取り、著者がどの様な意図でこの戦闘を説明しているかを推理して、学習者自身の視点で出来事を構築していく。例えばエール大学長スタイルズの場合、この戦闘を、「英国軍が民兵を取り囲み、指揮官のピトケアン少佐が民兵に解散を命令しようとした時に、民兵の銃が発火し、続いて2、3発発砲したので、英国軍は指揮官ピトケアン少佐の命令無しに、統制不可能なほどの一斉射撃で応戦した」と説明している。学習者は、この説明の論拠には「正当防衛としての軍事行動は許される」とする考えがあり、英国軍を正当とする主張があることを理解する。そして文書の著者（スタイルズ）が知識人で聖職関係者でもあるという「能力」や「地位」、「立場」の故に、このような英国軍を正当化する主張がなされた、と推理する。このように個人でなされた推理は、次の段階として学級全体の場で他の学習者に対して主張というかたちで正当化され、「レキシントンの戦闘は〜であった」という解釈の妥当性を学級で批判・吟味し合うのである。

　以上、本単元の3つの特質を述べてきた。これらの特質を総合すると、本

単元は本節の冒頭で指摘した、現在の出来事学習の課題に対して解決策を提示していると思われる。その課題とは、(1) 事実の学習にとどまった状態を改善し、人物学習や時代像学習と適切に関わりをもたせることで出来事理解を発展させること、(2) 歴史学習を、学習者が現在の視点から出来事を構築する社会的理解の方法を基盤とした歴史学習へと変革することである。そしてこれらの課題に対して本節の出来事学習は、2つの解決策を提示している。

(1)の課題に対しては、「出来事」自体の学習だけでなく「人物」「時代像」にも関連づけて、理解させるという解決策を提示している。つまり、人物の行為と出来事の関係を明らかにして出来事を構築させ、さらに文書の出来事を社会的に構築させ、他の出来事とともに大きな社会的文脈に位置づけて出来事を理解させる。これは人物学習を包み込むとともに、他の出来事の学習と総合することで出来事を独立革命というより大きな社会的文脈に位置づけることで時代的特色の理解へと発展させていくものである。以上の点で、本節で明らかにした出来事学習は人物学習と時代像学習を有機的に結びつけて歴史理解を効果的に発展させるものとなっている。

(2)の課題に対しては、学習者が現在の視点で出来事の解釈をする学習が構成されることでこの課題に応えている。それは、文書から著者の主張を読み取ることで一般的・普遍的原理を発見させ、現在の視点からその出来事を解釈し、主張として構築することで出来事を理解させることである。このような社会的理解の方法は、(2)の課題を解決するものとなっている。

以上、本節の単元「レキシントン・グリーン再訪」の3つの特質および課題に対する解決策について述べてきた。一方で問題点もある。それは本単元で使われる史資料の数が多過ぎることである。学習者は文書の読解自体に多くの労力をとられ、単元の重要な目標である文書の特性理解が困難になる危険性がある。そのため文書の数を精選し、文書の特性までをゆとりをもって理解できるように教師が支援していく必要がある。

第3節　出来事の批判的解釈に基づく歴史学習の特質と問題点

　本節では、第1節で分析した単元「民主政治の出現」と第2節の単元「レキシントン・グリーン再訪」を通した出来事の批判的解釈に基づく歴史学習の特質と問題点について述べる。

　2つの単元は、その授業構成の特質から、前者を「史料解釈型研究的出来事学習」、後者を「方法解釈型研究的出来事学習」と呼ぶことができる。出来事学習は、歴史上の出来事に焦点を当て、出来事が当時の社会の動きにどの様に影響し、時代像を作り出していたかを明らかにして、出来事と時代像の関係を学習者に理解させる学習である。本章で取り上げた出来事学習は、歴史的人物の行為と出来事の関係を、学習者が「批判の方法」を用いて社会的に理解するものである。前者の事例は、フランス革命が民主国家の形成にどの様に影響を与え近代の民主政治を実現していったかを、後者はアメリカ独立革命初期の戦闘が民主国家の形成にどの様な影響を与え近代の民主政治実現の動きを作り出していったかを理解させている。

　分析した2つの単元には、3つの観点から共通した特質が見られる。3つの観点とは、教授-学習の捉え方、学習者と歴史・社会との関係、歴史理解の捉え方、である。

教授-学習の捉え方から見た特質

　第一の特質は、学習者は出来事を理解する際に、歴史上の人物（思想家や政治指導者）の主張の構造に焦点を当てていることである。第1節の単元「民主政治の出現」では、学習者は民主国家の概念が主張として構築されてきたことを理解する。その主張とは「民主国家は〜という条件をもつべきである」というものである。第2節の単元「レキシントン・グリーン再訪」では、歴史上の人物は「レキシントンの戦闘は〜が原因で起こったと判断すべきである」、「植民地民兵（あるいはこれと敵対する英国軍）が先に発砲したことによって戦闘の火ぶたが切られたと判断すべきである」という主張をする

ことで、出来事を構築しようとしていたことを学習者は理解する。ここでは出来事と時代の特色の関係についての解釈が学習者の「主張」として提出され、その妥当性を検討することを通して理解が発展するようになっている。ここで使われる「主張」とは、図7-3に示すようなものであり、学習者の視点をもとにして、データと論拠に支えられた「議論の構造」を踏まえたものとして構成される。

　第二の特質は、学習者に出来事と時代（社会）の動きの関係を理解させるために、出来事の生成原理を発見させ、理解させていることである。出来事の生成原理とは、時代における見方や考え方（信念）が出来事を作り出し、これに対して当該時代の社会の仕組みや制度などが作用することで、複数の出来事が合わさってその時代の時代像や時代の動きを作り出しているという原理である。この特質は、第1部で見た出来事学習と同じである。

　第三の特質は、学習者に物語を構成させていることである。その物語は、出来事が時代や社会の仕組みや制度をどの様に形成していったのかを意味づけながら説明する、意味構成としての物語である。この物語は、第1部第2章で見た歴史人物学習で作られる物語が、歴史上の「一人」の人物の視点からの物語であったのと異なり、「複数」の人物の視点からの物語として構成

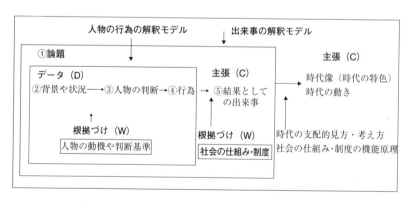

図7-3　出来事の批判的解釈学習における議論の構造

される。これは物語の構成を通して、社会的文脈への位置づけによって出来事の理解がなされているということである。

　第1節の単元「民主政治の出現」では、史資料と体験に基づく歴史の意味構成を行っている。民主政治の概念を発展させる具体的方法として、概念を用いて歴史的人物の政治形態論の中の民主政治を実現する条件を分析し、民主政治の発展へのフランス革命の貢献を評価するなどして「民主政治」の概念を段階的に発展させ、民主政治発展史におけるフランス革命の歴史的意味を理解させている。そしてこのような歴史の意味構成を、「資料」や「体験」をもとにした学習者自身による歴史的知識の解釈や他の学習者との交流による間主観化によって行っている。第2節の単元「レキシントン・グリーン再訪」では、アメリカ独立戦争に見られる正当性の主張の構造が、現在の人々の対立や国家間の対立の構造の理解にも応用され、学習した出来事がさらに現在の社会の出来事の理解にも組み込まれることになる。ここでは出来事に関係する人物の理解と出来事の理解の関係は、後者が前者の情報を取り込みながら出来事が主張として作られる「入れ子の関係」にある。このように本単元では、出来事の理解は人物学習を含み込み、さらに現在の社会的理解へと理解を発展させる。

　第四の特質は、解釈を学習者の主張として構成させる中で、民主主義社会をつくる一般原理としての社会的仕組みや制度の機能についての原理を発見させ、このような原理についての理解を構成・発展させていることである。この原理は出来事と時代の特色との関係を理解させるための中心的な要素であるとともに、現代の社会を理解するためにも役立つものである。

　第五の特質は、社会的状況場面での主張の正当化としての出来事理解、協同による歴史解釈の吟味と知識の発展、である。授業では多様な史資料が提供され、学習者はそれらを解釈して人物の視点（視点①②）を読み取る（後掲図7-4参照）。そして、ロールプレイングにより、社会の動きの特徴や社会の仕組み、制度についてのそれぞれの人物の主張（視点②）を解釈し、学習者

自身の主張として再構築する。さらに役割討論（歴史上の人物に扮して討論すること）を通して、それらの解釈を批判的に吟味する（図7-4の視点③〜視点⑤）。この過程では、それぞれの学習者は論理性をもった議論を行うために、自分の解釈を教室内で意見として主張し、学習者同士の議論を通じてその解釈の妥当性が検討される。このような活動を通して、学習者は複数の視点（視点①〜⑤）から出来事と時代の動きの関係を理解し、出来事の社会的文化的構築性を発見することができる。このような学習によって、学級の学習者相互の批判的解釈を通して出来事の解釈を正当化し、学習者自身がもっている、現在の社会についての理解と過去の出来事の理解とを結びつけて理解できるようになる。

学習者と歴史・社会との関係から見た特質

第六の特質は、この歴史学習では学習者の現在の視点から出来事の解釈が行われていることである。たとえば、単元「民主国家の実現」では基本的人権を保障するにはどの様な政治体制にすればよいのかを、また単元「レキシントン・グリーン再訪」では自立的な民主主義国家を作るにはどの様な政治体制をとればよいかを学習者に考えさせている。つまり、現在の社会の改革にも適用できる普遍的な基準（民主社会実現の原理や実現方法）を学習者に習得させことができる。したがってこの歴史学習は、第1部の出来事学習よりも、歴史と学習者とをより密接につなげるものと言える。図7-4に示すよう

図7-4　「社会構築主義の歴史学習」がもつ「認知構築主義の歴史学習」との包摂関係

に、第1部第3章で見た認知構築主義の出来事学習が、出来事の構築性を理解させるにとどまっていたのに対して、学習者自身が作り出した視点（視点⑤）で出来事を理解させている点で、学習者の自律的な歴史理解を保障するものとなっている。

歴史理解の捉え方から見た特質

本章で分析した2つの単元は、第1章第3節（29頁参照）で仮説的に示した構築主義歴史学習の基本概念①〜⑧のすべてを基礎にしており、社会構築主義に基づく出来事学習と言える。これらの単元は出来事に焦点を当てるため、特に基本概念④⑤が重視されている。この出来事学習の場合も、基本的には第6章で説明した内容と同じように、学習者自身の視点をもとにして歴史理解を多様に構築させるものとなっている。

以上が本章の特質であるが、以下の様な問題点もある。繰り返しになるが、それは史資料の数が多過ぎることである。学習者は文書の読解自体に多くの労力をとられ、文書の特性を理解することが困難になる危険性がある。

第7章では、社会構築主義歴史学習の「歴史理解の内容」による3つの類型（人物の行為・出来事・時代像）のうち、第2類型である「出来事」の解釈を行う2つの単元の分析を行った。単元「民主政治の出現」（中等歴史カリキュラム「生きている歴史！」）、および「レキシントン・グリーン再訪」（G.シューマン）である。これら2つを分析した結果、双方の単元についての内容構成原理と学習方法原理、および両単元に共通する特質を抽出することができた。

第7章の註

1) これらの教授方略はガードナーの多重知能論（Gardner, 1983, 1993）を基礎にしており、多様な能力を発揮できるように設計されている。
2) 「生きている歴史！」では教育社会学者コーエンの協働学習論（Cohen, 1986）が利用されている。
3) 認識をスパイラルに発展させるカリキュラム論については、ブルーナーの文献（『教

育の過程』岩波書店、1963）を参照されたい。
4) ここで歴史理解を人物の行為・出来事・時代の特色の理解の3つのタイプに分類しているのは以下の理由による。すなわち、歴史は時間軸によって社会を作ることであり、そのような社会は個人・集団・組織の3要素から成っていると考えられる。この3要素を作る「主体（agent）」を縦軸に、また「社会を作る場」を同じ3要素によって横軸に設定すると、これらの縦軸（3つの主体）と横軸（3つの場）の要素がクロスする部分には、①個人による社会の構築、②集団による社会の構築、③組織による社会の構築という3つの類型が設定できる。人物学習、出来事学習、時代像学習はこれらの3つの類型にあたると考えられるのである。
5) このような考え方については、例えば歴史認識論ではスタンフォード（Stanford, 1986）や野家（1998）が、歴史学習論では池野（2004a）が詳しく説明している。
6) 構築主義の分類および認知構築主義と社会構築主義の定義についてはG. シューマン（Scheurman, 1998a）、およびドゥーリトルとヒックス（Doolittle & Hicks, 2003）の文献を参考にした。
7) 単元「レキシントン・グリーン再訪」はG. シューマンが開発したものであるが、授業構成の詳細までは示されていない。しかし単元の説明の中では、この単元が理論的には、①社会構築主義の考え方（Scheurman、1998a）や② G. シューマンが独自に示している批判的思考に基づく歴史テキストの読みについての考え方（Scheurman, 1993）、③この単元で利用されているのと同じ8つの文書を用いてS. ワインバーグが行ったテキスト（史料）の読みに基づく歴史理解の特徴についての認知心理学的研究の成果（Wineburg, 1991, 1994）、の3つを基礎にしていることが読み取れる。そのため第2節では、これらの文献も手掛かりとして単元を分析した。
8) 単元の目標は明確に整理されたかたちでは示されていない。そのためここでは、単元についてのG. シューマンの理論的説明と、単元展開の分析から明らかにした、単元全体で理解させようとしている知識およびその獲得に必要と考えられる思考や技能をもとにして、筆者が目標としてまとめた。
9) 行為理解の枠組みについてより詳しくは第2章第1節で行っている単元「リンカーンと奴隷解放」の分析を参照されたい。

第8章　時代像や社会の動きの批判的解釈に基づく歴史学習の論理

　本章の目的は、社会構築主義に基づく歴史学習の「歴史理解の内容」による3つの類型（人物の行為・出来事・時代像）のうち、第3類型である「時代像」の解釈学習単元を分析し、その原理を明らかにすることである。

　本章では、2つの時代像学習単元を取り上げて分析する。第1節ではアメリカの中等歴史カリキュラム「生きている歴史！」の単元「新国家の憲法」、第2節ではDBQプロジェクト（米国史）単元「ERA（男女）平等権憲法修正条項はなぜ否決されたのか」である。

　第1節では、まず全体計画に軽く触れ、次に歴史カリキュラム「生きている歴史！」の単元構成とその論理（目標・構成原理）について述べる。そして授業展開について分析し、分析の結果明らかになった内容構成原理および学習方法原理について詳述する。最後に単元の特質と問題点に言及する。

　第2節では、第6章でも述べたDBQプロジェクトの全体計画とその論理の要点を再確認し、次に単元「ERA（男女）平等権憲法修正条項はなぜ否決されたのか」の構成とその論理（目標・学習活動の構成・単元の概要・パートの構成・単元全体の特質）について述べる。そして具体的な授業展開について分析し、その結果明らかになった内容構成原理および学習方法原理について詳述する。

　最後の第3節では、2つの単元「新国家の憲法」および「ERA（男女）平等権憲法修正条項はなぜ否決されたのか」を通した全体の特質と問題点に言及する。

第1節 社会制度の改革の意義に焦点を当てた批判的解釈学習：中等歴史カリキュラム「生きている歴史！」単元「新国家の憲法」の場合

1．歴史学習の目標－学びの共同体の形成と学級における社会形成

　社会科の大きな目標は学習者に望ましい民主主義社会の在り方を追求し理解させることであるが、学習者が協力して問題を解決する学習を進める学級もまた望ましい学びの共同体として社会の縮図となっており、その育成は社会科の目標と重なる部分が多い。つまり学習者がかかわり合う学習を通して民主的な学びの共同体の在り方を追求し、その形成に参画していくことが望ましい民主主義社会の在り方の追求や理解に直結していくのである[1]。したがって社会科の目標は、学習と学びの共同体の形成を一体にして組織することで、より効果的に達成できると考えられる。では学びの共同体を望ましい民主主義社会の形成に結びつけていくにはどの様な内容や原理が必要であり、これらをどの様にして学習者に追究させればよいだろうか。学びの共同体を基軸にした社会科授業の構成では、両者が目標・内容・方法においてどう関連するのかを明確にする必要がある。この課題に対しては、近年米国で協働学習（cooperative learning）として展開している社会科学習が示唆を与えてくれると思われる。

　協働学習は、学習者が学級やグループの学習者同士の話し合いや発表・協働による調査や制作活動などの社会的な相互交流により協力的・協調的な活動を行いながら課題を解決していく学習である[2]。この学習は情意・認知・社会性の向上をもたらすと言われている[3]。さらに社会科教育ではこの協働学習は、特に次の点で固有の意義がある。

　協働学習は、近年めざましく発展してきた社会構築主義の考え方を基礎にしている。社会構築主義では、学習者（人）の発達は社会からの影響によりもたらされ、社会的な活動への参加により促進される点が強調される。ま

た、学習者は既有の認知構造（知識構造）をもっており、これを新しい状況に適用する中で知識を構築・発展させていくと考えられている（知識の社会・文化的構成）。そして知識は伝達されるのではなく個人が能動的に構築するものであり、言語を中心とした協力的なコミュニケーションにより問題を解決するなかで社会的に構築されるとするのである[4]。このような考え方は、社会科の目標とも合致しており、協働学習に基づく社会科学習を分析することで、課題となっている両者の目標・内容・方法上の結びつきを明確にできると考えられる。そこで以下では、このような社会科学習の事例として米国中等歴史カリキュラム「生きている歴史！」の単元を取り上げて分析し、課題に応えていく。

2．授業構成原理

(1) カリキュラムの全体計画とその論理

「生きている歴史！」のカリキュラムの全体計画およびその論理については、第7章第1節で既に説明した。その要点を示すと、以下のようになる。

歴史カリキュラム「生きている歴史！」の柱は、「学習者は自分自身で知識を構築しなければならない」という考え方である。そして、歴史学習の中心的目標は、①過去だけでなく現在の生活にも影響する歴史概念や、グローバル化が進む世界の多様性を正しく認識し、②生じてくる問題の解決に対応できるような文化的多様性や歴史概念、さらにこれらの歴史概念を活用する思考力（クリティカルシンキング）を教えて、過去と現代との結びつきを理解させること、である。より具体的には、1．歴史概念、2．認知スキル、3．社会的スキル、の3つの学力の育成をめざすものであり、それぞれの内容は以下のように説明されている[5]。

1. 過去だけでなく、現在の学習者の生活にも影響する歴史概念や、グローバル化が進む世界の多様性を正しく認識し、問題解決できるような文化多様性を理解させる歴史概念を教えることで、過去と現代の結

びつきを理解させる。
2．問題解決や状況分析、評価などを求める活動的な課題を通して、クリティカルシンキングのスキルや、活動・議論・表現・意思決定・提案・批評などの高次の知的スキルを発展させる。
3．協働での作品制作やプレゼンテーションによる仲間との関わり合いを通して、主体的・協働的で、寛容な行動がとれる社会的スキルを獲得させる。

「生きている歴史！」では、これらの下位目標の達成の上に中心目標を達成する階層的構造をとっている。

本節で分析対象にする小単元「新国家の憲法」は、「生きている歴史！」の単元構成表（第7章第1節の表7-1を参照）の中では「1900年までの米国史」プログラムの中に位置づいている。そして、獲得する歴史概念としては「定住」、「独立」、「民主的な関わり合い」、「憲法」、「統合」、「工業化」があげられている。単元の位置づけから判断すると、特に「民主的な関わり合い」と「憲法」に焦点を当てた学習と考えられる。

(2) 単元構成とその論理
1) 単元計画
(a) 目標

(1) でみたように、歴史カリキュラム「生きている歴史！」では、1.歴史概念、2.認知スキル、3.社会的スキルの3つを育成しようとしている。

これらの目標の中で強調されているのは、現代の生活の中の問題に応用できる歴史概念を獲得し、問題解決能力やクリティカルシンキングを身につけ、社会を構成する人々との協働により実際に社会の問題を解決し、能動的に社会を形成させていくことで市民的資質を総合的に育成することである。ここには社会構築主義に基づいた目標観を読み取ることができる。それは前項で指摘したような、社会の縮小単位である学級の中で学習者同士が協働の

学習活動を通して民主的な社会形成を行い、その共同体の在り方自体を理解するとともに、そのような社会形成の過程に参画できる能力を育成するという目標観である。

(b) 活動の構成

小単元「新国家の憲法」の目標[6]は、憲法制定は人々や諸州の自由と権利の保障と連邦政府の機能強化とを実現する方法であり、二院制議会と三権分立の原則を採用して民主的な政治体制を整備することであるという、憲法制定の歴史的・現代的意味を理解させることである。

このような目標は、学習者の活動を通して確実に達成されるように周到な計画がなされている。後に詳しく述べるが、活動の内容はあらかじめ具体的レベルで考えられており、活動を通してどの様な理解に至るかという活動目標も設定されている（後掲の表8-2、表8-3を参照）。

例えば小単元2「憲法の制定」の場合、(1) 憲法制定会議の招集、(2) 憲法の折衷案、(3) 憲法上の安全策（カードの並べ替え）、(4) 権力の均衡を保つ、(5) 憲法を表すメタファーをつくる、という5つの活動で学習を展開する。より具体的な活動内容は、表8-1の「活動内容」の欄に示されており、5つの小単元の活動それぞれに応じて詳細な説明がなされている。そして、これらの具体的活動内容を行うことで、表8-2に示される活動の目標が達成される。小単元2「憲法の制定」で達成される活動目標を取り出して示すと、以下のようになる。

- 活動1　1787年の憲法制定会議の招集を引き起こすことになった論争点、歴史的な会議の背景、参加した代表者、代表者たちを団結させたり分断させていた、隠された論点を明確にできる。
- 活動2　他の学習者と共に、1787年の憲法制定会議で代表者たちが直面していた論争問題の解決を試みることができる。
- 活動3　立法府、行政府、司法府についての25項目の問題に答えることが

表8-1 単元「新国家の憲法」の構成

認識段階	小単元の活動構成	活動内容（左の活動と対応している）
既有の歴史概念の確認と分析用基本概念の習得	小単元1．政府の起源 活動1　人々は統治を委任できるだろうか 　　　　〔問題解決的グループ活動〕 活動2　連邦規約の弱点を体験する 　　　　〔体験的学習〕 活動3　連邦規約の特徴を分析する 　　　　〔社会科的技能育成〕 活動4　規約の弱さを詳しく説明する 　　　　〔理解のための作文〕	①9人の著名な思想家が唱えた統治についての考え方を議論する。 ②連邦規約によって統治された新しく独立した連邦の人々が感じた欲求不満を体験する。 ③国家に関する問題を生み出すことになった連邦規約の特徴を分析する。 ④連邦規約の弱点を8項目にわたって書く。
基本概念の利用による歴史的事実の解釈を通した歴史理解の発展	小単元2．憲法の制定 活動1　憲法制定会議の招集 　　　　〔対話的スライド講義〕 活動2　憲法の折衷案 　　　　〔対話的グループ活動〕 活動3　憲法上の安全策の種類 　　　　〔社会科的技能育成〕 活動4　権力の均衡を保つ 　　　　〔体験的学習〕 活動5　憲法についてのメタファーをつくる 　　　　〔問題解決的グループ活動〕	①1787年の憲法制定会議の招集を引き起こすことになった論争点、歴史的な会議の背景、参加した代表者、代表者たちを団結させたり分断させたりしていた隠れた論点を明確にする。 ②他の学習者と共に、1787年の憲法制定会議で代表者たちが直面していた論争的な問題の解決を図る。 ③立法府、行政府、司法府についての25項目の問題に答える。 ④勢力均衡システムの活動的なシミュレーションに参加する。 ⑤合衆国憲法を表現している生き生きとしたメタファーを作り、そのメタファーと政府の3部門との間の類似点と相違点を議論する。
	小単元3．国民の基本的権利に関する宣言をつくる 活動1　親の基本的権利についての宣言を考察する 　　　　〔対話的グループ活動〕 活動2　子どもの基本的権利についての宣言をつくる 　　　　〔問題解決的グループ活動〕 活動3　国民の基本的権利に関する宣言を理解する 　　　　〔社会科的技能育成〕 活動4　国民の基本的権利に関する宣言のない生活をイメージする 　　　　〔理解のための作文〕	①親の基本的人権に関する宣言を合衆国憲法と比較し、その趣旨を批判的に評価する。 ②他の学習者と協働して、自分たちがその文書の中でもっとも高く評価されるべきと考える権利は何かを身振りで表現し、学習者の基本的人権に関する宣言をつくる。 ③学習者が提示する権利のうちのどれかを決定するために、一連の映像を分析し、基本的人権に関する宣言を参照して、どの改正案が学習者の基本的人権を最も保障するのかを決定する。 ④自分たちの権利を侵害されたことのある中等学校の生徒集団についての物語を書く。

第8章　時代像や社会の動きの批判的解釈に基づく歴史学習の論理　429

歴史理解の総合・現在との結合	小単元4．実際に機能する憲法 　活動1　ハミルトン主義とジェファソン主義の考え方を図解する 　　　〔問題解決的グループ活動〕 　活動2　ジェファソンとハミルトンに語りかける 　　　〔対話的グループ活動〕 　活動3　「より完全な連邦」をつくる　〔対話的スライド講義〕	①アレキサンダー・ハミルトンあるいはトーマス・ジェファソンがもっていた主要な考え方を表現している線画を作る。 ②アレキサンダー・ハミルトンあるいはトーマス・ジェファソンのどちらか一方によって語られた引用文を明らかにする。 ③国家の初期の大統領や指導者たちが直面していた重要な問題や論争点を明らかにする。
	小単元5．現在も機能している憲法 　活動1　訴訟事件の判決を下す 　　　〔問題解決的グループ活動〕 　活動2　判決における裁判官の法律的見解を立案する 　　　〔理解のための作文〕 　活動3　法律の制定過程を理解する 　　　〔体験的学習〕	①最高裁の訴訟事件を原告と被告の視点から論じる。 ②最高裁の訴訟事件についての法律的考えを記述する。 ③法律的なプロセスを具体化する上で発揮する利害と対抗する心的圧迫を体験する。
	小単元6　仕上げのプロジェクト 　活動1　憲法を祝うパレードの山車をつくる 　　　〔仕上げのプロジェクト〕	①「憲法を作ることでどの様な重要な問題が解決されたか」という問いに回答を与えている山車を作ることで、憲法について理解したことを表現し、憲法の作成によって解決された問題を批判的に評価する。単元の最重要トピックに関する鍵になる考え方を総合する。

（Teachers' Curriculum Institute, 1997より筆者作成）

表8-2　小単元の活動目標

小単元1　政府の起源
活動1　9人の著名な思想家が唱えた統治についての考え方を議論できる。 活動2　連邦規約によって統治された新しく独立した連邦の人々が感じた欲求不満を体験できる。 活動3　新国家に関する問題を生み出すことになった連邦規約の特徴を分析できる。 活動4　連邦規約の弱点を8項目にわたって書くことができる。
小単元2　憲法の制定
活動1　1787年の憲法制定会議の招集を引き起こすことになった論争点、歴史的な会議の背景、参加した代表者、代表者たちを団結させたり分断させたりした、隠された論点を明確にできる。 活動2　他の学習者と共に、1787年の憲法制定会議で代表者たちが直面していた論争問題の解決を試みることができる。

活動3	立法府、行政府、司法府についての25項目の問題に答えることができる。
活動4	勢力均衡システムの活動的なシミュレーションに参加できる。
活動5	合衆国憲法を表現している生き生きとしたメタファーを作り、そのメタファーと政府の3部門との間の類似と相違を議論できる。
小単元3	**国民の基本的権利に関する宣言をつくる**
活動1	親の基本的権利に関する宣言をクリティカルに評価し、その基本的な趣旨を合衆国憲法と比較する。
活動2	生徒の基本的権利に関する宣言をつくるために、他の学習者と共に活動し、自分たちがその文書の中でもっとも高く評価されるべきと考える権利は何かを身振りで表現できる。
活動3	学習者が提示する権利のうちのどれかを決定するために一連の映像を分析し、どの改正案がこれらの権利を保護するのかを決定するために基本的人権に関する宣言を参照できる。
活動4	自分たちの権利を侵害されたことのある中等学校の生徒集団についての物語を書くことができる。
小単元4	**実際に機能する憲法**
活動1	アレキサンダー・ハミルトンあるいはトーマス・ジェファソンがもっていた主要な考え方を表している線画をつくることができる。
活動2	アレキサンダー・ハミルトンあるいはトーマス・ジェファソンのどちらかによって語られた引用文を明らかにできる。
活動3	国家の初期大統領や指導者たちが直面していた重要な問題や論争点を明らかにできる。
小単元5	**現在も機能している憲法**
活動1	最高裁の訴訟事件を原告と被告の視点から論じる。
活動2	最高裁のまえに訴訟事件についての法律的考えを記述する。
活動3	法律的なプロセスを具体化する上で発揮する利害と対立する心の圧迫を体験する。
小単元6	**仕上げのプロジェクト**
活動1	憲法についての理解を示し、憲法の作成によって解決された問題を批判的に評価できる。山車(だし)をつくることによって、単元で最も重要なトピックからもってきた鍵になる考え方を総合できる。単元の仕上げの活動をなすとともに、正式な単元評価ともなる。

(Teachers' Curriculum Institute (1994:p.1) に掲載の Activity 1.1より筆者作成)

できる。

活動4　勢力均衡システムの活動的なシミュレーションに参加できる。

活動5　合衆国憲法を表現している生き生きとしたメタファーを作り、そのメタファーと政府の3部門との間の類似と相違を議論できる。

これらの目標からわかるように、活動として行われるのは、憲法制定に関する論争点を明確にし、憲法制定会議の参加者と同じように論争問題の解決を試み、三権（立法・司法・行政）の役割や意義を確認することである。ここでは活動を通して憲法について何を理解させるのか、学習内容が明確になっている。憲法の理念や内容、憲法が果たす機能、制定の方法などについての理解を発展させるという、理解についての目標が明確な学習活動になっている。

2) 単元の概要

単元「新国家の憲法」の全体構成は表8-1のようになっている。表に示されるように、単元は6つの小単元から成り、さらにそれぞれの小単元は3～5個の活動で構成されている。

(3) 授業展開とその論理
1) 内容構成原理

「生きている歴史！」では、単元構成原理として「子どもの認知特性」と「現代社会の課題」の2つの観点で学習内容を選択している（第7章第1節参照）。米国史の単元「新国家の憲法」においても、この2つの観点を生かして学習内容が構成されていると考えられる。単元「新国家の憲法」では成立当初の合衆国憲法が扱われるが、「現代社会の課題」の観点では、230年前に作られた憲法を過去の一時期に作られたものとして教師から一方的に理解させるのではなく、現在も今後も改良される課題をもったものとして理解させるようにしている。この点が内容構成原理として反映されていると考えられる。

また「子どもの認知特性」は、学習者への理解のさせ方の特性として、「生きている歴史！」で利用される教授方略（学習方法）として後述する学習方法原理として反映されている。

単元「新国家の憲法」では、歴史と現代との結びつきの理解を促進する歴史概念として、民主的政治体制の基盤となる「憲法の概念」と「憲法の歴史的現代的意義」の２つを理解させようとしている。そして単元を６つのテーマの小単元で構成し、①政府の起源、②憲法の制定、③国民の基本的権利に関する宣言をつくる、④実際に機能する憲法、⑤現在も機能している憲法、⑥仕上げのプロジェクト、としている。さらに各小単元を１～５個の活動で編成している（表8-1参照）。

内容構成原理を考える上で重要なことは、授業の中で教師がどの様な発問をし、それに対してどの様に考え、答えるかを分析することである。そこで、単元の教師用指導書と教材の分析からこの単元ではどの様な発問がなされるかを明らかにして表8-3に示した。

単元「新国家の憲法」では、表8-3のように「人々は、どの様な政治体制に統治を委任できるか」という単元の中核になる問いを基軸にして小単元レベル、活動レベルの問いを学習者に追求させている。そして〔活動レベル〕→〔小単元レベル〕→〔単元レベル〕の順で事実的知識を習得させながら、これらを関係づけて理解を深め、最終的に「人々は憲法によって規定されている個人の権利や自由を保障し人々の承認を受けた民主的政治体制に統治を委任できる」という憲法を核にした民主的政治体制の概念と、「この憲法は歴史的に形成されてきたものであり、現在の生活においても人々の権利や自由、民主的政治の実現に機能している」という憲法制定の歴史的・現代的意味の２つを理解させ、単元全体として憲法制定の歴史的意味（意義）を理解させている。

前項(2) の1)で示した単元の構成表（表8-1）と表8-3からは、単元における理解の構造が以下のようになっていることがわかる。

歴史概念の理解の観点から、単元「新国家の憲法」における学習者の認識過程は次の４段階に分けられる。

第１段階（小単元１.「政府の起源」）の活動１では単元全体の中心発問「人々

第8章　時代像や社会の動きの批判的解釈に基づく歴史学習の論理　433

表8-3　単元「新国家の憲法」の問いの構成

単元全体　人々は、どの様な政治体制に統治を委任できるか。
小単元1　建国当時の政治体制はどの様なものであったか。
活動1　人々は、どの様な政治体制に統治を委任できるだろうか。
活動2　建国当時の連邦政府はどの様な政府だったのか。
活動3　連邦規約はどの様な特徴を持っていたのか。
活動4　連邦の弱点は規約のどの様な特徴から生じていたのか。
小単元2　憲法はどの様な政治体制をつくる働きをしたのか。
活動1　憲法制定会議は、諸州の自由と権利の保障と連邦政府の機能強化とを両立させるためにどの様な原理を採用したのか。
活動2　人口差による州の権利の不平等解決のためにどの様な選挙方法がとられたか。
活動3　権力の集中を防ぐためにどの様な原理がとられたか。
活動4　三権分立による権力の分散はどの様にして実現されるのか。
活動5　三権分立の理念は現在の生活の中ではどの様なものとして表現できるか。
小単元3　人権規定はどの様に基本的人権を保障しているか。
活動1　カリフォルニア州ユニオンシティの親の権利規定の問題点は何か。憲法では言論・宗教・集会などの自由の保障についてどの様に規定されているか。
活動2　生徒の権利規定にはどの様な規定が必要か。
活動3　憲法の修正条項の中にはどの様な基本的人権が規定されているか。
活動4　身近な人権侵害の解決に、憲法の人権規定はどの様に機能するか。
小単元4　制定された憲法は民主的な政治体制の発展に実際にどの様に機能したか。
活動1　ハミルトンとジェファソンは人間の本性、政治的権力、憲法、政党、経済についてどの様な考え方をもっていたか。
活動2　ジェファソンとハミルトンの考え方は彼らの言説や当時の歌、叙事詩にどの様に表れているか。
活動3　初期の大統領たちは新国家の軍事的・外交的・内政的・経済的諸問題の解決に憲法をどの様に適用し、その機能体系を整備していったか。
小単元5　憲法は現在の社会でどの様に機能しているか。
活動1　身近な訴訟判決の中では、憲法の人権規定がどの様に働いているか。
活動2　裁判訴訟の判決（法的意見）はどの様な手続きで作られるのか。
活動3　法律はどの様な手続きを経て作られるか。
小単元6　新国家における憲法の制定はどの様な歴史的意味をもっているか。現在の生活ではどの様な意味をもっているか。
活動1　憲法の制定によってどの様な重要な問題が解決されたのか。

（*The Constitution in a New Nation*, Teachers' Curriculum Institute（1997）より筆者作成）

は、どの様な政治体制に統治を委任できるか」が学習者に投げかけられる。これに対して学習者は既有の知識を応用し、人びとが統治を委任できる政治体制を民主的政治体制（個人の自由や権利を保障し人々から承認された政治体制）という概念にまとめ上げ、「個人の権利や自由を保障し人々から承認された民主的政治体制にのみ統治を委任できる」という仮説を提出する。

次にこの概念を分析指標にして建国初期の歴史的事実を検討し、連邦規約のもとでは州の自由と権利は保障されていたが、大統領制がない（行政）、州の権限が強く連邦議会での法律制定が困難で議会には課税権・軍事発動権がない（立法）、全国的な裁判制度がない（司法）等の問題点を明らかにして民主的政治体制の実現に必要な新たな条件を理解する（活動2、3、4）。ここでは初発の学習でまとめ上げた民主的政治体制の概念に新たな指標が付け加えられる。

第2段階（小単元2「憲法の制定」と小単元3「国民の基本的権利に関する宣言をつくる」）では、第1段階で獲得した民主政治の概念を指標にして合衆国憲法の制定過程を分析し、連邦規約の問題点解決のために憲法が制定された歴史的経緯を理解する。そして個人の権利や自由を保障する民主的政治体制実現のための原理として憲法で採用された、三権分立制（小単元2）と人権規定（小単元3）の内容を理解する。

第3段階では、憲法が保障する三権分立制や人権規定が現在までの合衆国の歴史において実際に機能してきた歴史的事実を理解し（小単元4）、これらの原理や規定が現在の生活のなかでどの様に機能し、個人の権利や自由を保障しているかを理解している（小単元5での人権侵害の裁判と立法過程の学習）。そして最後の第4段階（小単元6）では、第1～3段階までの学習内容を総合し、民主的政治体制実現の歴史における憲法制定の歴史的現代的意味を理解するまでになっている。

以上、本単元の授業展開を分析してきたが、これにより内容構成について以下の原理を導き出すことができる。

内容構成原理1　実際的機能の理解をめざす憲法理解

　第一の内容構成原理は、憲法の内容を崇高な思想を著した単なる条文としてではなく、自由や人権を保障するために機能する実際的な道具として理解させていることである。

　単元全体を通した内容理解の構成を再確認すると、まず小単元1では人びとが統治を委任できる仕組みは、自由や権利を規約や規定を作ることによって保障することである、ということを学習者に把握させ、社会全体のレベルで守るべき規約を憲法という基礎概念にまとめている。

　小単元2では、学習者は国家の三権（行政・立法・司法）の勢力均衡を維持し、保障する方法を話し合い（対話的グループ活動）、体験的にシミュレートするなど、学級で考えた方法が実際に機能するかを確かめながら、憲法における三権分立の規定を理解している。

　小単元3では、基本的権利に関する宣言（規定）を学習者たちで実際に作る。これは「立法」の機能を、体験を通して理解する学習である。まず、基本的人権の規定がどうあるべきかを検討する（対話的グループ活動）。手始めに、宣言を決めることで親からの学習者への侵害をどの様に防ぐかを話し合い、「親の人権宣言」（親に対する宣言）を作ることから始める。続いて学習者は自分たちの問題として「生徒の人権宣言（人権規定）」の作成に取り組む。ここでは、作成した規定を生活の事実に当てはめ、実際に人権が保障されるかを確かめながら、話し合いを通してより望ましいものへと改善していく（対話的・問題解決的グループ活動）。また、言論・宗教・集会の自由などの基本的人権が侵害された場合を想定し、人権救済の対策として人権宣言（人権規定）が実際に機能するかについても検討する（理解のための作文）。

　小単元4では、「行政」と「司法」について、ハミルトンやジェファソンなど建国時の指導者たちの思想や直面した政治問題の解決事例から、規定を設けることでどの様にして制度的に問題が解決できるかを学ぶ。これらの単元においても、問題解決的グループ活動を通して、規定が果たす機能を体験

しながら理解している。

以上、小単元1～4で理解した内容を総合し、民主的社会の形成に果たしてきた憲法の意味（意義）を理解するようになっている。

内容構成原理2　現代的意味・意義の観点からの憲法理解

第二の内容構成原理は、憲法の現代的意味や意義を理解させていることである。合衆国憲法の意味や意義についての理解は、単元「新国家の憲法」の目標の第二の柱であるが、この単元では、過去における意味や意義の理解にとどまらず、学習者たちが生活する現在や未来における意味・意義の理解までを行わせている。憲法の役割の理解は憲法が過去の問題解決において果たしてきた実績を理解することでも行うことができるが、現在および未来に生じる未解決の問題を解決できるかどうかは不確かである。これに対して本単元では、小単元5を設け、子どもたちが実際の最高裁の訴訟事件に取り組み、判決を下す活動を行う。ここでは司法の立場に立ち、憲法や法律の条文をより具体的に理解し、問題状況に応じた条文の機能と適用方法についての理解を深めている。このような経験により、憲法の意味や意義の理解がより実践的な能力と結びついて深まるようになっている。

以上が本単元の内容構成原理である。第一の原理は実際的機能の理解をめざす憲法理解、第二の原理は現代的意味・意義の観点からの憲法理解、であった。

2)学習方法原理

学習方法原理1　多重知能を活用する活動に基づく学習

歴史カリキュラム「生きている歴史！」を大きく特徴づけているのは、H.ガードナーの多重知能論に基づく多様な学習方法の活用である。「生きている歴史！」では、協働学習を成立させるために、表8-4に示す内容の(a) 対話的スライド学習、(b) 社会科的技能形成、(c) 体験的学習、(d) 問題解決的グ

ループ活動、(e) 対話的グループ学習、(f) 理解のための作文、(g) 対話的学習者用ノート、(h) 仕上げのプロジェクト活動、を中心とした8つの学習方法が利用されている。これらはガードナー（H. Gardner）によって唱えられている多重知能の理論[7]を組み込んだもので、言語、論理・数学、空間、音楽、身体・運動的知能などの多様なスキーマやメタ認知、対人的知能を活用して歴史理解を深める方略をとっている。表8-4には、それぞれの学習方法の特徴の説明といくつかの事例が示されている。そして小単元2では主として(a)〜(e)の学習方法がとられている。

　小単元2は単元全体とほぼ同様な構成を小単元レベルでとっていることから、ここでは「憲法の制定」を事例にして単元の学習方法原理を明らかにする（後掲表8-5参照）。

　小単元2「憲法の制定」の基本的構成を学習方法と認識内容の観点から分析すると以下のようになる。まず活動1「憲法制定会議の招集」では、学習方法として応答的スライドレクチャーがとられ、憲法制定会議に関する絵画史料を解釈しながら、教師と学習者の対話をもとに会議の背景や論争点を理解する。ここでは小単元1「政府の起源」でまとめた民主的政治体制の概念（仮説）や連邦規約の欠点についての知識が分析指標として利用される。次に2つのグループに分かれて会議の目的を解釈し、解釈した内容を実演で表現し、その妥当性をグループ間で検討し合う。ここでは言語や身体による表現を通してグループで会議の目的を検討させ、行政・立法・司法上の諸問題の解決という会議の目的を理解させている。次の活動2「憲法の妥協案」では応答的グループ学習がとられ、活動1で理解した会議の目的を指標にして議員の選出方法を検討させ、民主的政治体制実現の一環として憲法で二院制議会が規定された意義を理解させている。学級を3つのグループに分け、奴隷人口を勘案して代表議員数を実際に算出させることで人口差による不平等を理解させ、スライドで会議の背景的知識を提供することで望ましい議員選出方法を提案させ、それらをグループ間で批判・検討させる。その後で歴史

表8-4 「生きている歴史！」の基本にある学習法

方略		内容
a	対話的スライド学習	授業をダイナミックで、能動的な経験へと変化させるもの。学習者は教室の前の大きなスクリーンに投影される歴史映像を見たり、触ったり、動画で表現する。(事例) ディスカッションでは教師は教室前面に投影したプロジェクター画面にメモを書き、学習者は同時に映像を見てメモを取るなどする。
b	社会科的技能形成	学習者はペアになって地図作り、漫画の解釈、グラフ化、ものの見方を明らかにする。一次史料の分析など、技能を求められる課題の学習を行う。教師は技能を実演し、その技能を実際に利用するよう学習者に促す。教師は系統立てて問いかけながら、学習者に技能を活用させて歴史のダイナミックな推理を行わせる。
c	体験的学習	学習者は対人的知性や身体運動的知性を使って学習する。1時間ぐらいで歴史上の変化、出来事、状況を再現する。(例) 19世紀末の工場の流れ作業的分業生産工程と似た流れ作業を実際に体験するなど。
d	問題解決的グループ活動	問題解決的なグループ活動として、学習者は、歴史の出来事をどう見るかをドラマにして演じ、歴史の一時期を表現する視覚的メタファーを作る。その際、個々の学習者が得意な能力を発揮するように配慮する。個々の学習者は、グラフィックデザイナー、舞台監督、指揮者、シナリオライターといった明確な役割を与えられ、制作と表現活動の中で多様なアプローチをもとに学習者の能力 (H. ガードナーの多重知能論) に合った学習をする。
e	対話的グループ活動	これは学級の議論の質を豊かにし、批判的思考を促進するものである。学習者はグループで歴史の情報を集め、説得力ある映像を視聴し、一次史料を読み、集めた情報に関わる興味深い問題について議論する。小グループでの議論の後、個々のグループの代表が出て来て、学級全体で議論して成果を共有する。豊富な情報源から情報を出し、さまざまな学習者の考え方に接するので時間はかかる。
f	理解のための作文	歴史をうまく書くには、何を書くべきかを考える応答的な経験が必要である。この作文活動は学習者がもっている多様な能力を開発するものである。どの学習者であれ書きたくなる大事な内容をもっている。例えば、公民権運動の遺産に関するオーラルな歴史、第二次大戦中の日系人強制収容に関する詩、マヤ文明の賛辞など、目的性のある作文の執筆では、形式と意味を伴った作文を書こうと動機づけられる。

g	対話的ノート	この対話的ノートは学習者が歴史の情報を魅力ある方法で記録できるようにする。新しい考え方の学習に応じてそれらを記録するために、学習者は数種類の記述技法や革新的図解法を利用するようになる。その後さらに、これらの考え方を処理し、批判的思考を促進する。（事例）記述された概念を視覚に訴える表現に変える。政治漫画の中の要点を見つける。歴史的出来事を時事問題として報道する、など。
h	仕上げのプロジェクト活動	伝統的なテストでは、論理的・言語的知性に焦点を当て限定的な評価をしている。これらの知性が苦手な学習者はいつも不利な立場にあり成績はよくない。仕上げのプロジェクト活動ではその過程と成果が多様な知性（多重知能）を観点として正当に評価される。

(Bower, Lobdell, Swenson (1999) より筆者作成)

表8-5　単元「新国家の憲法」の活動内容

新国家の憲法への招待
小単元1　政府の起源
活動1　人びとは統治を委任できるか
この「問題解決的グループワーク」活動では、学習者は、9人の卓越した思想家がもっていた、政府についての理念を探究する。思想家のマスクをつけ、インタビューする討論者団の「賢人会議」の間に幅広く異なる考え方について議論する。
活動2　連邦規約の弱点を体験する
この「体験的学習」は、国家の初期の指導者たちが連邦規約のもとで行ったのと同じ意思決定過程に従わなければならない状況下で、学習者が「現代の紋章」を受け入れなければならないことに欲求不満を感じるようにさせる。
活動3　連邦規約の特徴を分析する
この「社会科的技能育成」活動では、学習者は、どうしてそれらの特徴が含まれているのかを決定したり、それらがつくり出す可能性のある問題をよく考えたりするために、連邦規約の特徴を描写している視覚的なプラカードを分析する。
活動4　規約の弱さを詳細に説明する
この「理解のための作文」活動では、学習者は連邦規約の弱点を説明するために、「規約」という用語で始まる文章を書く。
小単元2　憲法の制定
活動1　憲法制定会議の招集

	この「応答的スライドレクチャー」では、学習者は憲法制定会議の招集について短時間で概観する。
活動2　憲法の妥協案	
	この「応答的グループ学習」では、学習者は憲法制定会議の代議員と対面しながら、議会への代表をめぐる争い、奴隷を人口にカウントする問題、奴隷貿易の合法性などの論争問題の解決を試みる。
活動3　憲法上のカードの種類	
	この「社会科的技能育成」活動では、学習者はペアになって座り、政府を構成する立法府、行政府、司法の3部門についての憲法上の問題を分析する。
活動4　権力の均衡を維持する	
	この「体験的学習」活動では、学習者は動きの速いおもしろいシミュレーションによって、政府の3部門の間の抑制と均衡のシステムを再現する。
活動5　憲法についてのメタファーをつくる	
	この「問題解決的グループワーク」活動では、学習者は「憲法の下での政府の3部門は…に似ています。」という言明を完成させるために、視覚的なメタファーを作る。
小単元3　国民の基本的権利に関する宣言をつくる	
活動1　親の基本的権利に関する宣言を考察する	
	この「応答的グループ」活動では、学習者は、彼らが自分自身の基本的権利に関する宣言をつくる動機づけを行うために、親の基本的権利に関する宣言をクリティカルに評価する。
活動2　こどもの基本的権利に関する規定を作る	
	この「問題解決的グループワーク」では、学習者はグループで活動しながら、憲法の人権規定に匹敵する生徒自身の基本的権利に関する規定をつくるために、親の基本的権利に関する規定に応答する。
活動3　国民の基本的権利に関する宣言を理解する	
	この「社会的技能育成」活動では、学習者は、どちらの改善がこれらの権利を保障するかを決定するために、個人の権利の行使あるいは侵害を描写しているイメージをもったプラカードを考察する。
活動4　国民の基本的権利に関する宣言のない生活をイメージする	
	この「理解のための作文」は、学習者に、権利を侵害された中等学校の生徒についての物語を書くように促す。

小単元4	活躍する憲法
活動1	ハミルトン主義とジェファソン主義の考え方を図解する
	この「問題解決的グループワーク」活動では、異なる考え方を際立たせるために、アレキサンダー・ハミルトンとトーマス・ジェファソンの考え方についての視覚的なプレゼンテーションをする。
活動2	ジェファソンとハミルトンに語りかける
	この「応答的グループ」活動では、ジェファソンとハミルトンによる引用文を明らかにし、その引用文がテープレコーダーで、当時の音楽とともに再生されるときに彼らが正しかったのかどうかを発見する。
活動3	「より完全な連邦」をつくる
	この「応答的スライドレクチャー」では、国家の初期大統領やリーダーたちが直面していたいくつかの鍵になる問題や論争点について概観する。
小単元5	現在も機能している憲法
活動1	訴訟事件の判決を下す
	この「問題解決的グループワーク」活動では、生徒は、最高裁判所の5つの訴訟についてディベートするために、対抗する法律に関するチームに分かれる。
活動2	判決における裁判官の法律的見解を立案する
	この「理解のための作文」の練習では、前の活動で提供された訴訟についての法的意見を書き上げる最高裁判所の判事の役割を演じる。
活動3	法律の制定過程を理解する
	この「体験的学習」では、争っている政党に対して修正の余地ある沖合の油田採掘条例作成を試みる際に競合する利害関係の重圧を体験する。
小単元6	仕上げのプロジェクト
活動1	憲法を祝うパレードの山車を作る
	この「仕上げのプロジェクト」は、学習者に「憲法制定はどの様な重要な問題を解決したか」という問題を扱っている、憲法についてのパレードの山車をつくるように促す。

(*The Constitution in a New Nation*, Teachers' Curriculum Institute (1997) より筆者作成)

的事実を確認し、異なる選挙方法の二院制議会がもつ歴史的意味の理解を学級全体で共有させている。

続く活動3～5では、民主的政治体制の実現のために憲法が規定した三権分立の原理を段階的に理解させている。ここでは小単元1で獲得した民主的政治体制の概念（仮説）と連邦規約の欠点が、分析指標として再び利用される。

活動3「憲法のカードの種類」では社会科的技能育成学習がとられ、学習者はペアになり、憲法が規定する立法、行政、司法の個々の機能を検討してその特徴をプリントにまとめる。ここでは憲法の条文の内容を読み取り、解釈した特徴を互いに検討し合うことで三権の機能と相互抑制のしくみを理解する。

さらに活動4「権力の均衡を維持する」では体験的学習がとられ、活動3で理解した憲法の三権の規定を総合し、三権分立の原理として理解させる。このため立法・行政・司法の3つのグループに分け、三権の機能と相互抑制を体験する活動を行わせて抑制と均衡の意味をグループ間で検討させている。ここでは体験と相互の批判を通して三権分立の原理が実際にどの様に機能すれば民主的政治を保障するのかを検討させてその意味を理解させている。

最後の活動5「憲法についてのメタファーをつくる」では問題解決的グループ活動がとられ、学習者は4グループに分かれて話し合い、憲法が規定する三権分立の原理を最もよく表現するメタファーをつくる。各グループは、用意された「3つ輪の曲芸」等の題材で、三権分立や現代における憲法の意義についての理解を視覚的メタファーに表現し発表して評価し、民主的政治体制の実現における三権分立の意味を学級全体で検討し合う。このような活動を行うことで、学習者は活動1～4で獲得した歴史理解を総合し、三権分立の原理を導入して民主的政治体制を整備した憲法の歴史的・現代的意味を理解できるようになる。

第8章　時代像や社会の動きの批判的解釈に基づく歴史学習の論理　443

　以上、小単元2では憲法制定についての解釈を学習者に協働して段階的に批判・検討させ、歴史の意味理解を学級全体でつくり上げる。ここでは小単元の学習と協働学習の目標内容、方法とが、民主的政治体制の実現方法（原理）の理解〈目標と内容〉、協働の批判・検討による意味理解〈方法〉の点で一体となっている。多重知能を活用する学習方法をとり、すべての学習者により確実な理解を実現しようとするこの構成は他の小単元でも共通であり、単元「新国家の憲法」全体の基本的な学習原理となっている。
　以上、第一の学習原理は多重知能を活用する活動に基づく学習である。

学習方法原理2　協働構成活動（表現活動）を通した理解の深化
　第二の学習方法原理は、学習した知識をもとに学習者が解釈・推理して作り出した理解の内容を、絵や劇（ドラマ）、メタファー、シミュレーション活動、小論文、さらに山車などの造形物に表現する構成活動により理解を確かなものにし、作成したものを学習者同士で紹介し合うことで理解をさらに発展させる学習方法をとっていることである。学習者が理解した内容を表現する活動は、「生きている歴史！」で基本となる(a)〜(h)の8つの学習法（表8-4）の中で、(b) 社会的技能形成、(c) 体験的学習、(d) 問題解決グループ活動、(f) 理解のための作文、(g) 対話的ノート、(h) 仕上げのプロジェクト活動、と実に3／4を占めている。表現する活動や、作成したものを評価する経験を通して、学習者は自分の歴史理解の内容に自覚的・意識的になる。学習者同士で協働で作品を作る活動に取り組めば、歴史の出来事について理解している内容をより適切に表現するにはどの様な作品にすればよいか、どの様な方法をとればよいかを互いに検討し合う。これによって記憶を確かなものにし、メタ認知を促進し、表現したものを考察することで理解をさらに発展できる。
　以上、第二の学習方法原理は、(a)〜(h)の学習方法に共通して見られる協働による批判的構成活動を通して理解を深めていく学習をとっていることで

ある。

学習方法原理3　対話的交流（討論）による理解の批判的構築

　第三の学習方法原理は、学習者による対話的交流場面が多用されており、活動や体験を通した協働的な学習ばかりでなく、言語を通した意見の相互交流によって理解を発展させる工夫がなされていることである。これは「生きている歴史！」の基本にある学習法の中では(a) 対話的スライド学習、(c) 体験的学習でのディスカッションで顕著に現れるが、他にも(d) 問題解決的グループ活動、(b) 社会的技能形成、(h) 仕上げのプロジェクト活動でも言語を通した交流が活発に行われており頻繁に用いられる学習方法である。

　この学習原理3は、先述した学習原理2とも密接に連動している。例えば小単元2の活動5で憲法についてのメタファーを作る際には、合衆国憲法を表現しているメタファーが、国家の三権の関係をうまく表しているかを議論して仕上げている。また小単元3の活動2で問題解決的グループ活動によって生徒の基本的人権に関する宣言を作る際は、個人で宣言の条文案を作成した後にグループ内で案を紹介し、全員でそれらを批判的に検討し合うことでより優れた宣言にしていくという、相互批判を通した建設的な討論が行われる。さらに小単元6で単元の学習のまとめとして仕上げのプロジェクトを企画・実施する過程においても、学級全体で立案・作成したプロジェクトを学習者同士で批評・検討し合う場面が随所に現れている。このように「生きている歴史！」では、協働による対話的交流（討論）によって理解を構築するような基本的学習方法が組み込まれている。

　以上が本単元の学習方法原理である。第一の原理は多重知能を活用する活動に基づく学習、第二の原理は協働構成活動（表現活動）を通した理解の深化、第三の原理は対話的交流（討論）による理解の批判的構築、であった。

3．特質と問題点

　本節で取り上げた「生きている歴史！」は、協働学習に基づく歴史カリキュラムであった。そしてこのカリキュラムの中から、学習者が憲法成立過程の歴史を学びながら、自分たちでも民主的国家を実現するための憲法を作る学習を行う単元「新国家の憲法」を取り上げて分析し、求められる条件を明らかにした。その際、単元全体の学習を代表する小単元２「憲法の制定」を具体的事例として分析した。そして、その結果導き出された２つの内容構成原理と３つの学習方法原理から、本単元には以下のような特質があることが明らかとなった。

　第一の特質は、学習者の協働学習の実現が、本単元の目標達成と一体になっていることである。

　これまで２．で見てきたように、協働学習と歴史学習とは目標・内容・方法において密接に結びついていた。小単元２の目標は、①憲法は二院制議会と三権分立の原則を採用することで人々や諸州の自由と権利の保障および連邦政府の機能強化を実現し、民主的政治体制を整備したという歴史的・現代的意味を理解させること、②このような歴史の意味理解を歴史的事実の解釈を通して学習者同士で批判・検討させ、協働の学びのなかで獲得させること、であった。つまり協働学習の実現そのものが小単元２の目標の達成と一体になっているといえる。

　第二の特質は、学習者が民主政治体制の概念を「分析指標」として繰り返し利用・再構成・発展させていることである。単元「新国家の憲法」では、学習者が協働で憲法の特徴や新たに必要な条文を考え、民主国家や憲法の概念（条文の内実）を発展させ、歴史の意味構成を行い、理解の発展に必要な探求力や技能を伸ばしていた。具体的には、小単元２では学習者は憲法制定の歴史的意味を理解する過程で小単元１の民主的政治体制の概念を、憲法に必要な条件を協働で批判・検討する際の「分析指標」として繰り返し利用

し、この概念自体を再構成し、発展させている。

本単元は以上の特質をもつが、以下の問題点もある。

第一の問題点は、学習内容（民主主義国家を実現する憲法の概念／条文の内実）を発展させ、意味構成を行うための学習方法や学習過程が明確でないことである。この問題点は内容構成原理に関わっている。単元では民主的国家の実現を可能にする憲法の概念の理解が、学習の進行とともに発展していることがわかる。しかし、学習者が既有の概念を応用して新たに憲法制定の歴史的事実を分析することによって、憲法の概念がどの様に発展するのか、「生きている歴史！」に特徴的な学習方法をとることで、どの様な段階で憲法の概念が発展しているのか明らかにされていない。また、このような憲法概念の理解の上に、どの様にして憲法制定の意味や意義の理解がなされるのか、その方法や段階が明確でない。

第二の問題点は、対話や討論を通した協働的な学習を成立させる学習方法が不明確なことである。これは学習方法原理に関わるものである。単元「新国家の憲法」では民主的国家を実現する憲法の概念は、憲法に必要な条文の解釈や理解を学習者が批判・検討し合う過程で発展する。このような学習者同士の交流活動は学習方法原理として極めて重要であるが、対話的な交流がどの様に行われるのか詳細な説明はない。何を批判・検討するのか、学習者が理解を深めるような批判・検討は、どの様な推論が行われることで理解が効果的に発展するのかについての説明がなく、指導計画の分析からも十分には読み取ることができない。

学びの共同体[8]を育成する歴史授業をより容易に構成するには、これらの問題点を解決することが必要と考えられる。

第8章　時代像や社会の動きの批判的解釈に基づく歴史学習の論理　447

第2節　社会問題に焦点を当てた批判的解釈学習：DBQ プロジェクト（米国史）単元「ERA（男女平等権憲法修正条項）はなぜ否決されたのか」の場合

1．歴史学習の目標

(1)社会問題としての ERA 否決

　本節では、社会問題に焦点を当てた歴史の批判的解釈学習の原理を明らかにする。そして、批判的解釈を行う方法として社会構築主義の考え方を用いる。構築主義とは、「事象は客観的に実在するのではなく、社会的に構築されたものである」という認識方法をとる考え方である。

　これまで社会問題は、社会科教育の中でさまざまに取り上げられ、教えられてきた。例えば、①構造規定としての社会問題、②価値葛藤としての社会問題、③定義闘争としての社会問題などがある（溝口、2003）。そしてこれらの社会問題は、意思決定能力・社会的知識・思考技能などの学力の育成や市民的資質の育成に有効なものと考えられてきた。しかし①社会問題を理解するとはどういうことか、②学習者に社会問題を主体的に理解させ、社会理解や歴史理解を発展させるにはどの様な方法をとればよいのか、ということについては十分に検討されてはいない。これらの問いに答えるためには、〈1〉社会問題の基本概念を明らかにし、〈2〉社会問題を通して社会を理解することができる歴史理解の原理を明らかにする必要がある。さらに〈3〉学習者が社会問題を正しく理解するためには、どの様な学習原理に基づいた授業が必要かを明らかにすることも必要である。このような課題に応えるために、本節では、社会構築主義の観点から社会問題に焦点を当てた歴史学習の原理を明らかにする。

　現在の社会では、虐待、いじめ、環境保護、原発、健康、消費者保護、表現の自由や情報倫理、ジェンダーや女性の権利、麻薬取締りなど、さまざまな社会問題の解決が求められている。しかし、これらは社会生活を脅かすも

のであるにもかかわらず解決困難な問題である。したがって、そのような社会問題を学習することは、今後の社会形成を担う学習者にとって極めて重要である。

　従来の社会構築主義の定義では、「社会問題とは社会の中で人々が困っている状態である」という指摘にとどまっていた。しかし困った状態の指摘だけでは問題解決は困難であり、今後の社会形成を担う学習者が行う社会科学習としては不十分である。そのため、社会問題をもっと広く解して、社会問題の解決策を要求する活動までを含むものとして、次のような定義を用いることにした。すなわち、「社会問題とは、何らかの想定された状態について苦情を述べ、クレイム（主張）を申し立てる個人やグループの活動のことである。社会問題が発生するのは、ある状態を改善・改変する必要があると主張する活動が組織化されるときである」（キツセ＆スペクター、1990：p. 119）。

　クレイムとは、「権利や権利と思われるものの要求」のことである[9]。そして、クレイムを申し立て、苦情を述べて状態の改変を要求する活動が「社会問題」の核心となる。ある状態が「社会問題」であるという主張は、好ましくない状況に人々の目を向けさせ、その状況を変えるためにさまざまな機関を動かそうとする人々によって構成される。またクレイムの申し立ては常に相互作用の一形式であり、他者に自分の主張を聞かせる権利をもつという含みがある（キツセ＆スペクター、1990：pp. 123-124）。

　社会問題に焦点を当てた歴史学習の基本概念は、次のように示すことができる[10]。

1．社会問題は、社会的な問題についての人々のクレイム（主張）として理解される。
2．社会問題は、社会の中にある困った状態やそのような状態として起こりうる可能性としての社会的問題についてのクレイムとして理解される。
3．社会問題は、それに関わり、クレイムを行っている人々の活動のさま

ざまな場面の理解を通して理解される。
4．社会問題は、その様なクレイムを人々が実際にどの様に行い、それに対して他の人々がどの様に応答するかという、クレイムをめぐる人々の具体的なやりとりのプロセスとして理解される。
5．社会問題は、単線的な問題解決過程ではなく、人々の複数のクレイムや言説が行き交う、解釈をめぐる入り組んだ対立の過程として理解される。
6．社会問題は、その解決過程が本来的にオープンエンド（未解決）な過程であり、暫定的・歴史的意味でしかその解決を示すことができないものとして理解される。

　上記の基本概念のうち、1と2は社会問題の中核をなすものであり、社会問題の中核をなすのはクレイム（主張）であることを示している。2は、1をさらに具体化したものである。
　3は、社会問題の理解はクレイムの内容理解だけでなく、それを主張する人々の「活動」の理解をも含むことを示している。
　4と5は、3で述べた「活動」はクレイムをめぐる人々の具体的なやりとりであり、解釈をめぐる人々の対立を理解することによって社会問題の理解がなされることを示している。4の「やりとり」の性質を示したのが、5の「対立」である。
　4と5は社会問題解決のプロセスについて述べたものであるが、6はそのプロセスには終わりがないことを知ることが社会問題の理解のポイントであることを示している。
　1～6を全体としてみると、前の基本概念の理解の上に後の基本概念の理解が段階的に形成されている関係にある。
　歴史学習において社会問題に関するこのような基本概念を理解する場合には、どの様な学習原理に基づけばよいのか。
　本節ではこの課題に応えるために、これまでの章においても取り上げた、

社会構築主義の考え方を基盤にしていると考えられる米国中等歴史プロジェクト DBQ（Data Based Questions in History）を手がかりとする。そしてこのプロジェクトの中でも特に、「社会構築主義の観点から社会問題を理解させている」と考えられる米国史単元「ERA（男女平等権修正条項）はなぜ否決されたのか」を取り上げて分析し、社会問題に焦点を当てた歴史解釈学習の原理を明らかにする。

アメリカでは、憲法修正は憲法本文の変更によってではなく、修正条項の追加という形でなされている。ERA（Equal Rights Amendment）は、平等権憲法修正案として雇用・教育の機会などすべての面で包括的に男女平等の権利をうたったものである。その本文には以下のように記されており、1972年に連邦議会で発議され、各州の批准にかけられた。

> 「法のもとにおける権利の平等を、合衆国も、どの州も性によって否認もしくは制限してはならない」

当初は成立確実とみられていたが、批准期限の1982年までに必要数（38州の批准）にわずか5州達せずに廃案となった。

ERA を成立させようとする行為は、「社会の中で男女の平等が実現されていないという困った状態」に対して、憲法に修正条項を追加することによって問題を法的に解決すべきであるという活動である。このため ERA 実現の歴史はまさに社会構築主義で指摘される「社会問題」にあたるものであり、このような ERA を扱った DBQ プロジェクトの単元は社会構築主義の考え方を反映した歴史学習である。

2．授業構成原理

(1) カリキュラムの全体計画とその論理

DBQ プロジェクトの目標と概要、カリキュラムの構成原理などプロジェクトの全体計画とその論理については、第6章第1節で既に示した。確認の

ため、その全体の目標と学習の基本的特徴を再掲する。

　歴史カリキュラムの中心目標は2つある。第一は文書の分析に基づいた高次の思考活動に取り組ませることにより、歴史の分析的思考力と文章力を伸ばすこと、第二は分析的思考力と文章力を発展させることで、歴史の批判的思考力（クリティカル・シンキング）や史資料の活用技能を伸ばすことである。分析的思考力とは文書を緻密に分析する力および深い理解を可能にする読解力を指し、文章力とは証拠に基づいた説得力のある文章を書く力をいう。

　取り上げる単元「ERA はなぜ否決されたのか」は、DBQ プロジェクト全体の中では表8-6の網掛け部分に位置づくものである。

　DBQ プロジェクトで開発された歴史カリキュラムの単元は、大きく3つの原理で構成されている。①時代の特色や現代に共通する社会問題の追究、②問いを基軸にした概念探求過程の構成、③文書による歴史の批判的解釈および討論による批判的解釈に基づく歴史と社会の理解、である。本章で取り上げる ERA の単元は、①の原理に基づくものである。①時代の特色や現代に共通する社会問題の追及とは、時代の特徴を理解する際に指標となる概念を習得させ、時代を超えて現在にも存在する社会問題をとり上げ、現在の社会を見る視点や概念を習得させることである。

(2) **単元構成とその論理**

1) **単元の目標**

　本節では、米国史単元「男女平等権憲法修正条項（ERA）はなぜ否決されたのか」を取り上げて分析し、社会問題に焦点を当てた歴史学習の学習原理を明らかにする。ここでの社会問題とは、男女平等権憲法修正条項が否決されたことである。

　単元「ERA はなぜ否決されたのか」は、DBQ プロジェクトの中心目標（①分析的思考力の育成、②文章力の育成、③批判的思考力の育成）の中の③批判的思考力の育成を基本目標にしている。そして本単元の内容は、DBQ プロ

表8-6 DBQプロ

	単元名	副題（分析的問い）	対象年代
米国史	単元1　セイラム	何が1692年のセイラムの魔女裁判を異常なものにしたのか	1620－1776
	単元2　革命	アメリカ革命はどれくらい革命的だったのか	1761－1808
	単元3　ジャクソン	ジャクソンはどれくらい民主的だったのか	1813－1848
	単元4　ゴールドラッシュ	この時期の旅日誌はどの様に書けるか	1839－1869
	単元5　オールド・ウエスト	オールド・ウエストはどれくらい暴力的であったのか	1848－1890
	単元6　大恐慌	何が大恐慌の原因となったのか	1920－1941
	単元7　キングとマルカムX	キングとマルカムX：1960年代のアメリカにとって誰の哲学が最も大きな意味をなしていたのか	1936－1974
	単元8　ERA（憲法の平等権修正条項）	ERAはなぜ否決されたのか	1964－1982
世界史	単元1　古代アテネと漢帝国	ちがいはどれほど顕著であったのか	BC.551－105
	単元2　モンゴル帝国	「野蛮人たち」はどれ程野蛮であったのか	1167－1348
	単元3　黒死病（ペスト）	キリスト教徒とイスラム教徒との反応はどの様に異なっていたのか	1303－1387
	単元4　アステカ帝国	歴史は何を語るべきであったのか	1200－1519
	単元5　印刷機	印刷機が引き起こした最も重要なものは何か	1040－1543
	単元6　砂糖貿易	何が砂糖貿易を強力に推進したのか	1493－1740
	単元7　工業化と女性	彼女達の経験はどれくらい類似していたのか	1789－1900
	単元8　植民地主義とケニア	植民地主義はケニアにどの様に影響したのか	1855－1963
	単元9　第一次世界大戦	第一次世界大戦の基礎にある原因は何であったのか	1861－1945
	単元10　非暴力主義	何が非暴力主義を実現させたのか	1869－1993

ジェクトの単元構成

主な学習内容	中心概念	歴史理解のレベル	主要な思考スキル
社会的行動の原理	社会心理	時代を超えた問題	個人の信念を吟味する
土地改革・女性の地位	社会変革	時代の特色	分析的カテゴリーを利用する
民族・人種問題（インディアンと黒人奴隷）	人種、民族、人権問題	時代の特色	カギになる用語を定義する
人種・民族・ジェンダー問題	人種、民族、ジェンダー、人権	時代の特色 歴史理解の方法	代弁者（persona）を作る
多様な史資料による歴史理解の方法（西部開拓時代の実相）	歴史理解の方法	歴史理解の方法	偏向を見破る
市場と景気変動の原理	経済システム	時代の特色	因果関係を判断する
人種分離主義と人種統合主義	人種問題	時代を超えた問題	一般化を行う
ジェンダーと平等権問題	ジェンダー、人権	時代を超えた問題	一般的に受容されている考え方に対する例外を考察する
民主政治と皇帝政治の理念と意義	民主政治	時代を超えた問題	分析的なカテゴリーをつくる
文明圏交流の効果	文化、文明	時代の特色	カギになる用語を定義する
社会的危機と宗教（キリスト教とイスラム教）	危機（疫病）、宗教	時代の特色	個人的な応答を吟味する
多様な史料による歴史理解の方法	歴史理解の方法	歴史理解の方法	判断を下す
情報革命	革命(情報革命)	時代の特色	歴史的な重要性を評価する
生産の基本要素の整備（土地、労働者、資本）	経済システム	時代の特色	経済的な関係を理解する
女性の労働進出と権利	ジェンダー、人権	時代を超えた問題	矛盾している史資料を扱う
植民地独立	民主政治	時代の特色	個人的な応答を明確にする
民族主義	民族	時代を超えた問題	立場を明確にする
非暴力主義と人権保障	人権	時代を超えた問題	歴史的なシチュエーションを個人化する

（Brady & Roden, 2002b, 2005b より筆者作成）

ジェクト全体の内容構成からみると「社会構造とジェンダー」の領域に位置付けられる。そのため、この単元では批判的思考力の中でも特に「一般に受容されている考え方に対する例外を考察する」能力の育成が重視される。したがってこの単元の具体的目標は、ERA の否決(不成立)という社会問題がどの様な論拠に基づいて主張として構築されているのかを理解し、この理解をもとに現在の社会問題を理解することである。具体的内容としては平等権を取り上げ、男女平等を実質的に保障するための憲法修正条項案(ERA)が例外的に否決されたという社会問題を分析する。

ERA は1972年に憲法修正第27条案として連邦議会に提出され、可決された。しかし、連邦議会で可決されたとしても、憲法修正条項として正式に承認されるためには全米で必要とされる規定数の批准(38州の批准)が必要である。この単元では、連邦議会で可決されたにもかかわらず、38州の批准を得られなかったために、憲法修正条項として成立しなかった(否決された)過程が学習される。ここでは男女平等権の法的実現という社会問題が人々の要求によって歴史的に作られてきたものであること、しかしさまざまな社会的要因に阻まれて ERA が憲法修正条項として成立しなかったことが理解される。さまざまな社会的要因とは、①憲法修正条項成立のハードルが高いこと(全州の2／3の批准)、②宗教や風土などの地域的なちがい、③フェミニストの戦術に対する強い反発、④連邦政府のもつ絶大な権力への懸念、⑤宗教と年齢、⑥徴兵についての考え方、⑦ERA 反対活動の戦略、である。またこの学習の過程では、男女平等権とは何か、その実現の基盤となる条件は何か、どの様な方法によって望ましい法や権利の実現が可能となるのかを理解するようになっている。

2)学習活動の構成

教師用指導書に示されている学習活動の構成をまとめると表8-7のようになる。単元は4つのセクションから成っており、「なぜ ERA は批准されな

表8-7 単元「ERAはなぜ否決されたのか」の単元計画

日程	学習項目	指導内容	配当時間
セクション1（1日目）	学習への動機づけ	平等権に関する学習への動機づけを行う問題に答えさせる。	10-15分
	背景的小論文を読む	背景的小論文を読ませる。ERAは最初にいつ導入されたのか。ベティ・フリーダンとは誰か、1970年代はなぜERAを批准する好機と思われたのか、当時はどの様な種類の賃金の不平等があったのか、ERAは批准されたのか、DBQの問いはどの様なものかなどを問い、重要な知識を復習させる。	15分
	文書の焦点	学習問題「なぜERAは批准されなかったのか」（分析的問い）を確認させる。また、学習問題の解決のためにはどの様な史資料があればよいかを問う。	15分
	4観点による文書の分析・解釈（宿題）	4個の文書（A、B、C、D）を4つの観点で考察させる。 1．提案された第27修正条項で論争になりそうな部分はどこか。 2．文書BはERAの支持者にとってどの様なニュースか（良い・悪い・よくわからない）。 3．文書CはERAが批准されなかった理由の説明だが、あなたの理由は何か。 4．批准についての全米の州の動向を表した地図（文書D）からどの様な一般化ができるか。	（宿題）
セクション2（2日目）	ディスカッション	宿題とした4つの問いについての答えを学級で検討する。	10～15分
	文書の分析・解釈	文書（E、F）を新たに提供し6個の文書を総合して学習問題を学級全体で検討させる。個々の文書からどの様な事実が読みとれるかを見つけさせる。9個の文書を新たに提供し、個人・ペア・3人のグループのいずれかになって文書を分析させる。	30分
	文書の分析・解釈（宿題）	学習問題に答えるために9個の文書（G～O）の分析をやり遂げ、メモにまとめる。	（宿題）
セクション3（3日目）	ディスカッション	作成した文書の分析メモをもとに学級全体でERAが批准されなかった理由についてのディスカッションを行わせる。取り上げられた文書をOHPで提示する。場合によっては個人やグループでいくつかの文書を分担して考察させる。ディスカッションの内容を把握し、検討中の理由を黒板に箇条書きしながら議論を方向づける。現在提出中の理由のリストを書き続ける。要約的問い「ERAは成立に必要な38州の批准をなぜ得られなかったのか」を説明する上ではどの理由が最も重要かを検討させる。	45分
予備	小論文執筆法の指導	学級の生徒の小論文執筆スキルがそれほど高くなければ、執筆方法を指導する時間をとる。	45分

| セクション（まとめ）4 | 小論文執筆（宿題） | これまでの学習をもとにして学習問題「ERAはなぜ批准されなかったのか」に答える小論文を書かせる。 | |

(Brady & Roden（2002b, 2005b：p.384）より筆者作成）

かったのか」という問いを学習問題として、文書の分析をもとに問いに答えていく。

3) 単元の概要

　本単元の概要について表8-7をもとに説明すると以下のようになる。

　セクション1の学習では、日常的題材を用いた問題（女性の兵役義務など）に答えさせ、平等権憲法修正条項について学習者に動機づけを行う。この後、ERAについての背景を書いた小論文を読ませ、女性の権利獲得運動の歴史や1970年代のERA批准の動きなどを理解させる。続いて、単元の中心的な問い（分析的問い）である「なぜERAは批准されなかったのか」が問われる。この問いに答えるためにERAに関係する4つの文書（A「ERA（憲法修正第27条）案」、B「ERAに関するギャラップ世論調査」、C「憲法第5章（憲法修正規定）」[11]、D「ERA批准状況地図」）が提供される。そして、これらの文書を4つの観点で考察するように宿題が出される。4つの観点とは、①ERA条項で論争になりそうな点は何か、②世論調査の結果はERA支持者にとってどの様な意味をもつ情報か、③憲法第5条はERAが批准されなかった理由であるが、あなたの考える理由は何か、④全米諸州の批准状況地図から一般化できることは何か、である。

　セクション2の学習では、宿題とした4つの問いの答えを学級全体で検討する。そして2つの文書が新たに提供され、これまでの4つの文書と合わせて全部で6つの文書をもとにして「なぜERAは批准されなかったのか」を考察する。続いて新たに9個の文書が提供され、合計15個の文書を総合して

考察し、問いの答えを検討する。この際、個人・ペア・3人組のグループのいずれかの形態になって文書を分析し、ディスカッションする。2日目は、やり残した9個の文書の分析結果をメモにまとめることを宿題にして学習を終える。

　セクション3の学習では、文書の分析結果のメモをもとにして学級全体でディスカッションし、学習問題の答えを考察する。そして最終的にERAが批准されなかった理由として何が最も重要かを検討させる。

　セクション4の学習では、これまでの学習をもとにして、ERAがなぜ批准に必要な州の規定数（38州）に達せず、成立しなかったのかという問いに答える小論文を書いて学習をまとめることになる。

4）パートの構成

　前項の3)では、4つのセクションでの単元の概要を教師用指導書にそって述べた。教師用指導書で示されている単元構成（セクション1～4）は、授業の実施日を追った展開となっているが、学習者の実際の理解はさらに緻密な段階を踏まえた認識過程で展開している。そこで筆者は、学習者の認識過程がより明らかになるように、4段階に分けられた教師用指導書とは異なり、全体を5つのパートに再構成した。これが後にあげる表8-8である。5つのパートの構成は、以下のようになっている。

　パート1ではきっかけ作りの問題（質問紙）をもとにして、日常場面では権利の平等について対立的な考えがあることに気づかせる。パート2ではERAの背景について書いた小論文を読んで理解を深めるとともに、中心的な問いである「ERAはなぜ否決されたのか」が問われる。パート3では15個の文書を提供し、学習者にこれらを通読させてERA否決の要因を予想させる。次のパート4は学習の中心部分であり、学習する内容が多く複雑である。そのためパート4をさらに4つに分けた。

　パート4－1では、否決の要因として①「憲法修正に関わる条文内容」が

検討される。このとき用いられるのは資料A、B、Cである。次のパート4－2では、否決の要因として②「伝統・風土・宗教の地域的差異」、③「過激な運動への反発」、パート4－3では④「連邦政府への権力集中に対する危惧」、⑤「民意を正確に反映しない批准制度の欠陥」、パート4－4では⑥「男性中心の伝統的社会体制崩壊への危惧」、⑦「女性徴兵への危惧」、⑧「巧妙なERA反対運動」が検討される。そして最後のパート5ではERAがなぜ否決されたのか、および男女平等を実現する方法について小論文を書く。

5) 単元全体の特質

この単元では、ERA否決の要因がいくつかの視点から検討される。それらの要因は、現在も社会問題として扱われているものである。したがってこの単元の特質は、ERAの否決という歴史上の出来事の学習を通して、現在も存在する社会問題を理解し、その解決方法を学習者に考察させるという点である。

(3) 授業展開とその論理
1) 内容構成原理

本単元の授業展開とその論理について内容構成原理を明らかにするために、教師の発問と学習者の答えを分析するものとして表8-8を作成した。表の縦軸には時系列にそって各パートを示し、横軸には各パートにおける歴史理解の構造を示すために5つの欄を設定している。以下、表8-8の構造を説明していく。

縦軸は学習の「段階」を示している。本単元は教師用指導書では4つのセクションから成っているが、認識過程がより明らかになるように5つの段階に再構成した。そこで表8-8では縦軸にこの5つの段階を時系列にそってパートとして示した。

横軸には各パートにおける歴史理解の構造を示すために5つの欄、すなわち「テーマ」、「教師の発問」、「歴史理解の内容」、「認識過程」、「社会問題の理解の構築過程」を設定している。このうち「認識過程」欄では、「歴史理解の内容」を踏まえて、学習者が社会問題の特徴をどの様に理解するかを示した。「社会問題の理解の構築過程」欄は左右2つに分かれており、学習者が理解をする際にもつ視点を左の欄に示した。右の欄は、学習者が「社会問題（本節ではERAの否決）の構築」を段階的に行っていく際の手順をパートに即して示したものである。学習者がERA否決の要因について自らの理解（解釈）を主張する際にどの様な論拠で主張を構築しているかを段階に分けて示した。

「教師の発問」と「学習者の問い」を分析するために作成した表8-8から、学習者が理解を深めていく過程（表8-8の横軸）には、ある一定の推論の型があることがわかる。この推論の型は、3つの要素（データ・論拠・主張（クレイム））を用いて、因果関係的構造をもつものとして推理・解釈する、基本的・一般的な形である。このような推論の型は哲学者トゥールミンによって考案されたものでトゥールミン図式と呼ばれる（第6章参照）。

以下では、この単元における各パートの位置づけと内容を表8-8に即して説明していく。

パート1では、平等とは何か、そしてERAが社会問題であることを学習者に理解させる。社会問題とは、社会の中にある社会的に困った状態についてのクレイム（主張）として理解されるものである。パート1で学習者が理解することは、平等権が実現されていないのは問題であると人々が主張することが社会問題の出発点となることである。

具体的展開としては、まず平等権とは何かを理解させるために、平等権はすべての人に例外なく保障されるべきかについて「質問紙」を利用する。そして、外国移民に福祉年金受給権を与えることの是非や、女性の兵役義務の是非が問われ（「教師の発問」）、学習者はその回答をクラスで発表する。そし

表8-8 単元「ERA はなぜ

段階	テーマ	教師の発問 ◎単元の中心的問題、○パートの中心的問題、・具体的に考察される問題	
パート1	平等権問題	・囚人の選挙権、移民の福祉年金受給権、女性のスポーツ参加資格、女性の兵役義務・参戦義務は認められているか。 ○合衆国国民はあらゆる分野で平等な権利を持つべきか。	○政治的・経済的・文化的平の立法化についても主張が ・囚人の選挙権、移民の福祉籍・身体的特徴などを根拠
パート2	ERA の背景と社会改革	〈背景的小論文〉 ○ ERA はいつ、どの様な社会的・経済的状況のもとで議会に提出されたか。 ・なぜ1970年代は ERA 批准の好機だったのか。 ◎有利な諸条件があったにも拘わらず、ERA なぜ否決されたのか。	○男女平等権保障の要求は未だに成立していないのは ・ERA は財産・教育機会な中で繰り返し提出された ○ ERA は多くの人々に承認主張がなされ、否決された ・民主・共和両党や歴代大統という絶好の条件が揃って
パート3	ERA 成立を阻んだ要因	〈文書 A〜O〉 ○15個の文書を通読すると、ERA 否決の理由としてどの様な要因が考えられるか。	○一般的には認められる平等題である。 ・ERA 否決の要因として次 ①憲法修正に関わる条文内への反発、④連邦政府への准制度の欠陥、⑥男性中心惧、⑧巧妙な ERA 反対運
パート4−1	憲法上の障害−制度的欠陥 ア　州法の改訂の必要 イ　若者の投票棄権 ウ　憲法修正手順の問題	文書A　ERA の条文 ○条文のどこが論争になるか。 ・ERA で提案された「男女平等」とはどの様な意味か。 文書B　ERA 支持率の年次動向 ・世論調査で支持率はどの様に推移したか。 ・ERA に強制権がないことは世論にどう影響したか、また世論調査と投票結果との食いちがいは18歳以上の投票権とどの様に関係するか。 文書C　憲法第5条 ○憲法の修正規定は ERA 否決のどの様な理由となるか。	要因①　憲法修正に関わる条 ○ ERA の男女平等権は女性の州法の改訂が必要なため ○男女平等権保障の法案（主に至らない。 〈文書A〉ERA の男女平等は性保護・利益の撤廃を伴 〈文書B〉ERA には強制権がいくつもの州で否決され持率が下がった。 〈文書C〉憲法の修正要件（批

否決されたのか」の構成

歴史理解の内容	認識過程	社会問題の理解の構築過程		
等権に関する人々の主張は異なっており、男女平等権対立している。 年金受給権、女性の徴兵義務については公民権・国に「平等」の解釈が分かれている。	・社会問題は人々の主張としてなされ、その内容が対立するようなものであることを知る。	問題としての社会問題の存在の確認	論題の確認	
ERA実現の主張として形成され発展してきたのに、問題である。 どの女性差別撤廃を求めて1923年以来女性保護運動のが、その都度否決されてきた。 されつつあったのに、さまざまな論拠をもとに反対ののは問題である。 領によるERA支持、女性人口が過半数以上であったいたが、ERAは再び否決された。	・社会問題は社会の中にある社会的に困った状態やそのような状態として起こりうる可能性としての社会問題についての主張として提出されてきていることを知る。	歴史（社会・経済）的視点による社会問題の理解の構築	主張と論拠枠組みの確認	
権保障法案が、特殊な理由で立法化されない現状は問のものが予想される。 容、②伝統・風土・宗教の地域的差異、③過激な運動権力集中に対する危惧、⑤民意を正確に反映しない批の伝統的社会体制崩壊への危惧、⑦女性徴兵への危動	・社会問題は、これに対するさまざまな観点からの主張として提出できることを知る。	解釈の基本カテゴリーの獲得		
文内容 の既存の権利や保護を奪う可能性があり、新たに既存に反対された。（曖昧な平等概念） 張）は、その承認手続きに制度的欠陥があれば立法化 必ずしも女性の保護を意味しておらず、労働法上の女い、州法改正も必要とした。 ないので批准期間中に支持率は高まったが、現実にはた。若者は支持したが、多くが投票棄権をしたので支准率）は過度に厳しく、ERAの可決は困難であった。	・社会問題は、これに関する主張を行っている人々がどの様に行為しているかを明らかにすることで理解できることを知る。 ・社会問題は、主張がどの様に行われ、他の人々がどの様に応答しているか、主張をめぐるやりとりのプロセスとして理解できることを知る。	立法手続きの制度的欠陥を論拠にした理解の構築	個人の観念・制度を論拠にした社会問題の主張	

パート4-2	地域的ちがい	文書D　全米の批准状況地図 ・地図からは、ERA 否決の理由をどの様に説明できるか。 ○宗教や地域性はどの様に影響したと考えられるか。	要因②　伝統・風土・宗教の ○普遍的平等権を保障する法対（宗教や地域性に由来する ・東南部とロッキー地方の諸諸州では保守的地域性の影
	戦術への反発	文書E　反対派リースの論説 ○ERA 反対派のリースは、支持派の女性運動家が最も恐るべきものが何であると主張したか。 文書F　ERA 支持活動家の写真 ○支持者の戦術は、人々や議員の投票にどう作用したか。	要因③　過激な運動への反発 ○保守的風土（伝統的性役割反対（主張）が ERA の支 〈文書E〉ERA 支持者の過激拭い去れず、国民の幅広い 〈文書F〉フェミニストと同増した。
パート4-3	権力集中への懸念 ―州権を弱める	文書G　漫画「連邦の強大化を阻止せよ」 ・漫画の作者はどの様な懸念を訴えているのか。	要因④　連邦政府への権力集 ○普遍的平等権を保障する法決できない。 ・反連邦主義者や大きな政府ループは、ERA はこれま関係に連邦政府を介入させ
	宗教や年齢	文書H　社会調査の集計表 ・社会調査では、ERA はすべての社会集団で高い支持を得たにもか拘わらず、なぜ10を超える州で批准が否決されたのか。	要因⑤　民意を正確に反映し ○多数の人々が支持する法案可決はない。 ・州の批准は最後は州議会のとなる。
	男性の伝統的役割観念	◎ERA への高い支持率にもかかわらず1970年代に州による批准が失敗したのはなぜか。 文書I　ジョルダーノの論説 ○イタリア移民女性はなぜ ERA に反対したのか。 文書J　漫画：女性管理職へ昇進 ○風刺漫画の主張は何か。 文書K　シャルフリイの論説 ○ERA 反対の指導者シャルフリイの論説からは、否決の理由がどの様に説明できるか。	要因⑥　男性中心の伝統的社 ○多数が承認する普遍的権利持が下がる。 〈文書I〉ERA は、男性の威るという懸念を与えて支持 〈文書J〉男性の威厳や役割男性優位体制維持の必要性 〈文書K〉ERA はフリーセッ奪するとの主張や運動のた 〈文書L〉ERA は同性結婚をた。

第 8 章　時代像や社会の動きの批判的解釈に基づく歴史学習の論理　463

地域的差異〈文書D〉 案といえども、伝統的な家庭構造の破壊を懸念した反 もの）が強いと支持は下がる。 州ではキリスト教根本主義やモルモン教の教義、南部 響を受けて ERA は否決された。	・社会問題は、人々が もっている宗教性、地 域性などの影響のもと で形成されている。 ・社会問題は、社会規範 を作り出す政治的風土 の影響を受けて形成さ れている。	宗教・地域性を論拠に した理解の構築	個人・集団の観念を論拠にした社会問題の主張
〈文書E、F〉 分担を尊重し社会規範の変化・統制を嫌うもの）に基づく 持率を下げた。 な運動は、保守主義者の支持を失わせ、人々の懸念を 合意を作れなかった。 じ戦術は人々を不快にし、保守派議員たちの反対票を		社会集団の慣習・伝統を論拠にした理解の構築	
中に対する危惧〈文書G〉 案でも、連邦政府への権力集中の強い懸念があれば可 への反対者、公民権拡大反対の南部の人々などのグ で州の統制にあった婚姻・家族法や中絶、親子・夫婦 るものであると反対した。	・社会問題は、政治的権 力のバランスのあり方 や行政による家族形態 への介入のあり方につ いての人々の考え方の 影響を受けて形成され ている。	グループの国家観を論拠にした理解の構築	政治組織を論拠にした社会問題の主張
ない批准制度の欠陥〈文書H〉 でも民意が正しく反映されない批准制度ならば ERA 議員の過半数の得票で決まるため議員の支持が決め手	・社会問題は、民意を反 映するための政治制度 （選挙制度）の欠陥の影 響を受けて形成されて いる。	社会制度の問題を論拠にした理解の構築	
会体制崩壊への危惧 の法案でも、男性の伝統的性役割観念が強い場合は支 厳や伝統的性役割分担を破壊し、家庭構造を崩壊させ を下げた。 への脅威論は、男性の職場での地位低下を懸念させ、 の意識を高めた。その結果男性の支持者を減らした。 クスや妊娠中絶を奨励し、妻や母親からの、権利を剥 め人々の支持を下げた。 法的に承認・助長するとの主張によって支持が低下し	・社会問題は、単線的な 問題解決過程ではな く、人々の複数の主張 や言説が行き交う、解 釈をめぐる入り組んだ 対立の過程であること を理解する。	男女の社会的性役割観念と人々の行為との関係を論拠にした理解の構築	社会規範・ジェンダーと行為の関係を論拠にした社会問題の主張

パート4-4		文書L 同性愛者の結婚 ・シャルフリイは漫画で何を主張したのか。 文書M ポスターマンの写真 ○写真の男性ハリーはなぜERAに反対したのか。	〈文書M〉保守的地域の男性 棄、夫の地位低下を生むと
	徴兵問題	文書N ERA反対キャンペーン ○文書Nから、ERAが否決された理由がどの様に説明できるか。 ○女性の徴兵や実戦参加の問題はERAの否決にどの様に影響したのか。	要因⑦ 女性徴兵への危惧 ○宗教的教義による反対と集 るので、普遍的平等権を保 ・女性の兵役を禁じるキリス ERAに対して組織的反対 ・女性の実戦参加を容認する 感を持った。
	ERAへの巧妙な反対運動	文書O ERA反対キャンペーン ○ERA反対呼びかけの手紙からは、ERAが否決された理由がどの様に説明できるか。	要因⑧ 巧妙なERA反対運 ○伝統的な性役割観念による 的平等権を保障する法案で ・女性の真の居場所が家庭で 対者を増やし、州議員に反
パート5	ERAはなぜ否決されたのか ―社会改革と社会問題	〈小論文の課題〉 ◎ERAはなぜ否決されたのか。 ◎広く一般に認められている考え方がなぜ、どの様にして歪められるのか。 ○ERA否決という社会問題に対処するにはどの様方法が考えられるか。 ◆①小論文のタイトルは「人の心を強く捉えるもの」で②論題と③論文を発展させる方法に関する手順を書きなさい。	○人々は平等権を一般には認 ERA立法化となれば反対 ERA否決の原因となった。 ○今後、現行諸法令の改 関わり（行為）などが適切

　てこれらの問題については公民権の有無や国籍の有無、身体的特徴などを論拠として人々の意見は対立していることを知る（「歴史理解の内容」）。さらに社会問題は社会の中の問題についての主張（例：女性に兵役義務を課すべきか）というかたちでなされ、その主張の内容が対立するものであることを理解する（「認識過程」）。これを学習者による社会問題の理解の構築という点からみると、ERA否決という社会問題は、当時の人々の主張（可決すべきである、

第8章　時代像や社会の動きの批判的解釈に基づく歴史学習の論理　465

		社会問題理解の構築過程		
はERAが女性の労働保護を廃止し、子どもの親権放主張し支持が低下した。			宗教・伝統的性役割観念／社会制度と人々の行為の関係を論拠とした理解の構築	観念・制度・行為の関係を論拠にした社会問題の主張
〈文書N〉団的反対行為とが結びつくと多くの人々の反対が起こ障する法案であっても否決される。ト教根本主義者の人口が多い州では女性徴兵を認める運動が起こり、支持者が減った。ERAに対して多くの人々やERA反対州の議員が反				
動〈文書O〉反対と制度を利用した集団的行為とが結びつけば普遍あっても否決される。あると手紙で訴えたキャンペーンは短期間に全国の反対投票させた。				
め、男女平等権にも理念的には賛成するが実際のする。この理念と行為との乖離が他の要因と結びつき正・望ましい最高裁判例の提示・人々と社会的制度のになされるならばERAは成立する可能性がある。	・社会問題の解決過程は永続的であり解決は暫定的な歴史的意味づけを通してのみ示されることを知る。・社会問題の解決にはさまざまな要素が影響しており必ずしも合理的に解決される訳ではないことを理解する。	社会問題の一般的特性を論拠にした理解の構築		制度と行為の関係のあり方を論拠にした社会問題の主張

（Brady & Roden、2002b の内容をもとに筆者作成）

否決すべきである）というかたちで存在していることを確認し（「社会問題理解の構築過程」欄の左）、論題を確認することになる（「社会問題理解の構築過程」欄の右）。

　以上のことを前述のトゥールミン図式を用いて示すと次のようになる。例えば「移民は福祉年金を受給すべきか」という問題について「受給すべきではない」という主張を行う場合は図8-1のようになる。

パート1では、同様にトゥールミン図式を用いて「囚人には選挙権はない」、「女性にはスポーツ参加資格はない」、「女性には兵役義務はない」という3つの主張が行われる。

パート2は、ERAは社会的主張の大きな流れの中から生まれたものであること、そして矛盾を含んだ切実な未解決の問題であることを理解させるパートである。

具体的な授業展開としては、資料「背景説明の小論文」をもとにして、ERAはいつ、どの様な社会的・経済的な状況のもとで議会に提出されたかが問われる（「教師の発問」）。それに対して学習者は、平等権の主張としてのERAは男女平等についての社会的主張の大きな流れの中から生じたものであり、財産・教育機会などの女性差別撤廃などを求めて、1932年以来、女性保護運動の中で繰り返し提出されてきたことを理解する。また、ERAは1970年代には民主・共和両政党や大統領の支持という絶好の条件が整っていたにもかかわらず否決されたことを理解する。つまり、ERAは矛盾を含んだ切実な未解決の社会問題であることを理解する（「歴史理解の内容」）。そして単元の中心発問である「ERAはなぜ否決されたのか」が問われる（「教師の発問」）。これに対して学習者は、ERAはさまざまな反対の主張によって否決されたと暫定的に予想する（「歴史理解の内容」）。その結果、社会問題は社

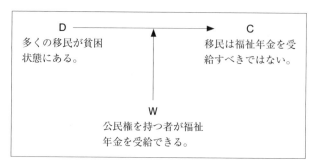

図8-1　移民への福祉年金受給を否定する主張の構造

会的に困った状態(本節では著しい男女差別)についての主張としてなされることを知る(「認識過程」)。

以上を学習者による社会問題の理解の構築の観点からみると、ERA否決という社会問題は歴史的にみると当時の社会的・経済的領域での著しい男女差別を背景として生じたという、社会問題の発生についての理解(解釈)を学習者が構築する(「社会問題理解の構築過程」欄の左)。これは、学習者が自分の解釈を学級内で主張する際の論拠枠組み(本単元では社会的・経済的要因)を確認することである(「社会問題理解の構築過程」欄の右)。

パート3では、ERA否決問題を批判的に解釈するモデルの基本を理解する。基本モデルとは、前述したトゥールミン図式を複数用いて社会問題の構造を図式化したものである。これについては後述する。

具体的な授業展開としては、パート2で出された予想を裏づけるために15個の文書(表8-9参照)が提供される。そしてERAの否決がどの様な理由でなされたのかが問われる(「教師の発問」)。学習者は提供された文書を通読してERAが否決された要因を具体的に予想する。要因として考えられるのは次の8つである。①憲法修正に関わる条文内容、②伝統・風土・宗教の地域的差異、③過激な運動への反発、④連邦政府への権力集中に対する危惧、⑤民意を正確に反映しない批准制度の欠陥、⑥男性中心の伝統的社会体制崩壊への危惧、⑦女性徴兵への危惧、⑧巧妙なERA反対運動(「歴史理解の内容」)。その結果、学習者は社会問題がさまざまな観点(本節では①～⑧)からの主張としてなされることを知る(「認識過程」)。

以上を学習者による社会問題の理解の構築という点からみると、上記の要因①～⑧を予想することは、学習者がERA否決という社会問題を解釈する際の基本カテゴリーを獲得していることになる(「社会問題理解の構築過程」欄の左)。社会問題を解釈する基本カテゴリーとは8個の各要因の背後にある枠組みであり、例えば要因①憲法修正に関わる条文内容の基本カテゴリーは法律の条文内容であり、要因②伝統・風土・宗教の地域的差異の基本カテゴ

リーは伝統・風土・宗教である。そして学習者は、自分の解釈を学級内で主張する際の論拠枠組み（本単元では①〜⑧までの要因）を確認する（「社会問題理解の構築過程」欄の右）。

以上のことを、トゥールミン図式を用いて表すと図8-2のようになる。

図8-2の中には8個の囲みがあり、それぞれ要因①〜⑧についてのトゥールミン図式を表している。それぞれの囲みの内部の構造は以下のようになっている。文書から得られる情報をデータ（D）とし、論拠（W）に基づいて、「ERAは〜という理由で否決されたと解釈すべきである」と学習者は主張する（C）。このような理解を要因①〜⑧について行う。

ここで重要な点は、学習者は「複数の」トゥールミン図式（要因①〜⑧）を用いてERA否決の理由を解釈していくことである。

このような「複数の」トゥールミン図式の枠組みを、本研究では「社会問題の批判的解釈モデル」と呼ぶ（このモデルについての詳しい説明は後述する内容構成原理1で行う）。ただし、パート3のモデルは基本モデルと呼ぶべきものにすぎず、個々の要因について詳細な解釈をするわけではなく、概括的な解釈にとどまっている。そしてこの「社会問題の批判的解釈モデル」は、後述するようにパート4でより緻密なモデルへと発展していく。

以上のように、パート3ではERA否決の要因を複数のトゥールミン図式を用いて解釈する構成になっている。

パート4は、社会問題の批判的解釈モデルを用いて要因①〜⑧をより詳細に検討していくパートである。パート3で解釈したのは「仮定的な」要因①〜⑧であったが、本パートではこれらの要因がERAが否決された「実際の」要因となったか否かを検討する。パート4は、要因の類似性から4つに分け、パート4−1〜4−4とした。以下、表8-8の内容にそって順に説明する。

パート4−1では、要因①「憲法修正に関わる条文内容」について文書A、B、Cをもとに検討する。まず、文書A（ERAの条文）を読んで、内容

第8章 時代像や社会の動きの批判的解釈に基づく歴史学習の論理 469

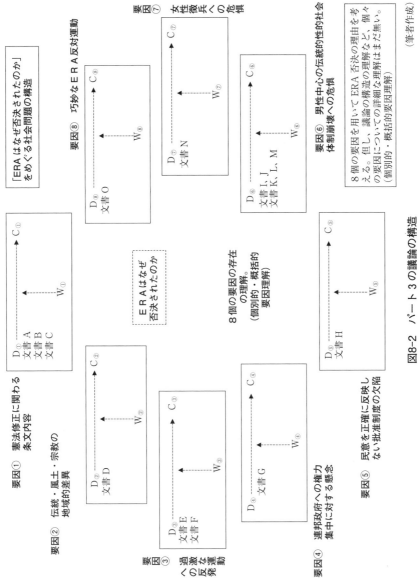

図8-2 パート3の議論の構造 (筆者作成)

としてどの部分が論争になるかが問われ(「教師の発問」)、制度上の問題点(曖昧な「平等」概念、ERAと州法との矛盾点の調整)が明らかにされる。そしてこれら2つの制度上の問題点を論拠としてERAが否決されたことを理解する(「歴史理解の内容」)。また文書B(ERA支持率の世論調査)からは、ERAが高い支持率にもかかわらず否決されたという事実、そして文書C(憲法修正規定)からは、ERAが否決された論拠は憲法修正要件の厳しさであると理解する(「歴史理解の内容」)。これを認識形成の観点でみると、学習者は①社会問題は主張を行っている人々がどの様に行為しているかを明らかにすることで理解できること、②社会問題は主張がどの様に行われ、他の人々がどの様に応答しているかという、主張をめぐるやり取りのプロセスとして理解できることを知る(「認識過程」)。

　以上を学習者による社会問題の理解の構築という観点からみると、学習者はERAが否決されたのは批准の可決要件が厳しすぎることが論拠であるという理解を構築する(「社会問題理解の構築過程」欄の左)。また、学習者は自分の解釈を学級内で主張する際の論拠を個人の観念・制度に求めることになる(「社会問題理解の構築過程」欄の右)。

　以上を後掲の図8-3のトゥールミン図式で説明すると次のようになる。

　図8-3の一番上の囲みは、ERAが否決された要因を文書Aに基づいて解釈する部分である。文書AはERAの条文であり、法の下での権利の絶対的平等が書かれている(D_A)。この条文を読んで学習者は、絶対的平等が貫かれるとかえって不平等が生じるということを論拠(W_A)に、ERAは必ずしも平等を実現するものではないと解釈すべきであると主張する(C_A)。

　次の囲みはERAが否決された要因を文書Bに基づいて解釈する部分である。文書Bは世論調査によるERAの支持動向を表で示したもので、学習者は半数以上の国民がERAを支持していたことを知る。また教師用指導書によると文書Bの紹介に付随して教師は次の2点を説明している。ERA批准投票では通常の選挙(選挙人は20歳以上)と異なり、選挙人は18歳以上であ

第 8 章　時代像や社会の動きの批判的解釈に基づく歴史学習の論理　471

り、多数の若者が選挙人となったという事実、および若者の多くが投票を棄権したという2つの事実である（D_B）。そして、多くの若者が投票を棄権するとERA批准の賛成票が減るということを論拠に（W_B）、ERAは世論の高い支持率にもかかわらず批准されなかったと解釈すべきであると主張する（C_B）。

　一番下の囲みは、ERAが否決された要因を文書Cに基づいて解釈する部分である。文書Cは憲法の修正規定についての条文（連邦議会両院の2／3の賛成、各州議会の3／4の賛成で批准される）を読み、修正要件が厳しいことを知る（D_C）。そして、批准のハードルが高いとERAの可決は困難となることを論拠（W_C）に、ERAは支持が多くても批准されなかったと解釈すべきであると主張する（C_C）。

　以上3つの囲みで個々に行われた解釈・主張は、バラバラのままではなく、統合されて学習者の新たなデータとなる。これが、3つの囲みを包摂した$D_①$「憲法改正手続きの困難」である。この新たなデータ（$D_①$）をもとに、学習者は新たな主張、つまり$C_①$「憲法修正条項の規定内容が要因でERAは否決されたと解釈すべきである」という主張をする。この場合の根拠は$W_①$「憲法修正手続きが厳しければ修正条項の成立は困難」である。

　以上のように、パート4－1では、「①憲法修正に関わる条文内容」について文書A、B、Cをもとに検討する。

　次のパート4－2では2つの要因を解釈する。前半は要因②「伝統・風土・宗教の地域的差異」について、後半は要因③「過激な運動への反発」についてである。

　パート4－2の前半では、要因②「伝統・風土・宗教の地域的差異」について文書Dをもとに検討する。まず文書D〔各州のERA批准状況地図〕を分析し、ERA否決の理由はどの様に説明できるか、そして宗教や地域性がどの様に影響しているかが問われる（「教師の発問」）。この問いに対して、ERA否決の地域的差異の要素として考えられることは、南東部とロッキー

472　第2部　社会構築主義に基づく歴史学習

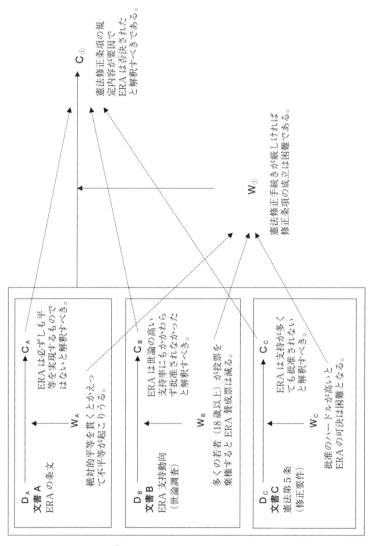

図8-3　憲法修正条項の規定内容を論拠とした主張の構造

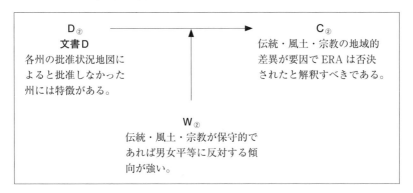

図8-4 伝統・風土・宗教の地域的差異を論拠とした主張の構造

地方でのキリスト教根本主義やモルモン教の影響、南部での保守的な地域性、賛成した州が批准を延期したことで他の州の批准延期が誘発されたこと、であることが明らかにされる(「歴史理解の内容」)。これを認識形成の観点でみると、学習者は、社会問題は「宗教」や「地域性」などの影響のもとで形成されることを知る(「認識過程」)。

以上を学習者による社会問題の理解の構築の観点からみると、「ERAが否決されたのは宗教・地域性が論拠とされたからである」と理解を構築することになる。(「社会問題の構築過程の理解」欄の左)。これは、学習者が自分の解釈を学級内で主張する際の論拠を個人・集団の観念(宗教や家族についての個人・集団の考え方)に求めることであるともいえる(「社会問題の理解の構築過程」欄の右)。

以上を、トゥールミン図式を用いて説明すると図8-4のようになる。文書DはERA批准に賛成した州と否決した州が一目でわかる地図である。この地図を見るとアメリカ東南部やロッキー地方諸州、そして南部では批准を否決している。南東部とロッキー地方の諸州はキリスト教根本主義やモルモン教の教義の影響が強い地域であり、「南部は伝統的に保守的な地域である」という特色がわかる($D_②$)。そして「伝統・風土・宗教が保守的であれば男

474　第2部　社会構築主義に基づく歴史学習

表8-9　単元の学習で使用される資料

予想される否決の要因カテゴリー	属性	記号	資　料　名	媒体
			平等権問題	質問紙
			背景説明の小論	プリント
1　修正条項の批准についての憲法上の困難		A	提案された第27修正条項案	原文
		B	ERA　ギャラップ世論調査	集計表
		C	憲法第5条	原文
2　地域的ちがい		D	州によるERAの批准状況	全米地図
3　フェミニストの戦術に対する反発		E	ジャーナリスト、トーマス・リースの書いた論説	抜粋
		F	フェミニストの抗議（写真）	写真
4　連邦政府への権力集中		G	ERAによって連邦制府により大きな権力をもたせるな	風刺漫画
5　宗教と年齢		H	1982年におけるERA賛成の比率	集計表
6　伝統的な役割に対する脅威		I	アン・ジョルダーノの論説	抜粋
		J	エリック、すごいニュースを聞いたよ…	風刺漫画
		K	ERA阻止運動のリーダー、P. シャルフリイの論説	抜粋
		L	この人を連れて行きますか……？	風刺漫画
		M	ポスターを持った人（写真）	写真
7　徴兵		N	私の間にあるすべてのもの……	写真
8　巧妙なERA反対運動		O	拝啓　ERA中止を訴える友へ	手紙

(Brady & Roden, 2002b をもとに筆者作成)

女平等には反対する傾向が強い」という根拠（W₂）に基づいて、学習者は「伝統・風土・宗教の地域的差異が要因でERAは否決されたと解釈すべきである」と主張する（C₂）。

　続いてパート4-2の後半では、ERAが否決された要因③「過激な運動への反発」について文書E・Fをもとに検討する。まず文書E〔ERA反対派T. リースの論説〕と文書F〔フェミニストの抗議活動の写真〕を分析

第8章　時代像や社会の動きの批判的解釈に基づく歴史学習の論理　475

し、ERA支持者たちがとった過激な戦術（ブラジャーを焼く等）は一般の人々や議員の投票にどの様に影響したのかが問われる（「教師の発問」）。この問いに対しては、ERAの運動がフェミニストの活動と似た過激な活動であり、そのことが保守主義者の反発を生じさせERAに対する支持を下げたと学習者は理解する（「歴史理解の内容」）。これを認識形成の観点からみると、社会問題は社会規範を作り出す政治的風土の影響を受けて形成されることを学習者は知る（「認識過程」）。

　以上を学習者による社会問題の理解の構築という観点からみると、学習者はERAが否決されたのは社会集団の慣習・伝統が論拠とされたからであるという理解を構築することになる。（「社会問題の理解の構築過程」欄の左）。

　パート4-3では2つの要因を解釈する。前半は要因④「連邦政府への権力集中に対する危惧」について、後半は要因⑤「民意を正確に反映しない批准制度の欠陥」について、文書G・Hを用いて解釈する。

　パート4-3の前半では、要因④「連邦政府への権力集中に対する危惧」について文書G（風刺漫画「ERAによって連邦政府により大きな権力をもたせるな」）をもとに検討する。まずERAによってどの様な危惧が生じるかが問われ（「教師の発問」）、反連邦主義者や公民権拡大反対グループなどは連邦への権力集中の危惧を論拠にしてERAに反対していたことが理解される（「歴史理解の内容」）。これを認識形成の観点からみると、社会問題は政治権力のバランスや行政による家族形態への介入についての考え方の影響を受けて形成されることを学習者は知る（「認識過程」）。

　以上を学習者による社会問題理解の構築の観点からみると、学習者はERAが否決されたのはグループの国家観（ERA反対派の諸集団が持っていた、国家は私的事柄に介入すべきでないとする考え方）が論拠とされたからであると理解を構築する。（「社会問題の理解の構築過程」欄の左）。これは、学習者が自分の解釈を学級内で主張する際の論拠を、政治組織に求めることであるといえる（「社会問題の理解の構築過程」欄の右）。

続いてパート4－3の後半では要因⑤「民意を正確に反映しない批准制度の欠陥」について文書Hをもとに検討する。文書Hは社会調査の集計表であり、性別、学歴、宗教といった社会集団ごとにERA支持の割合を示したものである。これを分析し、ERAはすべての社会集団で高い支持を得たにもかかわらず、なぜ10を超える州で批准が否決されたのかが問われる（「教師の発問」）。資料H（社会集団ごとのERA支持率）を検討する際に学習者は、社会集団内（性別や宗教など）で支持率に大きな差があり、そのためにERAが否決されたのではないかと予想する。しかし実際には、資料Hには、性別や宗教によるERA支持率の差は見られない。

そこで、次のような疑問が出される。ERAは全社会集団の70％以上の支持を得ていたにもかかわらず10を越える州で否決されたが、それは人々の支持とは別に制度自体に原因があったのではないかという疑問である。そして学習者は、人々の行為と社会制度との関係という新たな視点でERA否決の要因を考える必要があることに気づく（「歴史理解の内容」）。以上を学習者による認識形成の観点からみると、社会問題を形成するのは、政治制度（選挙制度）の欠陥であることを学習者は知ることになる（「認識過程」）。

次にこれを社会問題理解の構築という観点からみると、学習者はERAが否決されたのは社会制度との関係（ERAの批准は制度的には州議会議員の過半数の得票で決まるので過半数の議員の支持が必要となる）が論拠とされたからであるという理解を構築することになる。（「社会問題の理解の構築過程」欄の左）。これは、学習者が自分の解釈を学級内で主張する際の論拠を政治組織に求めることであるといえる（「社会問題の理解の構築過程」欄の右）。

パート4－4は3つに分かれており、要因⑥「男性中心の伝統的社会体制崩壊への危惧」、要因⑦「女性徴兵への危惧」、要因⑧「巧妙なERA反対運動」の順で学習される。

まず、要因⑥「男性中心の伝統的社会体制崩壊への危惧」については、5つの文書I～Mをもとに検討する。文書Iはイタリア人移民女性A. ジョル

第8章　時代像や社会の動きの批判的解釈に基づく歴史学習の論理　477

ダーノが書いた雑誌記事（ERA は伝統的男女役割分担を破壊するという主張）である。そして、文書 J は時事漫画（ERA によって伝統的男女の役割が逆転する恐れを描いた漫画）、文書 K は P. シャルフリイ（ERA 阻止運動のリーダー）が書いた ERA に対する強力な反対意見、文書 L は ERA 阻止のパンフレットに掲載された風刺漫画（同性婚を揶揄したもの）である。文書 M は「男性に自由を！」と書いたポスターを持つ男性の写真である。

　具体的な授業過程としては、まず男性中心の伝統的社会体制崩壊への危惧が要因となっていたのではないかという問いがなされる（「教師の発問」）。イタリア人移民女性を典型とする女性たちは伝統的な男女の役割分担の尊重を論拠として反対し（文書 I）、また他の女性たちは ERA 運動が妊娠中絶を奨励し女性の権利を剥奪することを論拠に反対していたことを学習者は知る（文書 K）。また、男性たちは「男性への妻の服従」、「伝統的な性による役割分担」への支持を論拠として ERA に反対した（文書 M）ことを理解する。つまり ERA が男性中心社会に与える脅威に対する危惧は、男性と女性の両方の側から提出されたことを理解するのである（「歴史理解の内容」）。これを認識形成の観点でみると、社会問題は単線的な問題解決過程ではなく、人々の複数の主張や言説が行き交う解釈をめぐる入り組んだ対立の過程であることを学習者は理解する（「認識過程」）。その結果、学習者は ERA が否決されたのは男女の社会的性役割観念と人々の行為との関係が論拠とされたからであるという理解を構築することになる。（「社会問題の理解の構築過程」欄の左）。これは、学習者が自分の解釈を学級内で主張する際の論拠を社会規範・ジェンダー（伝統的な性役割観念）と行為の関係に求めることであるといえる（「社会問題の理解の構築過程」欄の右）。

　次に要因⑦「女性徴兵への危惧」が検討される。ここでは文書 N（ERA 反対キャンペーンで「徴兵されたくない」と訴える女性の写真）が用いられ、女性が徴兵されることに対する危惧が ERA 否決の要因となったのかが問われる（「教師の発問」）。女性の徴兵問題に対しては 2 つの論拠、すなわち女性の軍

事的実戦への参加は道義的に許されないという論拠と、ERAにおける平等は女性の実戦への参加も容認するという論拠に基づいてERAの是非の主張が展開していることを理解するようになっている（「歴史理解の内容」）。これを認識形成の観点からみると、社会問題は単線的な問題解決過程ではなく、解釈をめぐる入り組んだ対立の過程であることを学習者は理解する（「認識過程」）その結果、学習者はERAが否決されたのは宗教・伝統的性役割観念と人々の行為の関係、そして社会制度と人々の行為との関係が論拠とされたからであるという理解を構築することになる。（「社会問題の理解の構築過程」欄の左）。これは、学習者が自分の解釈を学級内で主張する際の論拠を観念・制度・行為の相互関係に求めることであるといえる（「社会問題の理解の構築過程」欄の右）。

　さらにパート4-4で検討される3番目の要因は⑧「巧妙なERA反対運動」である。ここでは文書O〔ERA批准反対を呼びかける手紙〕が用いられ、巧妙なERA反対運動がERA否決の理由となったかどうかが問われる（「教師の発問」）。文書Oから学習者は、手紙による州議員への大規模なERA反対キャンペーン活動や女性の居場所が家庭にあることを議員に訴えた心理的宣伝活動を読みとる。そしてこのような心理的宣伝活動があればERA批准への賛成票は減るということを論拠にして、ERA反対者たちが議会と議員へ直接働きかけた行為が絶大な影響を与えたためERAが否決されたと解釈すべきであるという主張が成り立つことを学習者は理解する（「歴史理解の内容」）。これを認識形成の観点からみると、社会問題の問題解決過程は単線的なものではなく、人々の複数の主張や言説が行き交う、解釈をめぐる入り組んだ対立の過程であることを学習者は理解する（「認識過程」）。

　その結果学習者は、ERAが否決されたのは「宗教・伝統的性役割観念と人々の行為の関係」、そして「社会制度と人々の行為との関係」が論拠とされたからであると理解を構築することになる。（「社会問題の理解の構築過程」欄の左）。これは、学習者が自分の解釈を学級内で主張する際の論拠を観念・

第8章　時代像や社会の動きの批判的解釈に基づく歴史学習の論理　479

制度・行為の相互関係に求めることである（「社会問題の理解の構築過程」欄の右）。

　最後のパート5は総合的なまとめのパートであり、具体的にはERAが否決された理由と男女平等実現方法についての小論文を執筆する。そしてこれまでのERA問題の理解をもとに、ERAがなぜ否決されたのか総合的に答える。そのために単元の中心的な問いである「ERAはなぜ否決されたのか」が再び問われる（「教師の発問」）。学習者はパート1～4で学習したことを総合的に考え、社会問題を理解する際には大きく3つのレベルがあることに気づく。3つのレベルとは、①個人に焦点を当てた（個人レベル）社会問題の理解、②社会集団（社会的価値観や倫理観を同じくする人々やジェンダー集団）に焦点を当てた社会問題の理解、③社会制度に焦点を当てた社会問題の理解、である。また、ERA実現方法についてこれまでとは異なった方法を自分で考え出すようになる（「歴史理解の内容」）。これを認識形成の観点からみると、①社会的決定がなされる場合には実際にはさまざまな要素が影響しており、必ずしも合理的決定がなされるわけではないことを学習者は理解する。また、②社会問題は完全に解決されるものではなく、解決状況は暫定的な歴史的意味づけを通してのみ示されることも理解する（「認識過程」）。その結果学習者は、ERAが否決されたのは社会問題の一般的特性、つまり「一般論（男女平等を支持）には賛成するが、具体的な事案（ERA）には反対する」という特性が理由であると理解する（「社会問題の理解の構築過程」欄の左）。これは、学習者の主張の論拠を「制度と行為の関係（ERA批准に関係する諸法令等の制度改正と人々の行為の関係）の在り方」に求めることである（「社会問題の理解の構築過程」欄の右）。

　以上が表8-8の横軸にある「教師の発問」「歴史理解の内容」「認識過程」「社会問題理解の構築過程」に沿った各パートの説明である。

　単元の学習は以上のようになっているが、この過程を本節1.の冒頭で示した①～⑥の「社会問題の基本概念」の観点でみても、パート1～5は以下

のような理解の構造を備えており、本単元は社会問題を学習者に理解させる単元になっている。

パート1→基本概念①〜⑥のすべてが当てはまる。中でも①②⑤は特に重要で、これら3つを重点的に理解させる構造になっている。

パート2→このパートは社会問題の基本概念理解の上で2つの部分に分かれる。前半では、基本概念①②⑥が、後半では④⑤が当てはまる。

パート3→基本概念①②が当てはまる。このパートでは、②を重視し、史資料に基づいて学習者に具体的に考えさせ、以後の学習の基本的な体制をつくる。

パート4→基本概念③④が当てはまる。このパートでは何が対立しているのか、何が問題なのかを4つのサブパートで個別詳細に検討していく。各サブパートでは数個の文書が与えられるが、この時点で既に討論の観点が決まっている。なぜなら、対立の観点をあらかじめ示しておくことで学習の方向付けをする必要があるからである。そしてこの方向づけられた観点について学習者は議論しながら深く検討していくことになる。これは、ERAについて議論していた過去の人々を念頭に置いて、他方で学習者自らも議論していくという、理解の二重構造となっている。

パート5→基本概念⑥が当てはまる。パート4でさまざまな文書を読み、多様な観点から検討しても問題の解決は困難であることを学習者は理解する。そのため、問題の解決過程は未解決の過程であるということを理解することになる。

単元は以上のような内容構成になっている。そしてこれまで詳述した表8-8と、「社会問題の批判的解釈モデル」を合わせて考察すると、本単元の内容構成について以下の4つの原理を導き出すことができる。

第8章　時代像や社会の動きの批判的解釈に基づく歴史学習の論理　481

内容構成原理1　「社会問題の批判的解釈モデル」による歴史理解

　第一の内容構成原理は、「学習の過程」の観点でみると、前述した「社会問題の批判的解釈モデル」を用いて社会問題を理解する内容構成になっていることである。

　本単元の各パートのうち、パート3からパート5においては、学習者が理解を深めていく過程には、ある一定の「推論の型」があることがわかった。この「推論の型」は、社会問題を3つの要素（データ・論拠・主張）を用いて因果関係的構造をもつものとして推理・解釈する基本的・一般的な形である。このような推論の型はトゥールミン図式と呼ばれることは前述した。このトゥールミン図式を用いて［データ］→［論拠］→［主張］という推論を行うことは、学習者が何を論拠にどの様に解釈し、その解釈が妥当か、妥当でないとすれば何が問題かを学習者の間で分析的に考察し、主張を行うことである。これが「批判的」に理解を構築するということである。そこで、本研究ではトゥールミン図式を用いて社会問題を「批判的」に理解するためのモデルを「社会問題の批判的解釈モデル」と呼ぶことにする。

　この「社会問題の批判的解釈モデル」は、図8-2と後掲の図8-8（499頁）で示すように8つのトゥールミン図式で示される（図8-2、および図8-8を参照）。

　この解釈モデルはパート3以降で用いられる。パート3ではERA否決の要因が8個考えられ、それらの間には何らかの関係があることを社会問題の批判的解釈モデルを用いて理解する。そしてパート4では、パート3で用いた解釈モデルを構成している8個のトゥールミン図式（要因①〜⑧に対応）をひとつずつ用いてERA否決の要因8個を個別詳細に検討する（図8-8参照）。この場合、個別に検討する際には、グループや学級でディスカッションが行われる。その結果、学習者はERAが否決されたのは単一の要因からではなく、複数の要因が相互に関連し合って否決に至ったことを理解する。この場合、パート4ではパート3よりもトゥールミン図式の理解が緻密になるとともに、要因相互の関係の理解も深まる（図8-8参照）。つまり、パート3で用

いられた解釈モデルがパート4で発展・深化した形になり、ERA否決の要因について学習者の理解が深まるのである。そしてパート5では、この発展した形の解釈モデルをもとに小論文を書くことになる。このように内容構成原理1は、「社会問題の批判的解釈モデル」を根幹として内容を構成し歴史理解をさせていることである。

内容構成原理2　主体と論拠の社会的拡大による社会問題の理解

　第二の内容構成原理は、「歴史理解の内容」の観点からみると、主体（ERAに反対する人々の規模）と論拠（ERAが否決された理由）が、パートが進むにつれて拡大・発展していることを理解する内容構成になっていることである。

　まず、主体の拡大について述べる。学習者は各パートの学習を通して、社会問題を理解する際には大きく3つのレベルがあることに気づく。3つのレベルとは、①個人に焦点を当てた（個人レベル）社会問題の理解、②社会集団（社会的価値観や倫理観を同じくする人々やジェンダー集団）に焦点を当てた社会問題の理解、③社会制度に関わる全市民に焦点を当てた社会問題の理解、である。これは、社会問題はERAに反対する人々（主体）が［個人］→［社会集団］→［全市民］と段階的に拡大しているということである。

　パート4からパート5にかけては主張の主体を「個人レベル」から「社会的集団レベル」へと拡大している。「個人レベル」とは、キリスト教根本主義者やモルモン教徒、ERA反対女性活動家、保守的地域の人々、反連邦主義者などである。「社会的集団レベル」とは、男性優位の社会体制を望む男性やそれを尊重する女性などの社会的集団、女性の実戦参加に反感をもつ社会的集団、さらに反対の主張を行為にまで広げて制度（議会など）に働きかけた人々の集団である。以上が主体の段階的拡大である。

　次に主張の論拠の拡大は、表8-10の「社会問題についての主張の構築」の欄に示されており、パート4～5で段階的に主張の論拠が拡大する。まずパート4の前半では、主張の論拠は「個人的・社会的レベル」から風土や慣

習などの「集団的レベル」へと拡大される。そしてパート4の後半では論拠がさらに拡大され「社会的レベル」（例えば立法やERA批准制度など）となる。最後のパート5では、論拠が拡大した結果、平等権の問題を解決するために現在何が必要かを主張するまでになる。それは例えば議会に働きかける（陳情、署名、ロビー活動）など、立法への積極的関与であり、この段階では主張の論拠が平等権問題の解決方法という「公共的レベル」にまで拡大される。

このように内容構成原理2は、社会問題は主張の主体と論拠が段階的に拡大することを理解させる内容構成になっていることである。

内容構成原理3　未解決の現代的課題としての社会問題の理解

第三の内容構成原理は、「歴史理解の内容」の観点からみると、社会問題の解決方法を未確定なものとして理解させ、現代の問題として理解させる内容構成になっていることである。社会問題は、ある特定の時代で完全に解決することは不可能である。なぜなら社会問題は社会的・経済的・文化的諸要因が複雑に絡み合って生じたものであり、かつ社会問題は人間の意識の外に客観的に存在するのではなく、個人が社会問題であると認識することで社会問題となるからである。したがって過去に生じた社会問題は、未だに完全な解決がなされていない現代の社会問題であるといえる。

この未解決の社会問題を理解する際に用いられるのが、内容構成原理1で述べたトゥールミン図式である。社会構築主義の立場をとる社会学者の山本功は、構築主義に基づく社会問題の分析手法としてトゥールミン図式を利用することを提案している（山本、1994）。山本によると、構築主義の視点から社会問題を分析する際には二つの水準［水準aと水準b］でトゥールミン図式が用いられる。水準aは「事実の解釈を主張する場合」であり、水準bは「社会問題の解決策の主張を行う場合」である。水準aをトゥールミン図式に表すと図8-5のようになる。この水準aでは「事実の解釈」の主張が行われるが、この場合の「事実」とは、「ERAは1972年に連邦議会で発議さ

484　第2部　社会構築主義に基づく歴史学習

表8-10　社会問題学習の構造

パート \ 要素	論題	社会問題理解についての主張の構築		学習内容	資料	
		主張の論拠	レベル		カテゴリー	文書記号
パート1	平等権付与の是非	平等権についての日常的・経験的知識	個人的レベル	現在の平等権問題の状況	社会・経済・文化領域の平等権問題	質問紙
パート2	ERA問題形成の要因	女性差別の存在と男女平等権実現の必要性	社会的レベル	ERA問題の形成過程（社会的・経済的・文化的背景／性差別法・性差別意識・女性解放運動の歴史）	（男女）平等権問題の歴史的形成	背景の説明文
パート3	ERA否決問題の要因（レベル1）	ERA否決問題理解のための8個の要因（暫定的に類推したもの）	多様なレベル	ERA否決問題理解の基本視点（8個の要因カテゴリー）	15個の文書の内容テーマ	A〜O
パート4	ERA否決問題の要因（レベル2）	要因①憲法修正に関わる条文内容	社会的個人的レベル	男女平等の概念の厳密性、法と制度との関係の在り方	憲法修正条文に求められる内容的厳密さ	A、B、C
		要因②伝統・風土・宗教の地域的差異	集団的レベル	1　地域的差異との整合性確保の難しさ	地域的差異	D
		要因③過激な運動への反発		2　保守的慣習・伝統の集団との衝突	戦術への反発	E、F
		要因④連邦政府への権力集中に対する危惧		3　反連邦主義者・公民権拡大反対グループとの衝突	連邦政府への権力集中の危惧	G
	ERA否決問題の要因（レベル3）	要因⑤民意を正確に反映しない批准制度の欠陥	社会的レベル	社会的観念・社会制度・行為と立法の関係理解の視点	宗教と年齢	H
		要因⑥男性中心の伝統的社会体制崩壊への危惧		1　男性優位の観念、制度・システム、行為の関係	男性の伝統的な性役割意識と雇用制度への脅威	I、J、K、L、M
		要因⑦女性徴兵への危惧		2　徴兵制度とジェンダー（女性観）の関係	徴兵問題	N
		要因⑧巧妙なERA反対運動		3　観念、社会的制度、行為の関係	巧妙な反対運動	O
パート5	ERA否決問題の要因ERA問題の解決法	根本的要因、平等権問題の解決方法	公共的レベル	社会的観念、制度、行為の関係をもとにした平等権問題の解決方法	自作の小論文	

（筆者作成）

第8章　時代像や社会の動きの批判的解釈に基づく歴史学習の論理　485

れ、各州の承認にかけられた。条文内容は『法の下における権利の平等を、合衆国も、どの州も性によって否認もしくは制限してはならない』である。当初は成立確実とみられていたが、批准期限の1982年までに必要数にわずか5州で届かず廃案になったこと」である。また「事実の解釈」とは、この事実について「否決された要因は何かを推理すること」である。

　本単元ではERA否決の要因が8個推理される。したがって、水準aのトゥールミン図式は1個ではなく、要因の数と同じく8個存在する。8個のうち要因⑦を例にとると、図8-5の水準aになる。その内容は、ERAの条文およびERAが発議されてから廃案に至るまでの賛否両論を示す資料を読み、それが学習者のデータ（D_1）となる。そのデータをもとに、「ERAが否決されたのは、ERAが成立すると女性も徴兵されてしまうのではないかという危惧が要因の一つとなってERAは否決されたと解釈すべきである」という主張（C_1）が形成される。この主張の論拠（W_1）となるのは、「法の下の権利の平等を例外なく一律に適用した場合は、女性も徴兵の対象となる」である。全体では、このような主張が要因の数と同じく8個なされることになる。以上が図8-5（水準a）の説明である。

　次の水準bは図8-6のように表される。水準aでなされた8個の主張は、水準bで行われる主張（社会問題の解決策の主張）の基礎となり、データ（D_2）として主張を支えるものになる。主張のもとになるデータ（D_2）は、水準bの図中にあるように「ERAは8つの要因（伝統・風土の地域的差異、女性徴兵への危惧など）によって否決された」となる。そのデータをもとに、「男女平等を実現するためにはERAだけでなく他のさまざまな方法が必要である」という主張（C_2）がなされる。この主張の根拠（W_2）となるのは、「ERAだけでは男女平等の実現は不可能である」ということである。以上が図8-6（水準b）の説明である。

　このような2つのトゥールミン図式、つまり「事実の解釈の主張（＝水準a）」と「解決策の主張（＝水準b）」を用いて、学習者は社会問題を理解する

のである。

　以上が本単元の内容構成原理である。第一の原理は「社会問題の批判的解釈モデル」を根幹にした内容構成による歴史理解、第二の原理は主体と論拠の社会的拡大による社会問題の理解、第三の原理は未解決の現代的課題とし

水準a

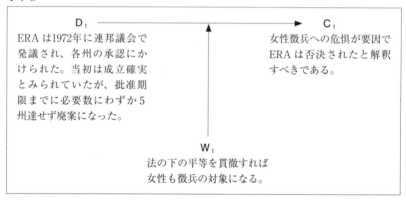

図8-5　女性徴兵への危惧を要因とした主張の構造

水準b

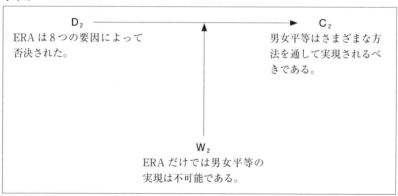

図8-6　8つの要因を総合した主張の構造

第8章　時代像や社会の動きの批判的解釈に基づく歴史学習の論理　487

ての社会問題の理解であった。

2) 学習方法原理－社会問題に焦点を当てた批判的解釈学習

　前述の1)では、本単元の内容構成原理についてみてきた。2)では、学習者がどの様な方法で学習を深めていくのかという学習方法原理について後掲の図8-7をもとに考察する。

　まず図8-7の基本的な構造を説明する。図8-7の縦軸は、本単元をパート順に示したものである。横軸の項目の数はパートごとに異なるため、それぞれに説明する。

　パート1の横軸の項目は、左から「論題」、「データD_1（背景や状況）」、「論拠W_1（個人・集団、社会）」、「主張C_1（個人・集団、社会）」、「社会問題の理解」となる。このうち、左の2つの項目「論題」「データD_1（背景や状況）」は、教師あるいは資料から与えられるものである。

　パート1の「論題」は、「米国民や移民への各種平等権付与の是非」を「主張」というかたちで説明することである。学習者は、「論題」について教師から与えられた資料を読むことで、米国民や移民への平等権付与の背景や状況を知り、それを「データD_1」として、当時の人々がどの様な「論拠」に基づいて、平等権付与についてどの様な「主張C_1」をしていたのかを知る。具体的な「論題」は、米国民や移民への各種平等権付与の是非である。これについて、囚人の選挙権、移民の福祉年金受給、女性の徴兵実施の可能性などを「データD_1」として、[『「囚人の投票権、移民の福祉年金受給、女性の徴兵などは無条件で行われるべきである、あるいはそれらは制限されるべきである」と当時の人々は考えていた』と解釈すべきである]と学習者は「主張」する。そして当時の人々が「論拠W_1」としていたのは、「『すべての人に政治的・経済的・文化的平等権が保障されている、あるいは平等権は公民権の有無、国籍、身体的特徴に応じて制限を受ける』と解釈すべきである」と学習者は理解する。その結果学習者は、平等権を米国民や移民に付与

488　第 2 部　社会構築主義に基づく歴史学習

	論題	データ D_1 背景や状況	論拠 W_1 個人・集団 / 社会	主張 C_1 個人・集団 / 社会
パート 1	・米国民や移民への各種平等権付与の是非	囚人の選挙投票、移民の福祉年金受給、スポーツ競技参加、女性の徴兵	（肯定）すべての人に政治的・経済的・文化的平等権が保障されている。（否定）平等権は公民権の有無、国籍、身体的特徴に応じて制限を受ける。	（肯定）囚人の投票、移民の年金受給、女性の競技種目拡大、徴兵は無条件で行われるべき。（否定）囚人の投票、移民の福祉年金給付、女性の競技種目、徴兵は制限すべき。
パート 2	・ERA 問題が生じた要因	女性には雇用条件や財産権の著しい女性差別があった。女性保護運動が発展して女性の自由と権利を男性と同等にするために ERA 成立の要求が高まった。議会や大統領も支持していた。	・男女は社会的・経済的・文化的に差別されるべきではない。・法の下に平等な権利をもつ。	・男女平等権保障の要求は ERA 実現の主張として発展してきたが未実現なのは問題である・ERA は多くの人々が認めているのに、現実にはさまざまな論拠に基づいた反対の主張によって否決されているのは問題である。
パート 3	・ERA 否決の基本要因	・資料 A～O を通読して得られるさまざまな ERA 関連情報	①憲法上の困難、②地域的差異、③戦術への反発、④権力集中の危惧、⑤宗教や年齢、⑥男性中心体制への脅威、⑦徴兵、⑧巧妙な反対運動	・ERA はさまざまな要因によって否決された。
パート 4-1	・ERA の内容の是非・憲法の修正方法の是非	・男女平等は既存法で保障されていた女性の労働立法上の保護や利益の撤廃も意味した。・既存の州法の改訂も必要であった。・憲法の規定にある修正要件が可決困難なほど厳しかった。	・平等の定義が不明確である。・性による役割分担は機能的であり不平等をもたらすとは言えない。・多数決とは過半数を 1 票上回ることである。	・ERA は既存の男女の役割分担を破壊するものであり男女平等のあり方を真に実現するものではなかったので否決された。・ERA は男女の特性や役割分担を尊重する団体等の反対が投票を阻んだので否決された。
パート 4-2	①宗教や伝統、慣習・地域性と法案との整合性の存在②伝統的規範意識や保守的風土と ERA 戦術の整合性の存在	①東南部やロッキー地方の州では宗教や保守的地域性があり多くの人々が伝統的ジェンダー観を持っていた。②支持者たちがフェミニストと似た過激な運動をとった。	① ERA は伝統的家族構造を崩壊させる可能性がある。② ERA は性役割分担に関する伝統的規範を尊重せず、既存の社会規範を統制する。	① ERA は普遍的平等を求めるものであっても伝統的家庭構造を崩壊させる恐れがあったので支持が下がった。② ERA 運動は伝統的規範に反する過激なものであったので支持が下がった。

第 8 章　時代像や社会の動きの批判的解釈に基づく歴史学習の論理　　489

⇒	データ（行為）D_2		+	論拠 W_2		=	主張 C_2		社会問題の理解
	個人・集団	社会		個人・集団	社会		個人・集団	社会	

→ ・社会問題は社会的な問題についての人々の主張であることを知る。

→ ・社会問題は社会の中にある社会的に困った状態や、そのような状態として起こりうる可能性としての社会的問題についての主張として提出されてきていることを理解する。

→ ・社会問題はこれに対するさまざまな観点からの主張として提示できることを理解する。

+ ・権利（平等権）の保障のための新法は新たな不平等を生み出すものであってはならないし、既存法と矛盾してはならない。
・多数決による決定は民意を最大限に保障する必要がある。

= ・ERA は新たな不平等を生み、平等権を保障するものとはならない
・州法の改訂を迫り、既存法との整合性を確保する作業負担を生み出す。
・そのために ERA は否決された。

→ ・社会問題の理解は、それに関わり、主張を行っている人々の活動のさまざまな場面の理解を通して行われることを知る。
・社会問題は、その様な主張を人々が実際にどの様に行い、それに対して他の人々がどの様に応答するかという、主張をめぐる人々のやりとりのプロセスとして理解されることを知る。

= ・ERA は宗教や伝統、慣習・地域性、攻撃的戦術への反感、国家観などによって支持を下げ、否決された。

490　第2部　社会構築主義に基づく歴史学習

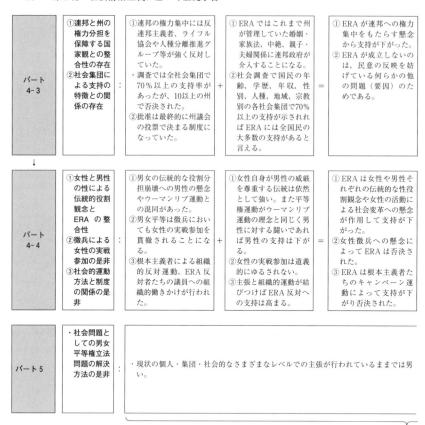

図8-7　単元「ERAはなぜ

すべきかどうかという問題は、社会的な問題についての人々の主張であり、これが社会問題であることを理解する（「社会問題の理解」）。

このパート1は、平等権付与の是非について問題となる具体的状況を分析して主張を構築するものであり、前述の内容構成原理3で述べた、社会問題分析の際の2つの水準、つまり［事実の解釈の主張］（水準a）と［社会問題

第8章 時代像や社会の動きの批判的解釈に基づく歴史学習の論理　491

（筆者作成）

否決されたのか」の構造

解釈の主張]（水準b）のうち、水準aにあたる。

　次のパート2ではERA問題が生じた要因は何かが「論題」となる。この場合、「データD_1（背景や状況）」は、①女性には雇用条件や財産権の著しい差別があったこと、②女性保護運動が発展して女性の自由と権利を男性と同等にするためにERA成立の要求が高まった、③議会や大統領も支持してい

たことである。この「データ D_1」をもとに学習者は、①男女平等権保障の要求は ERA 実現の主張として発展してきたが実現されていないのは問題である、② ERA は多くの人々が認めていたのに実際には反対の主張によって否決されたのは問題であると「主張 C_1」する。その「論拠 W_1」は、①男女は社会的・経済的・文化的に差別されるべきではない、②人々は法の下に平等な権利をもつことである。その結果学習者は、社会問題は、社会的に困った状態であることが主張されて初めて社会問題として認識されることを理解する（「社会問題の理解」）。

このパートは、ERA 問題が生じた要因について、背景や状況をもとに主張を構築するものであり、事実の解釈の主張（水準 a）のレベルである。

パート 3 では ERA 否決の基本要因は何かが「論題」となる。この場合「データ D_1（背景や状況）」は、資料 A 〜 O を通読して得られた ERA 関連情報である。これをもとに学習者は、ERA はさまざまな要因によって否決されたと解釈すべきと「主張 C_1」する。その「論拠 W_1」は、①憲法上の困難、②地域的差異、③戦術への反発、④権力集中の危惧、⑤宗教や年齢、⑥男性中心体制への脅威、⑦徴兵、⑧巧妙な反対運動、である。その結果学習者は、社会問題は、社会的に困った状態であることが「さまざまな観点から」主張されて初めて社会問題として認識されることを理解する（「社会問題の理解」）。

以上が図 8-7 のパート 1 〜 3 の説明である。次のパート 4 は、要因の類似性から 4 つに分け、パート 4 − 1 〜 4 − 4 とした。

パート 4 − 1 では、ERA の内容の是非および憲法の修正方法の是非が「論題」となる。学習者は ERA の男女平等が、既存法で保障されている女性の労働法上の保護の撤廃も意味すること、そして憲法の規定にある修正要件は可決が困難なほど厳しいものであることを「データ D_1」として、ERA は既存の男女役割分担を破壊するものであり、男女役割分担を尊重する団体が投票を阻んだために否決されたと解釈すべきであると「主張 C_1」する。

第8章　時代像や社会の動きの批判的解釈に基づく歴史学習の論理　493

その「論拠 W_1」は平等の定義が不明確であること、性による役割分担は機能的であり、不平等をもたらすものとは言えないということである。

以上を、前述の内容構成原理 3 で述べた、社会問題を分析する際の 2 つの水準（事実の解釈の主張である水準 a、社会問題の解決策の主張である水準 b）に当てはめると、ここまでが事実の解釈の主張（水準 a）である。学習者はこれを新たな「データ D_2」として、次のような「主張 C_2」を構築する。つまり、ERA は新たな不平等を生むものであり平等権を保障するものとはならず、既存法と ERA の整合性を確保するための負担を生み出すものであるという理由から ERA は否決されたと解釈すべきである、という「主張 C_2」である。この場合の「論拠 W_2」は、権利（平等権）の保障のための新法は新たな不平等を生み出すものであってはならず、既存法と矛盾してはならないというものである。その結果学習者は、社会問題は主張を行っている人々の活動を通して理解されること、そして社会問題は主張をめぐる人々のやりとりのプロセスとして理解されることを知る（「社会問題の理解」）。

パート 4-2 で「論題」となるのは、ERA 否決の要因としての①宗教や伝統、慣習・地域性と法案との整合性の存在、②伝統的規範意識や保守的風土と ERA 反対派の戦術の整合性の存在の有無である。これに対して学習者は、①南東部やロッキー地方の州では宗教や保守的地域性があり多くの人々が伝統的ジェンダー観をもっていたこと、②支持者たちがフェミニストと似た過激な運動をしたことを「データ D_1」として、次のような「主張 C_1」を構築する。つまり、① ERA は普遍的平等を求めるものであったが伝統的家庭構造を崩壊させる恐れがあったため支持が下がった、② ERA 運動は伝統的規範に反する過激なものであったため支持が下がったと解釈すべきであるという「主張 C_1」である。この場合の「論拠 W_1」は、① ERA は伝統的家庭構造を崩壊させる可能性がある、② ERA は性の役割分担に関する伝統的規範を尊重せず、既存の社会規範を破壊する、というものである。

ここまでが事実の解釈の主張の段階（水準 a）であり、学習者はこれを新

たな「データ D_2」として、次のような「主張 C_2」を構築する。つまり「ERAは宗教や伝統、慣習・地域性、攻撃的戦術への反感、国家観などによって支持を下げ否決された」という主張である。その結果学習者は、パート4－1と同じく、社会問題の理解はそれに関わり主張を行っている人々の活動のさまざまな場面の理解を通して行われること、そして社会問題は主張をめぐる人々のやりとりのプロセスとして理解されることを知る（「社会問題の理解」）。

　パート4－3で「論題」となるのは、ERA否決の2つの要因、①国（連邦）の権力と州の権力を両立させるという国家観の存在、②社会集団による支持の特徴と①との関連性の有無である。この論題に対して学習者は、①連邦の権力集中には反連邦主義者、ライフル協会や人種分離推進グループなどが強く反対していたこと、そして調査ではERAは全社会集団で70％以上の支持率があったにもかかわらず10以上の州で否決されたこと、また②批准は最終的に州議会の投票で決まる制度になっていたことを「データ D_1」として、次のような「主張 C_1」を構築する。つまり、「①ERAが連邦への権力集中をもたらす懸念から支持が下がった、②ERAが成立しない、つまり民意の反映を妨げているのは何らかの他の問題（要因）のためであると解釈すべきである」という「主張」である。この場合の「論拠 W_1」は、①ERAが成立するとこれまで州が管理していた婚姻・家族法、中絶、親子・夫婦関係に連邦政府が介入することになる、②社会調査で国民の年齢、学歴、年収、性別、人種、地域、宗教別の各社会集団で70％以上の支持が示されればERAには全国民の大多数の支持があると言える、というものである。

　ここまでが事実の解釈の主張の段階（水準a）であり、学習者はこれを新たな「データ D_2」として次のような「主張 C_2」を構築する。つまり「ERAは特定の社会集団の反対によって否決されたのではない」という主張である。その結果学習者は、①社会問題についての現実の社会的決定にはさまざまな要素が影響しており、社会問題は必ずしも合理的決定がされる訳ではな

い、また②社会問題の解決過程は単線的ではなく、解釈についての複数の主張が対立し相互補完する複雑な過程として理解されることを知る(「社会問題の理解」)。

パート4-4も大きく2つの段階で構成されている。第一段階は、事実の解釈を「主張」する段階である。これは前掲の図8-7では、左半分の「データ D_1」「論拠 W_1」「主張 C_1」にあたる。第二段階は、第一段階で導き出した主張をもとにさらに主張を作る段階であり、図8-7では右半分の「データ D_2」「論拠 W_2」「主張 C_2」にあたる。はじめに左半分の「データ D_1」「論拠 W_1」「主張 C_1」を説明する。

パート4-4の「論題」は3つある。①性による伝統的役割観念とERAは整合するか、②徴兵による女性の実戦参加の是非、③社会的運動方法と制度の関係の有無である。この場合の「データ D_1」を論題ごとに示すと、①男女の伝統的な役割分担崩壊への懸念およびウーマンリブ運動との混同、②男女平等は徴兵においても女性の実戦参加を貫徹させることになるという懸念、③根本主義者による組織的反対運動、ERA反対者による議員への組織的働きかけ、である。そしてこれらの「データ D_1」をもとになされる「主張 C_1」は以下のようになる。「①ERAは男女双方の伝統的な性役割観念や女性の活動による社会変革への懸念が作用して支持が下がったと解釈すべきである、②ERAは女性の徴兵への懸念によって否決されたと解釈すべきである、③ERAは根本主義者たちのキャンペーン運動によって支持が下がり、否決されたと解釈すべきである」。これらが学習者の「主張 C_1」となる。これらの主張の「論拠 W_1」は次の3点である。①女性自身が男性の意見を尊重する伝統は依然として強く、また平等権運動がウーマンリブ運動の理念と同じく男性に対する闘いであれば男性の支持は下がる、②女性の実戦参加は道義的に許されない、③主張と組織的運動が結びつくことでERA反対への支持は高まる、である。

以上がパート4-4の第一段階で行われる、事実の解釈についての「主

張」である。前述したように、これは図8-7では左半分の「データ D_1」「論拠 W_1」「主張 C_1」にあたる。次の第二段階は、第一段階をもとにした学習者自身の主張であり、図8-7では右半分の「データ D_2」「論拠 W_2」「主張 C_2」にあたる。

　パート４－４の第二段階を具体的に説明すると以下のようになる。第一段階での事実の解釈によって学習者は、観念（女性の実戦参加は道徳的に許されない等）、制度（ERAの批准議会によってなされる）と行為（州議会に働きかける）の結びつきによって反対の効果が高まっていることを理解する。これが第二段階の「データ D_2」となる。この「データ」をもとに学習者は、「男女の伝統的な観念をもったERA反対の人々が議会（制度）に働きかける運動（行為）によってERAは否決されたと解釈すべきである」と「主張 C_2」する。この場合の「論拠 W_2」は、議会制民主主義は社会的決定のひとつの方法であり、組織的運動が社会的制度への働きかけと結びつくことで主張への支持はさらに高まるということである。

　ここまでの理解をもとに学習者は、パート４の最終的な段階としてERAを含む社会問題一般についても理解することになる（「社会問題の理解」）。その内容は、①社会問題についての現実の社会的決定にはさまざまな要素が影響しており必ずしも合理的決定がされる訳ではないということ、また②社会問題の解決過程は単線的ではなく、解釈についての複数の主張が対立する複雑な過程である、というものである。以上がパート４－４である。

　これまで見てきたパート１～４は、構築主義の視点から社会問題を分析する際に使われる２つの水準〔水準 a ＝事実の解釈の主張、水準 b ＝社会問題の解決策の主張〕のうちの水準 a であった。そして最後のパート５では、事実の解釈の主張（水準 a）だけでなく社会問題の解決策の主張（水準 b）までが行われる。

　パート５で「論題」となるのは、社会問題としての男女平等権立法問題はどの様に解決されるべきかである。学習者はパート１～４で学習したことを

総合して、「個人・集団・社会的集団のさまざまなレベルでの主張が行われているままでは男女平等は十分には実現しないと解釈すべきである」と「主張」する。これが事実の解釈の主張（水準a）である。この主張は同時に次の水準b（社会問題の解決策の主張）の「データ」となる。これをもとに学習者は、「男女平等権保障を実現するためには社会制度やシステムを変革すべきである」と「主張」する。この場合の「論拠」は、観念や理念、制度、行為の3つが結びつくと男女平等権保障を実現する方法への強力な支持が得られるということである。ここまでの理解をもとに、学習者は、パート5の最終的な段階としてERAを含む社会問題一般についても理解する（「社会問題の理解」）。その内容は、社会問題はその解決過程が本来的にオープンエンド（未解決）な過程であり、暫定的・歴史的意味でしかその解決を示すことができないということである。

以上がパートごとの内容にそった図8-7の説明である。以下では、単元全体から導き出される学習方法原理について述べる。単元「ERAはなぜ否決されたのか」における歴史理解の構造を分析すると、この単元は社会問題に焦点を当てた解釈学習について以下の4つの原理を備えていることが明らかとなる（表8-8と図8-7を参照）。

学習方法原理1　「社会問題の批判的解釈モデル」による社会問題理解

　第一の原理は、学習の方法（モデル）の観点からみると、社会問題を理解する際に、学習者が「社会問題の批判的解釈モデル」を用いる方法をとっていることである。

　「社会問題の批判的解釈モデル」には基本形とその発展形があることについては内容構成原理1で述べた。ここでは、このモデルがどの場面でどの様な方法で用いられてERA否決の要因が解釈されるかを述べる。

　「社会問題の批判的解釈モデル」はパート3とパート4で主に用いられる。両パートで用いられるモデルを図式化すると、パート3のモデルは前掲

の図8-2のようになり、パート4のモデルは次の図8-8のようになる。まず、図8-2（パート3で用いられる批判的解釈モデル）から説明する。

　パート3では、学習者は15個の資料を通読し、グループでのディスカッションを通してERA否決の要因は複数（8個）存在すること、そしてそれぞれの要因はトゥールミン図式を使って推理することができることを理解する。ただし、この場合の「理解する」とは具体的な理解ではなく、単に要因が複数存在するという存在自体の認識であり、概括的な理解である。したがって、パート3で用いられるトゥールミン図式（図8-2）は、データ・論拠・主張がはっきりとした形で表されるわけではなく、あくまで漠然とした理解にとどまるものである。図8-2では各要因のトゥールミン図式の中の矢印が点線で表されているが、これが理解の漠然性を表すものである。また、パート3では要因相互の関連も十分には認識されていない。

　次に図8-8（パート4で用いられる批判的解釈モデル）を説明する。パート4では、パート3で概括的に理解した8つの要因について、文書A～Oを1個ずつ読んでディスカッションをし、各要因についてデータをもとに論拠づけを行い、「ERA否決の要因は～であったと解釈すべきである」という主張を行う。ここで用いられるトゥールミン図式の「データ」「論拠」「主張」はパート3とは異なり、文書を読み込んで理解した、明確なものである。したがって図8-8の各トゥールミン図式の囲みの中の矢印は、図8-2のような点線ではなく実線で書かれている。さらにパート4では、グループや学級でのディスカッションを通して、ERA否決の要因は単独で存在するのではなく相互に関わり合って形成されたことまでも理解する。

　例えば、ERA否決の要因①（憲法修正に関わる条文内容）、要因⑦（女性徴兵への危惧）、要因⑧（巧妙なERA反対運動）を例にとると次のようになる。①⑦⑧の3つの要因はそれぞれが独立してERA否決の要因として作用したのではない。ERAの条文を文言通り厳格に当てはめると女性も徴兵されることになるという恐れ（要因⑦）を抱いた人々が、ERAに反対する団体に働き

第 8 章　時代像や社会の動きの批判的解釈に基づく歴史学習の論理　499

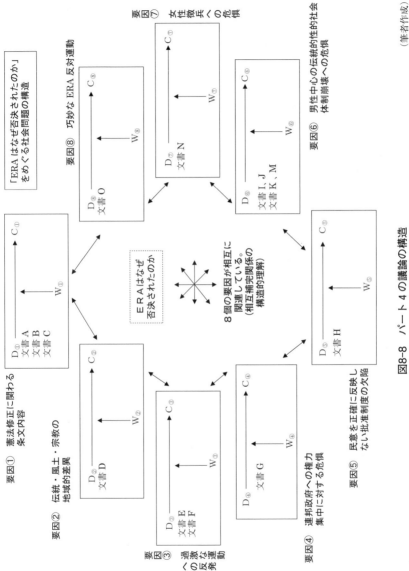

図8-8　パート4の議論の構造　　　　　　　　　　　（筆者作成）

かけ、巧妙なキャンペーン（要因⑧）を展開させた。もともと憲法を修正するには過半数や２／３以上の賛成が必要であるという厳しい要件が課されていた（要因①）ため、巧妙なキャンペーンが功を奏しERAは否決された、という要因の相互関連性までも学習者は理解する。相互関連性の理解は、図8-8では中央および各要因の囲みの外側に矢印を付けて表してある。

このように、パート４で用いられる「社会問題の批判的解釈モデル」は、基本的なかたちはパート３と同じであるが、「データ」「論拠」「主張」が明確なかたちで現れていること、および８個の要因相互の関連までを総合してERA否決の要因を解釈することが出来るモデルである。このようなモデルを用いる方法で、ERA否決の要因は批判的に解釈されるのである。

以上のように、学習方法原理１は「社会問題の批判的解釈モデル」による社会問題理解である。

学習方法原理２　２段階の議論の構造（水準ａと水準ｂ）を用いた社会問題理解

第二の原理は、「学習内容の発展」という観点から見ると、２段階の議論の構造を用いて社会問題を理解する方法をとっていることである。構築主義に基づいて社会問題を分析する際に、２つの水準（水準ａと水準ｂ）でトゥールミン図式が用いられることは内容構成原理１で述べた。事実の解釈の主張を行う場合が水準ａであり、社会問題の解決の主張を行う場合が水準ｂである。

本単元では、事実の解釈の主張をおこなう場面（水準ａ）と、社会問題の解決策の主張をおこなう場面（水準ｂ）を明確に分け、２段階の構造をもたせる方法で社会問題を学習させる方法をとる。水準ａの議論の構造をもつのはパート１〜４であり、水準ｂの議論の構造をもつのはパート５である。

パート１では、移民の福祉年金受給など社会の不平等一般について議論がなされ、パート２ではERA問題が生じた要因、パート３とパート４ではERA否決の要因が議論される。

パート1〜4はどれも不平等問題やERA否決の要因は何かという「事実の解釈」を行うものである。これに対してパート5では、男女平等を実現する方法についてのエッセイを執筆するという形で社会問題の解決策を主張するものであり、水準bのレベルに該当する。

学習者は、水準aのレベルでERAの問題点を理解し、次の段階の水準bで、ERA以外で男女平等権を実現する別の方法を考えていく。例えば、署名や陳情、ロビー活動で議会に働きかける方法、州や自治体の立法府や行政府が現行法や行政規則を修正・廃止する方法、裁判所が男女平等権を保障した新しい判例を出すことで斬新的に改善する方法がある。このようにERAそのものがもつ問題点のために否決され、その問題点は現在でも解決されていないことを学ぶ段階（水準a）と、現代ではどの様な解決方法があるかを考える段階（水準b）の2段階で学習が構成されている。

以上のように、第二の学習方法原理は2段階の議論の構造（水準aと水準b）を用いた社会問題理解である。

学習方法原理3　要因の批判的解釈の発展としての社会問題理解

第三の原理は、「学習内容の発展」という観点からみると、ERAが否決された要因を批判的に解釈することにとどまらず、それを現在の社会問題解決に応用するための手段として小論文を書く方法をとっていることである。小論文を書くのはパート5である。学習者はパート1〜4で学習したことを総合的に考え、社会問題を理解する際には大きく3つのレベルがあることに気づく。①個人に焦点を当てた（個人レベル）理解、②社会集団（価値観や倫理観を同じくする人々やジェンダー集団）に焦点をあてた理解、③社会制度に焦点を当てた理解、である。これら3つのレベルの理解を念頭に置いて、学習者はパート5で分析的小論文を書く。小論文のタイトルは「人の心を強くとらえるもの」であり、書くべき内容は次の2つである。

(1) 論題（ERAはなぜ否決されたのか）。

(2) ERAを含め、男女平等権を実現する方法としてどの様なものがあるか。

(1)では例えば、「人々は平等権を一般には認め、男女平等権にも理念的には賛成する。しかし実際のERAの立法化となると反対する。この理念と行為の乖離が他の要因と結びつきERA否決の原因となった。」などの記述が考えられる。(2)では、例えば「現行諸法令の改正、望ましい最高裁判例の提示、人々と社会的制度の関わり（行為）が適切になされるならばERAは成立する可能性がある。」などの記述が考えられる。

(1)(2)の内容について書くことは、パート1～4で行ったERA否決の要因の批判的解釈の主張をさらに発展させて、学習者が自らの経験も踏まえて自分自身の視点から解決方法を再構築することである。パート4では各要因の相互関連性もデータとして取り込んだ上で批判的解釈の主張がなされるが、この主張はグループや学級内の他の学習者に対して口頭でなされる場合もあれば、学習者の内心にとどまっている場合もある。これを小論文というかたちで執筆することは、学習者の主張を他の人に分かるように視覚化することであり、それまで学習したことを自分の視点でまとめあげる過程で自分の主張をつくることでもある。これが学習者による主体的歴史像の構築であり、さらに現代社会の現状はどうか、課題は何か、そして自分はどう関わっていくべきかまで含めた理解をすることである。本単元ではこれらを、小論文を執筆することで学習者が理解できるようになっている。

以上のように第三の学習方法原理は、現在の社会問題解決に応用するための手段として小論文を執筆するという方法をとることで社会問題を理解させていることである。

学習方法原理4　現在の視点による社会問題の理解

第四の学習方法原理は、「歴史理解の現在的・教育的意義」の観点からみると、ERA否決という問題を「現在」の視点で解釈する方法をとっていることである。

第8章　時代像や社会の動きの批判的解釈に基づく歴史学習の論理　503

　現在の視点で解釈するとは、①社会問題（ERA否決）を解釈・理解する際に、それが単に過去の歴史的事実であるだけでなく、現在も存在するものであると理解すること、そして②日常生活で理解している知識（男女平等権についての知識）を活用して社会問題を解釈・理解することである。この原理が主に働くのはパート5である。

　パート5では、学習方法原理3でも述べたように学習者は小論文を執筆する。その内容は、(1)論題〔ERAはなぜ否決されたのか〕と(2) ERAを含め男女平等権を実現する方法としてどの様なものがあるかである。(1)ではERA否決という過去の歴史的事実について、ERAが否決された要因について各パートで検討した内容を思い出しながら社会問題の解釈・理解を書いていく。この過程で学習者は、ERA否決の要因となる男女平等の考え方には、宗教・地域性・価値観などが大きく影響しており、このことは現在にもあてはまることに気づく。宗教・地域性・価値観が人々の考え方や行動に影響を与えることは、学習者が日常的に体験しているためである。そこで(2)では、男女平等権を実現していく方法[12]について、男女平等についての学習者自身の観念、また性役割分担について日常的に学習者が見聞きし、知識としてもっていることを使うことが可能になる。このことにより、男女平等権を実現する方法としてERAを含めてどの様なものがあるかについて、現在のさまざまな視点から小論文を執筆することができるようになる。例えば、「男女平等権を実現するには現行諸法令の改正や最高裁判例の提示、制度の改正などが考えられるが、これらを支えているのは社会の慣習や価値観、地域性などである。そこで、諸制度や法令の改正とともに、啓発活動や学校での男女平等権についての学習も必要である。」などの記述が考えられる。このように社会問題を現在の視点で解釈する原理は、学習者が現在の社会の問題を考える上で大きな役割を果たすものである。

　以上、4つの学習方法原理について述べてきた。原理1は「社会問題の批判的解釈モデル」による社会問題理解、原理2は2段階の議論の構造（水準

a と水準 b）を用いた社会問題理解、原理 3 は現在の社会問題解決に応用するための手段としての小論文執筆、原理 4 は現在の視点による社会問題の理解であった。

これまで述べた単元の授業の分析、それから得られた内容構成原理および学習方法原理をもとに、次の 3. では社会構築主義に基づく社会問題学習の特質と問題点について考察する。

3．特質と問題点

本節では、社会問題に焦点を当てた歴史の批判的解釈学習の論理について考察を行ってきた。そして特に、DBQ プロジェクト米国史単元「男女平等権憲法修正条項はなぜ否決されたのか」の分析を通して、社会問題に焦点を当てた歴史の批判的解釈学習の論理について解明してきた。この単元には、以下の 2 つの特質が見られる。

第一の特質は、ERA 否決の要因を解釈する際に用いられる議論の構造（データに基づき論拠を示して「～と解釈すべきである」と主張する構造）が、単線的なものではなく複合的な構造をもっていることである。この議論の複合構造を図で示したのが、図8-2と図8-8である。

図8-2は、15個の文書を順次解釈する際に用いられる議論の複合的構造である。ここで示されているトゥールミン図式は、各要因につき 1 個だけあるのではない。例えば要因①（憲法修正に関わる条文内容を要因として ERA は否決されたか否か）の分析では、文書の個数（文書 A、文書 B、文書 C の 3 個）に応じてトゥールミン図式も 3 個となる。さらに、各文書の解釈で用いられたトゥールミン図式の各論拠（論拠 A、論拠 B、論拠 C）は統合されて、要因①を解釈する場合の新たな論拠（$W_①$）となる。同様に、各文書の解釈で用いられたトゥールミン図式の各主張（主張 A、主張 B、主張 C）も統合されて、要因①を解釈する場合の新たな主張（$C_①$）となる。このように各要因の解釈の際になされる議論の構造は、最初になされた議論の「データ」「論拠」

「主張」が統合され、次の議論の前提あるいは新たな要素となる点で複合的な構造をもっている。

図8-8は、上記の図8-2の内容について、解釈されるすべての要因について総合的に示したものである。各要因のトゥールミン図式の一つひとつは既に述べたように複合的な構造をもつが、それらがすべて統合されることで、学習者は各要因間相互の関連性・補完性、あるいは対立性などに気づく。そしてこの関係もデータとして取り込み、より緻密な根拠づけをした上でERA否決の要因についてグループや学級で主張を行うという複合的な構造になっている。このように、一つひとつの要因の解釈が複合的な構造をもつ（図8-2）ことに加え、さらに各要因の関係を踏まえた複合的な解釈をする（図8-8）点で、要因を解釈する際になされる議論が二重の複合的構造をもつという特性が本単元にはある。

第二の特質は、社会問題を分析する際の指標として2つの水準の主張（事実の解釈の主張と社会問題の解決策の主張）を用いていることである。学習方法原理2で述べたように、事実の解釈の主張（水準a）はパート1～4にあたり、社会問題解決策の主張（水準b）はパート5にあたる。パート1～4では、ERA否決という具体的な事例について、「ERAは～や～が要因で否決されたと解釈すべきである」という主張がなされる。これは、「ERAが～や～という要因によって否決された（＝事実の解釈）」ということを「主張」することが「社会問題」であるという認識を学習者がもつことである。なぜなら、社会問題は単に何らかの困った状態が存在することを指すのではなく、問題であることの「主張」があって初めて社会問題となるからである。このように、パート1～4で行われる「事実の解釈の主張」（＝水準a）は、当該の具体的な問題が社会問題であることを理解するレベルである。

これに対して「社会問題の解決策の主張」（水準b）は、水準aから得られた具体的問題の主張を新たなデータとして、水準aを「一般化」した主張を行うものである。例えば、「男女平等権の実現は、性差別を違憲とする連邦

最高裁判決を数多く出し、その過程で性差別についての明確な審査基準を確立することによってなされるべきである」、「ERAと同じ趣旨の理念を提唱する社会運動・政治運動を継続的に展開して人々の性役割についての平等意識を高めることによって、男女平等は実現されるべきである」などの主張である。そしてこの場合の論拠も水準a（「具体的問題についての具体的論拠」）とは異なり、「水準aを一般化した論拠」が用いられる。例えば、「連邦最高裁判例が多く出されることで審査の明確な基準が確立される」、「社会運動・政治運動の継続的展開は、人々の意識を高める」などである。

このように、第二の特質は社会問題を分析する際の指標として2つの水準の主張（事実の解釈の主張と社会問題解決策の主張）を用いていることである。

以上、本単元の特質を2つ述べてきた。第一の特質は、ERA否決の要因を解釈する際に用いられる議論の構造が複合的な構造をもっていること、第二の特質は、2つの水準の主張を用いて社会問題を分析していることであった。しかし、本単元には今後解決すべき次の課題も見出される。

第一の課題は、社会問題の解決策の主張が小論文を執筆するレベルにとどまっていることである。これは前述の第2の特質で述べた水準aと水準bのうち、水準bに関わるものである。パート5では、学習者は男女平等を実現する方法について小論文を執筆するが、執筆した後にこれがどう扱われるのかが明確化されていない。学習者が各自執筆して終わるのか、またはグループや学級内でその小論文を発表して意見交換などを行うのかについて不明確である。

第二の課題は、グループや学級内でなされるディスカッションの方法が明確にされていないことである。教師用指導書にも、単に「検討する」「ディスカッションする」と書かれているのみで、15個もの多数の資料をどの様な順番で読ませるのか、8個の要因を解釈する際にどの様な取り上げ方をするのか、具体的な方法が明らかではない。学習者がディスカッションにおいて他の学習者の解釈を知ることは、自分自身の解釈を再構築するデータとなる

重要なことであるから、ディスカッションの具体的な方法を今後さらに細かく明らかにすることが必要である。

　これらの課題の解決のためには、本研究で明らかにした原理をより明確に反映したかたちの指導プランへと修正するとともに、学習者相互の議論を発展させるかたちでいわゆるアクティブ・ラーニングによる学習を整備していく方向が考えられる。その具体的方法については解明すべき今後の課題である。

第3節　時代像や社会の動きの批判的解釈に基づく歴史学習の特質と問題点

　本節では、第1節で分析した単元「新国家の憲法」と第2節の単元「ERAはなぜ否決されたのか」に共通した、時代像や社会の動きの批判的解釈に基づく歴史学習の特質と問題点について述べる。

　上記の2つの単元は、その授業構成の特質から、前者が「理念批判型社会的時代像学習」、後者が「制度批判型社会的時代像学習」と呼ぶことができるものであった。時代像学習とは、時代像や社会の動きに焦点を当て、時代像や社会の動きが時代の特色や社会問題をどの様にかたち作ったのかを明らかにすることで、時代像や社会の動きと社会の仕組み・制度や社会問題の関係を学習者に理解させる学習である。2つの時代像学習の事例は、学習者が「批判の方法」を用いて学習内容を社会的に理解するものである。

　分析した2つの単元には、3つの観点（歴史理解の捉え方、教授−学習過程の構成、学習者と歴史・社会との関係）で共通した特質が見られる。

歴史理解の捉え方から見た特質

　第一の特質は、この時代像学習では「時代像の批判的解釈モデル」と呼ぶことができる理解の枠組みをもとにして、時代像や社会の動きと社会問題との関係を理解させようとしていることである。そして、両者の関係を理解さ

せるために、根拠づけとして、社会についての普遍的な考え方や社会問題の解決方法を利用している。これは、分析の指標となる一般概念や原理を用いるということである。第1節で分析した単元「新国家の憲法」では、学習者は憲法制定の歴史的意味を理解していくが、この過程で学習者は民主的政治体制の概念を、憲法に必要な条件を協働で批判・検討する際の「分析指標」として繰り返し利用することで、この概念自体を再構成し、発展させている（図8-9参照）。第2節の単元「ERAはなぜ否決されたのか」では、社会問題を分析する際の指標として2つの水準の主張（①事実の解釈の主張と②社会問題の解決策の主張）を用いている。①事実の解釈の主張とは、「ERAが〜や〜という要因によって否決されたと解釈すべきである（＝事実の解釈）」ということを「主張」することが、この問題が容易には解決できない「社会問題」であるという認識を学習者がもつということである。そして②「社会問題解決策の主張」とは、①から得られた具体的問題の主張を新たなデータとして、①を「一般化」した主張を行うものである。

第二の特質は、社会についての普遍的な見方・考え方、社会問題の一般的解決方法までを、学習者に発見させ理解させていることである。なぜなら、

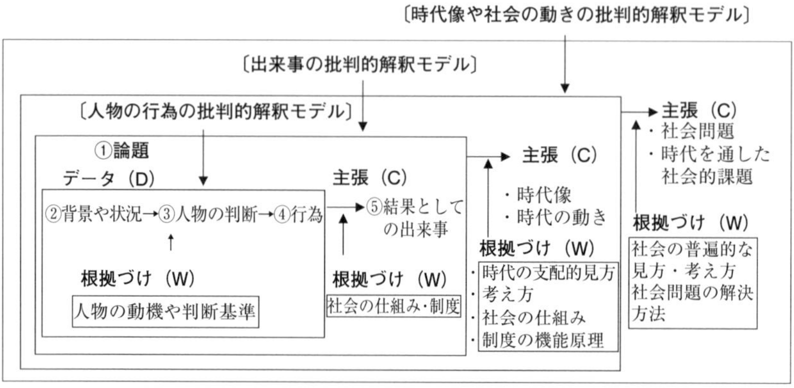

図8-9　批判的解釈モデルを用いた時代像学習の構造

これらを根拠づけとして利用するためには、利用できる程度に理解していることが前提となるからである。つまり、第二の特質を前提として第一の特質が成立していると言える。

授業で取り上げられる問題は、過去の社会問題であり現在も未解決の社会問題である。その社会問題を、学習者は現在の視点、しかも討論で作り出された自分自身の視点で解釈している。解釈する際に根拠づけとして使われるのは、社会についての普遍的原理や社会問題解決の一般的方法である。普遍的原理を習得することで、学習者は現在の社会を理解する力も習得する。したがって、第2部の時代像学習は、第1部の時代像学習よりも、学習者と歴史・社会の関係をより密接なものとし、高い現代性を備えた学習となっている。

第三の特質は、社会についての普遍的原理を媒介にして、時代像や社会の動きと時代を通した社会的課題や社会問題との関係を、学習者が生活する現在の社会や今後も継続する社会的問題解決の物語として構築させていることである。

教授－学習過程の構成から見た特質

第四の特質は、学習者が行う協働学習の実現が両単元の目標達成と重なっていることである。協働学習の実現とは、議論の構造（データに基づき論拠を示して「～と解釈すべきである」と主張する構造）が複合的な構造をもっていることである。第1節の単元「新国家の憲法」の目標は、①憲法は二院制議会と三権分立の原則を採用することで人々や諸州の自由と権利の保障および連邦政府の機能強化を実現し、民主的政治体制を整備したという歴史的・現代的意味を理解させること、②このような歴史的事実の解釈や理解を学習者同士で批判・検討させ、協働の学びのなかで獲得させることであった。つまり協働学習の実現そのものが、この単元の目標の達成と一体になっている。また第2節の単元「ERAはなぜ否決されたのか」では、ERAが否決された要因について15個の文書を順次解釈する際に議論がなされるが、この議論の構

造はデータに基づき論拠を示して「〜と解釈すべきである」と主張するという構造である。各要因の解釈の際になされる議論は、最初になされた議論の「データ」「論拠」「主張」が統合され、次の議論の前提あるいは新たな要素となる点で複合的な構造をもつものと言える。

学び方の特色もまた、学習方法と目標達成が重なっていることが確認できる。学習では「社会的」方法、つまり学習者同士の討論やディベートが用いられるが、これによって、他者との関わり（討論やディベート）による解決方法があることを学び、社会問題の解決方法には個人による方法だけでなく、選挙や住民運動など集団による多様な解決方法があるということも学ぶことができる。これは、第1部の時代像学習が個人の枠内での理解（「研究的」歴史学習）であったのと大きく異なる点である。

学習者と歴史・社会との関係から見た特質

第五の特質は、過去の社会についての学習者の理解（歴史理解）が、学習者が所属する現在の社会の中で行われていることである。これは、学習者が歴史を、認識主体である自分の外側にあるものとせず、自分が所属する社会（学級）の中の問題として主体的に関わりながら理解することである。ここでは、容易には解決できない未解決の問題としての社会問題を社会の中の構築的な関係を反映するものとしてとらえ、学習者に批判の方法を用いて社会的に理解させる学習が進められる。このような学習は、第1章第3節（29頁）で仮説的に示した構築主義学習の基本概念①〜⑧を基礎にしており、社会構築主義に基づく時代像学習と言える。この時代像学習の場合も、基本的には第6章で説明したものと同じく、討論により作り出された学習者の視点（視点⑤）をもとにして歴史理解を多様に構築させるものである。

以上が本章の特質であるが、以下の問題点もある。

第一の問題点は、対話や討論を通した協働的な学習を成立させる学習方法が不明確なことである。グループや学級内でなされるディスカッションの方法が詳細には示されていないため、学習者の社会的理解を促進する具体的な

指導方法を把握することが困難である。

　第二の問題点は、学習内容を発展させ、意味構成を行う学習方法や学習過程が明確でないことである。

　以上が本章の単元「新国家の憲法」と単元「ERA はなぜ否決されたのか」の特質と問題点である。

　第8章では、社会構築主義歴史学習の「歴史理解の内容」による3つの類型（人物の行為・出来事・時代像）のうち、第3類型である「時代像」の解釈を行う2つの単元の分析を行った。単元「新国家の憲法」（中等歴史カリキュラム）、および「ERA（男女）平等権憲法修正条項はなぜ否決されたのか」（DBQ プロジェクト）、である。これら2つを分析した結果、双方の単元について内容構成原理と学習方法原理を抽出することができた。

第8章の註

1) 民主主義社会の形成と社会科教育における社会形成の理念、意義、方法については池野範男（2001a）が詳しく説明している。
2) 協働学習の構成要素については以下の文献に詳しい。D. W. ジョンソン他（杉江修治・他訳）（1998）、『学習の輪アメリカの協同学習入門』、二瓶社。Slavin R. E. (1995), *Cooperative learning* (Second Edition), A Simon & Schuster Company: Needham Heights, MA., pp.12-13., Stahl, R. J. (ed.) (1994), *Cooperative Learning in Social Studies: A Handbook for Teachers*, Addison Wesley: USA., Stahl, R. J. & VanSickle, R. L. (ed.) (1992), Cooperative Learning in the Social Studies Classroom: An Invitation to Social Study.
3) 植田一博・岡田猛（編著）（2000）、『協同の知を探る－創造的コラボレーションの認知科学－』、共立出版、p.5。
4) 社会構築主義の定義およびこの立場の知識形成の考え方については、菅井勝雄の「社会構成主義」の説明（菅井勝雄、1999：pp.369-370）を参考にした。
5) これら3つの基本目標については箇条書きされるまでにはなっていないが、Teachers Curriculum Institute（1999）にある目標に関わる記述をもとに抽出した。また、「生きている歴史！」の授業構成原理については本論文の第7章第1節の説明を参照されたい。

6) 教師用指導書と教材については Teachers Curriculum Institute (1997) に合本として納められている。
7) 多重知能論については第6章でふれた H. ガードナー (2001) の文献を参照されたい。
8) 佐藤学は教室における「学びの共同体」の構成要素を、①差異を尊重しあう共同体、②一つの教室のなかで学習課題や内容と不可分なかたちで多元的・複数的に生成している共同体的な絆、③教室を越えて新しい生き方と社会原理の探究につながる共同体、の3つで捉えている（佐藤学、1999：pp. 519-529）。
9) クレイムについての辞書的定義として以下のものが示されている（『ウェブスター新国際辞典（第三版）』の "claim" の項）。本稿では、最も当てはまる定義として2の定義を採用した。
    1 権威的もしくは挑戦的な要請。
    2 権利や、権利と思われるものの要求。
    3 他者への当然の支払い、あるいはそう思われるものの請求。
    4 適切な正当性の根拠抜きに行われる、あるいは行われていそうだと思われる主張、声明、または示唆。
10) これらの基本概念の抽出に当たっては、中河（1999：pp.21-46）が提唱する社会問題を研究する構築主義社会学の新しいアプローチの輪郭（クレイム申し立てによる定義と社会問題のカテゴリー）を参考にした。
11) アメリカ合衆国憲法第5章は憲法改正条項である。その条文とは次のようなものである。
    「連邦議会は、両院の3分の2が必要と認めるときは、この憲法に対する修正を発議し、または、3分の2の州の立法部が請求するときは、修正を発議するための憲法会議を召集しなければならない。いずれの場合においても、修正は、4分の3の州の立法部または4分の3の州における憲法会議によって承認されたときは、あらゆる意味において、この憲法の一部として効力を有する。いずれの承認方法を採るかは、連邦議会が定める。但し、1808年より前に行われるいかなる修正も、第1章第9条1項および4項の規定に変更を加えてはならない。いかなる州も、その同意なしに、上院における平等の投票権を奪われることはない。」
    （アメリカ大使館 HP 掲載「アメリカ合衆国憲法」日本語訳より。）
12) 法律学の立場から ERA 運動の歴史的意義と課題を考察している中川（1983）の論文によれば、ERA 運動が平等権実現の上に残した意義として次の4点があげられる。これらは ERA 以外の方法による平等権実現の新たな方法とも言える。単元のパート4で学習者が導き出す新たな方法にあたるものであり、学習内容を確定する際の基準ともなる。

(1) 訴訟によって性差別法を違憲とする連邦最高裁の判例を数多く出し、その過程で性差別のより明確な審査基準を確立すること。
(2) ERAと同じ趣旨の理念を提唱する社会運動・政治運動の継続的展開をとおして、人々の間の性的役割に関する平等意識を高めること。
(3) ERAと同じ趣旨の条文を各州の憲法に取り入れていくこと。
(4) 雇用における性差別の撤廃（同一賃金法施行）、公民権法や大統領行政命令の改正、教育上の性差別撤廃（教育法改正）など、各領域における個別法改正によって性差別を撤廃していくこと。

第9章　社会構築主義に基づく歴史学習の原理と特質

　第2部では、社会構築主義に基づく歴史学習の原理と特質を、「人物学習」「出来事学習」「時代像学習」の3つの類型について合計6つの単元を取り上げて明らかにしてきた（第6章～第8章）。本章では6つの単元に共通する原理と特質を明らかにして、社会構築主義に基づく歴史学習全体の原理と特質についてまとめる。

　本研究では、第1部、第2部ともに、歴史理解を「人物の行為」（人物学習）「出来事」（出来事学習）「時代像」（時代像学習）の3つのレベルで捉えてきた。そして第2部では、表9-1に示すような構成で分析と考察を行うことで、社会構築主義それぞれのタイプの歴史学習原理と特質を各章で明らかにした。

　各章で明らかとなった原理と特質を総合して考察すると、次に示すような3つの観点で社会構築主義に共通する原理と特質が明らかとなる。1．歴史理解の捉え方から見た特質、2．教授－学習過程の構成から見た特質、3．学習者と歴史・社会との関係から見た特質、である。

1．歴史理解の捉え方から見た特質

　まず、歴史理解の捉え方から見た社会構築主義歴史学習の特質について述べる。

　構築主義歴史学習の基本概念は第1章第3節で仮説的に示したが、それらを簡略化して示すと表9-2のようになる。

　第6章～第9章で明らかにした「人物学習」「出来事学習」「時代像学習」の原理と特質で見た歴史理解の捉え方に共通するのは、表9-2に示した8つの基本概念のうち①～⑤が基礎にあることである。さらに、⑥～⑧の基本概

表9-1 第2部の構成

構築主義の タイプ 歴史 理解のレベル	社会構築主義（第2部）			
	社会的歴史構築学習			
	批判的解釈学習			
人物学習	第6章	第1節	個人の思想に焦点	単元「何が非暴力主義の事業を成し遂げさせたのか」
		第2節	社会集団の心理に焦点	単元「何がセイラムの魔女裁判を異常なものにしたのか」
		第3節	章のまとめ	
出来事学習	第7章	第1節	役割討論を媒介	単元「民主政治の出現」
		第2節	社会的方法を媒介	単元「レキシントン・グリーン再訪」
		第3節	章のまとめ	———
時代像学習	第8章	第1節	社会制度の改革の意義に焦点	単元「新国家の憲法」
		第2節	社会問題に焦点	単元「ERAはなぜ否決されたのか」
		第3節	章のまとめ	———

表9-2 構築主義歴史学習の基本概念

① 歴史の知識は、認識主体から独立して客観的に存在するものでなく選択的に構成されたものである。
② 歴史の知識は、個人や人々の目的や信念、経験や特定の環境に基づいて能動的に作り出されたものである。
③ 歴史の理解は、個人や人々の経験を組織化し、意味を構成することである。
④ 歴史の理解は、学習対象の構成や観点の取り方によって多面的な解釈となりうる。
⑤ 歴史の理解は、外的な歴史的実在についての正確な表象を得ることではない。
⑥ 歴史の理解は、言語や記号を媒介とした社会的・文化的相互作用によって多様に作り出される。
⑦ 歴史の理解は、個人や人々の協働による認知を通して吟味され、妥当なものと認められる。
⑧ 歴史の理解は、個人的・社会的認知によって拡大・普及される。

念も共通して備わっており、総合すると8個の基本概念すべてが揃っていることが推察される。この点を、以下で明らかにする。

　第2部（第6〜8章）で考察した歴史学習は、科学の研究方法を用いて歴史解釈を行うだけでなく、議論の構造をもとにして史資料を「批判的に解釈し、主張としての解釈を作り出すもの」であった。また、個人で解釈を作り出すだけでなく、「学習者が学級で他の学習者と解釈を批判的に検討し合う協働的活動を通して」、人物の行為・出来事・時代像・社会問題（その特性と解決方法）についての理解を、「学習者自身の主張として作り上げる」学習になっていた。さらに、理解の対象は人物の行為・出来事・時代像と3つのレベルにわたり、学習者が「自分自身の内在的な視点をもとに」批判的解釈を行い、歴史理解を構築している点で共通している。これらのことから、第2部で取り上げた単元すべてに表9-2の⑥〜⑧の基本概念が備わっていることがわかる。したがって、第2部で見た単元では学習者は他の学習者との協働による批判を通して社会的に歴史理解を作り上げているという特徴を備えており、社会構築主義に基づく歴史学習であると判断できる。

　第1部（第2〜4章）で考察した歴史学習は、史料解釈や他者の歴史解釈の検討を通して歴史的人物の行為・出来事・時代像の3つのレベルで理解する認知構築主義に基づくものであった。これら3つのレベルの歴史理解はそれぞれ、「人物と行為の解釈モデル」「出来事の解釈モデル」「時代像の解釈モデル」という認知の枠組みを利用する。そして、歴史的人物の行為・出来事・時代像・社会問題が、〔人物の行為と出来事〕〔出来事と時代像〕〔時代像と社会問題〕の関係の解釈として、人びとによって多様に構築されていることを理解するものであった。第2部が第1部と異なる点は、第1部が個人で解釈を作り出すのに対し、第2部では他の学習者と解釈を批判的に検討することで、歴史理解を構築することである。

　以下、第2部の社会構築主義に基づく歴史学習の「人物学習」「出来事学習」「時代像学習」について順次、その歴史の捉え方の特質を述べていく。

518　第2部　社会構築主義に基づく歴史学習

表9-3　社会構築主義に基づく「人物学習」における歴史理解の原則

(1) 歴史上の出来事や時代の特色は、人々の視点をもとにした歴史的人物の行為と出来事との関係の理解を通して多様に理解される。
(2) 歴史的人物の行為と出来事の関係は、行為によって出来事を作り出した人物の行動原理や出来事の発生原理を明らかにすることで理解される。
(3) 人物の行動原理は、歴史的人物が時々に関わっていた論題、その論題の背景や状況、論題に対する人物の判断、その判断に基づいて行われた行為の間の関係を明らかにすることによって理解される。また、出来事の発生原理はそのような行為によって出来事がどの様に作り出されたかを明らかにすることによって理解される。
(4) 歴史的人物の行為と出来事の関係は、日常の経験や概念をもとにした時系列にそった選択の構造化によって、より広い社会的文脈をもった物語へと構築され、社会的意味をもつものとして理解されていく（これが出来事や時代の特色の理解へとつながっていく）。
(5) またこのような物語の構築を通して、学習者自身の行動や現代の人々の一般的な行動、さらに人々の行為やこれによって生じる出来事の意味がより深く理解され、自分自身の行為の意味づけが行われる（社会構築主義の人物学習に固有）。
(6) 歴史的人物の行為と出来事の関係は、複数の歴史的人物の視点によって複数の関係（物語）へと社会的にまとめられていく（社会構築主義の人物学習に固有）。
(7) 歴史的人物の行為と出来事の関係は、多様な視点をもつ学習者の協働による批判を通して吟味され、妥当なものとして認められて拡大・普及される（社会構築主義の人物学習に固有）。

(1)　「人物学習」における歴史の捉え方の特質

　第6章で取り上げた「人物学習」の2つの単元（DBQの単元）は、社会構築主義に基づく人物学習に位置づけられるものであった。この2つの単元の分析から得られた内容構成原理には、歴史理解の捉え方に関して以下の共通する点があった。

・「人物の行為の批判的解釈モデル」による出来事理解
　（「社会集団の行動の批判的解釈モデル」による出来事理解も基本は同じモデル）
・主張の構築としての歴史理解

　これらの特徴としてまずあげられるのは、「人物の行為の批判的解釈モデ

ル」を適用して歴史的人物と出来事の関係を理解していたことである。人物の行為に関する解釈モデルを利用するのは第1部で見た認知構築主義に基づく人物学習単元「リンカーンと奴隷解放」にも見られた特徴であるが、リンカーンの単元では主として学習者個人が自分の解釈を作り出すにとどまっていた。これに対して、第2部の社会構築主義に基づく人物学習の場合は、歴史的人物の行為と出来事との関係の考察を通して学習者が自分の解釈を作り出し、さらに学級の他の学習者に向けて自分の解釈を提示し、それらを学習者の間で比較・検討し「互いに批判する中で」、多くの学習者が妥当であると認め合う、より妥当性の高い解釈を作り出している点で大きな違いがある。ここでは学習者が、他の学習者と協働の批判を通して、民主的社会の基本理念や改革に関するより妥当性のある望ましい一般原理を追求し、歴史理解を構築している。これが社会構築主義の歴史人物学習に固有な歴史理解の捉え方であると推測できる。

　このような共通の特徴は、歴史理解の原理とも言えるものである。この原理は、第6章で明らかにした社会構築主義の人物学習の第二の学習方法原理であり、「主張としての正当化の方法を、歴史的人物がどの様に用い、その種類や質的レベルを発展させてきたのかに焦点を当て、人物が時々にとってきた主張の方法を時系列にそって分析することにより、主張としての正当化の方法の発展が当該時代の特徴をかたち作っていることを理解させて時代像をも形成させる」原理である。ここでは、人物の行為と出来事との関係の理解を、社会的状況における人物の正当化の主張として構築させるとともに、その様な解釈を学習者自身の主張として正当化させることで現在の社会の理解の方法と結びつけて理解させている。

(2) 「出来事学習」における歴史理解の捉え方の特質

　「出来事学習」の分析事例は、2つの単元「民主政治の出現」と「レキシントン・グリーン再訪」であった。

分析の結果、歴史理解の共通の特徴としてあげられたのは次の原理である。

- ・既有の認知構造の利用と再編成による歴史理解の発展
- ・人びとの主張の構造に焦点を当てた出来事理解
- ・社会的状況場面での主張の正当化としての出来事理解
- ・社会的文脈への位置づけによる出来事理解
- ・人びとが歴史的に作り出してきた思想としての民主国家概念の理解
- ・現在の視点からの出来事理解

出来事学習では、「出来事の批判的解釈モデル」を適用して出来事と時代像の関係を理解していた。「出来事の解釈モデル」の利用は、第1部で見た認知構築主義に基づく出来事学習単元「レキシントン・グリーンで何が起こったのか」や「誰がアメリカを発見したのか」でも行われていたが、これらは学習者個人による出来事解釈にとどまっていた。これに対して、第2部の社会構築主義に基づく人物学習では、出来事と時代像の関係の考察を通して学習者が自分の解釈を作り出し、さらに学級の他の学習者に向けて自分の解釈を提示し、それらを学習者の間で比較・検討し「互いに批判する中で」、多くの学習者が妥当であると認め合うより妥当性の高い解釈を作り出している点で大きな違いがある。例えば単元「民主政治の出現」では、歴史理解の捉え方について次のような特徴があった。従来の社会科学の概念学習では、基本的に歴史的知識は客観的真理として認識主体である学習者の外に独立して存在しており、その様な知識を学習者が批判的に獲得することで歴史理解を発展できると考えてきた。これに対して社会構築主義を授業構成原理とする歴史学習では、学習者自身が既有の見方や視点（認知構造）をもとにして歴史的事実についての意味構成を行い、さらに学習者同士の交流による知識の間主観化を通して意味ネットワークを発展させている。つまり、学習者の既有の認知構造を再構成することで歴史理解を大きく発展させるのである（社会構築主義の出来事学習に固有）。単元「民主政治の出現」では、歴史的人

物の役割を担って討論（円卓討論）することによって、フランス革命期に可能性があった民主主義を実現できる政治形態のあり方を批判的に吟味し、現在にも適用できる民主政治（民主的政治形態）の原理を明らかにしていた。この点で、従来の社会科学の概念による知識体系や科学の研究方法を学習内容として授業を組織する発見学習、概念探求学習とは、歴史理解の捉え方が大きく異なっている。そのため、第2部の社会構築主義に基づく出来事学習単元「民主政治の出現」は、第1部の認知構築主義に基づく出来事学習単元「誰がアメリカを発見したのか」とは、歴史理解の捉え方が本質的に異なっていると言える。

単元「民主政治の出現」や単元「レキシントン・グリーン再訪」は、歴史理解の基本的な捉え方として社会構築主義に基づく歴史学習の基本概念①～⑧すべてを基礎においている（特に⑥～⑧が社会構築主義の歴史理解の特徴）。表9-2の基本概念①～⑧を、社会構築主義の出来事学習に合わせて具体化すると表9-4に示す7つの原則にまとめられる（このうちの(5)～(7)が社会構築主義の人物学習の特徴）。

社会構築主義に基づく出来事学習では、社会的理解の方法を媒介として歴史理解を発展させており、歴史理解の原理として次の3つが抽出できる。

第一の原理は、出来事を人物学習を含み込んだかたちで理解させるとともに、出来事が他の出来事とともにより大きな出来事を作り出していったことを理解させるもので、出来事を社会的文脈に位置づけて理解させる原理である（認知構築主義の出来事学習と共通）。

第二の原理は、出来事の解釈を社会的状況における主張として正当化させることで現在の理解の方法と結びつけて出来事を理解させる原理である（現在の理解方法と結びつける点は社会構築主義の歴史人物学習に固有）。

第三の原理は、歴史の事実を現在の視点で解釈することで出来事を理解させる原理である（認知構築主義の出来事学習と共通な面と社会構築主義に固有な面がある）。

522　第2部　社会構築主義に基づく歴史学習

表9-4　社会構築主義に基づく「出来事学習」における歴史理解の原則

(1) 過去の出来事は、それを伝えている目撃者・報告者・引用（説明）者などの文書を通して読者が出来事を構成することによって理解できる。
(2) 文書による過去の出来事の理解は、原文の意味の理解・登場人物の行為の理解・著者の目的や意図の理解・文書の社会的意味の理解へと読みのレベルを深めていくことで発展する。
(3) 歴史上の出来事は、読者の視点をもとにした過去の人物の行為と出来事との関係の理解を通して多様に理解される。
(4) 歴史的人物の行為と出来事の関係は、行為によって出来事を作り出した人物の行動原理や出来事の発生原理を明らかにすることで理解される。
(5) 過去の出来事は、文書から論拠や主張などの議論の構造を理解し、著者の社会的目的や意図を<u>読者の視点で読み取る</u>ことによって理解される（社会構築主義の出来事学習に固有な特徴）。
(6) 過去の出来事の理解は、他の出来事とともに、（現在と結びつけた）より大きな社会的文脈の中に位置づけること（社会的な意味構成）によって時代の特色の理解や現在の理解と結びついていく。（社会構築主義の出来事学習に固有な特徴）
(7) 過去の出来事の理解の方法は現在の社会の出来事理解の方法（社会的理解の方法）と一体化されることで、現在の出来事を自律的に作り出していくことにつながる（社会構築主義の出来事学習に固有な特徴）。

　以上の3つの原理は、既有の認知構造の利用およびこれ自体の発展を保障する歴史理解の構造を学習過程に組み込んでおり、学習者自身による実質的な歴史理解の発展を可能にする。また、学習者同士の社会的交流をもとにした意味構成活動によって歴史的知識を発展させている点で、学習者の主体的な歴史学習をより保障できるものとなっている。

(3) 「時代像学習」における歴史理解の捉え方の特質

　社会構築主義に基づく「時代像学習」の考察では、単元「新国家の憲法」と単元「ERAはなぜ否決されたのか」を事例に取り上げた。これらは特に社会問題や新しい理念に基づく政治制度改革に焦点を当てたものであった。このような時代像学習では、歴史理解の捉え方として、これまでの人物学習や出来事学習の基本概念に加えて、次の2つの基本概念を追加することがで

きる（社会構築主義に基づく時代像学習に固有の特徴）。

(1) 歴史理解は、時代の特色や時代像を、社会問題が構築された状態とその解決過程として捉え、理解することによって可能となる。
(2) 歴史理解は、社会問題が人々の意識・信念や制度の改変を通して現れる過程を明らかにすることによって現在の社会の理解とつながる。

この事例単元の特徴は、憲法の制定や修正による現状の制度変革の方法的理解と行動原理までも理解させ、習得させることである。歴史を過去のものとして学習するのではなく、現在と結びつけ、さらには学習者自身の知識構造や、観念、信念までを自律的に変革させようとするもので、このような特徴から、社会構築主義の時代像学習、社会問題学習としての特質が読み取れる。また、社会的理解の方法を学習者自らが適用し、学習方法自体を学習者の能力として発展させようとしている点も、社会構築主義の歴史学習としての特質である。

最後に、社会構築主義に基づく歴史理解の特徴である「批判的解釈モデル」の関係についてまとめる。批判的解釈モデルは、「人物学習」「出来事学習」「時代像学習」のそれぞれで「人物の行為の批判的解釈モデル」「出来事

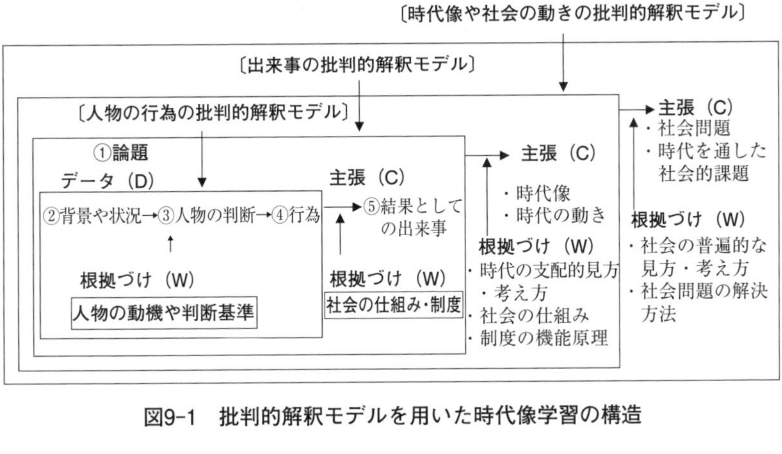

図9-1 批判的解釈モデルを用いた時代像学習の構造

の批判的解釈モデル」「時代像の批判的解釈モデル」として働くものである。これらの関係は、図9-1のように示すことができる（第8章第3節で示したものを再掲）。

　第一段階として、「人物の行為の批判的解釈モデル」を理解の枠組みとして利用し、歴史的人物の行為についての解釈を学習者の主張として構成する。この主張を踏まえ、第二段階として、「出来事の批判的解釈モデル」を理解の枠組みとして用いて、歴史の出来事についての解釈を学習者の主張として構成する。そして出来事の批判的解釈を踏まえ、第三段階として、「時代像の批判的解釈モデル」を思考の枠組みとして利用し、時代像についての解釈を学習者の主張として構成する。ここでは「出来事の批判的解釈モデル」が「人物の行為の批判的解釈モデル」を含み込み、さらに「時代像の批判的解釈モデル」が「出来事の批判的解釈モデル」を含み込む関係にある〔「人物の行為の批判的解釈モデル」⊂「出来事の批判的解釈モデル」⊂「時代像の批判的解釈モデル」〕。

　このような批判的解釈モデルを用いることで、学習者個人が歴史的人物の思想と行為・出来事・時代像についての解釈（主張）をつくり、教室での他の学習者との議論を通じて、多様な批判的解釈を吟味・検討し、現在の社会の見方にも適用可能な、社会の一般的・普遍的原理を理解・獲得するまでになる。第2部で取り上げた単元で共通するのは、学習者が自分の主張として理解を作り上げ、歴史的人物の自由や平等についての思想や民主的政治制度など民主主義社会実現の普遍的原理について学級で批判的に議論する中で、より多くの人々が合意できるものとして解釈を発展させ、理解していることであった。

　以上が歴史理解の捉え方について明らかになった原理と特質である。

2．教授−学習過程の構成から見た特質

　次に、教授−学習過程の構成からみた社会構築主義歴史学習の特質につい

第9章 社会構築主義に基づく歴史学習の原理と特質　525

て述べる。
　1．(歴史理解の捉え方から見た特質）と同様に、「人物学習」「出来事学習」「時代像学習」の3つのレベルの歴史学習ごとに、どの様に教授－学習過程を構成し、授業を組織しているかを確認し、社会構築主義に基づく歴史学習の特質について述べる。

(1)　「人物学習」における教授－学習過程の構成から見た特質
　社会構築主義に基づく歴史学習では、これまでも指摘したように構築主義歴史学習の8つの基本概念すべてを基礎に置いており、これらに応じて表9-3に示す「人物学習」における歴史理解の原則に即して、教授－学習過程が構成されていると考えられた。
　「人物学習」の分析事例は、単元「何が非暴力主義の事業を成し遂げさせたのか」と単元「何がセイラムの魔女裁判を異常なものにしたのか」である。これらの分析から、教授－学習過程の構成は、歴史理解の原則（表9-3）に即して以下の条件の下で行われていると考えられる。

(1) 人物と出来事の関係の批判的解釈モデルによる出来事理解の過程として学習を組織する。
(2) 歴史理解を主張の構築として、学習過程を組織する。
(3) 主張（正当化）の方法の発展過程としての出来事理解、時代像理解を想定する。
(4) 現在の視点による人物の行為と出来事の関係の理解までを行わせる。

　しかし、これらは人物学習に固有な条件ではなく、社会構築主義に基づく歴史学習を組織するための共通の条件と言える。人物学習に固有なものとしては、(4)が該当する。これは歴史事象を現在の視点で解釈することで人物の行為と出来事の関係や時代像を理解させる学習の条件である。これは、

(3)の条件に支えられて実現する。例えば単元「何が非暴力主義の事業を成し遂げさせたのか」では、(3)の条件によって明らかとなる時代像は、20世紀は非暴力主義によって社会変革を実現しようとした時代であり、自由・平等という普遍的原理を求めて歴史的人物が行為を行い、社会変革のための出来事を作り出した過程であった、というものである。この学習を踏まえて学習者は、「現在においても、われわれは歴史の先人と同様の課題を継承しており、生活の中の対立を、学習で明らかとなった非暴力主義実現の要因を方法的な条件に取り入れることで解決していくことが望ましい」ことを理解するようになる。

⑵ 「出来事学習」における教授－学習過程の構成から見た特質

「出来事学習」の分析事例は、単元「民主政治の出現」と単元「レキシントン・グリーン再訪」である。

「出来事学習」も基本的には先述の人物学習で示した4つの条件にそって組織される。そして、分析した2つの単元は、以下の(1)～(3)の条件を満たす教授－学習過程を組織するようになっていた。

(1) 史資料と体験に基づく歴史の意味構成
(2) 協働による歴史解釈の吟味と知識の発展
(3) 既有の認知構造の利用と再構成による歴史理解の発展

3つの原理の中で(1)の「史資料に基づく」部分と(3)は、認知構築主義とも共通する原理であり、(2)は社会構築主義独自の原理と考えられる。

(1)(2)は、歴史理解の基盤となる「歴史理解の構造」(「歴史理解の捉え方」を参照)とも密接に関係するものである。(1)(2)の原理の基礎には、歴史理解は認識主体の既有の見方や視点（認知構造）をもとにした歴史の意味構成や、知識の間主観化・共有化によって深められるという考え方があると思わ

れる。また(3)は、(1)(2)を基礎として成立するもので、学習者が史資料や経験に基づいて知識を構成することを学習の基盤原理とし、認識が個人のレベルにとどまらず、グループや学級という社会的レベルで吟味・検討されることで、学習者個人の知識や理解を発展させるものと考えられる。また(3)は、歴史理解の構造を教授－学習過程の構造として組織化するものと言える。

社会構築主義の歴史学習では、単元「レキシントン・グリーン再訪」の「社会的理解の方法を媒介とした歴史学習」の考察で明らかにしたように、(a)知識は社会的に構築されるものであり、(b)知識形成においては言語や文化的なコンテクストの役割、人々の間の対話的・協働的なインタラクションによる探求活動が重要になるとする考え方をとっていた。これは一般的な社会構築主義の考え方と同じ考え方を基礎においており、教室で他の学習者と関わり合い、さまざまな能力（ガードナーの多重知能論）[1]を働かせるインタラクティブで活動的な学習を組織するところに特徴がある。

教授－学習過程の構成は、以下のようになる。まず、文書を手がかりとして出来事をテキストとして読み解かせる中で、人物の行為と出来事の関係を明らかにして出来事を構成させるとともに、この様な出来事理解に基づいてさらに文書の著者の社会的意図や目的を明らかにして出来事を社会的に構成させ、他の出来事と共により大きな社会的文脈に位置づけて出来事を理解させる。これにより、人物学習を包み込むとともに、他の出来事を学習することで出来事をより大きな社会的文脈に位置づけさせて、時代像の理解へと発展させている。この点で、社会構築主義に基づく出来事学習は、人物学習と時代学習を有機的に結びつけて歴史理解を効果的に発展させる。事実の学習にとどまっていた従来の出来事学習から、人物学習や時代像学習と適切に関わりをもつものへと改善していくものであると判断できる。

(3) 「時代像学習」における教授－学習過程構成から見た特質

「時代像学習」の分析事例は、単元「新国家の憲法」と単元「ERAはなぜ否決されたのか」である。事例単元を分析した結果、「時代像学習」における教授－学習過程の構成条件として下記の3つが明らかになった。

(1) 社会問題を主張として構築させることで時代像を理解させる。
(2) 批判主体と論拠を学習者同士で社会的に拡大させて社会問題を理解させる。
(3) 社会問題を未解決の現代的課題として理解させる。

これらの条件は、社会構築主義に基づく歴史学習に共通する部分もあるが、「時代像学習」では社会問題が学習問題になっている点が固有である。具体的には、分析した単元ではERA（男女平等権修正条項）や新憲法の制定という、民主的政治体制のための法整備の問題が取り上げられていたが、これらは現在においても未解決であり、今後も取り組まなければならない課題である。そのため、教授－学習過程は、学習者にとっても切実な問題の解決に取り組んでいく議論の過程として組織されることになる。また、未解決の課題についての解釈や理解を、学習者が他の学習者とともに深める学習を成立させるには、以下の3つの点に配慮して教授－学習過程を組織する必要がある。

(1) 学習目標として明示すべきことは、民主的社会の在り方について学習者に獲得（構成）させる歴史理解の内容及び歴史の解釈や理解を批判・検討し合い、協働で歴史の意味構成を行う能力・技能の育成。特に既有の概念を用いて目標とする概念の発展や歴史理解を促進する認識過程を組み込むこと。
(2) 学習者による学習内容の社会的・文化的な構成を行わせる認識過程や

その支えとなる社会的能力・技能の活用や発展の要素の明確化。
(3) 協同的な学びを成立させる明確な学習方法を組織すること。

「人物学習」「出来事学習」「時代像学習」を総合して教授－学習過程の構成の特質をまとめると、理解の対象の特性に応じて学習者が取り組む学習過程の組織には、以上のような留意すべき点があることが分かった。

3．学習者と歴史・社会との関係から見た特質

最後に、学習者と歴史・社会との関係の観点で社会構築主義に基づく歴史学習の「人物学習」「出来事学習」「時代像学習」を見ると、以下の特質が指摘できる。

(1) 「人物学習」における歴史・社会との関係から見た特質

考察した2つの単元（「何が非暴力の事業を実現させたのか」「何がセイラムの魔女裁判を異常なものにしたのか」）はいずれも、人物の行為と出来事の関係についての解釈を学習者同士で吟味・検討して歴史理解を構築していた。このことから、社会構築主義に基づく人物学習に共通する第一の特質として、学習者間の協働による理解の間主観化を通して歴史を理解する、ということがあげられる。単元「何が非暴力主義の事業を成し遂げさせたのか」ではガンジー・キング・マンデラの行為が非暴力主義の事業の実現にどの様に関わったのかが解釈の主張として構築されていた。また単元「何がセイラムの魔女裁判を異常なものにしたのか」では、少女や成人女性、農民や地主、商工業者などがどの様にして魔女を作り出したのかが解釈の主張として構築されていた。ここでは学習者は、史資料の中に含まれている因果関係的解釈を単に読み取るのではなく、自分自身の経験や既有知識を活用して、独自の視点をもとに歴史解釈を自由に行っていた。この点で、学習者と歴史・社会との関係においては、「学習者は自分の内面に自分自身の歴史を作っている」と言

える。

　学習者と歴史・社会との関係から見た人物学習の第二の特質は、現在の視点で歴史を理解させていることである。歴史を現在の視点で解釈することによって、人物の行為と出来事の関係や時代像の理解が促進され、歴史や現在の社会の理解が発展する。例えば、「非暴力主義」の単元で明らかとなる時代像は、「20世紀とは、非暴力主義によって社会変革を実現しようとした時代であり、自由・平等という普遍的原理を求めて歴史的人物が行為し、社会変革のための出来事を作り出してきた過程であった」というものである。そして学習者は、「そのような時代の延長としての現在においても、自分を含めた社会の構成員は、ガンジー・キング・マンデラと同じ課題を継承しており、学習で明らかとなった、非暴力主義実現を可能にした条件と同じものを取り入れ、活用していくことが望ましい」と理解するようになる。

(2)　「出来事学習」における学習者と歴史・社会との関係についての特質

　単元「レキシントン・グリーン再訪」では「社会的理解の方法」がとられていた。これはテキストを通して出来事を読み解く方法であるとともに、テキストから著者の主張を読み取って出来事を構成し、さらに学習者（読者）自身の現在の視点からその出来事を解釈し、主張として構築することで出来事を理解させる、という方法である。また、主張の構築では、現在の出来事の解釈にも応用できる一般的・普遍的原理を発見させて出来事を社会的に構成することの重要性にも気づかせている。ここでは、社会的理解の方法によって歴史理解が学習者に内在的なものとして作られ、学習者自身がもつ現在の視点から出来事を構成する社会的理解の方法を基盤とした歴史学習を実現していると考えられる。

　第1部の認知構築主義にもとづく出来事学習では、出来事の理解は過去の歴史的人物や歴史家の視点をもとにした歴史の事実の研究にとどまっていた。これに対して、第2部の社会構築主義にもとづく出来事学習では、学習

者の現在の視点（問題意識）にもとづいた過去の事実の現在的解釈の構成と研究によって出来事を現在の問題として理解させ、現在の社会の見方や関わり方までを自律的に理解できるようになっている。この点で、社会構築主義の歴史学習は、第1部で見た認知構築主義にもとづく歴史学習の限界を克服するものになっていると考えられる。

(3) 「時代像学習」における学習者と歴史・社会との関係の特質

「時代像学習」として取り上げた単元「ERAはなぜ否決されたのか」では、ERAの支持・不支持をめぐるさまざまな主張を検討するが、学習者は否決の要因を特定するまでには至らなかった。学習者は学習の最後で、ERA問題が解決の困難な社会問題であることを理解して学習を終える。しかし、人びとによってより合意できる、平等権保障のための別の方法を自分自身の課題として継続的に追求する必要性の理解には至っていた。ここでは歴史の中にあった社会問題が、学習者の内在的な問題として理解されており、「学習者」と「歴史・社会」とが重なっている。またもうひとつの単元「新国家の憲法」では、単元の母体である歴史学習プロジェクト「生きている歴史！」の特徴「協働的学習と多様な知能を活用した活動的でインタラクティブな学習活動」が、学習者と歴史・社会の間の認知的距離を縮める上で大きな働きをしていた。この「時代像学習」単元では、学習者が学級という「ミニ社会」で他の学習者と批判・協働しながら、より望ましい新国家の憲法を作る経験を通して、時代像や現在の社会を理解する学習を行う。この単元でも、学習者の内在的な視点をもとに社会的規範や制度の考え方が検討され、歴史や社会の理解が構築されており、「学習者」と「歴史・社会」とが重なる関係であった。このことから、歴史像の構築と学習者の理解の構築が一体となっているという特徴は、「時代像学習」に共通した特質であると考えられる。

以上、1.歴史理解の捉え方から見た特質、2.教授−学習過程の構成から

見た特質、3．学習者と歴史・社会との関係から見た特質、の3つの観点から社会構築主義にもとづく歴史学習全体の特質を述べてきた。

これまで第2部で取り上げた歴史学習は「仮説的に」社会構築主義にもとづく歴史学習であると推測していたが、社会構築主義にもとづく歴史学習の原理を、(1) 人物学習、(2) 出来事学習、(3) 時代像学習の3つのレベルで明らかにしたことをもとに判断すると、以下のように言える。

第6～第8章で考察した歴史学習は、史資料を単に解釈するだけでなく、議論の構造をもとにして史資料を批判的に解釈し、主張としての解釈を批判的に作り出すものである。また、個人で解釈を作り出すだけでなく、学習者が他の学習者と解釈を批判的に検討し合う活動を通して、人物の行為・出来事・時代像・社会問題（その特性と解決方法）についての理解を、学習者自身の主張として作り上げる学習になっている。この際に用いられるのが「批判的解釈モデル」である。このモデルは第1部とは異なり、複線的構造（資料、論拠をもとに主張を構成する）をもつ。さらに、理解の対象は、人物の行為・出来事・時代像という3つの領域にわたるが、どの領域でも批判的解釈を行い、歴史理解を構築させている。

そして、これらの歴史学習は学級の他の学習者とともに協働し、批判を通して学習者自身に歴史を構築させる点で共通している。つまり、学習者間の批判を通して社会的に歴史理解を作り上げる歴史学習であると言える。

以上から、第2部で取り上げた歴史学習は、社会的理解の方法を用いた歴史の社会構築主義歴史学習（社会的歴史構築学習）と呼ぶことができるものであり、社会構築主義に位置づく歴史学習であると言える。

第9章の註

1) H. ガードナーは知能を、①言語的知能、②論理数学的知能、③空間的知能、④音楽的知能、⑤身体運動的知能、⑥対人的知能、⑦内省的知能の7つの観点で分類している。そして学校では以前から①②の知能が過大に重視されているが、人の知能は

③〜⑦の5つにもそれぞれ重要な働きがある。そして能力は、7種の知能のうちのどの様な組み合わせで秀でているかでさまざまに異なってくる。それ故に、人は自分に優れた知能を生かしてさまざまに貢献できる。①②の知能のみで能力が優れていると判断するのは誤りである、と主張した〔H. ガードナー（2001）を参照されたい〕。

第10章　構築主義歴史学習の論理と意義

　本章では、認知構築主義に基づく歴史学習（第2章～第5章）と社会構築主義に基づく歴史学習（第6章～第9章）の論理と意義について述べる。

　そして、抽出された特質と問題点をもとに、本研究の第1章第3節2．で示した構築主義歴史学習の類型と8つの基本概念を用いて、構築主義全体の論理と意義を明らかにする。

　まず、構築主義歴史学習の8つの基本概念を以下に再掲する。

---
① 歴史の知識は、認識主体から独立して客観的に存在するものでなく、選択的に構成されたものである。
② 歴史の知識は、個人や人々の目的や信念、経験や特定の環境に基づいて能動的に作り出されたものである。
③ 歴史の理解は、個人や人々の経験を組織化し、意味を構成することである。
④ 歴史の理解は、学習対象の構成や観点の取り方によって多面的な解釈となりうる。
⑤ 歴史の理解は、外的な歴史的実在についての正確な表象を得ることではない。
⑥ 歴史の理解は、言語や記号を媒介とした社会的・文化的相互作用によって多様に作り出される。
⑦ 歴史の理解は、個人や人々の協働による認知を通して吟味され、妥当なものと認められる。
⑧ 歴史の理解は、個人的・社会的認知によって拡大・普及される。

　次に、第2章～第9章で明らかになった原理と特質に基づいて、構築主義歴史学習を類型化したのが表10-1である。この類型枠組みは、第1章第3節（29頁）で仮説的に示した構築主義歴史学習の分類枠組みに、これまでの単元の分析から明らかになった原理と特質を反映させて作成したものである。

　以下、構築主義に基づく歴史学習がどの様にして表10-1のように分類されたかについて、特に第5章および第9章で明らかになった認知構築主義の歴史学習と社会構築主義の歴史学習の原理と特質を踏まえて説明していく。

　表10-1の横軸は、認知構築主義・社会構築主義に大別した。また、縦軸に

536　第2部　社会構築主義に基づく歴史学習

表10-1　構築主義歴史学習の類型

学習対象と利用される歴史理解のモデル		歴史学習の基本類型　構築主義のタイプ　歴史理解の基本概念　解釈の方法	研究的歴史構築学習	社会的歴史構築学習
			認知構築主義（第1部）	社会構築主義（第2部）
			①②③④⑤	⑥⑦⑧（①②③④⑤）
			解釈／理解	批判的解釈／主張
			科学（学問）の方法	批判による方法
			史資料に内在する他者の視点を構築	学習者自身の視点として構築
人物学習	人物の行為	行為の解釈モデル	人物の行為の解釈に基づく歴史学習 （第2章）　①②③④	人物の行為の批判的解釈に基づく歴史学習 （第6章）　③④⑥⑧
出来事学習	出来事	出来事の解釈モデル	出来事の解釈に基づく歴史学習 （第3章）　①②③④⑤⑥	出来事の批判的解釈に基づく歴史学習 （第7章）　⑤⑥⑦⑧
時代像学習	時代像	時代像の解釈モデル	時代像や社会の動きの解釈に基づく歴史学習 （第4章）　①②③④⑤	時代像や社会の動きの批判的解釈に基づく歴史学習 （第8章）　⑤⑥⑦⑧
まとめ			認知構築主義に基づく歴史学習の原理と特質 （第5章）	社会構築主義に基づく歴史学習の原理と特質 （第9章）

註：表中の（　）内の章番号は当該の類型を説明した章を示している。
　　また①〜⑧の番号で示している内容については，構築主義歴史学習を類型化する際の指標として仮説的に示した構築主義歴史学習の基本概念の番号を示している（第1章第3節2．を参照）。下線をつけている基本概念（網掛け部分）は当該類型において特に強く働いているものである。

は人物学習・出来事学習・時代像学習の3つのレベルを示し，これらの3つの学習の横には考察される対象を示した。そして，考察される対象の右には学習者が利用する「歴史の解釈モデル」を示した。認知構築主義では「人物の行為の解釈モデル」「出来事の解釈モデル」「時代像の解釈モデル」であり，社会構築主義では「人物の行為の批判的解釈モデル」「出来事の批判的解釈モデル」「時代像の批判的解釈モデル」である。
　表では，(1)認知構築主義か社会構築主義か，(2)人物学習・出来事学習・時

代像学習のいずれか、の2つの基準によって構築主義歴史学習を大きく6つに類型化した。各類型には特徴を表す名称を付けて第2章〜第4章、第6章〜第8章の6つの欄（枡目）に割り振っている。本研究では各類型に当てはまると考えられる特徴的な単元を約2事例ずつ取り上げて分析したが、表10-1では事例ごとの特徴までは示していない（詳しくは各章の節の部分を参照）。

また表10-1では、これまで解明してきた構築主義歴史学習の原理と特質を考慮して、仮説的に示した構築主義の8つの基本概念①〜⑧のどれが当てはまるかを示した。「認知構築主義」では全体として①〜⑤の5つの基本概念が当てはまり、特に①②が色濃く反映されている（下線部参照）。他方、「社会構築主義」では全体としては①〜⑤の5つの基本概念が当てはまるが、さらに⑥〜⑧の3つの基本概念も当てはまる。その結果、8つの基本概念のすべてが当てはまることになる。そして特に⑥が強く働くことに特徴がある（下線部参照）。

次に「認知構築主義」（第2章〜第5章）について、各章で明らかにした原理と特質をもとに8つの基本概念との関係を詳細に見ると、第2章（人物の行為の解釈）では①〜④の基本概念が当てはまり、特に①②が強く働いている。第3章（出来事の解釈）では①〜⑥が当てはまり、特に①②が強く働く。また第4章（時代像や社会の動きの解釈）では①〜⑤が当てはまり、特に①②が色濃く反映されている。以上が、ここで明らかになった8つの基本概念と認知構築主義に基づく各章の関係である。

続いて「社会構築主義」（第6章〜第9章）について、各章ごとに基本概念との関係をより詳しくみると、第6章（人物の行為の批判的解釈）では③④⑥⑧の基本概念が当てはまり、特に⑥が強く働く。第7章（出来事の批判的解釈）では⑤〜⑧であり、特に⑥が強く働く。第8章（時代像や社会の動きの批判的解釈）では第7章と同様に⑤〜⑧が当てはまり、特に⑥が色濃く反映されている。

以上が、8つの基本概念と認知構築主義および社会構築主義に基づく各章

の関係である。

　以下では、認知構築主義の歴史学習と社会構築主義の歴史学習を対比しながら、それぞれの歴史学習の特質を検討するとともに、構築主義歴史学習全体の論理と意義について考察する。

　その際の比較の観点として、第5章および第9章で用いた3つの観点（1. 歴史理解の捉え方から見た特質、2. 教授－学習過程の構成から見た特質、3. 学習者と歴史・社会との関係から見た特質）を用い、認知構築主義と社会構築主義両者の歴史学習を総合した、構築主義歴史学習全体の原理と特質について述べる。

1．歴史理解の捉え方から見た特質

　まず、「認知構築主義」に基づく歴史学習について見ていく。構築主義歴史学習の8つの基本概念を指標にすると、「認知構築主義」は知識の客観性の否定や選択性、多面性、意味構成的性格を強調するものであり、基本概念①～⑤によって構成されていると言える。一方、「社会構築主義」は基本概念①～⑧のすべてを含むとともに、個人の認知だけでなく人と関わりながら理解を深めていくため、知識の社会的構築に関係する⑥～⑧の基本概念が特に重視されていると言える。

　これまでのわが国の歴史教育では、教師が、教科書に盛り込まれた歴史の知識を学習者に伝達するかたちで行われてきた。教科書には歴史学の研究成果が盛り込まれているが、それらは研究者が現在までに蓄積してきた一定の歴史解釈である。その解釈を、学習者は解釈が定まった「真実の歴史」として無批判に受容してきた。学習者は研究者の解釈を知識として一方的・受動的に理解するだけで、歴史の知識を自分の視点で主体的・自律的に再構成し、歴史像を新たに構築する機会が極めて少なかった。

　このような現状に対して、これまで第1章～第9章で見てきた構築主義に基づく歴史学習を展開・普及させることで、わが国の歴史教育は飛躍的に改

善されると考える。

　「認知構築主義」に基づく歴史学習は、構築主義歴史学習の基本概念①〜⑤を備えたものであった。①は既有知識や経験、目的や信念など、認知主体独自の視点（認知のフレーム・スキーマ）に基づいて知識は選択的に構成されるという「知識の選択的・能動的構築性」を示す。また②は知識は認識主体が備えている目的・信念・経験などをもとにして意識的・能動的、そして時には無意識的に構築されるというものである。③は「経験の組織化による意味構成としての歴史理解」、④は認知主体の視点による多面的解釈成立可能性の是認、⑤は歴史的実在の否定である。①〜⑤の５つの基本概念に支えられた歴史理解の在り方を認め、歴史学習を支える条件として整備すれば、学習者の主体的な歴史理解が進み、能力が発展する。それゆえ歴史の知識を定まった解釈と捉え、それを無批判的に受け入れるだけという問題が生じることはなく、認識主体の能動的で自由な知識の構築が認められる。このような基本概念を条件として備えた学習を整えることで、言い換えれば「認知構築主義」に基づくことで、学習者の能動的な歴史学習の成立を保障することができる。

　以上が、「認知構築主義」に基づく歴史学習の理解の在り方に関する意義である。

　続いて「社会構築主義」に基づく歴史学習での理解について見る。「社会構築主義」に基づく歴史学習では、備えるべき条件として歴史理解に関わる基本概念⑥〜⑧が追加される。⑥は人びとの多様な記号・媒体を通した社会的・文化的交流による歴史理解の是認、⑦は人びとの間の相互批判による歴史解釈の妥当性の保障、また⑧は⑦の効用を社会全体に広げようとするものである。⑥〜⑧の条件は、⑧学習者同士の関わり合いをより促進するとともに、歴史理解の質を実質的に高めるものである。資料・論拠・主張の３要素をもとにした議論の構造による批判的思考は、基本概念①〜⑤に示される知識や理解の構築を、個々の学習者で行うものから拡大し、グループや学級で

の複数の学習者による批判を通して吟味・検討することで、より多くの人びとが妥当と認めるものへと発展できる条件を作り出すものである。

「社会構築主義」の場合の歴史理解のさせ方をさらに詳しく見る。構築主義歴史学習では、認知構築主義と社会構築主義のどちらの場合も、学習者は「解釈モデル」を利用して理解を深める。ただし、社会構築主義では解釈が「批判的」となる点が認知構築主義と大きく異なっていた。分析の結果、それぞれの解釈モデルは6種類に分類できた。これらの比較から、認知構築主義の解釈モデルは因果関係を説明した単線的なものであるのに対して、社会構築主義の場合は「トゥールミンの批判的思考モデル」を用いた複合的なものであることが分かった。

歴史理解の深まりを測る基準は、学習者がどれだけ洗練された、より妥当性のある社会科学的概念や一般原理を用いて歴史事象を説明できるかということである。これに関して、「トゥールミンの批判的思考モデル」では思考モデルの3要素（資料・論拠・主張）のうちの「論拠」の部分に社会的概念（社会科学的概念）・一般原理が用いられる。そして「主張」の妥当性（強さ）は、「論拠」に用いられる社会的概念・一般原理の質の高さによって決まる（「資料」も同様に重要である）。そのため、他の学習者と協働で互いに批判し合い、主張の優劣を検討する際には、論拠となる社会的概念・一般原理を言語化して「明示化」せざるを得ない。主張の強さは論拠の質の高さで左右され、優劣が決まる。この過程では、主張に用いる社会的概念・一般原理が学習者に意識化され、記憶が強化され、応用力が高められる。その結果、質の高い学習が保障されるのである。

「社会構築主義に基づく歴史学習」ではさらに、解釈が複数になるという特徴がある。これは、学習が協働的に行われ、学級で「複数の」批判的解釈が提出され、それらを互いに批判し合う状況が生じているからである。複数の解釈のどれがより妥当な解釈かをめぐり、解釈を学習者間で比較・検討し、批判を通して妥当性の優劣が判断される。そのため、学習は主体的・能

動的になり、歴史理解の質は高まるのである。

　一方、認知構築主義で用いられる「解釈モデル」は、因果関係を①論題、②背景や状況、③人物の判断、④人物の行為、⑤結果としての出来事、⑥時代像、で説明するものである。この説明の中で、社会的概念（社会科学的概念）・一般原理は用いられるが、「明示化」はされない。学習者による因果関係の説明の中では言語化されず、隠れたままである。そのため、社会構築主義に比べて、学習としての質は劣ることになる。

　次に「人物学習」「出来事学習」「時代像学習」という３つのレベルでの構築主義歴史学習の特質について述べる。

　まず「人物学習」では、歴史理解の「比較」という観点で見ると、認知構築主義の人物学習では、取り上げた歴史的人物がリンカーンただ一人である。これに対して、社会構築主義の人物学習ではガンジー・キング・マンデラの３人が取り上げられる。また、人物の考え方と行為との関係の変化についての解釈がそれぞれの人物で検討されるとともに、ガンジー・キング・マンデラの間で引き継がれ、変化・発展しながら時間的により幅広いスパンの下で動的なものとして解釈され、最終的に非暴力主義を達成可能にした条件が解明されている。認知構築主義歴史学習においても、歴史的人物（リンカーン）の考え方の変化と行為・出来事との関係が追求されているが、社会構築主義の人物学習に比べて追求は簡素である。

　次に「出来事学習」での歴史理解を見る。単元「レキシントン・グリーンで何が起こったか」（認知構築主義）と単元「レキシントン・グリーン再訪」（社会構築主義）では、植民地民兵や英国軍兵士など、政治的立場を異にする歴史的人物がどの様な視点で出来事を理解していたかについて、構築主義的な理解をしていたこと、その特徴的構造まで理解できていたことは両単元で共通していた。しかし、社会構築主義では、学級の他の学習者との批判的な議論を通して歴史的人物の理解の特性を相対化し、学習者自身の出来事解釈を土台にして歴史理解を発展させる。そのため、認知構築主義の歴史学習に

おける歴史理解よりもより深い歴史理解に到達できていた。この点で、批判的解釈モデルを活用して複数の学習者間で学習を進める社会構築主義の出来事学習の優位性が確認できる。

最後の「時代像学習」での歴史理解の捉え方では、認知構築主義と社会構築主義の単元の双方が時代を通して課題となっている社会問題を取り上げていた。認知構築主義では広島への原爆投下を事例として政策的・倫理的問題を学習者に考えさせていた。またアメリカ独立戦争という国家の危機を事例にして、重大時の武器の使用は正当化されるかを検討させていた。「時代像学習」においても、認知構築主義と社会構築主義の歴史学習で共通していたのは、学習者が、歴史の出来事を生じさせた条件や、時代を通して課題となっている社会問題の解決方法、歴史解釈に働く一般概念や原理を理解していることである。この点で、時代像学習においては認知構築主義と社会構築主義の歴史学習の双方が、学習者に高度な歴史理解をさせていると言える。

以上、「人物学習」「出来事学習」「時代像学習」の3つのレベルで構築主義歴史学習の歴史理解の捉え方の特質を見てきた。

これまでの考察から認知構築主義と社会構築主義の歴史学習のどちらもが、学習者に主体的・能動的に歴史解釈を構築させ、歴史理解を発展させる条件を備えていることが明らかとなった。さらに、社会構築主義に基づく歴史学習は、学習者が協働で歴史解釈を批判的に検討し合うことで、いっそう多様な歴史理解を発展させる条件をもつことが解明された。

2．教授－学習過程の構成から見た特質

次に、構築主義歴史学習を、教授－学習過程の構成の特質から総合的に見てみる。

まず3つのレベルの歴史学習（人物学習・出来事学習・時代像学習）は、認知構築主義と社会構築主義のいずれにおいても、学習過程が史料批判や仮説－検証などの探求のプロセスに即して構成されている点で共通している。

また探求のための情報を提供する学習資料について、どちらのタイプの学習でも、手紙・文書・絵画・遺物・映像資料など、多様な史資料が用いられ、理解のもとになる情報源となる。そしてこれらを見聞きし、分析することで研究的な学習方法が活用できるようになっている。

　学習に参加する学習者の数については、認知構築主義も社会構築主義も変わらない。しかし、学習を単独で行うか、グループや学級全体で交流しながら行うかによって両者のタイプは大きく異なる。

　社会構築主義では表示ボードの大きさや数、机の配置など、教具の物理的配置が学習者間の批判活動が行い易いように整えられている。そのため、社会構築主義の教授－学習過程では多様な知能（言語、数理、運動、空間、音声に関わる知能など）を発揮しやすい。これは、認知構築主義では主として言語や数理的思考など、限定された知能を活用して学習者が個人的に歴史理解を進めていくのとは異なっている。複数の学習者で協働し、交流を通して進めるアクティブ・ラーニングは、社会構築主義に基づく歴史学習の方がより効果的・発展的な歴史理解が可能である。同様に歴史理解の能力においても、社会構築主義に基づく歴史学習の方が、論理的思考（数理的知能）だけでなく、他の知能も総合したかたちで歴史理解の能力を発展できると考える。

3．学習者と歴史・社会の関係から見た特質

　最後に、学習者と歴史・社会の関係から構築主義歴史学習を総合する。

　認知構築主義に基づく歴史学習と社会構築主義に基づく歴史学習の最大の違いは、「学習者」と「歴史・社会」の関係にあると考えられる。これは、歴史理解が真に主体的なものかそうでないかを左右する分水嶺になるものである。

　第5章および第9章の「学習者と歴史・社会の関係」の項目で詳しく述べたように、認知構築主義では歴史理解は学習者によって構築されるが、その内容は過去の人物の行為・出来事・時代像がどの様な構造で歴史を作ってき

たかの理解にとどまっていた。この歴史理解では、「過去は○○であったと解釈される」というように、歴史事象が客体化され、いわば学習者の外側に位置づけられて記憶される。一方、社会構築主義の歴史理解では、認知構築主義と同じく学習者によって過去の歴史が構築されるが、その構築は「過去は○○であったと解釈される・べき・である」と「学習者による解釈の主張」のかたちで行われる。主張は、「誰が」という「主張の主体」を明らかにしなければ成り立たない。このため、社会構築主義に基づく歴史学習では、他の学習者と歴史解釈を相互に批判する中でさまざまな解釈に出会う。時には自分以外のより優れた解釈を選択し、時には解釈を統合してより洗練された解釈にする。この過程で、歴史解釈は自分の主張として発展し、自分自身の考え方として記憶され、定着する。また単元の学習を終えても、学習者の生活の中で批判の過程が継続的・永続的に続くことで、歴史理解も継続して発展することになる。

　認知構築主義の歴史学習では、学習者が自分自身で歴史を構築する点では主体的な歴史理解となっているが、学習は教師主導のもとに行われる傾向がある。これに対して、社会構築主義の歴史学習では、歴史理解は教師主導の状態から自由となり、学習者間のダイナミックな協働関係の下で進められやすい（そのような学習として構成される）。そのため、歴史理解は主体的、かつ学習者自身による自律的で意欲的なものになっていく。

　以上、認知構築主義歴史学習と社会構築主義歴史学習の特質について、3つの比較の視点（1.歴史理解の捉え方、2.教授‐学習過程の構成、3.学習者と歴史・社会との関係）から考察した。

　最後に検討するのは、表10-1のように分類される構築主義の6類型の歴史学習を総合すると、どの類型が最も優れているかという問題である。

　筆者の判断では、認知構築主義よりも社会構築主義の歴史学習が、そして「人物学習」よりも「出来事学習」が、「出来事学習」よりも「時代像学習」が優れていることが推察される。これらのことから「社会構築主義の時代像

学習」が最も優れているという結論になりそうだが、即断することはできない。

社会構築主義の歴史学習について留意すべき点は、「人物学習」「出来事学習」「歴史像学習」の3つが常に関係していることである。つまり、「人物学習」は「人物学習」だけで完結するのではなく、「出来事学習」「時代像学習」と関わらざるを得ない。他の2つのレベルでも同様に、他のレベルの学習と関わらざるを得ない。3つのレベルの学習は連続的、そして不可分であり、異なるのは比重の置き方である。

これに対して、認知構築主義に基づく歴史学習では、3つのレベルの学習は社会構築主義に比べてより個別的・分離的である。基本的には、「人物学習」の成果を踏まえることで「出来事学習」が充実し、「出来事学習」の成果を踏まえることで「時代像学習」が充実するという、一方向での発展的関係があると考えられる。

歴史学習にはさまざまな条件が働く。物理的学習環境によってこれまで見てきた条件が整備できない場合もあり、人的条件として限られた人数、時には独りで学習しなければならない場合もある。また、学習内容を焦点化しなければならない場合もある。限られた条件の下で、最大の学習効果を上げることができるように、6類型の特質を十分に勘案してどの類型をとるかを決定する必要があることは明らかである。

以上、本章では第2章〜第4章（認知構築主義に基づく歴史学習）と第6章〜第8章（社会構築主義に基づく歴史学習）の原理と特質について示した。

終章　成果と課題

　本研究では、アメリカ合衆国の1960年代以降の歴史教育改革を取り上げ、構築主義歴史学習の類型化を図るとともに、各類型において典型的な歴史学習プランを取り上げ、その授業構成原理を分析し、学習原理と授業構成の特質を解明してきた。

　本研究では、人物の行為・出来事・時代像という3つのレベルでの解釈を通して学習者による歴史像の主体的構築が可能となることを明らかにした。そして、これらの3つのレベルでの学習原理や授業構成の特性、および相互の発展的・段階的関連を究明し、構築主義歴史学習全体の学習原理と授業構成の特質を解明することで、これまでの歴史学習にあった問題点を解決する上で大きな示唆が得られた。このような研究方法に基づいて研究を行った結果、第1章第1節で指摘したわが国の歴史教育がかかえている3つの大きな問題点が基本的に解決できることが明らかとなった。

　また、これまでの分析から、認知構築主義に基づく歴史学習と社会構築主義に基づく歴史学習のどちらもが学習者に主体的に歴史像を構築させるものであることが明らかとなった。さらに両者をより詳しく分析した結果、認知構築主義の歴史学習は歴史の研究的性格を備えており、「研究的歴史構築学習」と呼べることが分かった。また社会構築主義の歴史学習は、学級で学習者が相互に批判的に関わり合いながら、いわば小さな社会の中で主体的に交流しながら歴史理解を作り上げていくもので、「社会的歴史構築学習」と呼べることが分かった。

　本研究ではさらに、構築主義歴史学習の理論として以下のことが明らかになった。

　第一に、構築主義歴史学習のタイプについて仮説的に示した(a)認知構築

主義に基づく研究的歴史構築学習と、(b) 社会構築主義に基づく社会的歴史構築学習の2つのタイプの分類の妥当性が確認できた。

第二に、上記(a)(b)それぞれのタイプの学習が備えている歴史理解の基本構造をモデル化することができた。これらは当初は「人物の行為の解釈モデル」「出来事の解釈モデル」「時代像の解釈モデル」の3つであったが、分析の結果これらは(a)(b)のそれぞれに対応して存在することが確認できた。この歴史理解の基本モデルは歴史事象についての意味構成の構造を基本におくものであり、(a)は物語的意味構成（単線的モデル）、(b)は批判的意味構成（複合的モデル）をとっている。

第三に、学習内容の観点からみると、本研究で取りあげた分析事例に共通しているのは、何れもが21世紀の現代社会、特に民主主義社会を理解するための基本概念を理解させるものとなっていることである。これは構築主義歴史学習で扱われる学習内容の基本的特徴である。

第四は、第三と同じく学習内容の特徴に関わるものである。本研究では歴史学習を「人物学習」「出来事学習」「時代像学習」の3つの枠組みで捉え、それぞれ「人物の行為」「出来事」「時代像」の三層で構成されると考えた。分析の結果、これらの三層は相互に成長的な関係にあることが明らかとなった。つまり「人物の行為」理解→「出来事」理解→「時代像」理解の方向で前の理解を土台として後ろの理解が発展するような構成となっている。さらに新たに明らかになったのは、「時代像」理解の上には倫理性や価値判断とも関係する、時代を通して社会に存在する社会問題の解決と関わる内容が設定されていることである。これらのことから、構築主義歴史学習の特徴は次のように言える。学習内容を「人物の行為」から「出来事」、そして「時代像」を理解するものへと階層的に構成しながら、最終的には現在とも直結する社会問題を学習者自身で理解させ、その解決へとアプローチする方法や民主的社会へと変革する方法を追求させる学習内容を設定しているという特徴である。

第五は、小中一貫歴史カリキュラム改革への示唆である。第四で指摘した「人物の行為」理解→「出来事」理解→「時代像」理解、そして「倫理性や価値に関わる社会問題」理解にわたる理解の階層性は、小学校から中学校までの歴史学習の理解の段階設定にも応用できる可能性があることが明らかとなった。これはさまざまなカリキュラムのタイプとして考えられる。例えば、①小学校・中学校の各段階でこれらの理解の階層を難度を発展させながら二回にわたって学習のスパイラルを繰り返す、②小学校から中学校の全体で理解の階層を一度でたどるように学習を配列する、③小学校では「人物の行為」理解→「出来事」理解にウエイトをおいて、中学校では「出来事」理解→「時代像」理解→「倫理性や価値に関わる社会問題」理解という高度な理解にウエイトをおいて学習を展開する、などである。どのタイプが適当かさらに検討が必要であるが、本研究の結果、小中一貫歴史カリキュラム改革の基礎となる条件が明らかとなった。

そして、本研究で明らかにしたアメリカ合衆国の歴史教育改革の考え方を日本の小・中学校の歴史学習に適用することによって、わが国の今後の歴史教育改革を一層推進できる点で、本研究は大きな意義がある。

今後の課題としては、以下の３つがあげられる。

第一の課題は、本研究で明らかになった認知構築主義、社会構築主義に基づくそれぞれのタイプの歴史学習の原理を手がかりとして、わが国の実情を考慮しながら独自に小・中学校の歴史学習のカリキュラム・単元・授業プランを開発していくことである。その際、この歴史学習が教育現場に広く普及するためには、より精緻な内容構成原理や学習方法原理の解明はもとより、詳細な学習方法など、より実践的レベルの指導方法の解明も求められる。

第二の課題は、本研究で明らかになったアメリカの構築主義歴史学習がかかえている問題点を解決して、構築主義歴史学習の原理をさらに洗練されたものへと発展させることである。

第三の課題は、本研究で扱わなかった歴史学習の内容領域で、構築主義に

基づく歴史学習の単元や授業プランの開発を行うことである。本研究で対象とした領域には、内容的に政治領域に入るものが多かった。これは歴史学習が社会科教育として行われ、その中心目標が市民的資質の育成にあるという理由からであろう。しかし、経済や文化（あるいは関連学問領域）などの領域においても構築主義に基づく学習が推進されるべきと考える。

引用参考文献

1) 外語資料・参考文献

Airasian, P. W. and Walsh, M. E. (1997), Constructivist Cautions, *Phi Delta Kappan*, 78-9, pp.444-449.

Becker, C. (1932), Everyman His Own Historian, *American Historical Review*, 37, pp.221-236.

Bennett, P.S. (1967), *What Happened on Lexington Green? An Inquiry into the Nature and Methods of History. Teachers' Manual*, CA: Addison-Wesley Publishing Company.

Bennett, P.S. (1970), *What Happened on Lexington Green? An Inquiry into the Nature and Methods of History. Students' Manual*, CA: Addison-Wesley Publishing Company.

Bower, B. & Lobdell, J. (1998), Six Powerful Constructivist Strategies. *Social Education*, 62(1), pp.50-53.

Bower, B., Lobdell,J., Swenson, L. (1999), *History Alive! Engaging All Learners In the Diverse Classroom* (Second Edition), CA: Teachers' Curriculum Institute.

Boyer Barbara, A. (1995), Semrau Penelope, A Constructivist Approach to Social Studies., *Social Studies and the Young Learner*, January / February, pp.14-16.

Brady, C.C. & Roden, P. (Ed.)(2002a), *Document Based Questions in American History*. (Text Book), IN: The DBQ Project.

Brady, C.C. & Roden, P. (Eds.)(2002b), *Document Based Questions in American History*. (Teacher Materials), IN: The DBQ Project.

Brady, C.C. & Roden, P. (Eds.)(2005a), *Document Based Questions in World History*. (Text Book) ; IN, The DBQ Project.

Brady, C.C. & Roden, P. (Eds.)(2005b), *Document Based Questions in World History*. (Teacher Materials), IN: The DBQ Project.

Brophy, J. & Alleman, J. (1996), *Powerful Social Studies for Elementary Students.*, FL: Harcourt Brace & Company.

Brophy, J. & VanSledright, B. (1997), *Teaching and Learning History in Elementary Schools*, NY: Teacher College Press.

Brown, R.H. (1966), History as Discovery: An Interim Report on the Amherst Project. Fenton, E. (Ed.) *Teaching the New Social Studies in Secondary Schools: An Inductive Approach*, NY: Holt, Rinehard and Winston, pp.443-451.
Brown, R.H. (1970), The Historian and New Approaches to History to History in the Schools. *Teachers College Record*, 72(1), pp.73-80.
Brown, R.H. & Traverso, E. (1970), *A Guide to the Amherst Approach to Inquiry Learning*, Addison Wesley.
Brown, R. H. (1996), Learning How to Learn: The Amherst Project and History Education in the Schools. *The Social Studies*, 87(6), pp.267-273.
Cohen, E. (1986), *Designing Group work: Strategies for the Heterogeneous Classroom*, NY: Teachers College Press, Columbia University.
Committee on the Study of History (1969), T*he Amherst Project, Final Report. Bureau of Research, United States Office of Education* (ERIC ED066378).
Curry, Richard O., Sproat, Hohn G., Cramer, Kenyon C. (1972), *Textbook The Shaping of America*, Holt Rinehart and Winston Inc.
Davidson, J.W. & Lytle, M.H. (2000), *After the Fact: The Art of Historical Detection, Volume I & II* (Fourth Edition), IL: McGraw-Hill Companies, Inc.
Doolittle, P.E. & Hicks, D. (2003), Constructivism as Theoretical Foundation for the Use of Technology in Social Studies. *Theory and Research in Social Education*, 31(1), pp.72-104.
Fielder, W.R., General Editor (1976), *Holt Databank System, Teacher's Guide INQURING ABOUT AMERICAN HISTORY*, Holt Rinehart and Winston Inc.
Fielder, W.R., General Editor (1976), *Holt Databank System, Textbook INQURING ABOUT AMERICAN HISTORY*, Holt Rinehart and Winston Inc.
Gardner, H. (1983), *Frames of Mind: The Theory of Multiple Intelligences*, NY: Basic Books, Inc.
Gardner, H. (1993), *Multiple Intelligences: The Theory in Practice*, NY: Basic Books, Inc.
Harris, J. (1970a), *Hiroshima: A Study in Science, Politics, and the Ethics of War (Teacher's Manual)*. CA: Addison-Wesley Publishing Company.
Harris, J. (1970b), *Hiroshima: A Study in Science, Politics, and the Ethics of War (Student's Manual)*, CA: Addison-Wesley Publishing Company, Inc.
Hertzberg, H.W. (1981), *Social Studies Reform 1880-1980*. A Project SPAN Report,

CO: Social Science Education Consortium, Inc.

Holt, T. (1990), *Thinking Historically: Narrative, Imagination, and Understanding*, NY: College Board.

Kobrin, D. (1992), *Beyond the Textbook: Teaching History Using Documents and Primary Sources*, NH: Teacher College, Columbia University.

Kownslar, A.O. & Frizzle, D. B. (1967), *Discovering American History*, NY: Holt, Rinehart and Winston, Inc.

Kownslar, A.O. (1974), *Teaching American History: The Quest for Relevancy*, NCSS 44th Yearbook, WA: NCSS.

Kownslar, A. O., W. R. Fielder, W. R., Hogle, K. G.. (1972, 1976), *Holt Databank System A Social Science Program. Inquiring About American History. Studies in History and Political Science. Teacher's Guide*. Holt, Rinehart and Winston, Publishers.

Larochelle, M., Bednarz, N., Garrison J. (Ed.) (1998), *Constructivism and Education*, UK: Cambridge University Press.

Lawrence Minear (1966a), *Lincoln and Emancipation: A Man's Dialogue with his Times, (Teacher's Manual)*., Committee on the Study of History, Amherst, Massachusetts.

Lawrence Minear (1966b), *Lincoln and Emancipation: A Man's Dialogue with his Times, (Student's Manual)*, Committee on the Study of History, Amherst, Massachusetts.

LeeAnne, G (2013), *The Equal Right Amendment (Finding a Voice: Women's Fight for Equality in U. S. Society)*, Mason Crest.

Levstik, L.S. & Barton, K.C. (2001), *Doing History: Investigating with Children in Elementary and Middle Schools*, NJ: Lawrence Erlbaum Associates, Inc.

Michael, M. Yell & Scheurman, G. with Keith Reynolds (2004), *A Link to the Past: Engaging Students in the Study of History*. MD: NCSS.

Minear, L. (1966), *Lincoln and Emancipation: A Man's Dialogue with his Times, Teacher's Manual*, MA: Committee on the Study of History (ERIC ED032336).

Minear, L. (1966), *Lincoln and Emancipation: A Man's Dialogue with his Times, Student's Manual*, MA: Committee on the Study of History (ERIC ED032336).

Nash,G.B.,Crabtree,C.,Dunn,R.E. (2000), *History on Trial: Culture wars and the teaching of the past*, NY: Vintage Books, a division of Random House, Inc.

Oliver, D.W. & Newmann, F.M. (1967), *Supplement to Cases and Controversy, Guide to Teaching, The Public Issues Series/Harvard Social Studies Project*, OH: American Education Publications.

Oliver, D.W. & Newmann, F.M. (1967), *Public Issues Series/Harvard Social Studies Project, The American Revolution: Crisis of Law and Change*, OH: American Education Publications.

Oliver, D.W. & Newmann, F.M. (1967), *Guide to Teaching / Public Issues Series / Harvard Social Studies Project, The American Revolution: Crisis of Law and Change*, OH: American Education Publications.

Oliver, D.W. & Newmann, F.M. (1988), *Public Issues Series/Harvard Social Studies Project, The American Revolution: Crisis of Law and Change*, Social Science Education Consortium.

Oliver, D.W. & Newmann, F.M. (1988), *Public Issues Series/Harvard Social Studies Project, The American Revolution: Crisis of Law and Change Teacher's Guide*, Social Science Education Consortium.

O'Relly, K. (1990), *Critical Thinking in United States History Series: Book One Colonies To Constitution*, CA: Critical Thinking Books & Software.

O'Relly, K. (1990), *Critical Thinking in United States History Series: Book One Colonies To Constitution (Teacher's Guide)*, CA: Critical Thinking Books & Software.

Samec, C.E. (1980), The "New Social Studies" and Curriculum Innovation: The Amherst Project Experience, 1959-1972. Paper and Proceedings of the Annual Meeting of Midwest History of Education Society (15th, Chicago, Illinois, October 26-27, 1979), (ERIC ED298044).

Scheurman, G. (1983), Strategies for Critical Reading in History. Chapman, A (ed.), *Making sense: Teaching Critical Reading Across the Curriculum*, NY: The College Board, pp.155-174.

Scheurman, G. (1998a), From Behaviorist to Constructivist Teaching. *Social Education*, 62(1), pp.6-9.

Scheurman, G. (1998b), Revisiting Lexington Green. *Social Education*, 62(1), pp.10-16, 17-18.

Slavin, R.E. (1995), *Cooperative Learning* (Second Edition), MA: A Simon & Schuster Company.

Stall, R. J. (ed.) (1994), Cooperative Learning in Social Studies: A Handbook for Teachers, Addison Wesley: USA.

Stall, R.J. & VanSickle, R.L. (Eds.) (1992), *Cooperative Learning in the Social Studies Classroom: An Invitation to Social Study*, MD: NCSS.

Steffe, L.P. & Gale, J. (Eds.) (1995), *Constructivism in Education*, NJ: Lawrence Erlbaum Associates Inc.

Stanford, M. (1986), *The Nature of Historical Knowledge*, NY: Basil Blackwell Inc.

Stanley, W.B. (ed.) (2001), *Critical Issues in Social Studies Research for the 21st Century*, CT: Information Age Publishing.

Stearns, P.N., Seixas, P. (2000), Wineburg, S., *Knowing Teaching & Learning History*, NY: New York University Press.

Sunal, C.S. & Haas, M.E. (2002), *Social Studies for the Elementary and Middle grades: A Constructivist Approach*, MA: Ally & Bacon, A Pearson Education Company.

Teachers' Curriculum Institute (1994a), *Ancient World History Unit 1 Western Europe in the Modern World*, CA: Teacher's Curriculum Institute.

Teachers' Curriculum Institute (1994b), *Modern World History Unit 1 Western Europe in the Modern World*, CA: Teacher's Curriculum Institute.

Teachers' Curriculum Institute (1997), *The Constitution in a New Nation: United States History to 1900*, CA: Teacher's Curriculum Institute.

Teachers' Curriculum Institute (1999), *History Alive! Professional Development & Curricular Materials Catalog (1999 Fall)*, CA: Teachers' Curriculum Institute.

Traverso E. (early 1970's), *The Amherst Project Educational Objectives Chart*.

VanSledright, B. (2002), *In Search of America's Past: Learning to Read History in Elementary School*, NY: Teacher College Press.

Wineburg, S.S. (1991a), Historical Problem Solving: A Study of the Cognitive Processes Used in the Evaluation of Documentary and Pictorial Evidence. *Journal of Educational Psychology*, 83(1), pp.73-87.

Wineburg, S.S. (1991b), On the Reading of Historical Texts: Note on the Breach Between School and Academy. *American Educational Research Journal*, 28(3), pp.495-519.

Wineburg, S.S. (1994), The Cognitive Representation of Historical Texts. In Leinhardt, G., Isabel, L.B., Stainton,C. (Eds.), *Teaching and Learning in History*, NJ:

Lawrence Erlbaum Associates, Inc., pp.85-135
Wineburg, S.S. & Grossman P. (eds.)(2000), *Interdisciplinary Curriculum: Challenges to Implementation*. NY: Teacher College Press.
Wineburg, S.S. (2001), *Historical Thinking and Other Unnatural Acts: Charting the Future of Teaching the Past*, PA: Temple University Press.
Yell, M. M & Sheurrnan, G. (2004), *A Link to the Past.: Engaging Students in the Study of History*. NCSS.

2) 邦語参考文献

浅野智彦(2001)、『自己への物語的接近』、頸草書房、2001。
安達一紀(2000)、『人が歴史とかかわる力-歴史教育を再考する』、教育史料出版会。
足立幸男(1984)、『議論の論理 民主主義と議論』、木鐸社。
池野範男(1998)、「多元的な歴史の開かれた再審」、『社会科教育』、No.460、明治図書。
池野範男(1999)、「批判主義の社会科」、全国社会科教育学会『社会科研究』第50号、pp.61-70。
池野範男(2000a)、「近現代史学習の授業開発研究(Ⅳ)-社会問題史学習の小単元『男女平等を考える』-」、『広島大学教育学部・関係附属学校園共同研究体制研究紀要』第28号、pp.107-116。
池野範男(2000b)、「探究学習」、『社会科教育事典』、ぎょうせい、p.218。
池野範男(2000c)、「反省的思考」、『社会科教育事典』、ぎょうせい、p.70。
池野範男(2001a)、「社会形成力の育成-市民教育としての社会科-」、日本社会科教育学会『社会科教育研究』(別冊・2000年度研究年報)、pp.47-53。
池野範男〔研究代表〕(2001b)、『現代民主主義社会の市民を育成する歴史カリキュラムの開発研究』(平成10年度～平成12年度科学研究費補助金(基盤研究(C)(2))研究成果報告書。
池野範男・他(2001c)、「現代民主主義社会に於ける社会問題史学習1 日本史単元『女性と教育-保井コノはどの様な問題にぶつかったのか』」、池野範男研究代表(2001b)、『現代民主主義社会の市民を育成する歴史カリキュラムの開発研究』(平成10年度～平成12年度科学研究費補助金(基盤研究(C)(2))研究成果報告書、pp.67-84。
池野範男(2001d)、『近代ドイツ歴史カリキュラム理論成立史研究』、風間書房。
池野範男(2003)、「市民社会科の構想」、社会認識教育学会編『社会科教育のニュー・

パースペクティブ−変革と提案』、明治図書、pp.44-53。
池野範男（2004a）、「公共性問題の射程−社会科教育の批判理論」、日本社会科教育学会『社会科教育研究』第92号、pp.9-20。
池野範男研究代表（2004b）、『現代民主主義社会の市民を育成する歴史カリキュラムの開発研究』（平成13年度〜平成15年度科学研究費補助金（基盤研究(C)(2)）研究成果報告書。
伊東亮三〔編著〕（1982）、『達成目標を明確にした社会科授業改造入門』、明治図書。
猪瀬武則（2003）、「社会構築主義のパースペクティブ」、日本社会科教育学会『社会科教育研究』（別冊・2002年度研究年報）、pp.116-121。
今谷順重（1991）、『小学校社会科 新しい問題解決学習の授業展開』、ミネルヴァ書房。
岩田一彦（1991）、『小学校社会科の授業設計』、東京書籍。
ヴァイトクス，S.〔西原和久・工藤浩・菅原謙・矢田部圭介訳〕（1996）、『「間主観性」の社会学』、新泉社。
植田一博・岡田猛（編著）（2000）、『協同の知を探る−創造的コラボレーションの認知科学−』、共立出版。
上村忠男・大貫隆・月本昭男・二宮宏之・山本ひろ子〔編〕（2004）、『歴史を問う4 歴史はいかに書かれるか』、岩波書店。
上野千鶴子〔編著〕（2001）、『構築主義とは何か』、勁草書房。
ウォルシュ，W. H.〔神山四郎訳〕（1978）、『歴史哲学』、創文社。
梅津正美（2003）、「社会科学科歴史のカリキュラム」、社会認識教育学会『社会科教育のニュー・パースペクティブ−変革と提案』、明治図書、pp.105-114。
宇都宮明子（2013）、「ドイツにおける構成主義歴史教育論の成立：B. フェルケルの鍵問題討議型の場合」、全国社会科教育学会『社会科研究』、第78号、pp.13-23。
宇都宮明子（2013）、「ドイツ構築主義歴史教育論の解明：歴史授業実践を事例に」、日本教科教育学会『日本教科教育学会誌』、36(1)、pp.1-10。
ウリクト，G. H.〔丸山高司・木岡伸夫訳〕（1984）、『説明と理解』、産業図書。
大脇正子・中島通子・中野麻美（1998）、『21世紀の男女平等法〔新版〕』、有斐閣。
岡崎誠司（2007）、「小学校歴史学習における『仮説吟味学習』」、全国社会科教育学会『社会科研究』第67号、pp.11-20。
岡明秀忠（1990）、「対抗社会化をめざす社会科−D. W. オリバーの場合−」、中四国教育学会『教育学研究紀要』第36巻第2部、pp.223-228。
岡明秀忠（1999）、「課題中心カリキュラムの歴史教育(1)公的論争問題シリーズ『アメ

リカ独立戦争』の検討」、『明治学院論叢』(626)、pp.67-84。

岡明秀忠（2000）、「課題中心カリキュラムの歴史教育(2)公的論争問題シリーズ『アメリカ独立戦争』における『問題』の検討」、『明治学院論叢』(645)、pp.67-84。

岡明秀忠（2001）、「課題中心カリキュラムの歴史教育(3)公的論争問題シリーズ『アメリカ独立戦争』の市民的資質育成方略の一考察」、『明治学院論叢』(662)、pp.71-91。

尾原康光（1991）、「社会科授業における価値判断の指導について」、全国社会科教育学会『社会科研究』第39号、pp.70-83。

尾原康光（1995）、「リベラルな民主主義社会を担う思考者・判断者の育成(1)－D.W.オリバーの場合－」、全国社会科教育学会『社会科研究』第43号、pp.81-90。

尾原康光（2009）、『自由主義社会科教育論』、渓水社。

カー，E. H.〔清水幾太郎訳〕(1962)、『歴史とは何か』、岩波書店。

ガーゲン，K. J.〔東村知子訳〕(2004)、『あなたへの社会構成主義』、ナカニシヤ出版。

ガーディナー，P.〔斎藤博道訳〕(1993)、『歴史説明の性質』、北樹出版。

ガードナー，H.〔松村暢隆訳〕(2001)、『ＭＩ：個性を生かす多重知能の理論』、新曜社。

ガウンアンロック，J.〔小泉仰監訳〕(1994)、『公開討議と社会的知性』、御茶の水書房。

加藤公明（1991）、『考える日本史授業』、地歴社。

加藤公明（1995）、『考える日本史授業　2』、地歴社。

金子邦秀（1995）、『アメリカ新社会科の研究－社会科学科の内容構成－』、風間書房。

カバ，B.、ボーディン，J.〔宮城正枝・石田美栄訳〕(1992)、『われらアメリカの女たち－ドキュメントアメリカ女性史－』、家伝社。

神川正彦（1970）、『歴史における言葉と論理Ⅰ』、頸草書房。

神川正彦（1971）、『歴史における言葉と論理Ⅱ』、頸草書房。

川崎二三雄（1987）、「探求に基づく社会科教授メディア構成－ホルト社会科『アメリカ史についての探求』を事例として－」、全国社会科教育学会『社会科研究』第35号、pp.64-72。

河田敦之（1982）、「合理的意思決定能力の育成の社会科内容構成－J.P.シェーバーの公的論争問題を手がかりとして－」、日本社会科教育研究会『社会科研究』第30号、pp.84-94。

河南一（1991）、「授業における人物学習『理論』」、全国社会科教育学会第40回大会課題 研究発表資料 (1991.9.24)、p.4。

キツセ，J. I.、スペクター，M. B.〔村上直之・中河伸俊・鮎川潤・森俊太訳〕(1990)、
　『社会問題の構築－ラベリング理論を超えて－』、マルジュ社。
久保田賢一（2000）、『構成主義パラダイムと学習環境デザイン』、関西大学出版部。
神山四郎（1965）、『歴史入門』、講談社。
神山四郎（1967）、『歴史哲学』、慶応通信。
神山四郎（1968）、『歴史の探求』、日本放送出版協会。
木村博一（2006）、『日本社会科の成立理念とカリキュラム構造』、風間書房。
桐谷正信（2014）、『アメリカにおける多文化的歴史カリキュラム』、東信堂。
草原和博・渡部竜也・田口紘子・田中伸・小川正人（2014）、「日本の社会科教育研究
　者の研究観と方法論：なんのために、どのように研究するのか」、『日本教科教育
　学会誌』、37(1)、pp.63-74。
児玉修（1976）、「社会的判断力育成の教材構成－D.W.オリバーの公的問題について」、
　日本社会科教育研究会『社会科研究』第25号、pp.93-102。
児玉康弘（1997）、「世界史における政策批判学習－小単元『初期福祉国家の形成』の
　場合－」、全国社会科教育学会『社会科研究』第46号、pp.21-30。
児玉康弘（1999）、「中等歴史教育における解釈批判学習－『イギリス近現代史』を事
　例として－」、日本カリキュラム学会『カリキュラム研究』第8号、pp.131-144。
小原友行（1987）、「意思決定力を育成する歴史授業構成」、広島史学研究会『史学研
　究』、No.177、pp.45-67。
コリングウッド，R. G.〔小松茂夫・三浦修訳〕（1970）、『歴史の観念』、紀伊國屋書店。
佐々木英三「歴史的思考力育成の論理－K. O'Reillyの場合－」、全国社会科教育学会
　『社会科研究』第45号、pp.21-30。
佐藤学（1999）、『学びの快楽－ダイアローグへ－』、世織書房。
佐長健司「議論による社会的問題解決の学習」、社会系教科教育学会『社会系教科教
　育学研究』第13号、2001、pp.1-8。
佐長健司「社会形成教育としての社会科」、佐賀大学文化教育学部『研究論文集』第
　5集第2号、2001。
佐長健司（2003）、「社会科授業の民主主義的検討」、全国社会科教育学会『社会科研
　究』第59号、pp.21-30。
篠原一（1986）、『ヨーロッパ政治史［歴史政治学試論］』、東京大学出版会。
篠原一（2012）、『討議デモクラシーの挑戦』、岩波書店。
シュッツ，A.〔佐藤嘉一訳〕（1996）、『社会的世界の意味構成』、木鐸社。
ジョンソン，D. W.〔杉江修治・他訳〕（1998）、『学習の輪～アメリカの共同学習入

門』、二瓶社。
平英美・中河伸俊（2000）、『構築主義の社会学』、世界思想社。
高橋哲哉（2001）、『歴史／修正主義』、岩波書店。
田口紘子（2005）、「構築主義的アプローチによる歴史学習原理−"Crossroad: A K 16 American History Curriculum"の場合」、『教育学研究紀要』51(2)、pp.506-511。
田口紘子（2006）、「ヒストリーワークショップによる歴史ストーリー構築学習原理」、『教育学研究紀要』52(1)、p.138-143。
田口紘子（2007）、「ワークショップ学習によるアメリカ初等歴史教育改革−授業記録書"History Workshop"の場合」、全国社会科教育学会『社会科研究』第67号、pp.61-70。
田口紘子（2008）、「議論を基盤にした小学校歴史教育原理−Sara Atkinsonの場合」、社会系教科教育学会『社会系教科教育学研究』第20号、pp.141-150。
田口紘子（2008）、「歴史との関係を作り出す小学校歴史学習−Tina Reynoldsの授業実践『個人の歴史』・『家族の歴史』の場合」、『広島大学大学院教育学研究科紀要第2部　文化教育開発関連領域』(57)、pp.39-48。
田口紘子（2011）、『現代アメリカ初等歴史学習論研究−客観主義から構築主義への変革−』、風間書房。
田口紘子（2015）、「米国の歴史教育史からみたバートン・レヴィスティクの歴史教育論の特質」、バートン，K.C.，レヴィスティク，L.S.〔渡部竜也・草原和博・田口紘子・田中伸訳〕、『コモン・グッドのための歴史教育』、春風社、pp.429-435。
棚橋健治（2002）、『アメリカ社会科学習評価研究の史的展開−学習評価にみる社会科の理念実現過程−』、風間書房。
棚橋健治（2003）、「新しい社会科学科の構想」、社会認識教育学会『社会科教育のニュー・パースペクティブ−変革と提案』、明治図書、pp.86-94。
ダント，A.C.〔河本英夫訳〕（1989）、『物語としての歴史』、国文社。
土屋武志（2011）、『解釈型歴史学習のすすめ：対話を重視した社会科歴史』、梓出版社。
土屋武志（2012）、「社会科における解釈型歴史学習の現代的意義」、『愛知教育大学研究報告：教育科学編』第61号、pp.183-189。
土屋武志（2012）、「高等学校日本史学習における読解力の育成：『歴史家体験』活動」、『日本教育大学協会研究年報』第30号、pp.3-13。
寺尾健夫（2001）、「社会的構成主義に基づく歴史授業の構成原理」、日本教科教育学会『日本教科教育学会誌』24(1)、pp.31-40。

寺尾健夫（2003）、「学びの共同体を育成する社会科の授業」、社会認識教育学会『社会科教育のニュー・パースペクティブ－変革と提案』、明治図書、pp.145-154。

寺尾健夫（2004）、「認知構成主義に基づく歴史人物学習の原理－アマースト・プロジェクト単元『リンカーンと奴隷解放』を手がかりとして－」、全国社会科教育学会『社会科研究』第61号、pp.1-10。

寺尾健夫（2005）「社会的理解の方法を媒介にした出来事の解釈学習－米国中等歴史学習単元『レキシントン・グリーン再訪』の分析」、社会系教科教育学会『社会系教科教育学研究』第17号、pp.1-12。

寺尾健夫（2014）、「現代アメリカにおける構築主義歴史学習の原理と展開－歴史像の主体的構築」、『福井大学教育地域科学部紀要』第4号、pp.186-209。

寺尾健夫（2015a）、「人物の行為の批判的解釈に基づく歴史学習の論理－DBQプロジェクト単元『非暴力主義：ガンジー、キング、マンデラ』の場合－」、『福井大学教育地域科学部紀要』第5号、pp.213-247。

寺尾健夫（2015b）、「時代の政治思想や倫理的判断に焦点を当てた歴史解釈学習の原理」、『福井大学教育実践研究』第40号、pp.25-36。

寺尾健夫（2016）、「社会問題に焦点を当てた歴史の批判的解釈学習の論理」、『福井大学教育地域科学部紀要』第6号、pp.218-258。

デュボイス，E. ヂュメニル，L.〔石井紀子・他訳〕（2009）、『女性の目からみたアメリカ史』、明石書店。

トゥールミン，S. E. [戸田山和久・福澤一吉 訳]（2011）、『議論の技法』、東京図書。

ドレイ，W. H.〔神川正彦訳〕（1968）、『歴史の哲学』、培風館。

中川徹（1983）、「男女平等とアメリカ憲法－平等権修正（ERA）をめぐって」、『広島法学』6巻4号、pp.69-96。

中河伸俊（1999）、『社会問題の社会学－構築主義的アプローチの新展開』、世界思想社。

中河伸俊・赤川学（2013）、『方法としての構築主義』、勁草書房。

中河伸俊・北澤毅・土井隆義〔編〕（2001）、『社会構築主義のスペクトラム－パースペクティブの現在と可能性』、ナカニシヤ出版。

中原忠男（1995）、『算数・数学教育における構成的アプローチの研究』、聖文社。

中村正（2016）、「社会問題研究における社会構築主義と批判的実在論（特集 批判的実在論研究）－（批判的実在論研究論考）」、『立命館社会論集』、51⑷、pp.191-211。

中村哲（2000）、「社会科教育におけるインターネット活用の意義と授業実践－構成主義的アプローチに基づく知の構築を意図して－」、全国社会科教育学会『社会科

研究』、第52号、pp.1-10。
中村洋樹（2012）、「参加型歴史学習に関する研究：Amy Leigh の授業実践『博物館を創造する』の場合」、愛知教育大学社会科教育研究室『探究』第23号、pp.23-30。
中村洋樹（2013）、「歴史実践（Doing History）としての歴史学習の論理と意義：『歴史家のように読む』アプローチを手がかりにして」、全国社会科教育学会『社会科研究』第79号、pp.49-60。
中村洋樹（2014）、「中等歴史学習における歴史学的方略と芸術的方略の連関可能性」、社会系教科教育学会『社会系教科教育学研究』第26号、pp.21-30。
中村洋樹（2015）、「歴史的に探究するコミュニティの論理と意義：K. バートンと L. レブスティックの歴史学習論に着目して」、日本社会科教育学会『社会科教育研究』第124号、pp.1-13。
中村洋樹（2016）、「真正の歴史学習における歴史学的概念の学習原理：B. A. レッシュの歴史実践を手がかりにして」、日本教科教育学会『日本教科教育学会誌』39(1)、pp.49-58。
野家啓一（1996）、『物語の哲学』、岩波書店。
野家啓一〔編著〕（1998a）、『歴史と終末論』、岩波書店。
野家啓一（1998b）、「歴史のナラトロジー」、野家啓一〔編著〕『歴史と終末論』、岩波書店、pp.1-76。
野口裕二（2001）、「臨床のナラティヴ」、上野千鶴子〔編著〕『構築主義とは何か』、勁草書房。
バー，V.〔田中一彦訳〕（1997）、『社会的構築主義への招待』、川島書店。
バーガー，P. L.、ルックマン，T.〔山口節郎訳〕（2003）、『現実の社会的構成』、新曜社。
バートン，K. C.、レヴィスティク，L. S.〔渡部竜也・草原和博・田口紘子・田中伸訳〕（2015）、『コモン・グッドのための歴史教育』、春風社。
服部一秀（2002）、「社会形成科としての社会科の学力像」、全国社会科教育学会『社会科研究』第56号、p.11-20。
服部一秀（2002）、「カリキュラムの諸相」、日本社会科教育学会『社会科教育研究』2001年度研究年報、pp.91-99。
服部一秀（2003）、「社会形成科の内容編成原理」、社会認識教育学会『社会科教育のニュー・パースペクティブ－変革と提案』、明治図書、pp.64-73。
服部一秀（2009）、『現代ドイツ社会系教科課程改革研究－社会科の境界画定－』、風間書房。

原田智仁（2000）、『世界史教育内容開発研究－理論批判学習－』、風間書房。
原田智仁（2014）、「シンポジウム報告：個人化の時代に社会科は社会問題にどう取り組むか？」、社会系教科教育学会『社会系教科教育学研究』第26号、pp.91-94。
原田智仁（2015）、「米国における"歴史家のように読む"教授方略の事例研究－V.ジーグラーの『レキシントンの戦い』の授業分析を手がかりに－」、『兵庫教育大学研究紀要』、第46号、pp.63-73。
ブラウン，R.H.〔安江公司・小林修一訳〕（1981）、『テクストとしての社会』、紀伊國屋書店。
フィッツジェラルド，F.〔中村輝子訳〕（1981）、『改訂版アメリカ 書きかえられた教科書の歴史』、朝日新聞社。
藤井千之助（1975）、「アメリカ社会科における歴史教育－主として初等教育を中心として」、『広島大学教育学部紀要』第二部第24号、pp.87-97。
藤井千之助（1976）、「ホルト・データバンク・システムにおける歴史の取り扱いに関する考察」、『広島大学教育学部紀要』、第二部第25号、pp.145-155。
藤瀬泰司（2007）、「構築主義に基づく社会科歴史学習の授業開発－単元『アイヌ問題を考える』」、社会系教科教育学会『社会系教科教育学研究』、第19号、pp.55-64。
藤瀬泰司（2012）、「拓かれた公共性を形成させる中学校社会科授業構成の方法－構築主義社会科論の提唱を通して」、日本教科教育学会『教科教育学会誌』、35(1)、pp.71-80。
ブルーナー，J.S.〔鈴木祥蔵・佐藤三郎訳〕（1963）、『教育の過程』、岩波書店。
ブルーナー，J.S.〔岡本夏木・仲渡一美・吉村啓子訳〕（1999）、『意味の復権』、ミネルヴァ書房。
堀哲夫（1992）、「構成主義学習論」、『理科教育講座 第5巻 理科の学習論（下）』、東洋館出版社、pp.105-225。
マッキノン，C.〔森田成也・中里見博・武田万里子訳〕（2011）、『女の生、男の法（上）』、岩波書店。
マッキノン，C.〔森田成也・中里見博・武田万里子訳〕（2011）、『女の生、男の法（下）』、岩波書店。
溝口和宏（1994）、「歴史教育における開かれた態度形成－D.W.オリバーの『公的論争問題シリーズ』の場合－」、全国社会科教育学会『社会科研究』第42号、pp41-50。
溝口和宏（2003a）、『現代アメリカ歴史教育改革論研究』、風間書房。
溝口和宏（2003b）、「社会問題科の内容編成原理」、社会認識教育学会『社会科教育の

ニュー・パースペクティブ－変革と提案』、明治図書、pp.54-63。
三成美保・姫岡とし子・小浜正子（2014）、『歴史を読み替える　ジェンダーから見た世界史』、大月書店。
森明子〔編〕（2002）、『歴史叙述の現在』、人文書院。
森分孝治（1978）、『社会科授業構成の理論と方法』、明治図書。
森分孝治（1984）、『現代社会科授業理論』、明治図書。
森分孝治（1994）、『アメリカ社会科教育成立史研究』、風間書房。
森分孝治（1999）、『社会科教育学研究　方法論的アプローチ入門』、明治図書。
森分孝治（2001）、「社会科教育学論・研究方法論」、全国社会科教育学会『社会科教育学研究ハンドブック』、明治図書、pp.14-23。
森分孝治（2003）、「20世紀社会科の脱構築」、社会認識教育学会『社会科教育のニュー・パースペクティブ－変革と提案』、明治図書、pp.14-23。
文部科学省（2008）、『小学校学習指導要領解説社会編』、東洋館出版社。
山田秀和（1999）、「多元主義を基盤とする自国史課程編成－ホルト・データバンク・システム『アメリカ史』を手がかりとして－」、中四国教育学会『教育学研究紀要』第45巻第二部、pp.227-232。
山田秀和（2001）、「市民性教育のための社会科学科歴史－ホルト・データバンク・システム『アメリカ史』の再評価」、全国社会科教育学会『社会科研究』第54号、pp.11-20。
山本功（1994）、「構築主義分析に於けるクレイムの分析手法の一考察－ベストのレトリック分析を手がかりに－」、『中央大学大学院研究年報（文学研究科）』第24号、pp.155-166。
山本典人（1985）、『小学校の歴史教室　上・下』、あゆみ出版。
山本典人（2001）、『子どもが育つ歴史学習』、地歴社。
山本幹雄（1984）、『リンカーン－風化の像－』、世界思想社。
吉田正生（2003）、「新しい『人物学習』の構想」、全国社会科教育学会『社会科研究』、第58号、pp.1-10。
ローウェン，J. W.〔富田虎男監訳〕（2003）、『アメリカの歴史教科書問題　先生が教えた嘘』、明石書店。
渡部竜也（2015）、『アメリカ社会科における価値学習の展開と構造－民主主義社会形成のための教育改革の可能性－』、風間書房。

あ と が き

　本書は、2017（平成29）年に広島大学に学位論文として提出し受理されたものを補訂し、公刊したものである。

　筆者が社会科教育学に出会ったのは岡山大学の学部2年生のときであった。当時は歴史学に一番関心があったが、恩師田中史郎先生（岡山大学名誉教授）から授業で紹介された勝田守一の論文「科学による行動の変化－教育内容としての社会科学」を読む機会を得て、社会科が教科としてなぜ存在するようになったかを浅薄であるが考えるようになった。筆者の心に印象深く残ったのは、社会変革の上でたとえ学習において科学的思考を行ったとしても、メンタリティ（心性）の層までの変化を通さない限り、変革に貢献するような学習者本人の変化は起きないという考え方である。結局これがきっかけで卒論でも社会科教育学に取り組み、勝田守一の社会科教育論を研究対象にした。研究でさらに興味を深めたのは、勝田氏も晩年において力を入れていた社会科学習を心理学（認知心理学）的側面から研究することであった。田中先生には研究指導はもとより、筆者の社会科教育学研究への道を開いていただい点においても心から感謝の気持ちを捧げたい。

　続いて広島大学大学院に進学し、永井滋郎先生（元広島大学教授）、平田嘉三先生（元広島大学教授）、伊東亮三先生（広島大学名誉教授）、森分孝治先生（広島大学名誉教授）、池野範男先生（広島大学名誉教授）に教えを受け、暖かくまた厳しいご指導をいただいた。ここではソビエト・ロシア系の心理学、特にヴィゴツキーなどの心理学の研究成果や教授学の学習論の原書を手がかりにした歴史教育論研究を行い、修士論文にまとめた。

　その後は、広島大学の附属小学校に就職することになり、またソビエト国家の崩壊による教育情報の入手困難な状況もあって、心理学的側面に焦点を

当てた歴史教育論の研究は滞った。その後大学へ就職することになっても、心理面に焦点を当てた学習論への興味は持続し、学習場面に活用できる評価の実際的方法やテスト問題作成方法の解明を行う研究へと移行していった。この間の心理測定の技法習得は、基本統計はもとより多変量解析に至るまでの学習での、子どもの理解の様相を数量的に分析する新しい研究方法の活用への道を拓いてくれた。このような経験の蓄積の上に、15年ほど前から関心を持つようになったのが本書の研究である、アメリカ合衆国において社会学、歴史学、心理学、教育学などの分野で先進的に研究され、日本でも注目を集めるようになっていた構築主義（constructivism）に基づく歴史学習論である。この学習は池野先生の紹介によるものであった。構築主義は学問分野によって考え方が多様であり把握が難しい面があるが、筆者は分野による違いを意識しながら歴史認識論と学習論とが交差する領域である歴史学習の分野での研究を行ってきた。

　これまでを振り返ってみると、一見、研究対象が紆余曲折してきたようである。しかし、学習者の心理学（認知心理学）的な特性を押さえたうえで、子どもに主体的な社会認識を行わせるという社会科学習や歴史学習について研究してきたという点では一貫してきたように思う。また、構築主義はK・マンハイムやA・グラシム、M・フーコーなどを発展の前史にもつとの評価もなされており、私見では大学院で取り組んだ歴史学習論の基本にある理論も現在の構築主義（社会構築主義）の考え方の発展の底流にあるものと考えられる。こうしてみると、大学時代に抱いた社会科学習を心理的側面から研究するという課題に対する答えが十分に得られたわけではないが、以上のような大きな研究の流れの中で本書を出版できたのは感慨深い。

　本研究をまとめられたのは、これまでお世話になった多くの恩師の先生方と学位論文審査委員会の先生方のご指導のおかげである。これまでに名前をあげさせていただいた恩師の先生方をはじめ、前任地の兵庫教育大学でお世話になった岩田一彦先生（兵庫教育大学名誉教授）、中村哲先生（兵庫教育大

名誉教授)、原田智仁先生(兵庫教育大学名誉教授)にも深くお礼申し上げたい。また、学位論文の作成から審査にいたる間において主査をしていただいた池野範男先生、副査をしていただいた小原友行先生(広島大学名誉教授)、棚橋健治先生(広島大学教授)、木村博一先生(広島大学教授)には懇切なご指導とご教授をいただいたことに心から謝意を申し上げたい。また、米国ウィスコンシン大学リバフォール校のJ・シューマン(J. Scheurman)教授からは、構築主義研究の動向について過去から現在にわたって多くの情報をいただくとともに、実践を実地に観察する機会をいただいた。心からお礼を申し上げたい。

　最後に、執筆の過程で終始心遣いをしてくれた妻和子、長男智史、長女由理に深く感謝したい。

　末筆になったが、本書の出版を快くお引き受けいただいた風間書房社長風間敬子氏、出版および編集の上で多大なご配慮と労をとっていただいた斉藤宗親氏に心からお礼を申し上げたい。

2018年12月

寺尾健夫

　寺尾健夫先生は2018年逝去されました。
　ここに謹んで哀悼の意を表しご冥福をお祈り申し上げます。

風間書房 編集部

著者略歴

寺尾　健夫（てらお　たけお）

1956年	岡山県に生まれる
1980年	岡山大学教育学部卒業
1982年	広島大学大学院教育学研究科博士課程前期教科教育学（社会科教育学）専攻修了
1983年	広島大学附属小学校教諭
1989年	兵庫教育大学学校教育学部助手
1991年	福井大学教育学部助教授
1999年	福井大学教育地域科学部助教授（学部名称変更による）
2001年	福井大学教育地域科学部教授
2004年	福井大学教育地域科学部附属中学校校長（併任、3年間）
2013年	福井大学附属総合図書館長（併任、3年間）
2016年	福井大学教育学部教授（学部改組による）
2017年	博士・広島大学（教育学）

現代アメリカにおける構築主義歴史学習の原理と展開
－歴史像の主体的構築－

2018年12月25日　初版第1刷発行

著　者　　寺尾　健夫
発行者　　風間　敬子
発行所　　株式会社　風間書房
〒101-0051　東京都千代田区神田神保町1-34
電話03(3291)5729　FAX 03(3291)5757
振替00110-5-1853

印刷　藤原印刷　　製本　井上製本所

©2018　Takeo Terao　　　　　NDC 分類：370
ISBN978-4-7599-2257-8　　Printed in Japan

JCOPY 〈(社)出版者著作権管理機構 委託出版物〉
本書の無断複製は、著作権法上での例外を除き禁じられています。複製される場合はそのつど事前に、(社)出版者著作権管理機構（電話03-5244-5088、FAX 03-5244-5089、e-mail: info@jcopy.or.jp）の許諾を得て下さい。